新闻传播学前沿

中国传媒大学新闻传播学部新闻学院 编

新闻传播学前沿

2013-2014

Front Studise of

Joumalism & Communication

中国传媒大学出版社

目　　录

◎ 新闻传播史

◎ 新闻传播理论

◎ 新闻传播实务

◎ 实证研究

◎ 传媒文化与传媒教育

◎ 网络与新媒体

◎ 媒介经营与管理

◎ 域外传播

卷 首 语

四月伊始，百花争奇斗艳，杨柳披上了绿色的衣裳，阳光洒在人们身上格外的温暖。《新闻传播学前沿 2013 - 2014》经过数月的精心编撰即将付梓，今年恰逢中国传媒大学 60 周年华诞，能将此书出版作为校庆 60 周年的献礼，我们倍感欣慰。

本年集依然秉承一贯的理性、思辨、前瞻的学术传统，遵循全面、新颖、敏锐的办刊宗旨，关注国内外新闻传播学术前沿话题，对新闻传播历史、理论和现实问题进行有针对性的探讨与分析。

新媒体经过这么多年的迅猛发展，对我们的社会各方面都产生了很大的影响。在"前沿话题"栏目中，陈力丹的《新媒体对社会结构的影响》就新媒体的出现对时空观的变化、社会阶层重新划分、社交范围扩大和社交范围集中等方面分析了新媒体对社会结构产生的影响。刘伯贤的《关于我国网络阵地建设问题的思考》提出推进网络阵地建设必须具有战略眼光和创新精神，要从深化战略认识、加大战略投入、注重技术创新、推进法制建设等几个方面促进网络阵地建设更快更好地发展。郎劲松等人通过对国家领导人公共形象传播的研究，认为国家领导人公众形象传播也是国家"软实力"的高端表征。近年马克思主义新闻观成为新闻界学习和研究的重点，王泱泱研究了马克思主义新闻观的核心元素——"二为"方针在网络新闻传播中的运用。2014 年"数据新闻"成为国内新闻传播领域的一个研究热点，"前沿话题"中收录的沈浩、张丽等人的论文论述了数据新闻制作的一般流程、数据新闻的现状和发展趋势。

党的十八大明确提出，围绕保持党的先进性和纯洁性，要在全党深入开展党的群众路线教育实践活动。2013 年群众路线教育实践活动也在新闻界如火如荼地开展。结合这项活动，本年集中特设"新闻工作群众路线专题"，其中收录哈艳秋等人的《解放区"大家办广播"的理论与实践研究》一文，从历史的角度论述了新闻工作群众路线的优良传统，其他两篇论文则分别从中央媒体和地方媒体的实践方面分析了新闻行业对于群众路线的践行经验。

在“新闻传播史”栏目中，就近年来的广播电视史中存在的一些问题几位学者发表了自己的看法。赵玉明在《对“1923 年 1 月 1 日哈尔滨广播无线电台开播”论证材料的意见》一文中对于“1923 年 1 月 1 日哈尔滨广播无线电台开播”论证材料提出了质疑。庞亮在《红色中华新闻台的待解之谜——兼与严帆等同志商榷》就红色中华新闻台的称谓、定位、机构人员以及旧址等诸多基本问题存在的疑点，进行了一些讨论，加深了人们对广播电视史的研究的深入关注。

“新闻传播理论”栏目研究视角多样，既关注理论的创新也关注现实的发展。刘昶在反思图像在当今报刊中的地位与作用的基础上，探析了媒介主体的身份认同与未来想象；刘京林以汶川地震央视直播报道为例，探析新闻采访主体心理生活空间的内涵、整体观及其心理能量运动的方向和规律。2013 年陈永洲案、2014 年马航失联等事件在社会上产生了强烈的反响，“新闻传播实务”栏目中邓炘炘、凌昊莹等分析了相关热点事件新闻报道中存在的问题，方毅华等就新闻的叙事技巧、叙事策略以及真人秀节目本土化等业务层面进行了深入探讨。

近年来，越来越多的学者将实证研究的方法应用于新闻传播领域，并取得了一定的成效。为此，本年集新增“新闻传播实证研究”栏目，收录了 6 篇论文，内容涉及大学生对传统媒体和新媒体的认知和使用、老年电视节目功能研究、媒介心理学视阈下微博平台负面信息等方面的研究，这些研究注重问卷调查，运用数据说话，得出的结论具有说服力。

“传媒教育与传媒文化”栏目中，官承波等研究了新媒体人文精神异化的表现，提出了培育受众媒介素养、知识分子参与共建、回归主流美学话语将是救赎新媒体人文精神的重要路径。李建刚等以淘璞网为研究的切入点，对传媒教育新的学习路径进行思考。

2013 年，微信、微博、手机客户端等仍然是网络新媒体领域研究的热点，在本年集的“网络与新媒体”栏目中，吴风、刘年辉、凌昊莹、詹新惠、庄捷等人分别研究了手机新闻客户端、媒体微信订阅号、广播与微博的互动、网络虚假新闻的变异、聚合新闻的发展等问题，以新鲜的视角精辟地分析了这些热点问题。

“媒介经营与管理”栏目，聚焦于体育文化传媒基地的打造和跨国广告公司在华发展等。“域外传播”栏目，张彩等研究了日本临时灾害电台在突发灾害时的作用及意义；刘自雄等解析了美国乡村媒体集团的成功之道，为我国新闻媒介发展提供了借鉴。

躬耕之际，我们丝毫不敢懈怠，时刻牢记《新闻传播学前沿》之创办宗旨，坚守理性、思辨、前瞻的理念，力求将《新闻传播学前沿 2013－2014》打造成理念先进、视野开阔、关注现实的学术阵地，为此我们将全力以赴，继续前行！我们也期待学界业界同仁对本年集的持续关注与支持。

·前沿话题·

新媒体对社会结构的影响

陈力丹

无论是大数据、网络还是信息高速公路，现在有一个统称，即新媒体。“媒体”的概念不能在原有传统媒体的意义上理解，而是包括各种新的传播途径、发送和接受方式或形态。这方面的历史在我国开始于1994年。那年中国与国际互联网相连的64k网络信道开通，于是我们进入Web1.0时代，随后有了第一个互联网上的瀛海威网站。随着博客的出现，互联网进入Web2.0时代，有了博客、播客、掘客、维客等“自媒体”形式，使人有了更大的自我表达权。

SNS(社交媒体)越来越多，加速了网络虚拟社会的构建，使得虚拟社会成为现实社会的延伸，例如偷菜游戏。从微博、微信开始，Web已经开始从2.0向3.0过渡。

网络的未来发展，将进入Web3.0时代，其技术特征是：物质世界与人类社会的全方位信息交互，人与物质世界的连接。人与人的交往仅是信息交流的组成部分之一，而不是唯一的了，而人与物质世界的交流将成为信息交流的非常丰富的一部分。1999年在美国召开的移动计算和网络国际会议，基于RFID技术和EPC标准，利用射频识别、无线数据通信等技术，构造了一个能实现全球物品信息实时共享的实物互联网，简称物联网。2009年美国将新能源和物联网一同列为振兴经济的两大重点。同年8月，物联网被正式列为我国五大新兴战略性产业之一，写入政府工作报告。

一、新媒体技术应用的走势

1. 微信介入通信领域

微信一经推出就受到追捧，在短短两年时间里用户数量猛增。截至2013年1月，微信注册用户量已经突破3亿。“讲短信”逐渐成为一种时尚。微信通过互联网上网，需要支付的上网费用很少。不同于微博或QQ从“和陌生人交流”开始，逐渐沉淀出一个固定的圈子，微信从熟人朋友关系切入，逐渐向陌生人的关系过渡，因而一开始就具有较为稳定的核心受众群体，并以朋友推荐的口碑营销模式快速推广，现在成为报纸重点报道的一个对象。

2. 4G的应用

2013年4G开始应用，社交媒体应用领域已经超过了过去传统的PC互联网。

4G是第四代移动通信及其技术的简称。4G系统能够以100兆位/秒(Mbps)的速度下载,比拨号上网快50倍,上传的速度也能达到50Mbps,并能够满足几乎所有用户对于无线服务的要求。4G在支持流媒体等方面具有明显优势,能够为新媒体的进一步发展提供更为广阔的平台,加快移动互联网应用的发展。

3. 新媒体对位置信息的开发

随着社会生活节奏的加快,移动中的传播成为一种社会生活的常态。因而新媒体的发展方向也越来越趋向于抢占移动中的传播时间,聚合碎片化移动过程中的"微时间"。因而,"时时在线"成为一种新的社会交往模式。而这,正是广播发挥优势的方面。

另一方面是媒体对移动中空间的开发,从街旁网的签到,到百度的身边信息搜索,再到微信寻找附近的朋友,无一不是移动中空间位置信息的开发。2013年7月中旬,女儿女婿带着我和夫人开车去从未到过的美国华盛顿州和俄勒冈州,四天走了1000多公里,全靠有声手机定位系统找路、找景点、挑选餐馆和旅店。我要找一份华盛顿州的地图,一查定位系统,发现高速路边一个小镇的旅游信息中心就有,车子很快就转到路左边的小镇。高速路上堵车,马上就找到一条横向的乡间公路,来到墨西哥打工仔聚集的村子吃了顿风味餐,堵车过去后路上走得很顺。若没有移动中的媒体指引,以往是不可能做到的。

4."众包"的新闻生产机制

现在,由"微博记者"主导的"一个人的国际新闻部"的新闻生产模式已经产生。2011年最引人注目的"微博记者"是美国公共广播电台(NPR)的安迪·卡尔文。他一个人包揽了NPR的大部分国际新闻报道,秘诀在于充分利用微博与遍布世界各地的"公民记者"和"社区博主"的"黏性"联系,采用"众包"(crowd—sourcing)的生产机制,"协作生产"出贴近当地实际、真实反映当地民众诉求的新闻。

图1 工作中的安迪·卡尔文

在"众包"的新闻生产机制中,专业记者发挥着重要作用。2013年4月,国际调查记者联盟(ICIJ)发布报告,揭露数千名全球匿名富豪(包括总统、财阀、独裁者子女等)在维尔京群岛、库克群岛等避税天堂所拥有的财富。这个报告是来自46个国家的86名记者共同协作的结果。他们借助大数据信息处理工具,对250多万份文件进行分析,对170多个国家的权贵精英展开调查。加拿大、美国、俄罗斯、中国、阿塞拜疆、蒙古、菲律宾、印度、巴基斯坦、印度尼西亚、泰国等国富豪均在其中。

专业记者在公民记者的配合下，对相关线索和文件进行了严格的把关和完善，包括核实信源、核对法院记录、进行实地调查、采访相关领域专家等，这就确保了“众包”机制的成功运作和终端产品的专业品质。这是非常成功的一件事。

5. 新媒体的新闻传播倒逼传统媒体

(1)四维报道模式

下面是英国《卫报》网站上关于“阿拉伯之春”发展的四维(立体＋时间)报道模式。图 2 的最下面一行是 17 个阿拉伯国家名称，右侧是事件发生的年月日，随意拉动鼠标点击任何一个点，可以看到最近任意年月日关于这个话题的四类不同方面的详尽新闻，还可以知道什么时候、什么地点发生了什么事，横向在时空上比较各个国家，设想其相互的影响。这是对传统媒体的巨大挑战。传统媒体面对这样的报道模式，怎样跟进和改进自身，是一个全新的课题。

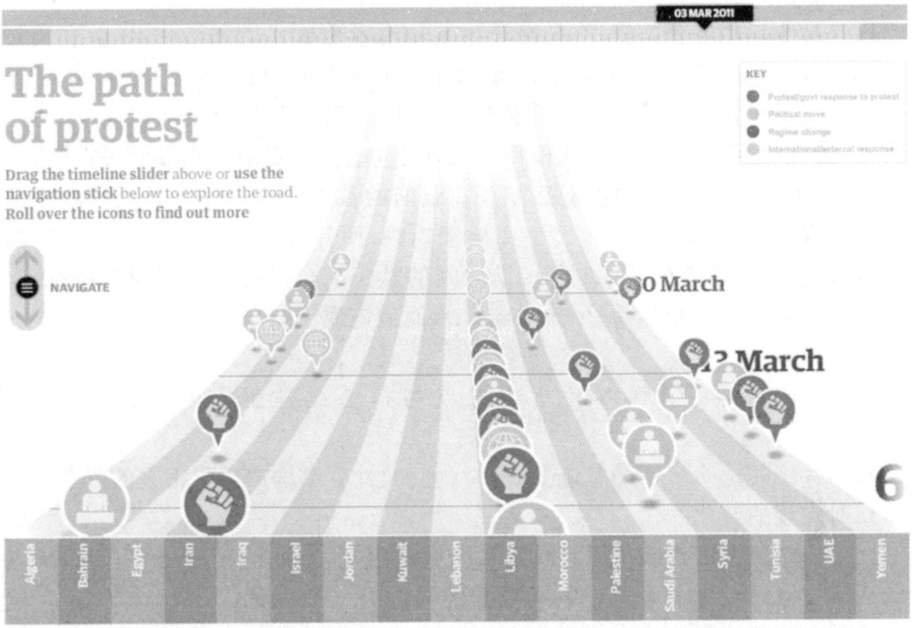

图 2　英国《卫报》网站关于“阿拉伯之春”发展的四维报道

(2)新闻游戏化

图 3 是《华盛顿邮报》关于奥巴马就职典礼的新闻图片，原图更大，这里只是截图，再放大几十倍，画面上的人仍然很清晰。有标识的参会者(有上千个)，只要一点击，就可以出现关于这个人的进一步的材料介绍。这种看新闻同时兼游戏的功能，会给接受者留下较深的印象。“游戏”中的正面宣传效果，显然远大于任何关于这个话题的其他方式的传播。

图 3 《华盛顿邮报》关于奥巴马就职典礼的新闻图片

(3)新闻报道多媒体化

网络技术运用于新闻报道,已经产生了革命性影响。例如 2013 年普利策新闻特稿奖获奖作品《雪崩:特纳尔溪事故》(Snow Fall: The Avalanche at Tunnel Creek),报道 16 名滑雪爱好者遭遇雪崩的经过,颠覆了传统报纸的新闻呈现方式,把文字、音频、视频、动漫、数字化模型(DEM)、卫星模型联动等集成发表在《纽约时报》的网站上。打开这篇新闻网页,呈现在眼前的首先是全屏循环播放的积雪滚落下山坡的视频,往下滑动页面,文字穿插于视频、照片和信息图之间。颠覆性的新闻呈现方式背后,是整个新闻制作团队之间的默契配合,因此这个普利策特稿奖不单属于组织者约翰·布然希(John Branch),而应该属于整个团队。

二、新媒体的急遽发展对社会结构的影响

新媒体经过这么多年的急遽发展,对我们的社会结构产生了很大的影响。

1. 时空观的变化

网络的快速发展打破了原有时间和地域的限制,空间的极度压缩,使每个人所处的现实位置已经无关紧要,地域、场景的空间真实存在消失了,身体的存在位置已经不是决定群体是否有共同经历的前提。在越来越多的事件中,身体可能是缺位的,但是人们却可以享有共同的体验。新媒体将身处不同物理空间的人整合进共同的虚拟场景,使得处于相同空间的人可以分离在不同的场景中。

手机、iPad 等移动新媒体的出现,使得"在一起"的人可以选择处于不同的场景中,社会交往的线性模式被打破。新媒体有这样一种功能:轻易打断正在进行的场景而导入新的场景,使社会交往模式成为非线性的、碎片的存在。

同时,新媒体对传播时效的不断追求,也使得人们的交往向即时在线转变。微博的简洁,微信的私密和小群体性质,手机便携,加上无线上网技术的成熟,使得人们可以随时随地进入网络获取信息并发布信息。

但也正是因为网络全方位的覆盖,使得社会交往的速度越来越快,很多时候都要求人们及时甚至即时做出回应。这样一来,人们的零碎时间被最大限度地整合,

新媒体侵袭着人们的时间，使社会时刻处于即时在线的紧迫感中。马克思在160年前曾以“用时间消灭空间”[①]来形容电报的传播作用，当时是作为一种社会进步谈论的。但是，当事情发展到另一个极限，即把人们的所有时间和空间挤压得难以喘息，还是好事吗？人创造的事物正在压迫人。

2. 在网络的虚拟社会中，真实社会角色与身份被剥离，出现新的界定，社会阶层重新划分

在网络论坛中，在SNS媒体中，在微博、微信形态中，每个参与者都不依附于社会现实地位而存在，扮演想扮演的角色，承担与现实生活中截然不同的作用。

现在虚拟社会网络越来越成为现实世界的延伸，与现实世界的关系变得更为密切，现实社会和虚拟社会相互交叠。一个人可以用不同的身份、角色参与到网络中，表现出多重人格，甚至借助于网络的匿名表现出极端的、反常的人格特质。因而，如何取得互信，快速确定双方在交往中的角色扮演，是新媒体对社会结构提出的挑战。

在社交范围扩大的同时，人们的社交圈则呈现集中的趋势。以兴趣为聚合的小圈子氛围形成，同时一些小众化群体，借助互联网的“长尾效应”也得到发展。新媒体带来的新型社会联络与动员能力，能够形成稳定的社交圈，但在另一方面，也会使不同阶层之间分化更为严重，社会利益团体的边界逐渐明晰和固化。

法国学者让·鲍德里亚曾预见：传媒推动了以“拟像”和“内爆”为特点的后现代社会的到来，现实与虚拟、高雅与低俗等二元对立概念的边界、范围和差别逐渐消失。看来这一预言真的变成了现实。

3. 出现社交范围扩大和社交范围集中的现象

网络社交很大程度上是和一群陌生人说话，因为当事人不知道对方是谁，社会交往从熟人社会向陌生人社会过渡，网络颠覆了主体实在的确定性身份，承担了美国政治哲学家约翰·罗尔斯所说的“无知之幕”的功能，使得参与者可以躲在“幕”后摆脱原有身份的束缚。“无知之幕”讲的道理是：每个人将来要做什么，都不知道，在这种情境下大家讨论市长应该做什么，书记应该做什么，清洁工应该做什么，这时候没有利益驱动，大家可以讨论得非常公正。走出幕布，才知道谁是市长，谁是清洁工，这就叫无知之幕。这是罗尔斯1971年在《正义论》一书中的设想，现在的网络传播把它变成了现实。

以往这些小众群体在实在的社会层面很难组织起来，而在互联网时代，人们可以以极低的成本关注正态分布曲线的“尾部”。关注“尾部”产生的效益甚至会超过“头部”，小众群体借助网络的传播效应，得到了迅速发展。即使全球只有几百人，通过虚拟的网络就可以组成一个网上社群。

4. 话语力分散和用户自主地位的提升

表达渠道的扩展，带来话语力的分散和碎片化。新媒体朝着鼓励人人参与的方向发展，人们拥有了以往得不到的表达权。

---

① 《马克思恩格斯全集》第46卷下册，人民出版社1980年版，第33页。

话语力现在不再仅仅掌握在少数大众媒体和官方信息渠道，民众在各种问题上发出自己的声音，消解原有的权威话语中心。话语力从精英阶层向草根下放，出现众声喧哗的局面。

通过网络共享和分散资源的集中，网络速率和信息利用率提高，用户的自主性和参与度得到提升。胡泳的著作《众声喧哗》，讲的就是这个时代的特征。P2P 技术通过点对点传播，可以将参与者的计算能力和带宽集中起来，用户的电脑成为主机同步上传的内容，下载的人越多，下载速度反而越快。

维基(Wiki)作为一种在网络上开放的可供多人协同创作的超文本系统，使得用户共同创作成为一种可能，提供了用户的自主性。通过协同创作，可以相互补充和纠正，汇聚个体的力量，发挥网络的自净化功能。维基百科、百度百科等都是采用这种协同写作的方式，任何人都可以参与词条的编写中，后来者可以修改已有的内容，也可以将内容恢复到上一次完成的版本。

5. 人的记忆方式发生变化

网络上的搜索引擎，给人们的思维方式带来巨大冲击，上网搜索逐渐成为解决问题的方式。因而，记忆方式发生变化，更多的选择性记忆在于重要的信息点和信息的获取路径，而不再是具体的内容。过去靠死记硬背，现在靠找到路径。

6. 传统构词法被解构

新媒体解构式的语言风格和传播方式，更多地表现出反规则、碎片化、去中心等特点。恶搞、嘲讽、质疑权威成为新媒体中一种常见的内容风格。大量短小、碎片化的信息，正在从不同方面质疑传统话语权威。于是，新媒体通过对不同语言碎片的反规则拼接，形成一种新的立体式的图景，建构着新的话语体系。比如：不明觉厉、喜大普奔、人艰不拆、我和我的小伙伴们都惊呆了、喜当爹、我去年买了个表，等等。

世上本没有网络词汇，用的人多了，也就成了口头语。无论你认可它的诙谐，或者批判它的粗鄙，它都成为一种现象，渗透在网络乃至生活中的每个角落。

三、我们正在离开信息时代，迈入信息推荐时代

基于个性化信息聚合的新信息中介(new intermediary)在迅速发展。不同于传统的新闻传递模式，新信息中介依托用户的自主选择与内容分类，根据用户浏览习惯和标签进行自动匹配和推荐，为用户提供更为符合需要的信息。Frog Design 咨询公司的时尚观察家指出："我们正在离开信息时代，迈入推荐时代。今天，信息唾手可得，你实际上是踩着信息走路的。收集信息不再是问题——根据信息作出聪明的决策才是奥妙之处……别人的推荐成了穿过信息丛林的捷径，就像一个酒店的老板向我推荐不知名的法国葡萄酒，还建议我在喝酒的时候用意大利面助兴一样。"①

---

① 〔美〕克里斯·安德森：《长尾理论》，中信出版社 2006 年版，第 88 页。

新信息中介的出现，不仅从根本上改变了新闻传播业的格局，加长了信息传播链，还控制着传统媒体所难以获得的用户数据。新中介以传统媒体甚至网站等新媒体的内容作为自己的内容，仅提供面向用户的接口和平台，通过拉大媒体内容生产者与其最终用户的距离，使内容生产者与其用户分离，从而控制了媒体内容的流向。

正如 Zaker 创始人李森和所说，Zaker 将成为一个揉入个性算法的以订阅模式为主的平台，同时带有社会化元素的阅读应用。“你想订什么都可以订得到，系统很聪明，知道你喜欢什么，该给你推荐什么。你非常喜欢的，你朋友在弄的东西，你们都可以分享。”①

新中介以 Flipboard、Zaker、Zite 为代表的内容聚合与推荐工具，电信运营商、系统平台商、硬件制造商则主要提供信息集成平台，对内容本身不进行过多干预。

网络传播的要点在于个性化信息的聚集与传播，基于这种变化，原有的线性、互动、循环等传播模式都受到挑战，在随时变化的传者和受者之间，加入了智能化的信息过滤系统。从简单的垃圾信息清除→搜索引擎的关键词→个性化推荐系统，改变了信息的传递模式，就此出现了个性化信息推荐传播模型(曹文星设计)。

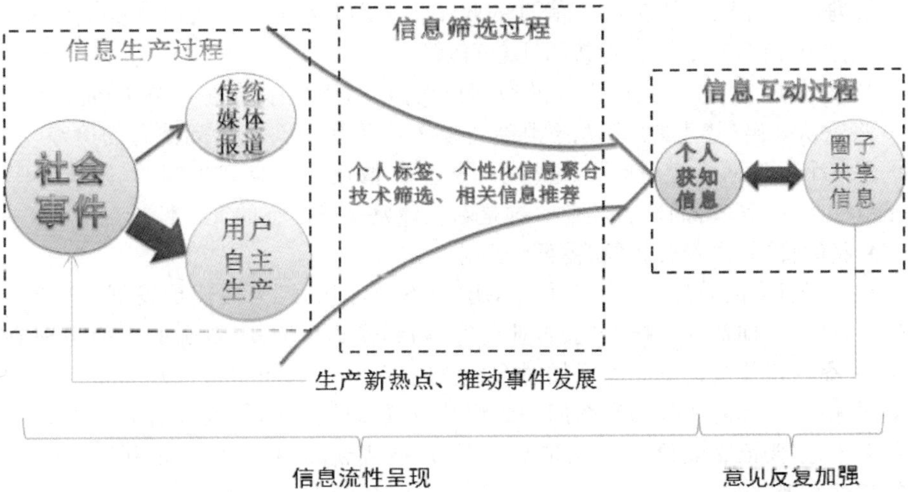

这个模型分为三个过程：第一个是信息生产过程，社会事件转变成信息，由传统媒体报道，也可以由用户自主生产，网络传播时代用户自主生产的信息数量远大于传统媒体的报道；第二个是信息筛选过程，也就是传播学中所说的“把关”，筛选的要素包括个人标签、个性化信息集合、技术筛选和相关信息推荐等；第三个是信息互动过程，通过个性化筛选，信息被个人获知，并成为个人所在圈子中的共享信息，继而生产出新的热点，在其发展的过程中形成新的社会事件，这就轮回到了第一个信息生产过程。因此，个性化信息推荐传播模型的三个过程是相互影

① 谭古丽：《扎客阅读领域市场潜力巨大，但要沉下心做》，爱范儿网，2012 年 11 月 14 日。

响的。

一句话，新媒体中介是以传统媒体甚至是网站新媒体的内容作为自己的内容，把别人的东西借过来，面向用户提供的接口和平台，从而控制了媒体的内容和流向。那么这些东西掌握在谁手里？掌握在网络制造商手里，而不是传统媒体这个圈里了。

四、新媒体发展中的系列悖论

1. 精准信息推送与信息窄化

新媒体基于用户兴趣而提供精准信息的推送，长此以往将造成用户信息无形中的“窄化”，我们只接收我们选择的东西和愉悦我们的东西。网络传播带来的在更大空间中的个体相遇，以及随之而来的个人信息窄化，使得形成信任或达成共识的基础变得薄弱了。由于这种情形，社会冲突的肇因可能会多了一种——信息窄化。

2. 精准定位与用户的信息安全

精准定位所依托的对用户信息的收集，需要以精细的个人信息存储为前提。于是，用户的信息安全将成为新的社会问题。

2012 年 11 月，在美国广告界的激烈反对声中，微软依然宣布 Windows 8 中的 IE10 将默认开启“禁止追踪”功能，限制企业对个人用户在线活动信息的追踪，从而保护用户个人隐私。这一运作模式对广告主获取用户信息产生制约，并直接影响依靠精准定位而获得的广告收益。这是新媒体发展所面临的又一悖论。

3. 新闻传播“去专业化”和需要专业化

在市场竞争的重压下，新媒体形态层出不穷，同时极为快速地发展，这种情形产生另一问题，即新闻传播的“去专业化”。赢利模式不明朗，资金的不稳定和成本控制，使得新媒体公司不愿意增加对有价值内容的投入，而主要以娱乐新闻来吸引公众眼球；新媒体的成长与衰落周期的短暂及其试验性质，使其没有充分时间培养专业人才，主要依靠廉价新手或非专业人员，造成新闻内容匮乏，不利于新媒体形态的长远发展。

未来最好的办法是运营商、制造商和传统媒体人员合作，但目前合作非常困难，因为合作会涉及各相关方利益重新分配的问题，利益的分割比技术上的合作要困难得多。

4. 表达渠道和形态的无限扩展趋势与技术的无限发展对人的深度控制

网络赋予每个人更多的自我表达和社会参与的权利，人人都可以借助网络更为方便、快捷的渠道，使自己的声音被传递。但关键问题是发出的声音能否被听到。

技术的无限发展更有利于当权者对人的深度控制，但并不一定带来人的权利的延伸。控制技术的最有力者是当权者，因而传播技术对人的控制，本质上远远大于传统时代。新的《1984》正在展现，我们同样要警惕。若干年前比尔·盖茨说过一句著名的话：“在互联网上，没有人知道你是一条狗。”现在，即使狗无意踩到键盘，也能即刻知道你是谁。谁在掌控每个人的信息？政治国家。

新媒体给我们的生活带来了方便，但在享受技术优势时，也要防止人的异化。人创造了新的传播技术，不该被自己创造的东西所控制，要防止为物所役。渠道的多元与内容的短缺、信息相对过剩与优秀资源的稀缺，是目前的新问题。新媒体造就的趋向无限快节奏的生活方式，也可能会将人们引向精神的泯灭。一切处于矛盾中，等待着我们抉择和妥善处理。

〔作者系中国人民大学新闻与社会发展研究中心教授〕

关于我国网络阵地建设问题的思考

刘伯贤

自上个世纪90年代起，在数字技术大潮的强力推动下，互联网以令人难以想象的势头迅猛发展，对全球政治、经济、文化、军事、科技等各个领域以及民众的思维方式和生产生活方式产生了广泛而深远的影响。世界各国普遍重视互联网建设。互联网现已成为群雄纷争、列强角力的战略新高地。我国同样高度重视互联网的建设和发展，中央领导集体着眼于党和国家事业发展的战略需要，强调指出必须以积极的态度、创新的精神，大力繁荣互联网事业。特别是党的十六大以来，中央就加强互联网建设、发展健康向上的网络文化提出了明确要求，并采取了一系列战略举措，各行各业对网络阵地建设的认识不断深化，我国互联网事业正在积极探索中稳步推进。当然，由于互联网的影响具有鲜明的双刃性，因而不少人士对加强互联网建设仍然心存疑虑、看法不一。笔者以为，对执政者而言，要真正做好网络政治时代的传播工作，构建舆论引导新格局，维护党和国家利益，必须深刻认识互联网强势崛起后整个舆论环境出现的新变化及其给政治生态、文化生态等诸多方面带来的机遇与挑战，切实把加强网络阵地建设作为一项重大战略工程来抓。

一、网络媒体已成为国内外舆论场的生力军

（一）网络媒体的勃兴改变了传媒市场格局，加剧了市场竞争程度，并在很大程度上促使整个媒介生态发生了深刻嬗变。经过近20年的蓬勃发展，互联网的媒体属性彰显无遗。1998年5月，联合国新闻委员会将互联网确定为继报纸、广播、电视之后的“第四媒体”。从近十余年全球媒体发展的总体情势看，作为“融媒体”、“全媒体”的网络媒体后来居上，大有从“老四”位置向“老大”位置转变的趋向。在我国，这种势头自2007年党的十七大起也初现端倪，网络媒体在媒介方阵中正日益从边缘位置向中心地带挺进，其在舆论场中已从原来的“跟跑者”变为引领其他媒体的“领跑者”——绝大多数舆论热点事件均肇始于网络传播，且放大于网络传播。从2008年胡锦涛同志称互联网为“思想文化信息的集散地”、“社会舆论的放大器”到2013年习近平同志称“互联网已经成为舆论斗争的主战场”、“要把网上舆论工作作为宣传思想工作的重中之重”，我们不难体会到互联网对舆论生态和中央决策的深刻影响。事实表明，网络媒体倚凭自身的诸多优势和巨大潜力，现已跻身主流媒体之林，奠定了其在传媒市场格局中的重要地位。

（二）网络媒体的勃兴拓宽了信息传播渠道，丰富了信息传播形态，并在很大程度上改变了民众的信息消费理念。在现代信息科技的牵引下，各种网络新技术新应用日新月异，层出不穷。民众因之迎来了信息传播空前活跃的“大众麦克风时代”、“自媒体时代”、“移动互联网时代”、“大数据时代”。众所周知，网络媒体在信息的海量性、传播的时效性、传受的互动性、检索的便捷性等方面具有传统媒体不可比拟的优势。资料显示，2008 年汶川地震发生后不足 10 天，人民网、新华网、央视网、中国网共发布抗震救灾新闻（含图片、文字、音视频）123 000 条，腾讯、新浪、搜狐、网易整合发布新闻 133 000 条，此 8 家新闻网站点击量达 116 亿次，跟帖量达 1 063万条。如此庞大的信息量和浏览量，显然是传统媒体无法比肩的。由于通过互联网、手机和其他移动终端获取资讯通常比传统媒体更快、更全、更便捷，因而越来越多的民众习惯于上网、读网、借网交流。有调查表明，当前我国阅读传统出版物的读者人数正在以每年 12％的速度下降，而阅读新兴媒体的读者人数则以每年 30％的速度增长。[①] 这无疑昭示了民众对网络媒体的认同度和依赖度正在不断攀升。

（三）网络媒体的勃兴拓展了民意表达空间，激活了民众的精神诉求，并在很大程度上影响着社会舆论的走向。较之于传统媒体，互联网更大程度地解放了民众的“嘴巴”，为民众表达意见、传播思想提供了绝好平台。在互联网上，每个人均可发表自己的所见、所闻、所感，阐述自己的见解、观点，甚至可以让自己的诉求直通“中南海”。正如汪玉凯先生所言，在新的历史条件下，网络已经成为重要而独特的渠道，以网络为媒介的“政府—公众”新互动模式已经成为中国政治文明的重要元素。在这种话语环境中，民意表达和官民互动空前活跃。互联网既是人民群众表达意见建议的便利渠道，也是越来越多的党政官员了解社情民意的重要窗口。正因如此，网络媒体作为信息集散地和舆论放大器的功能才日益凸显，其对舆论热点事件的干预能力才会不断增强。从孙志刚事件、刘涌案件到《劳动法》、《物权法》的网上大讨论，从重庆“史上最牛钉子户”、山西“黑砖窑”事件到陕西“华南虎照”、厦门“PX 项目”事件，我们可以清楚地看到，网络媒体不仅深刻影响着社会舆论的走向，而且能推动现实问题的解决。时下，社会上有关“上访不如上网”的说法即缘于此。

（四）网络媒体的勃兴扩大了对外宣传阵地，丰富了对外宣传手段，并在很大程度上提升了对外传播能力。网络媒体具有超疆域、跨国界的传播优势，其迅猛崛起强有力地催化了传播全球化态势的出现，大大促进了各国各地区之间的经贸往来、政治互动和文化交流，同时在影响国际舆论、提升国家形象等方面也作用明显。实践证明，网络媒体既是少数西方国家用以推行强权政治、实施文化渗透的首选工具，也可以成为我们开展对外传播工作的新阵地、提升对外传播能力的突破口，成为我们在国际舆论场中放大自身声音、维护国家利益的扩音器。比如，在 2008 年向海外披露“拉萨 3·14 打砸抢烧”事件真相、抗议西方媒体对我恶意攻击以及客观报

---

① 柳斌杰：《新媒体发展的现状与趋势》，《传媒》2006 年第 12 期。

道奥运火炬在境外传递遭受冲击等活动中，网络媒体担负了生力军的重要角色，发挥了其他媒体无法替代的作用。近年来，许多行业积极借助网络渠道，加强对外交流、展示自身形象、寻求发展机遇，大力实施“走出去”战略，效果颇佳。对于外宣工作而言，网络媒体的勃兴不仅有利于丰富对外传播手段，发展现代传播体系，而且有利于构建国际传播新秩序，营造于我有利的国际舆论环境。

二、加强网络阵地建设是一项关乎全局和未来的战略工程

如果说新闻媒体处于意识形态领域的前沿，那么网络媒体则处于“前沿的前沿”。随着时代演进，网络媒体已逐步占据了意识形态领域的制高点，担负着传播文化信息、引导公众舆论、推动经济发展、促进社会和谐等重要职责，对政治、经济、文化、军事、科技等各个领域的影响日益深刻。从党和国家事业全局与未来发展的高度看，加强网络阵地建设，具有重要的战略意义。

（一）加强网络阵地建设，是提高党的执政能力、维护政治经济安全的必然要求。表面看来，互联网只是一种传播工具、信息载体、交流平台。实际上，除了工具属性和技术属性，互联网还具有重要的政治属性、经济属性、文化属性等。在治国理政中，互联网既是一种至关重要的政治资源，又是一种不可或缺的执政工具，其不仅关乎先进文化的弘扬和核心价值体系的建构，关乎社会舆论的健康发展和人民群众精神文化诉求的满足，而且关乎经济发展和社会稳定，关乎党和国家工作大局。完全可以说，当今互联网的建设发展已不再是一个单纯的科技层面的问题，而是一个与政治、经济、文化、社会建设等“四位一体”、密切关联的重大战略问题。不难看到，互联网在给国人的政治、经济、文化生活带来诸多便利的同时，也对提高党的执政能力、确保国家长治久安提出了严峻考验。有人认为互联网是执政者面临的“最大变量”，弄不好则会成为“心头之患”。有人认为共产党如果过不了互联网这一关，就很难长期执政下去。习近平总书记在 2013 年“8・19”讲话中指出：“在互联网这个战场上，我们能否顶得住、打得赢，直接关系我国意识形态安全和政权安全”。由此可见，网络建设本身就是国家政权建设的重要组成部分。要应对各类风险、维护执政安全，无疑必须应势而谋、顺势而为，先从加强自身建设、夯实自身阵地抓起。惟其如此，才能为发展政治文明、推进执政事业创造有利条件。

（二）加强网络阵地建设，是增强我国文化软实力、争夺国际舆论话语权的迫切需要。当今时代，文化软实力对综合国力的支撑作用日益彰显。传播能力作为文化软实力的重要内容，对于放大中国声音、展示中华文化、构建国家形象、维护国家利益至关重要。时下，国际舆论场中各种思想文化的交流、交融、交锋相当活跃，舆论斗争的形势相当复杂，互联网正成为渗透与反渗透、颠覆与反颠覆的主战场。少数西方国家利用自身在互联网领域的技术优势和话语优势，大肆鼓吹所谓的“网络自由”，强力推行政治霸权、文化霸权、信息霸权，意欲将西方价值观念、政治模式无障碍地输入中国。然而，由于诸多原因，西强我弱的舆论格局仍然明显，我国与许多发达国家之间的数字鸿沟客观存在。这无疑对我们非常不利。2009 年 12 月 28

日，时任中共中央政治局常委的李长春同志在中国网络电视台开播仪式上指出："在信息传播技术高度发达的当今社会，……谁占领了新兴媒体阵地，谁的传播手段就更先进、传播能力就更强大。"此话意味深长。要真正增强对外传播能力，构建国际传播新秩序，为实现中华民族的伟大复兴营造良好的国际舆论环境，必须顺应时代发展潮流，大力加强网络阵地建设，切实在互联网时代积极开拓自己的网络疆土和数字版图，勇于扩展自己的战略发展空间。做好了这一工作，提升我国文化软实力、争夺国际舆论话语权才有依托和保障。

（三）加强网络阵地建设，是一项争取青少年、面向未来的战略举措。青少年是祖国的未来、民族的希望。作为科技进步的产物，互联网容易为充满活力和好奇心的青少年所追逐。有关资料显示，目前我国 80％左右的网民是 35 岁以下的年轻人，90％的高校学生把互联网作为了解外部世界、学习文化知识、参与社会交流的工具。青少年对网络平台的依赖程度越来越高已成为不争的事实。许多年轻人睁眼起床后做的第一件事就是开机上网，成天泡在互联网上的青少年不在少数。互联网之于他们，犹如空气和水。他们在网上逐浪，其思想观念、情感倾向、价值判断以及行为方式极易受到网络生活的影响。西方敌对势力一直妄图利用互联网与我们争夺青少年、分化青少年，以之"扳倒中国"，实现他们蓄谋已久的和平演变。多年前，就有西方政要声称"有了互联网，对付中国就有了办法"，"只要有互联网，就能摧毁中国的长城"，"社会主义国家投入西方怀抱，将从互联网开始"。个别国家政府甚至针对我国网民多为年轻人的现状，公然宣扬所谓"树根战略"，旨在通过互联网兜售自己的政治模式、价值观念和生活方式，对我国青少年实施浸染和渗透。有人称互联网为"软利器"、"没有硝烟的战场"，称网上的这场意识形态之争为"软刀子战争"、"新时代的鸦片战争"，着实精辟而深刻。从这种意义上说，加强网络阵地建设，顺应青少年的心理特点和接受习惯，主动提供优质、丰盛的精神食粮，不断满足青少年的多样化需求，积极引导青少年健康成长，显然是一项意义深远的战略举措。

三、推进网络阵地建设必须具有战略眼光和创新精神

当前，网络阵地建设既面临大好机遇，又面临诸多挑战。就机遇而言，一是党和国家对此项事业高度重视，社会各界对互联网的认识日益深化，网络应用日益普及；二是我国经济社会发展势头良好，能够在财物、人才等方面提供有力保障；三是我国互联网的发展几乎与国际同步，差距不大，且在近 20 年的积极探索中积累了许多宝贵经验。这些因素无疑为我国实现超赶跨越、开创网络阵地建设的新局面提供了有利条件。就挑战而言，主要包括：国际互联网的核心技术仍然掌控在美国等西方发达国家手中，世界各国对互联网这一战略要地的争夺相当激烈，我国在网络内容建设、技术建设、队伍建设、法制建设等方面尚存在诸多不尽如人意之处，亟待进一步改善。在这种情势下推进网络阵地建设，不仅需要强烈的战略自觉性和时代紧迫感，而且必须具有宏阔深邃的战略眼光和敢为人先的创新精神，切实从党和

国家未来发展的战略高度来审思。

（一）要深化战略认识，注重整体规划。扎实推进网络阵地建设，必须把互联网当作一种重要的战略资源，真正把网络阵地建设作为一项事关全局和未来的战略工程，认真抓好科学规划和战略布局，努力把互联网建设成为先进文化的新阵地、公共服务的新平台、精神文化生活的新空间、经济社会发展的新引擎，使之在传播中国声音、影响国际舆论、构建国家形象等方面发挥重要作用。目前，我国已初步形成了以中央重点新闻网站为龙头，以地方重点新闻网站为骨干，各类政府网站、商业网站和专业网站积极参与的网络发展格局。下一步，要积极引导重点新闻网站创新体制机制，大力打造具有国际影响力的网媒集团，充分发挥其在阵地建设中的主力军作用；要下大气力办好政府网站，畅通官民沟通渠道，凸显其在政策宣传、权威发布、公共服务等方面的特殊优势；要引导各类商业网站和专业网站做大做强，鼓励其多提供丰富多彩的网络文化产品服务，以满足网民多样化、多层次的精神文化需求；要培育一批网络技术服务重点企业，使之成为网络阵地建设不可或缺的力量。同时，要尽力克服不同地区和不同媒体形态间的发展不平衡现象，注意整合资源、和谐发展。要通过科学规划和战略布局，使不同类型、不同层级、不同区域的网点建设成为覆盖广泛、各擅其胜、优势互补、互相支撑的一盘棋。

（二）要加大战略投入，增强保障能力。网络建设涉及诸多方面的投入。没有强大的人力、物力、财力作后盾，网络阵地的战略构建则难有保障。特别是作为一项“烧钱”的工程，经费投入尤显重要。除了行业本身应当自力更生、善于开拓之外，网络阵地建设亟须各级政府在政策、资源、资金等方面予以大力扶持。在此方面，官方决策必须建立在深谋远虑、高瞻远瞩之上。就当前形势论，我国对网络阵地建设必须抱持积极的攻势心态而非消极的守势心态。党的十八大报告提出了“构建和发展现代传播体系，提高传播能力”的要求，为加强网络阵地建设指明了方向。有学者认为，“打造中国媒体的国际竞争力，应当网络先行。”①要实现这一目标，战略投入必不可少。从实际情况看，应当重点增强以下几方面的保障能力：一是集中各方力量，加强重点新闻网站和社会知名网站建设，打造一批具有品牌效益的龙头网站；二是加快文化信息资源的开发利用，推进中国数字图书馆、国家知识资源数据库等网络文化工程，培育一批公益性的专业文化类网站，积极构建公共文化信息服务体系；三是抢占移动互联网发展的主导权，推动我国互联网向更高阶段发展；四是扶持一批有实力的技术研发单位，鼓励其在技术攻关和标准制定方面建功立业；五是加强网络安全建设，增强自我防护能力；六是加强人才队伍建设，为推进网络阵地建设积蓄后劲。

（三）要注重技术创新，提高传播质量。能否具备技术领先优势，占据技术创新的制高点，直接关乎自身在网络战略空间的位置和前途。从国际竞争角度看，要想由互联网大国变成互联网强国，必须在网络技术领域引领潮流，尤其应在技术标准

---

① 于燕枝、刘华：《从“拉萨 3·14 打砸抢烧”事件看提升民族“网媒”的舆论引导力》，《传媒》2008 年第 4 期。

制定方面拥有一席之地。近年来,我国网络硬件和软件产业发展迅速,并在国际互联网标准制定方面逐渐接近核心协议层,取得了不少突破。据媒体报道,截至2010年11月互联网工程任务组(IETF)①第79次会议召开时,以我国研究人员和机构为主制定的互联网标准RFC共有17个。推进网络阵地建设,必须强化"面向未来、创新为王"的理念,瞄准下一代互联网的发展趋势,大力开展技术创新,积极争取在网络新技术的研发和应用中创造佳绩。与之同时,必须加强网络内容建设,提高文化产品和服务供给能力,推动网络文化繁荣发展。当前,要加快传统文化产业与网络文化产业的融合,提高网络文化创作生产水平,满足不同社会群体的信息需求;要积极传播社会主义核心价值体系,广泛宣传马克思主义中国化的最新成果,大力唱响网上思想文化主旋律,不断壮大健康向上的主流舆论,为促进网络传播的文明、有序奠定坚实基础。特别是在突发事件报道和重要资讯供给方面,要契合网络传播规律和受众诉求,主动争抢信息传播的制高点和舆论引导的主动权,提高信息服务质量,增强自身的吸引力和影响力,以之赢得广大网友的青睐和认可。

(四)要推进法制建设,加强战略监管。建设与管理辩证一体,相辅相成。离开建设谈管理,则言之无物;抛开管理搞建设,则行之不远。在很大程度上说,加强管理的最终目的还是为了促进建设,搞好建设既是出发点,又是落脚点。近年来,我国互联网事业发展迅猛,但在管理方面也存在不少问题,对今后健康繁荣发展的消极影响已逐步显现。要遏止谣言四起、"恶搞"频现、水军猖狂、监管乏力等种种乱象,促使网络阵地建设迈上新台阶,除了应当在渠道建设、内容建设、队伍建设等方面发力外,还必须在加强法制建设和战略监管方面下大功夫。近年来,我国加快了互联网立法进程,颁布了一系列法律法规和规章制度,对规范网络传播秩序、净化网络文化环境颇具积极意义。但是,由于互联网行业点多面广,涉及内容相当复杂,现有法律法规尚不完善,有些政策法规适用性不强,加之民众网媒素养参差不齐等诸多因素,要真正实现科学监管、有效监管,难度甚大。在推进网络阵地建设中,必须把加强网络法制建设摆在重要位置。当前,应当进一步完善监管体系,提高政策法规的适用性和前瞻性,综合运用法律、行政、经济、技术等多种手段,强化民众的网络法制意识,引导其文明办网、文明上网,加快形成依法监管、行业自律、社会监督、规范有序的信息传播秩序。只有做到建管并重、以管促建,网络阵地建设才能又快又好地发展。

〔作者系广西壮族自治区网信办副主任、研究员、博士〕

---

① 互联网工程任务组(Internet Engineering Task Force)成立于1985年底,是全球互联网最具权威性和影响力的技术标准化组织,主要任务是负责互联网相关技术规范的研发和制定,当前绝大多数国际互联网技术标准均出自IETF。

领导人形象:国家"软实力"的高端表征

——探析传媒与国家领导人公共形象的互动传播

候月娟　郎劲松

国家领导人公共形象作为一个较新的概念,体现国家领导人在政治活动中通过各种传播方式展现给社会公众的社会性形象。哈佛大学肯尼迪政府学院约瑟夫·奈伊教授指出,新闻、广告、娱乐等通过媒体进行传播的形式是一种"软力量",它实际上代表着国家对信息权力的控制和运用能力。如果我们把大众传媒看作国家领导人与公众联系的桥梁和纽带,那么国家领导人的公共形象就是其与公众之间互动交流的直观平台。有奥地利媒体学者甚至认为:在现时代,"媒体逻辑"打败了"政党逻辑",政党跟着政党领袖走,政党领袖跟着媒体走。①从一定意义上讲,国家领导人是政党和政府的最高代表,其公共形象伴随政治行为和公众认知而产生,具有高度权威性和影响力。

一、制造认同:领导人公共形象的内涵、动因与功能

在我国,国家领导人的范围包括国家主席、副主席,全国人大常委会委员长、副委员长,国务院总理、副总理、国务委员,中央军委主席、副主席,最高人民法院院长,最高人民检察院检察长。根据《现代汉语词典》的解释,"形象"是指能引起人的思想或感情活动的具体形态和姿态以及文艺作品中创造出来的生动形象的、激发人们思想感情的生活图景,通常指文学作品中人物的精神面貌和性格特征。②随着时代的发展,形象概念被赋予了新的内涵。有学者认为:"形象是事物内在于外显诸要素的总和,通过一定形式的信息中介之作用,在公众心目中引起的感知、看法与评价;它体现公众的价值观与审美观,反映公众对该事物的认同、喜爱与支持的程度。"③国家领导人的公共形象由国家领导人实体形象、虚拟形象和公众认知形象三个子概念组成。具体来说:国家领导人实体形象即客观形象,是国家领导人的本原状态,包括相貌、着装、饰物、发型、形体、举止、仪态等元素,这是国家领导人形象

---

① 〔德〕托马斯·迈尔著,郭业洲、陈林译:《热话题与冷思考(十六)——关于媒体社会中政党政治的对话》,《当代世界与社会主义》2000年第4期,第6页。

② 《现代汉语词典》,商务印书馆1993年版,第381页。

③ 吴东林:《关于"新闻策划"理论研究的思考》,《新闻世界》2000年第3期,第18页。

传播的基石。国家领导人虚拟形象,即通常意义上的国家领导人媒介形象,是媒体通过新闻报道和言论所塑造的领导人形象,是舆论对国家领导人的总体评价和总体印象。国家领导人的虚拟形象是对其实体形象的一种反映,是一种具有倾向性的形象。国家领导人的公众认知形象,又可称为主观形象,是公众对国家领导人形象的认知或公众通过媒介传播所获得的对某一国家领导人形象的认知。它在本质上是国家领导人虚拟形象对公众的一种影响,是国家领导人实体形象在公众意识中的反映。

国家领导人公共形象传播的动因——巩固执政合法性的需要。近代第一个提出“合法性”(legitimacy)问题的是马克斯·韦伯。他认为,在任何一种具有命令—服从关系的统治形式中,都包含着最起码的自愿服从的成分。韦伯指出,暴力统治可以通过信仰体系获得合法性。①本文所讨论的合法性,是指政府能持续地赢得社会(公众)的拥护。具体来说,包括政府本身的合乎法律性(宪法和其他法律)、权威性以及政府行为是否符合整个社会系统所持有的信仰的政治文化。总之,一个具有合法性(legitimacy)的政府即被认为拥有权威,即宪法规定范围内决策的权力,并预期获得广泛的遵从。②

“顺民心者昌,逆民心者亡”。古往今来,统治者和领导者无不想方设法通过自己的施政理念、施政行为、施政绩效来争取赢得“民心”,获取民众的认同、支持和拥护。可以说,良好的国家领导人形象,能使公众更加愿意与其进行沟通与交流,有利于改善政府与公众之间的关系,最终能够及时化解各类危机,有效缓和社会矛盾、促进社会和谐。古语说,“得民心者得天下”,而领导人的形象直接关系到人心向背,是政党与政府赢得民心的长久之计。具体来说,国家领导人公共形象传播的功能主要体现在:

一是促进民众沟通,强化政治认同。一国的国家领导人通过各类媒介向公众传播良好的形象信息,将其着装仪表、言谈举止以及思想信念、文化素养、领导能力等全方位展示在公众面前,可以产生直接的亲和作用,从而把施政方针、政策、理念层层传达至每个公众,甚至把影响扩大到国际上。这种沟通是公众对国家领导人形成政治认同、角色认同的前提。可以说,国家领导人形象的塑造和传播,成为国家领导人与公众沟通的桥梁,也成为形成和强化认同的重要环节。

二是引导和动员民众,凝聚和鼓舞民心。国家领导人通过其领导实践行为,带领和动员全国民众努力实现共同的奋斗目标。在这一过程中,国家领导人需要引导和动员广大公众达成共识、凝聚力量,国家领导人形象成为动员、引领和示范组织成员的重要因素。“国家领导人以身作则、率先垂范的言行,通过媒介形象的生动传播,可以对下属和公众的行动起着指导和示范效应,调整和规范社会成员的关

---

① 〔德〕马克斯·韦伯著,林荣远译:《经济与社会》,商务印书馆1997年版,第31页。

② 〔美〕詹姆斯·W.费斯勒、唐纳德·F.凯特尔著,陈振明、朱芳芳等译:《行政过程的政治——公共行政学新论》,中国人民大学出版社2002年版,第51页。

系和行动，其潜移默化的示范效应是难以估量的”。①

二、间接互动：传统媒体对领导人公共形象的建构与传播

著名的“托马斯公理”告诉我们：如果人们将某种状态作为现实把握，那状态作为结果就是现实。② 媒介是在一个既存的社会关系结构以及特定的社会文化脉络中运作的。研究发现，这些因素会影响意见、态度与行为，也会影响受众对媒介的选择、注意力和反应。③包括报纸、广播、电视等在内的传统媒体，具有各自的特点和传播优势，从一定意义上说，传统媒体是国家领导人公共形象建构与传播最主要的手段和渠道。

1. 印刷媒体：穿越历史的厚重记录

印刷媒体主要包括报纸、杂志、书籍等。在国家领导人形象传播方面，其本人的著述、传记、相关历史文献等书籍和杂志，可以使受众对领导人的个性特质、身家背景、个人经历等有比较深入、全面的了解，从而在更深层面积淀成对于领导人的形象认知。

西方国家一些政府领导人往往通过个人传记方式回顾其从政经历，或是当政期间通过传记宣传自己，塑造形象。比如，美国前总统小布什的自传《抉择时刻》花了相当一部分笔墨描写其与中国领导人的相处之道：

> 中国国家主席胡锦涛上任时，我决心与他也建立紧密关系。与许多中国新一代领导人一样，他也是工程师教育出身。一次在白宫东厅的午宴中，我向他提了一个我经常向各国领导人提起的问题：“有哪些事情会让你夜不能寐呢？”我告诉他，我担心会有再一次针对美国的恐怖袭击而彻夜难眠。他马上回答说，他最牵挂的是每年要创造2500万个新的就业机会。我非常喜欢他的回答，这个答案很坦诚。这表明他担心那些不满下岗群众的影响。这也表明他是一个很实在的领导，关注自己的国家本身。④

报纸作为当今公众接触最多的大众传播媒介之一，在传播国家领导人形象信息方面的作用是非常显著的，尤其是时政类的综合报纸。国家领导人的身份和地位往往使其成为新闻的主角，报纸通过新闻报道，将国家领导人的形象传播给受众，还通过对版面的设计、报道形式的选择、人物特写专访和图片报道等，更加直观和有针对性地报道国家领导人的信息。可以说，受众通过对印刷媒体的“深度阅

---

① 龙永枢、杨伟光：《领导者媒介形象设计》，社会科学文献出版社1997年版，第3页。

② 陈力丹：《舆论学——舆论导向研究》，中国广播电视出版社2000年版，第5页。

③ 〔英〕丹尼斯·麦奎尔著，崔保国、李琨译：《麦奎尔大众传播理论（第4版）》，清华大学出版社2006年版，第306页。

④ 〔美〕乔治·沃克·布什著，东西网译：《抉择时刻》，中信出版社2011年版，第27页。

读"能够更深层面地了解国家领导人,对其形象的认知也更为深刻和持久。但是,以文字为主的信息传播往往不如通过声像传播那样轻松和吸引眼球,这都不同程度影响着印刷媒介对领导人形象传播的范围和效果。

2. 广播媒体:用声音塑造形象

广播媒介传播迅速及时,声情并茂、亲切感人,具有接近性、通俗性。这些特点也是其在国家领导人形象传播方面所具有的优势和特点。20世纪三四十年代,美国总统富兰克林·罗斯福独创的"炉边谈话"成为国家领导人使用广播传播信息、塑造形象的经典代表。"炉边谈话"与一般广播讲话不同,就像与老朋友聊家常,罗斯福在谈话中频繁地使用"你们"、"我"、"我们"等人称代词和亲切的称谓,对每一名收音机前的听众而言,总统就像是对他本人讲话。所以有人说,"华盛顿与他们的距离,不比起居室里的收音机远",甚至有民众把他的照片剪下来,贴在收音机上。此后罗斯福将这种形式延续下来,一直到他去世。

2008年10月13日,时任韩国总统的李明博效仿"炉边谈话",通过各个广播电台进行了他的第一次广播演说,题为《大家好,我是总统李明博》,持续时间达8分30秒。此举主要是想"借助发表广播演说尝试与公众直接接触,以更好推广重大政策、寻求公众支持"。以此为起点,李明博总统每周一围绕一个主题进行10分钟以内的宣传政府政策的演讲。①

3. 电视媒体:形象传播的立体平台

电视媒介所具有的视觉直观、声画并茂、传播速度快等特点,使其在国家领导人形象传播方面具有报刊、广播等媒介无法企及的优势。电视可以通过消息类新闻、现场直播、专题访谈、新闻纪录片等形式,在塑造和传播生动、丰富的国家领导人形象方面实现最优化效果。

有研究者认为,国家领导人媒介形象这一问题滥觞于电视普及最早的美国。20世纪50年代初,电视刚在美国普及就被运用到总统选举当中。1952年的总统选举中,为了把艾森豪威尔塑造成一个平民出身、与乡土相连、从不忘本的英雄形象,电视顾问们决定以戏剧化的方式让艾森豪威尔在其故乡小镇上正式宣布参加总统竞选。当时现场电视直播还很困难,但支持艾森豪威尔的哥伦比亚广播公司(CBS)不惜工本,接上几十里长的电路,运来大量器材,转播这个场面。经过精心筹划,出现在广大美国选民电视屏幕上的艾氏置身于家人亲友之间,语言朴实无华,笑容真挚感人;更让选民感到亲切的是艾氏身边还站着一位贤惠可亲的夫人,充分体现了共和党提倡的家庭道德理念;在观众的鼓掌欢呼声中,艾森豪威尔站在美国国旗下郑重宣布,作为一个军人、一个爱国者,他决定接受选民的要求参加总统竞选。这是美国历史上第一次电视现场直播总统候选人宣布竞选,动人的电视画面形象让千百万美国选民激动不已,其效果比任何抽象的政治口号更鲜明、更感人、更有号召力,为艾森豪威尔最终获胜奠定了基础。② 上个世纪60年代开始的美国总统大

① 《李明博效仿罗斯福"炉边谈话"进行首次广播演说》,来源:中国新闻网,2008年10月13日。

② 林宏宇:《美国总统选举政治研究(1952—2004)》,天津人民出版社2006年版,第37页。

选中的候选人电视辩论，更是成为影响选举结果的重要途径。

三、多元互动：新媒体时代领导人公共形象传播的新语境

波兰人类学家马林诺夫斯基指出："如果没有语境，就没有意义。"[①]所谓语境是指人们在交际活动中的各种语言环境。[②]在传统媒体环境下，国家领导人媒介形象的政治传播是一个由政府主导，依托传统媒体渠道、按照一定方向进行传播的过程，政府对整个流程的把控能力较强。新媒体的出现，打破了政治传播的封闭系统，"去科层化的互联网重构了政治科层体系中的信息沟通，减少了传播的层级。去科层化的互联网也重构了政治体系内的权力关系，中央政府、地方政府与民意间的博弈格局发生一定变化"。[③]正如英国学者安德鲁·查德威克所言："互联网具有技术的天生政治性，但是它的政治性是政治环境所决定的。"[④]可以说，新媒体语境下领导人的形象建构路径、阐释方式、传播渠道、形象监控等层面都面临着多种可能性的选择。

1. 整合媒介资源，新媒体运用逐渐日常化

在西方，一些国家领导人已经实现了运用新媒体进行形象传播的日常化和渠道多元化，美国总统奥巴马就被形象地称为"新媒体总统"。奥巴马使用推特（twitter）与公众互动十分频繁，其内容涵盖了国事活动到日常生活。比如，乔布斯逝世后，奥巴马就发信息表达了对他的悼念："安息吧，史蒂夫·乔布斯。Obama2012 竞选团队的所有员工感谢你创造的这所有岗位——包括我们的。"[⑤]

目前，中国国家领导人形象传播的模式一般是主持或参与政治活动并通过传统媒体进行报道，与此同时，新一届中央领导集体也通过新媒体手段的运用，传播了亲民、务实、简约、朴素的形象。2013 年 10 月 14 日，中国互联网上出现了一则名为《领导人是怎样炼成的》的动漫视频，时长 5 分多钟。在视频中，习近平以卡通形象出现，以他的晋升之路为例介绍了中国领导人的选拔过程，并与英美等国的领导人产生机制进行对比。这既是中国的干部选拔制度首次通过讲故事形式介绍，也是中国的国家领导人首次以动漫卡通人物出现在公众面前。国家领导人头像被民间制作成卡通人物在西方很普遍，但对于中国来说，一直很少见，因此这一视频引起了网友的关注与热议。

在视频中，包括习近平在内的现任中央政治局常委，以及毛泽东、邓小平、江泽民和胡锦涛等以往国家领导人，均以卡通形象一一亮相。这些领导人的真人头像

---

① 李彪：《舆情：山雨欲来——网络热点事件传播的空间结构和时间结构》，人民日报出版社 2011 年版，第 41 页。

② 王超群：《语境的构成因素及语境歧义分析》，《淮南师范学院学报》2007 年第 1 期，第 27 页。

③ 潘祥辉：《去科层化：互联网在中国政治传播中的功能再考察》，《浙江社会科学》2011 年第 1 期。

④ 〔英〕安德鲁·查德威克著，任孟山译：《互联网政治学：国家、公民与新传播技术》，华夏出版社 2010 年版，第 26 页。

⑤ 崔艳：《美国总统奥巴马微博的内容评鉴》，《领导科学》2012 年第 28 期。

与卡通身体拼接在一起,举手投足都憨态可掬。此外,短片里还有美国总统奥巴马跳“骑马舞”,英国首相卡梅伦翻跟头,加上颇有幽默感的配音和音乐,视频相当富有趣味性。这段视频受到了网友的广泛好评,两天内播放100多万次。在网友发表的评论中,多数认为视频生动、有趣,没有刻板严肃,是“跟得上时代的宣传片”。英文版在播放中获得9 500多次“顶”。网友“xcm 6906”评价:“这段视频公开透明了中国的政治,有助于人民了解我们的领导人和政治体制。”

2.“感性政治”:平民化、生活化传播

政治象征理论代表人梅利亚姆提出了“理性政治”和“感性政治”两个术语。所谓感性政治,是为了维护权力而使用的感性的“应使人激动的东西”。即通过某些象征和仪式,调动人们的感情和情绪来维护权力。他认为,像是纪念日、拥有纪念意义的建筑物、歌曲、故事、历史等等,都是“感性政治”的代表物。①在《宣传的艺术》中Lee&Lee提出了著名的七种宣传技巧,其中一种为平民法,即某讲话者以他和他的观点来自于“人民”为由,试图让受众相信他们。②平民法被广泛应用于政治传播领域,用以帮助政治领导者塑造“只是普通人”的形象,从而拉近与民众的距离。

国外领导人都比较重视利用个人业余生活来塑造自己的公共形象,如日本前首相小泉是个Elvis发烧友,展示了他时尚的一面;普京喜欢练柔道并且是黑带,这和他一直以来的硬汉形象非常契合。美国政治人物在这一方面表现也很突出:克林顿夫妇在巡回竞选中,穿便装、做草捆,展示“只是平民”;奥巴马喜欢汉堡,并亲自去汉堡店排队;第一夫人米歇尔和小学生一起在白宫后院当“菜农”……这些看似与政治无关的举动,无疑都从侧面展示了政治人物在生活中的性格和品质。

2013年12月28日,习近平到北京庆丰包子铺就餐,“习大大”在庆丰包子铺里吃了什么、说了什么的“秘密”,最先是在微博等社交媒体上揭开和传播起来的。围观开始于12月28日下午1点20分。加V认证为“时事评论员”的“四海微传播”在自己的新浪微博上首发了这条消息。他称网民为“亲们”,并不无激动地说道:“我没看错吧?!习大大来庆丰吃包子啦!果断上图。”两张习近平取餐和收零钱的图片附在其后,像素水准一般,应该是手机拍摄,但发布平台显示为“360浏览器超速版”。一分钟后,有900万粉丝的新华社认证账号“新华视点”转发了这条微博。也是一分钟后,这位难掩激动的博主才想起@“新华视点”和“央视新闻”。由此可见,以日常生活为着眼点对领导人进行形象传播,可以更好地满足受众的选择性接触心理和情感诉求,从而潜移默化地争取到民众的支持和好感。

3.掌握符号语言规律,实现个性化传播

事实证明,我们已经进入了真正意义上的政治人物的形象营销时代,“只要有

---

① 张晓峰:《政治传播与政治象征理论评介》,《现代传播》2004第6期,第26页。

② 〔美〕沃纳·赛佛林、小詹姆斯·坦卡德著,郭镇之主译:《传播理论:起源、方法与应用(第5版)》,中国传媒大学出版社2006年版,第104页。

一段金句,有一两个亮眼的行动,传媒都会将之无限放大,传播的范围无远弗届”。[①]

首先,领导人掌握语言表达技巧,对于塑造自身良好形象十分关键。国内有学者总结评估语言的几个标准:真实性指数、清晰度指数、激情度指数、官僚化指数。[②]真实度指话语的可信性;清晰度指话语的易懂性;激情度指话语的鼓动性;官僚化指话语的亲民性。

2014 年新年前夕,国家主席习近平通过中国国际广播电台、中央人民广播电台、中央电视台,发表新年贺词。其中,不乏“祝福老人们健康!祝福孩子们快乐!祝福每个家庭幸福安康!”等平实、亲切的语句,社科院中国廉政研究中心副秘书长高波表示,这次新年贺词没有华丽辞藻,平实直白,很口语,亲和、顺耳,却并不影响立意高远、内涵丰富。习近平常用一些很质朴,很简单的大白话、大实话来解惑释疑。比如,讲改革辨证施治“既要养血润燥、化瘀化血,又要固本培元、壮筋续骨”;讲树典型不能用“开小灶”、“吃偏饭”的方式来催生;讲一个国家发展道路的选择,以“鞋子合不合适,自己穿了才合适”作喻;讲干部形象示范意义,强调“打铁还需自身硬”;讲作风建设要“踏石留印、抓铁有痕”;讲反腐要“坚持老虎、苍蝇一起打”……这些语言引起了广大网民的强烈共鸣,成为网络上的热点话题。

其次,对非语言符号的运用也十分重要。美国学者 L. 伯德惠斯特尔估计,在两个人传播的场合中,有 65%的社会含义是通过非语言符号传递的。[③] 事实上,在一个传播链条中,非语言符号比语言符号的传播发挥着更大的效用。2013 年 12 月 31 日,央视《新闻联播》播发习近平发表 2014 年新年贺词,通过央视视频画面,人们首度观察到习近平办公室的部分细节。在央视播放的画面中,国家主席习近平端坐在办公室中间,向国内外致新年贺词。透过这段长约 4 分多钟的视频,很多细心网友还看出习近平办公室的不少细节,办公桌桌面很整洁,左侧放着三部电话机(两部红色、一部白色);右侧放有一个笔筒、一个台历。办公桌的正后方,墙壁上挂着长城画作,画作的正前方,竖立着五星红旗。画作两侧,书架依墙而立,书架上整齐码放着一排排书籍以及 4 张与家庭、个人有关的生活照片,分别是:他与家人推着轮椅上的父亲习仲勋,他牵着母亲齐心的手散步,他与夫人彭丽媛的合影,以及他在福州骑着自行车载着女儿的照片。网友们将视频截图转发到网络上,引起了广泛热议。

再比如,2014 年 2 月 19 日,一组漫画版的“习主席的时间都去哪儿了”的图表新闻“萌”倒了众多网友。漫画中,习近平穿着灰色夹克和蓝色裤子。据漫画作者介绍:“(我们)改了好几次,为了把习主席的气势给画出来,团队收集了大量照片,主要是要抓他的表情和特征。”这样的服装风格,该团队是参考了习近平的日常着装。漫画里习近平的脚朝向两边,对于这样的设计,设计者认为,站姿是卡通形象惯有的设计,让习主席的形象更亲民。可以说,这样的漫画拉近了领导人与老百姓

---

① 梁文道:《奥巴马的胜利是修辞学的胜利》,《南方周末》2008 年 03 月 05 日。

② 骆正林:《媒介时代政府官员的形象塑造》,《江南论坛》2007 年 5 期,第 159—160 页。

③ 胡正荣、段鹏、张磊:《传播学总论》,清华大学出版社 2008 年版,第 87 页。

的距离,打破了神秘感。

正如英国学者安德鲁·查德威克所言:"互联网具有技术的天生政治性,但是它的政治性是政治环境所决定的。"[①]当前,新媒体正逐渐获得主流的社会地位。可以说,新媒体时代的互动传播方式正在掀开中国政治传播的新篇章,也给领导人的公共形象传播带来了新的机遇。

〔作者侯月娟系中国传媒大学2011级博士研究生;
郎劲松系中国传媒大学新闻学院教授、博士生导师〕

① 〔英〕安德鲁·查德威克著,任孟山译:《互联网政治学:国家、公民与新传播技术》,华夏出版社2010年版,第26页。

坚持“二为”方向

——马克思主义新闻观核心元素之一在网络新闻传播中的运用

王泱泱

1982年12月颁布的《中华人民共和国宪法》第二十二条第一款规定“国家发展为人民服务、为社会主义服务的文学艺术事业、新闻广播电视事业、出版发行事业、图书馆博物馆文化馆和其他文化事业,开展群众性的文化活动”。①

“人民”,即“以劳动群众为主体的社会基本成员”②。

“社会主义”,即“科学社会主义”③。“社会主义社会,是共产主义的初级阶段,是无产阶级通过革命斗争,夺取政权后产生的。”④

2002年7月16日,时任中共中央总书记、国家主席、中央军委主席的江泽民,在中国社会科学院建院35周年座谈会上讲话时,再次把“哲学社会科学研究应该坚持为人民服务、为社会主义服务的方向”,简称为“坚持‘二为’方向”⑤。

(一)

党的十八大报告第二部分“夺取中国特色社会主义新胜利”写道:“中国特色社会主义道路,就是在中国共产党领导下,立足基本国情,以经济建设为中心,坚持四项基本原则,坚持改革开放,解放和发展社会生产力,建设社会主义市场经济、社会主义民主政治、社会主义先进文化、社会主义和谐社会、社会主义生态文明,促进人的全面发展,逐步实现全体人民共同富裕,建设富强民主文明和谐的社会主义现代化国家。”“中国特色社会主义制度,就是人民代表大会制度的根本政治制度,中国共产党领导的多党合作和政治协商制度、民族区域自治制度以及基层群众自治制度等基本政治制度,中国特色社会主义法律体系,公有制为主体、多种所有制经济共同发展的基本经济制度,以及建立在这些制度基础上的经济体制、政治体制、文化体制、社会体制等各项具体制度。”⑥

显然,我们现在所说的“为人民服务”与“为社会主义服务”是统一的,统一于人民利益、意愿和社会主义基本经济制度、基本政治制度的一致性。当代中国最广大

---

① 《马克思主义新闻观研究》,新华出版社2010年版,第15页。

② 《现代汉语词典》,商务印书馆2012年版,第1091页。

③ 《现代汉语词典》,商务印书馆2012年版,第1148页。

④ 《现代汉语词典》,商务印书馆2012年版,第1148页。

⑤ 《江泽民文选》第三卷,人民出版社2006年版,第493页。

⑥ 《十八大报告辅导读本》,人民出版社2012年版,第12—13页。

人民群众的根本利益，就是在中国共产党领导下，坚持中国特色社会主义道路，实现中华民族伟大复兴的中国梦。至于说网络新闻传播须坚持“二为”方向，那是因为它既必要，又可能。

1. 从新时期谈“二为”面临新的挑战看

1978年底召开的十一届三中全会，标志着我们党和国家进入了改革开放新时期。近35年来，我们的党员队伍力量大大提升，所拥有的经济实力和财力大大提高，所掌握的各方面资源大大增加，可以运用的科技手段大大丰富。但是，新时期也给我们谈“二为”提出了主观努力和客观环境方面的新挑战。有些在新时期成长起来的领导干部，对共产党与人民群众间的鱼水关系缺乏切身感受，片面强调“专家治国”，把百姓单纯视为管理学上的对象。有些“出了家门进校门，出了校门进机关门”的“三门干部”，对普通人民缺乏感情，更缺乏处理基层复杂事务的能力。隐者，如前几年“效率”与“公平”孰重孰轻的争议；显者，如近年来，规模可观的上访人群经常出现，时有耳闻的群体事件多地发生……其原因之一都在于此。我们“二为”的主观努力确实不够。再说，随着市场经济的发展，我国各类生产要素纷纷打破单位、地域、城乡、所有制的界限，竞争、流动、分化无处不在。这既增添了社会活力，又加剧了人民内部矛盾。单是一个同样面对小商小贩沿街摆摊设点叫卖问题，有人说便利了生活，有人说搅扰了秩序，有人说妨碍市容要惩处，有人说弱势群体要保护……面对如此多样、多元、多变的利益格局，我们“二为”的客观环境确实不容乐观。

当今社会，市场、科技、传媒三者互动。如果传媒能在主观努力和客观环境方面，对“二为”有所裨益，则可以说善莫大焉！我国传媒中的“老资格”——报纸、广播、电视在上世纪90年代以来的集团化、产业化浪潮中，一方面提高了效率，壮大了实力，另一方面也因强调经济效益而存在高端化、城市化、富人化的突出现象，基层人民群众，特别是农民及其他弱势群体被边缘化了。可喜的是，毕竟形势比人强。几乎与传统媒体集团化、产业化同步，新兴媒体——网络蜂起。“现在，我国互联网网民将近6亿人，手机网民有4.6亿人，其中微博用户达3亿人。”[①]说这些人中，多数是基层人民群众，即所谓“草根网民”，是不争的事实。说这些人所传播的信息中，有相当一部分是有利于我们坚持“二为”方向的，同样是不争的事实。

先后担任青海党委书记、江西省委书记的强卫说：“网络是我们和群众建立起联系的一条最经常、最便捷的绿色通道。……网民从一个角度讲，实际上就是网上的民意”。[②]

北京市互联网信息办公室主任佟力强说：“网上虽然存在诸多乱象，但也有很多合理的诉求。如果我们忽略了这些诉求和意见，那我们实践群众路线就不全面、不彻底。……我们要积极利用各种网络传播手段，传播主流声音、回应社会关切、疏导社会情绪，在互动中传递社会主义核心价值。”[③]

---

① 《人民日报》2013年9月17日。

② 《长白学刊》2011年第4期，第64页。

③ 《人民日报》2013年9月5日。

……

如果说上述人士是在“分析”层面阐述应该、也可以运用网络新闻传播来应对新时期对我们坚持“二为”提出的新挑战，那么以下令人耳熟能详的事例则是从“例证”层面说明这一点：

——围绕 2010 年 5 月河南省柘城县赵楼村村民赵振晌“被杀”案而展开的网络新闻传播，促成我国高法、高检、公安部、安全部、司法部出台新法新规，刑讯逼供来的材料从此不再作为定案证据。①

——围绕 2013 年 8 月山东省济南市中级人民法院公开审理薄熙来一案展开的网络新闻传播，引来数亿人次运用新媒体“围观”庭审实况。对薄熙来这样的高级政府官员的庭审过程，有关方面运用网络进行直播，是破天荒的。对从中折射出的社会主义中国法治的自信，广大网民给予压倒性的正面评价。②

……

凡此种种，无不促人寻觅网络新闻传播与新时期我们继续坚持“二为”方向之间的契合点。

2. 从网络新闻传播的某些特点看

较之报纸、广播、电视新闻传播，网络新闻传播的特点有容量更大、速度更快、内容更新、形式更活、覆盖面更广、针对性更强等。其中的“容量更大”就和我们说网络新闻传播要坚持“二为”方向密切相关。正因为“容量更大”，网络新闻传播就不可能只顾及高端、城市、富人，而必然要顾及低端（基层）、乡村、穷人（弱势群体）。因为不论中西，前者是一滴水，后者是大海洋。离开了后者传、传后者，网络新闻传播遑论海量。换言之，网络新闻传播的特点决定了它为当今社会大多数人服务。具体到今日中国而言，即“二为”是必要的，也是可能的。

已在改革开放以来的中国新闻史和法学史上留下一笔的“孙志刚案”就是一例。人民网在 2003 年 4 月 25 日中午以《谁为一个公民非正常死亡负责》为题，转载了《南方都市报》于当天发表的报道《被收容者孙志刚之死》。众多商业网站立即转发这一新闻，尔后的几个小时内，跟帖就达到数十万条。互联网的火爆使得各地传统大众媒体迅速跟进。最终，连中央和地方的主流媒体也迅速跟进。一时间，公民维权运动风起云涌。在媒体和部分法学界人士的推动下，国务院于 2003 年 6 月 20 日宣布废除实行了 20 多年的“收容遣送制度”，同时公布惠及千百万人的《城市生活无着者、流浪乞讨人员救济管理办法》③。这一切究其原因，无疑甚多，其中之一又无疑是网络新闻传播与我们所说的“二为”有相通之处。

大家知道，较之报纸、广播、电视新闻传播，网络新闻传播在媒体与受众之间建立起了真正民主、平等、共享的关系。这也是网络新闻传播的特点之一。一方面有这种“关系”存在，另一方面党和政府在推动有关机构和人员发挥这种“关系”的积

---

① 《网络舆情及突发公共事件危机管理经典案例》，中共中央党校出版社 2010 年版，第 266—267 页。

② 《新闻与写作》2013 年第 2 期，第 6 页。

③ 《长白学刊》2011 年第 4 期，第 65 页。

极作用。所谓“走网上群众路线”，就是让传统的群众工作方法从“面对面”（相关人员当面交谈）转向“键对键”（相关人员用键盘在网上交流）。我们所说的“二为”随之出现了新气象：

——过去无效的，现在有效。如我国网民和在国外华人用网络反击西方某些媒体对西藏拉萨“3·14”事件的歪曲报道。

——过去不合时宜的，现在势在必行。如“5·12”汶川大地震后的网上信息公开带给人们的思考。

——过去不可逾越的，现在自然突破。如“孙志刚案”促成有关新旧法规的立废。

……

重提这些例证，也许能进一步从整体上回答我们所说的“网络新闻传播须‘二为’必要且可能”。

3. 从网络新闻传播的隐忧看

在我国近6亿网民中，有相当一部分网络化生存、网络化生活已成常态。其中一些志趣相投、利益相关者不分地区和行业，更不分岗位和家庭，在网上组成一个个带有一定标识的社会群体（即网上说的“群”、“圈子”），随时随地联系互动，讨论现实问题，评判中外社会，影响公共事务，干预突发事件，重塑媒体格局，改变舆论生态。在博客、微博、微信等网络传播蜂起的今天，谁还能否认网络已成为兼具信息发布功能、舆论传播功能、社会动员功能的聚合器呢？谁还能否认网络新闻传播在挑战我国现行社会管理模式、冲击现实社会秩序方面大有隐忧甚至会带来舆论引导危机、信息安全危机呢？即便仅论应对“隐忧”，即仅探讨在网络新闻传播中如何把其积极作用发挥到最大，把其消极作用限制到最小，答案之一也是讲“二为”方向。不强调这一点，网络新闻传播就难免仅重视为网上“一个个带有一定标识的社会群体”（即网上说的“群”、“圈子”）服务，而漠视为包括这一“社会群体”在内的全中国人民和全世界人民服务。须知，早在1965年9月15日，毛泽东就给中央广播事业局题词：“努力办好广播，为全中国人民和全世界人民服务”①。

（二）

网络新闻传播怎样才能体现“二为”方向？

1. 刚性条件

进入本世纪以来我国实施村村通工程（解决乡村接通广播电视问题）、西新工程（解决西藏、新疆等边疆省区广播覆盖问题），颁布《突发事件应对法》、《政府信息公开条例》、《国家人权行动计划》，党的十七大报告首次确认“保障人民的知情权、参与权、表达权、监督权”，党的十八大报告首次提出“构建和发展现代传播体系”……这一切都为网络新闻传播坚持“二为”方向，提供了物质和法规方面的刚性

① 《毛泽东新闻工作文选》，新华出版社1983年版，第220页。

条件。同时也启示我们：把“二为”方向真正渗透到网络新闻传播中去，首先应寄希望于物质和法规方面的刚性条件继续改善，如把更多的网络资源向边远地区、贫困地区、革命老区和农村、社区倾斜。

党的十八大以来，中央出台的有关党风政风建设方面的规章，都甚为具体，便于操作，实践证明效果很好。强调网络新闻传播坚持“二为”方向，同样需要进一步具体化、明晰化、规范化，即要和一定的制度建设结合起来。譬如：中央和地方重点新闻网上的报道，反映高层、中层、基层人物工作、学习、生活的应大体均衡，可否规定报道工人、农民、士兵、一般居民、青年师生的不少于三分之一？网上的评论，从党和政府、专家学者、基层群众视角生发的应大体均衡，可否规定用老百姓立场、观点、方法提出问题、分析问题、解决问题的不少于三分之一？

再譬如：即便是报道高层、中层人物的工作、学习、生活，即便是从党和政府、专家学者视角发议论，也要侧重讲他们决策前考虑基层群众意愿，决策中征求基层群众意见，决策后听取基层群众反映。

政治学上有“一种逆向公众参与模式”①，意思是说，执政者必须主动下到基层、亲近民众，向公众传递其自我净化、自我完善的决心。中央和地方重点新闻网站一旦主动建立上述规章，不也是“一种逆向公众参与模式”，向数亿网民传递我们的网络新闻传播在坚持“二为”方向上有自我革新、自我提高的决心和能力吗？

2. 思想认识

我们认同党性和人民性是统一的，便会深知网络新闻传播坚持党性原则和坚持“二为”方向是一致的，而且从宣传思想工作的重要原则和基本方针看，这个一致就一致在“为党和国家工作大局服务”②上，一致在“三贴近”上，一致在“走转改”上。

我们认同人民伟大、劳动光荣、公平正义，便会在报道和评论教育医疗、房价物价等热点问题时，以保障和改善民生为重心；在报道和评论重大自然灾害等突发事件时，以人民的生命财产安全为重心；在披露和评论侵害人民利益方面的案例时，以保障人民的合法权益为重心。

我们一旦在思想深处筑牢尊重实际、相信科学、以民为本的堤坝，远而言之，对于同时握有制空权、制海权、制网权的西方国家，时而在网上鼓噪“中国威胁论”，时而在网上鼓噪“中国崩溃论”，我们在网络新闻传播中就会据理力争，起码不为其所动；近而言之，对网上任志强等房地产开发商的言论，我们就不会不经思考地对之进行传播、转发，扩大其影响力，而无视其与购房群体及“房奴”，包括各级政府有关房地产业的意见分歧。

如果我们深切感知长期执政使中国共产党和群众依存关系产生隐忧，那就会在网络新闻传播中，既要不讳言腐败之风所及，避免公众对政府部门和公职人员的信任大为损耗，又要热情讴歌正带领中华民族实现中国梦的党和政府在抚慰群众情绪、争取群众支持、凝聚群众力量方面做出的努力和尝试，如 2013 年深入开展的

---

① 《人民日报》2013 年 10 月 14 日。

② 胡锦涛：《在人民日报社考察工作时的讲话》，《人民日报》2008 年 6 月 21 日。

党的群众路线教育实践活动就发挥了积极作用。

有资料显示，1990年，苏联《西伯利亚报》曾以“苏共代表谁”为题，在部分群众中进行调查。统计结果显示，认为苏共代表劳动人民的只占7%，代表全体党员的只占11%，而认为代表官僚等的却占85%。[①] 我们党和国家的、志在追求党性原则与“二为”方向统一的网络新闻传播，要敲响诸如此类的警钟，但又不能在网上勾勒一幅过于消极的图画，而眼下网上某些内外势力正是这样勾勒的。我们自己的网络新闻传播工作者须心中有数。

3. 改进新闻发布和政务微博

(1)新闻发布

不论是对2003年因“非典”袭击北京而开的新闻发布会，还是对2008年因汶川大地震而开的新闻发布会，网络新闻传播都在相关报道、评论中融“公开”、“透明”和坚持“二为”方向于一体。网络新闻工作者还在这一过程中，总结出“早说比晚说重要”、“过程比结论重要”、“态度比技巧重要”、“边做边说比只做不说高明”、“主动披露比被动解释高明”、“自我亮丑比遮遮掩掩高明”、“沉默等于默认”、“不说等于有鬼”等这些在不同程度上带规律性的东西。可以预期，网上新闻发布会将成为未来新闻发布会的主要形态。此乃其互动功能把“二为”方向体现俱足使然。因为在网上，网民即一定意义上“人民”的代表，可以向新闻发言人即一定意义上“社会主义”的标识直接提问；而在这一问一答的信息中，既有“为人民服务”，又有“为社会主义服务”，还可以迅速得到反馈。

(2)政务微博

所谓政务微博，是指各级党委、人大、政府、政协、纪委、人民法院、人民检察院及其工作部门和机关内设机构，以及其他参照公务员法管理的人民团体和事业单位开通的实名认证微博。

政务微博区别于媒体微博和认证个人微博(或称个人微博)的不同在于：政务微博掌握行政资源，是党和政府信息发布平台、舆论沟通平台、民生服务平台，属于党和政府的电子政务在社交媒体上的延伸。我们党和国家的特殊党情、国情及内地目前的媒介生态，使得政务微博已成为政府信息公开的主要途径之一，也是政府与群众之间沟通的一条重要管道。也正因为如此，政务微博是网络新闻传播坚持“二为”方向的一块大地盘。

网络新闻传播在新闻发布和官方微博这两大地带上坚持“二为”方向，均尚存很大改进空间：

其一，增量。

据2013年11月15日《人民日报》报道，山东省委常委、济南市委书记王敏提醒“发言人不能一年就发一次言”[②]。由此可见现在我们的新闻发布活动频率并不高。内地目前县以上行政区划约3 000个，而官方微博还不足30万个，若套用成语“相

① 《人民日报》2013年10月14日。

② 《人民日报》第11版，2013年11月15日。

形见绌”，可谓“相形见少”。

有一定的数量才有一定的质量。北京市增加新闻发布和官方微博数量并收到了很好的效果，再次诠释这一人们熟知的哲学观点。截至 2011 年 11 月 17 日，北京市只有市公安局系统开设的“平安北京”等 9 家官方微博，粉丝约 200 万。自 2011 年 11 月 17 日起，北京市政府新闻办、首都文明办、发改委、教委、市科委、市公安局、市民政局、人力社保局、环保局、住建委、交通委、水务局、商务委、旅游局、文化局、卫生局、工商局、质检局、安监局、统计局等部门集中在新浪微博平台开设“北京微博发布厅”，同时有 7 位新闻发言人也开通了个人微博。到 2011 年 11 月 24 日，即北京市政府微博发布厅开设一周后，其粉丝量便近 300 万。北京市新闻办主任王惠所言“不做僵尸不作秀”，也成了官方微博上标签式网络名言而广为流传。[①]

其二，淡化政绩微博色彩，强化为民办事功能。

眼下坊间有这样一种说法：“无论政务机构微博还是个人微博，都是作为一种信息交流渠道存在的。如果对实际工作干涉过多，影响到政府工作的实际运行，就造成了政务微博功能的‘越位’”[②]。个人微博不论，政务微博中有无此类“干涉”、“越位”？有，但不多。因为政务微博本来就是官方开的，自我“干涉”、自我“越位”的事不可能多。值得当今现实生活中有识之士产生相关忧虑的，不是政务微博“对实际工作干涉过多，影响到政府工作的实际运行”，而是如何防止政务微博变成“政绩微博”，内容单纯展示开设部门或机构的政绩，不兼顾为老百姓解决实际问题。实践证明，作此番忧劳者，颇有收获。天津市河东区区委书记王福山于 2013 年 11 月 7 日在《人民日报》第 23 版撰文称，2012 年 12 月 11 日，河东区开通了天津市第一个区县政务微博“河东发布”。开设之初，功能主要是通过网络平台发布区内新闻和实用信息。运行一段时间后，区委和区政府感到基层群众期待通过这个平台反映问题、解决问题。于是，领导班子达成共识：通过这个平台为公众提供服务，力戒应用的形式化、空壳化，在力所能及的范围内扩大服务范围和对象。“河东发布”的功能由发布新闻和信息，向提供服务过渡。微博标签定为“真心想做点事”。每天早 8 点到晚 10 点，“河东发布”都会有专职团队负责运行维护。即便下班后，值班人员也会手机在线，保持渠道畅通。“河东发布”欢迎群众通过留言、私信等方式，发表咨询、投诉、建议。通过私信、留言反映问题后，“河东发布”一般都会在 10 分钟之内作出回应，即便是在法定节假日，最长也不会超过 4 个小时。对一些个案投诉或比较复杂的问题，“河东发布”会及时记录并与网友通过私信沟通，逐一给予回复。“河东发布”还设置专人负责信息发布和问题解答，并根据群众反映的问题内容，利用天津市现有的《政民零距离》网络平台予以处理和解决。现在“河东发布”已有 18 万粉丝，被天津网友誉为“最爱织的微博”。

〔作者系北京市互联网信息办公室工作人员、博士〕

---

① 《新闻与写作》2012 年第 2 期，第 6 页。

② 《新闻与写作》2012 年第 2 期，第 18 页。

"数据新闻"的制作流程与呈现工具

沈浩　孙云柯

数据新闻(Data Journalism)又称数据驱动新闻(Data－driven Journalism),是大数据时代背景下兴起的一种新闻生产方式。伯明翰城市大学的保罗·布拉德肖教授曾经这样定义数据新闻:"数据新闻为把传统的新闻敏感性和有说服力的叙事能力,与海量的数字信息相结合创造了新的可能"。数据新闻的先驱可以追溯到1821年5月5日,英国《卫报》(彼时称《曼彻斯特卫报》)头版新闻报道了曼彻斯特在校小学生人数及其年平均消费①,这是人类历史上对数据新闻的第一次实践。DDJ(Data－Driven Journalism)的概念出现于2009年,它是在精确新闻学(Accurate Journalism)和计算机辅助报道(Computer－Assisted Reporting)的基础上发展而来的。同时,社会环境的发展和技术手段的进步也为数据新闻的产生创造了必要条件。而数据新闻的生产传播实践,是它产生并发展的根本。2010年8月,在荷兰阿姆斯特丹,米尔科·洛伦兹主持并召开了全球首届数据新闻圆桌会议,第一次就数据新闻的概念进行界定,并且讨论了该领域发展的可行性、所需工具以及制作流程。2011年,伦敦Mozilla大会(Mozilla Festival)上的48小时工作坊,众多数据新闻倡导者决定以网络协作方式共同编写《数据新闻手册》。该手册以网络共享的方式,阐述了数据新闻的内涵、为何要做数据新闻等问题,还讲述了国际各大主流媒体的数据新闻实践。2012年,由全球编辑网(Global Editors Networks)发起并组织,由谷歌公司资助设立了首个数据新闻奖,用以鼓励并推动数据新闻领域的探索和应用。近年来,西方知名媒体《纽约时报》、《卫报》、《经济学人》等生产了大量数据新闻作品。我国的新浪网、腾讯网、网易以及财新网,也纷纷推出自己的数据新闻板块进行报道,时下流行的百度"春节人口迁徙图"、央视晚间新闻的"据说两会"就是对推进数据新闻本土化的努力。

关于学界对数据新闻的研究,笔者在中国知网以"数据新闻"为关键词进行主题搜索,搜索到2012年相关论文20篇,2013年64篇。其中,清华大学李希光教授最早就数据新闻的概念、意义以及成功案例等进行了探讨,并介绍了西方数据新闻报道流程②。清华大学陈昌凤教授,从西方数据新闻实践的角度进行阐述,介绍了

---

① Simon Rogers: *The First Guardian Data Journalism*, May 5, 1821. http://www.theguardian.com/news/datablog/2011/sep/26/data－journalism－guardian#data.

② 李希光、张小娅:《大数据时代的新闻学》,《新闻传播》2013年第1期,第7－11页。

数据新闻的相关概念、报道流程以及成功案例①。中国人民大学新闻学院喻国明教授等则从大数据时代新范式的角度探讨新闻实践的改变与发展，认为大数据时代的来临为数据新闻的发展提供了方法和思路②。香港城市大学祝建华教授认为大数据时代下新闻与传播学教育需要有相应改变，并提出了新的要求和改进措施③。不难看出，学界关于数据新闻的探讨在概念与意义的阐述上居多，然而对于业界迫切需求的如何将数据新闻本土化，即"如何做"等方面，至今尚未给出明确的答案。本文试图探讨数据新闻制作的一般流程，并介绍制作数据新闻的工具和软件，为业界的数据新闻实践提出一些建议。

"数据新闻"的制作流程

传统的新闻生产是一种线性流程，记者在获取新闻线索后前往新闻现场收集相关信息，然后根据已有新闻素材提炼、把关，撰写稿件，经过新闻编辑审核后制作发表，新闻生产就此结束。而数据新闻从一定程度上颠覆了传统新闻：首先，它不再只用文字讲述故事，而是通过数据的可视化配合文字叙述，在解释抽象的社会问题时比单纯的文字叙述更具说服力；其次，它所运用的数据量也大大超出传统新闻，可以达到TB、PB甚至ZB级，数据采集的工作不再局限于新闻现场，而是可以在各级政府、图书馆、公司的开源数据库中获取数据，通过数据分析和数据挖掘获得新闻信息；再次，数据新闻的制作不再是记者一个人的事情，而是数据记者与数据分析师、内容设计师等组建团队，共同创作出来。正是存在这些不同，数据新闻的制作流程与传统新闻的"采、写、编、播"才有了很大区别。著名记者、数据驱动型新闻项目负责人米尔科·洛伦兹认为数据新闻的制作过程为：数据获取、数据清理与过滤、可视化呈现从而讲述完整故事④。伯明翰大学教授保罗·布拉德肖根据新闻学中"倒金字塔"理论提出了数据新闻的双金字塔结构，以传播为中介，将数据处理和新闻传播联系起来完成叙事⑤。

一般来说，数据新闻的制作流程，大体可以分为5个方面：新闻选题、数据收集、数据分析、可视化呈现、解读并讲述故事。这5个流程组成了一个有机的整体，每个流程不是独立于其他而存在的，一个部分和其他部分既有重叠又有不同，在实际的新闻生产中并不能完全割裂某一部分而单独进行操作。比如，数据可视化呈现的

---

① 陈昌凤：《数据新闻及其结构化：构建图式信息——以〈华盛顿邮报〉的地图新闻为例》，《新闻与写作》2013年第8期，第92—94页。

② 喻国明、王斌等：《传播学研究：大数据时代的新范式》，《新闻记者》2013年第6期，第22—27页。

③ 祝建华：《大数据时代的新闻与传播学教育：专业设置、学生技能、师资来源》，《新闻大学》2013年第1期，第129—132页。

④ Lorenz M：*Data Driven Journalism：What is there to Learn*，Innovation Journalism Conference（IJ—7），Stanford，CA. 2010.

⑤ Bradshaw Paul：*The Inverted Pyramid of Data Journalism*. http://onlinejournalismblog.com/2011/07/07/the—inverted—pyramid—of—data—journalism.

同时有可能得到数据分析时所难以发现的信息，因为有些数据内隐藏的内容仅仅通过数据分析难以充分挖掘出来，可视化的操作反而可以更直观地告诉我们数据背后的真正含义。反过来，通过对数据的清理和分析正是为了更好地实现可视化。

新闻选题的选定是制作数据新闻的第一部分，也是最为重要的一环，题目的选择决定了之后新闻制作流程的展开，同时新闻的选题也决定了一则数据新闻的意义和价值。与传统新闻的选题一样，数据新闻的题目必须契合新闻价值，关注时下社会生活要点，覆盖受众关心的话题。2014 年 3 月央视晚间新闻的《"据"说两会》栏目，以清晰、简明的图表配合主持人的讲解来展示两会每日的主要议题和动态，使抽象的议题和数字变为图表和信息图，让人眼前一亮，在社会上取得了良好的反响。数据新闻的选题不一定必须事先选定，也可以通过对大数据的分析和挖掘得到。

大数据的获取和储存是数据新闻的基础，离开了数据，数据新闻也就无从谈起。制作数据新闻的数据一般来自政府、媒体和企业公开的数据库。政府是一切关乎国计民生等数据的原始采集者，这些数据是制作数据新闻的重要来源。中国国家统计局的"国家数据"(http://data. stats. gov. cn/)提供了大量的统计年鉴，数据涉及社会领域各个方面，是很好的制作新闻的数据素材。但是如果和美国、英国等西方政府公开的数据相比，我国政府机构的公开数据量无论从数量还是范围都明显不足，这也为我国的数据新闻生产带来了诸多不便。当然，通过网络"爬虫"技术或是一些社交网站的 API 接口也可以获取数据。尽管一些 API 接口存在抓取限制，网络"爬虫"技术也会受到网速的困扰，但是这种办法获取数据自由灵活，可有效弥补数据缺失的遗憾，在数据新闻实践中应用广泛。

数据分析是数据新闻制作的核心环节，是挖掘数据背后隐藏的新闻信息的过程。这个过程可以体现数据新闻团队的竞争力，对于同样的开源数据，如何处理与分析完全取决于团队的数据分析师，其分析结果的良莠更是直接决定了一则数据新闻的价值。面对已经收集好的数据，我们要持一种谨慎的态度，需对数据来源的可靠性、数据收集方法的科学性、数据的时效性进行评估。这些步骤完成后，我们还要对数据的格式和冗余信息进行清洗处理，排除异常值和缺失值。接下来才是数据分析和挖掘的过程，这要求数据新闻记者或是团队掌握良好的数据库设计与管理能力、统计分析与建模能力，以便在大数据中挖掘有用的信息。

数据分析的结果需要用可视化的方式呈现，这是数据新闻艺术价值的体现，同时会直接影响数据新闻作品的传播能力。通过可视化的方式呈现数据，不仅能使错综复杂的数字和符号变得简明清晰、便于理解，而且可以洞察抽象社会议题中隐藏的关系和结构。利用表格展示议题是可视化最简便和常见的应用，腾讯的"数据控"和新浪的"图解新闻"等板块都大量使用了表格的形式。信息图也是数据可视化的利器，借助信息图记者可以用简洁的形式阐释较为复杂的社会议题。另外，基于地图数据的地理信息展现更是受到数据新闻记者的大力推崇，这种形式可以很好地将数据与真实的物理世界联系起来，西方媒体在报道总统大选或者战争伤亡等议题时经常采用。此外，数据可视化的形式还有很多，例如交互式图表、网络图谱、HTML5 动画等都可以为数据新闻服务。但是我们也应当意识到，可视化仅仅是一种手段，使用哪种形式要依据新闻的选题和传播的目的而定，切勿为了可视化而可视化。

制作数据新闻的最后一个流程是解读数据并进行故事化讲述。好的数据新闻不仅需要精美的可视化图表，还要有独到的见解和思路，为受众提供个性化解读，从而有效地引导舆论和建构议程。2011 年英国伦敦发生大规模骚乱，卡梅伦首相认为骚乱的罪魁祸首是 Facebook、Twitter 等社交网络，并强调骚乱的原因与贫困无关。《卫报》数据新闻记者针对这一新闻事件，与学界合作组建了“解读骚乱”的数据新闻团队，使用基于地理信息的可视化技术证明骚乱的发生和地区的贫苦程度密切相关，有力地驳斥了英国政界对社交媒体的误解。

“数据新闻”的呈现工具

关于数据新闻工具的选择，每一个数据记者或编辑都会有自己的理解和习惯，不同的工具之间也有功能的互补和重叠及其自身的优势劣势，如何选择工具和软件是见仁见智的事情，但是无论怎样选择，目的都是为了阐述数据信息和传播数据新闻。笔者在这里就数据新闻制作流程中经常使用的软件进行简要介绍，但数据新闻的呈现工具绝不仅限于此。

在数据收集阶段，除了使用已有的诸如政府信息的开源数据库获取数据以外，还要能够使用网络“爬虫”的技术抓取数据。现有很多的语言可以完成网络“爬虫”，诸如 Java、Python、R 和 Php 语言，都有实现网络“爬虫”的包或代码，另外，一些自主开发的工具或插件也可以进行“爬虫”，比如火狐浏览器的 MetaStudio 和 DataScraper。数据的管理阶段，如果数据量不大，Excel 或者 Access 就可以胜任基础工作，如果数据量较大，可用 MySQL、PostgreSQL 和 SQL server 组建数据库储存数据。

数据分析和挖掘阶段，Excel 软件可以完成日常的操作，利用数据透视表等功能就可以方便地对数据进行描述性统计分析。SPSS 是常用的统计分析软件，但是该软件需要记者掌握一定的统计学理论并学会相应的操作才能完成较为高级的统计分析，SAS 和 R 语言也能实现同样的功能，但是学习成本会比较高昂，一般需要专业的工程师进行操作。对于文本分析以及情感分析而言，需要使用更加高级的分析工具。英文文本分析算法在西方已经比较成熟，开源软件 Knime 提供了多种英文文本分析工作流，可以方便处理英文文本；中文文本的分析较为复杂，目前 R 语言和 Python 都有支持中文文本分析的包，可以进行中文分词和词频统计，但是对语义分析和情感分析领域的支持还不够成熟。社会网络分析方面可以使用 Ucinet 软件，在小型网络的统计分析方面十分有效，不过在处理大型社会网络节点尤其是社交网络数据时，Pajek 表现更加出色，它还能够通过接口嵌入 R 语言，弥补了其统计分析能力的不足。

数据可视化领域的软件繁多、各有特色，但是笔者认为无论掌握多么高端的可视化软件,都不能忽视最基础最简便的工具。如果数据量较小,且不需要复杂的数据分析即可得出结论,可用Excel直接实现可视化,这一点经常被专业人员忽略,反而事倍功半。与Excel类似,有一些不需要专业学习也可以制作出精美作品的云平台可视化工具,比如Google电子表格、Google Fusion Tables、IBM的Many Eyes、百度的Echarts等,这些在线软件可处理数据量大、图表种类丰富且操作极易上手,已经被多家国内外媒体用于数据新闻的实践中。Tableau软件在可视化领域的能力不容小觑,它不仅适配多种数据库类型,而且仅需拖拽等简单动作就可以制作极为复杂的交互式信息图,数据处理能力可以达到10万行。目前Tableau已经推出了Public版,可以免费使用。可视化领域的软件还有很多,但是它们制图的灵活性一般不高,如果软件提供的形式不能满足数据新闻的具体要求,就需要可视化团队使用更高级的工具。R语言、Python、Processing和D3.js等工具是可视化领域的"核武器",相对比较难以掌握,但却是可以实现实时交互、个性化制图、在线展示等多重功能的优秀工具,对于一个成熟的可视化团队,必须熟练掌握其中的一种或几种。

总　结

数据新闻作为一种新兴的新闻报道形式在西方已经有诸多成功实践,我国的媒体人也逐渐意识到数据新闻的价值,非常迫切希望将其纳入自己的传播体系。但是对于业界的这种转型,人才资源并不充分,一方面记者和编辑之前较少接触数据,另一方面高校新闻学院也较少培养数据新闻类人才。媒体面对这样的形势必须加强对数据新闻的重视,了解数据新闻的制作流程,熟悉制作数据新闻的工具和方法,加大数据新闻领域的实践,培养和招纳数据领域人才,才能在新的阶段下走在时代前列。

〔作者沈浩系中国传媒大学新闻学院教授;
孙云柯系中国传媒大学新闻学院硕士研究生〕

数据新闻:大数据时代新闻呈现方式的拓变

张丽　盛毅韬

数据新闻(Data Journalism)是"大数据新闻"的简称,又称数据驱动新闻(Data－driven Journalism),它是大数据时代诞生的一种跨学科、跨领域的新闻呈现方式。数据新闻旨在通过数据挖掘,探寻隐藏在大数据背后的新闻,并利用静态图表、交互式多媒体等形式将新闻内容视觉化呈现。"大数据新闻"其实并不能成为一类新闻,而是以大数据的思维和工具做成的新闻,是将大数据思维内化到生产实践及样态创新之中。①

一、数据新闻的起源

将社会科学研究方法和计算机信息技术运用到新闻报道中并不是新鲜事,20世纪50年代出现的计算机辅助新闻报道(Computer Aided Reporting)就是一种利用计算机辅助采集、处理和分析信息的新闻报道方式。

20世纪60年代,美国学者菲利普·迈耶(Philip Meyer)提出了精确新闻学(Precision Journalism)的概念,并在1973年出版的《精确新闻学》一书中系统论述了精确新闻报道的调查方法、统计技巧和写作要求。精确新闻学倡导记者运用抽样调查、参与观察、实验和内容分析等社会科学研究方法来收集资料、查证事实,从而开展新闻报道。精确新闻报道以问题为对象,用数据说话,进而提高新闻报道的客观性和准确性。

大数据时代产生的数据新闻是传统精确新闻的升级版,与精确新闻相比,数据新闻主要有以下三大特点:

首先,数据新闻重数据挖掘,而精确新闻重数据分析。从本质上来说,数据分析和数据挖掘都是为了从收集来的数据中提取有用信息,发现知识,而对数据加以详细研究和概括总结的过程。② 数据分析和数据挖掘的最大区别主要体现在数据量和数据类型两个方面。随着信息技术的进步,支撑数据新闻的数据样本的量级有了巨大的提升,数据新闻挖掘的数据量级一般达到TB,甚至PB。而精确新闻一般在新闻报道中运用少量的统计数据,数据量级一般为MB或是GB。此外,数据新

---

① 陈昌凤、乌日吉木斯:《数据新闻与大数据思维的应用》,《新闻与写作》2014年第4期,第6页。

② 谭磊:《大数据挖掘》,电子工业出版社2013年版,第6页。

闻的挖掘对象不仅包括文本,还有图片、视频和图片数据;不仅有规范化数据,还有半规范化数据和不规范数据。数据新闻记者是在没有明确预设的前提下去挖掘数据,并发现新闻的,所获得的信息具有未知性。

其次,数据新闻的呈现方式以互动可视化信息图表为主。传统的精确新闻多以数据罗列或静态信息图表的方式在传统媒体上呈现,而数据新闻大多可以在网络媒体上呈现互动可视化效果。当然,并不排除数据新闻在传统媒体上以静态信息图表的形式呈现的可能,只是静态信息图表不是数据新闻主要的呈现方式。

再次,数据新闻的数据比重大于文字。数据在精确新闻和数据新闻中所占的比重有所不同,精确新闻主要以文字为主,数据在其中扮演配角,是为了更好地辅助文字;而数据新闻则是以数据为主、文字为辅,主体是数据可视化展示,文字起到补充说明的作用。

数据新闻能以一定的姿态和影响迅速发展还受益于《数据新闻手册》(*The Data Journalism Handbook*),它是一本由欧洲新闻学中心(European Journalism Centre)和开放知识基金(Open Knowledge Foundation)为数据新闻爱好者开发的参考书,读者可以在网络上免费阅读电子版本。创作《数据新闻手册》的想法诞生于在伦敦举办的 MozFest 2011 的 48 小时研讨会上,随后吸引了包括 BBC、《卫报》、《金融时报》、《纽约时报》、《华盛顿邮报》等在内的几十个数据新闻倡导者和最佳实践者的参与,引发了世界范围内的共同努力。《数据新闻手册》全书一共分为七个部分,前两部分阐述了这本书诞生的背景以及数据新闻的定义和重要性,后五章介绍了数据新闻报道的案例以及如何获得、理解和呈现数据。

二、西方主流媒体的数据新闻实践

1.《卫报》:数据新闻先锋

英国《卫报》是数据新闻实践的先行者。2009 年,《卫报》在其官方网站上开设了"数据博客"栏目,被认为是数据新闻发展史上的一个里程碑。然而,"数据博客"栏目在一开始并不被看好。"数据博客"主编西蒙·罗杰斯介绍说:"当我们启动'数据博客'项目时,我们不知道谁会对原始数据、统计以及可视化的东西感兴趣。"

"数据博客"的关键词是"事实是神圣的"(Facts are sacred),内容涉及政治、经济、文化、体育、科技、时尚等方面。2013 年,"数据博客"的主编西蒙·罗杰斯出版了《事实是神圣的:数据的力量》一书,他在书中向读者展示了数据新闻记者如何分析数据,并认为数据影响着整个世界。它使新闻和其他行业之间的边界逐渐消失。

2011 年 8 月 6 日晚,伦敦发生了一系列社会骚乱事件。《卫报》在 9 月 6 日刊发的系列报道中用 Google fusion 制图,不仅在地图上标示了骚乱发生的地点,并且以热力图的方式,用不同颜色的色块标示伦敦各地区的经济发展状况。这幅地图清晰地表明,骚乱与经济发展的不平衡有着密切的关系,一定程度上揭示了这起骚乱爆发的原因。《卫报》也凭借这篇数据新闻报道获得了 2012 年度首届"数据新闻奖"。

数据新闻奖(Data Journalism Award)由全球编辑网络(Global Editors Network)发起,由谷歌和骑士基金赞助支持。"数据新闻奖"旨在鼓励新闻记者在大数据时代背景下更加注重数据的挖掘和报道。2013年4月27日,全球编辑网络在意大利佩鲁贾国际新闻节上公布了2013年度入围"数据新闻奖"的名单和作品。2013年度"数据新闻奖"一共收到全球300多家新闻机构和工作者送来的作品,来自美国、英国、日本、中国香港、巴西、阿根廷等国家和地区的72家机构入围。本届"数据新闻奖"奖金为15 000欧元,奖项包括四大类:数据驱动调查性新闻(Data-driven Investigative Journalism)、数据驱动性应用(Data-driven Applications)、数据报道(Storytelling with Data)、数据新闻站点或部门(Data Journalism Website or Section)。2014年度数据新闻奖于2014年6月14日揭晓,《华盛顿邮报》和《纽约时报》分别获得最佳数据新闻调查奖(Best Data-driven Investigation)和最佳数据可视化奖(Best Data Visualization)。

2. BBC 如何生产数据新闻

BBC数据新闻团队由20人组成,成员有记者、设计人员和开发人员。该团队除了制作静态图表和交互式多媒体之外,还负责数据的设计和可视化。BBC并没有专门的"数据"记者,但该团队中所有的编辑都必须精通Excel和谷歌文档(Google Docs)等基本的电子数据表格应用。对每一个数据项目来说,其关键在于研发者的技术和建议以及设计师的可视化处理技术。

BBC数据新闻团队的Bella Hurrell和Andrew Leimdorfer认为,数据新闻更为传统的定义是"在数据中寻找故事"。数据库中是否埋藏着新闻?数字是准确的吗?这些数字能证明或者反驳某个问题吗?这些都是数据新闻记者必须问自己的问题。

但是想要在大规模的数据中找到一些有价值的东西需要花费大量的时间。在数据挖掘方面,BBC数据新闻团队找到了一种富有成效的方法,那就是与具备专业知识的调查团队或项目合作。例如,BBC时事节目《全景》与调查性新闻中心合作,花费数月时间,收集有关公共部门薪酬的数据。最后制作出一部电视纪录片,还在网上推出了一个名为"公共部门的薪酬:数字"的特别报道,公布了所有的数据,并根据逐个部分的分析对数据进行了可视化处理。

除了与调查记者合作以外,拥有具备专业知识和计算能力的记者也是至关重要的。当团队中负责商业报道的记者分析完政府发布的削减开支的审查数据时,他得出了这样的结论:实际的削减数字并没有那么大,结果诞生了一篇通过清晰的可视化辅助呈现的独家新闻——《理解数据》,赢得了皇家统计学会奖。

BBC数据新闻团队认为数据新闻不必成为独家新闻,数据可视化团队的工作是将出色的设计与清晰的叙述结合起来,从而为用户提供引人入胜的阅读体验。对一些准确的数据进行可视化处理有助于用户更好地理解某一问题或故事,这种方法在BBC的新闻报道中经常被用到。热力图能够展现一段时间内相关数据随着时间变化的情况。图1是BBC数据团队在一篇英国经济追踪者的报道中所运用的热力图。图中的灰线代表1992年至2014年间失业人数的变化情况,黑线表示待业者补贴金额的变化情况。读者用鼠标在灰线和黑线的不同位置停留,图中便会显示某年某月失业人数和待业者补贴金额的具体数值。

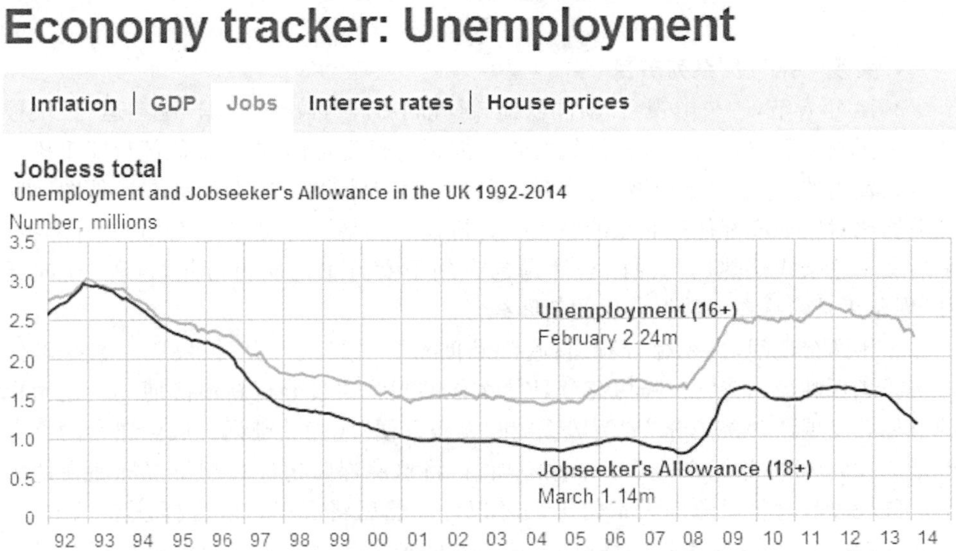

图 1　BBC 数据可视化报道《经济追踪者:失业》

3. 澳大利亚广播公司试水数据新闻

澳大利亚广播公司(ABC)是一家拥有 70 多年历史的全国性公共广播电视机构,它以独立于政府为荣,被认为是澳大利亚最值得信赖的新闻机构。

2011 年 11 月 24 日,ABC 多平台项目和 ABC 在线新闻网联合推出专题"从数字看煤层气",该专题的五个页面由交互式地图、可视化数据和文本组成。整个专题的亮点是一份展现澳大利亚煤层气气井分布(pipelines&wells)及气井租赁情况(leases&wells)的交互地图。用户可以按照不同地理位置如昆士兰地区(QLD)或新南威尔士地区(NSW)进行搜索,并在气井租赁情况和气井分布两种模式之间自由切换。通过放大地图,用户还可以查看某个气井的开发商名称、开发状态以及钻井日期。

澳大利亚广播公司数据新闻团队的成员具有不同背景,如记者、网页开发和设计人员、数据采集人员等等。如何让这些不同工种,拥有不同价值观的成员进行有效沟通便十分重要。项目负责人温蒂·卡利斯勒(Wendy Carlisle)说:"必须重新以适应于数字时代的技能武装自己,数据新闻正是我们在数字海洋中航行的又一新工具。接下来的日子,我们将与电脑黑客、开发设计师、编程人员并肩作战。眼下正是过渡时期,需要认真做好能力重塑。我们需要能够有效发掘技术与新闻之间关联的项目管理者来实现这一过程。"可见,生产数据新闻光有技术和数据是远远不够的。如何在大量的数据中找到新闻,实现数据与新闻的无缝对接是生产数据新闻必备的能力。

三、数据新闻在中国

1. 央视"'据'说"系列节目

2014 年春节，中央电视台《新闻联播》、《晚间新闻》推出的"'据'说春运"板块被认为是国内大数据电视新闻的开篇之作。央视与百度合作，根据 2 亿部智能手机用户每天发出的 50 亿次定位请求，实时绘制出中国大版图上的春运动态迁徙图。通过数据比对发现成都往返北京的路线一直排在热门路线的前 10 名，这是为什么呢？最后发现这条线路热门的原因居然是老人到子女打工的城市过年，这种"逆向迁徙"现象正是隐藏在大数据背后的新闻线索。

今年两会期间，央视综合频道《晚间新闻》的"'据'说两会"板块用大数据聊保障房。老百姓最期待的保障房究竟是什么样的呢？通过分析新浪微博 5.3 亿用户的意见后发现，"70 平方米"、"两居室"和"看病方便"成为关键词。从住建委的官方网站上找到 2008 年以来的 287 个保障项目，将这些保障房项目的位置标注在地图上，可以发现，这些保障房大都位于四环以外。然后将三甲医院也标注在地图上，可发现，大多三甲医院都在四环以内，这也就印证了为什么人们对保障房配套设施的要求当中"医疗、医院"以 41%的比重高居榜首，"交通"以 38.2%紧随其次。

今年 2 月底，北京市卫计委宣布允许在职医生开办私人诊所以优化医疗资源，缓解居民看病难等问题。因此，我们可以运用之前的大数据分析进行预测，如果打算开私人诊所的在职医生，将诊所开到保障房聚集、离市中心较远的位置或许是不错的选择。"'据'说两会"这期关于保障房的新闻很好地体现了数据新闻的特点，即从庞杂的数据中寻找某种规律，揭示现象背后的原因，并预测未来的发展趋势。

2. 财新网"数字说"

财新传媒是我国最早从事数据新闻和可视化报道的传媒机构之一，并于 2013 年 10 月成立财新数据新闻与可视化实验室，在财新网推出"数字说"栏目，开展数据新闻和可视化报道的实践。目前财新网"数字说"栏目已制作了大量数据新闻和可视化报道，主题涉及经济、环境、食品安全、房地产、银行、股市等，读者可以根据自己的兴趣选择相应题材的数据新闻。

财新传媒的数据新闻实践是从数据挖掘和用户互动两个层面展开的，其中《三公消费龙虎榜》、《青岛黄岛中石化管道爆炸事故》在众多数据新闻作品中具有代表性。《三公消费龙虎榜》是数据挖掘类的可视化报道，而《青岛黄岛中石化管道爆炸事故》则属于用户互动层面的数据新闻可视化，强调用户在鼠标点击中主动获取相关信息。

《星空彩绘诺贝尔奖》(见图 2)是以 1900 年至 2013 年所有诺贝尔奖相关信息为基础制作而成的可视化报道。读者可以点击自动播放，也可以自主选择查看某一年的诺贝尔奖获奖情况。这篇数据可视化报道不仅是数据挖掘层面的实践，同时也是用户主动获得可视化产品层面的实践。

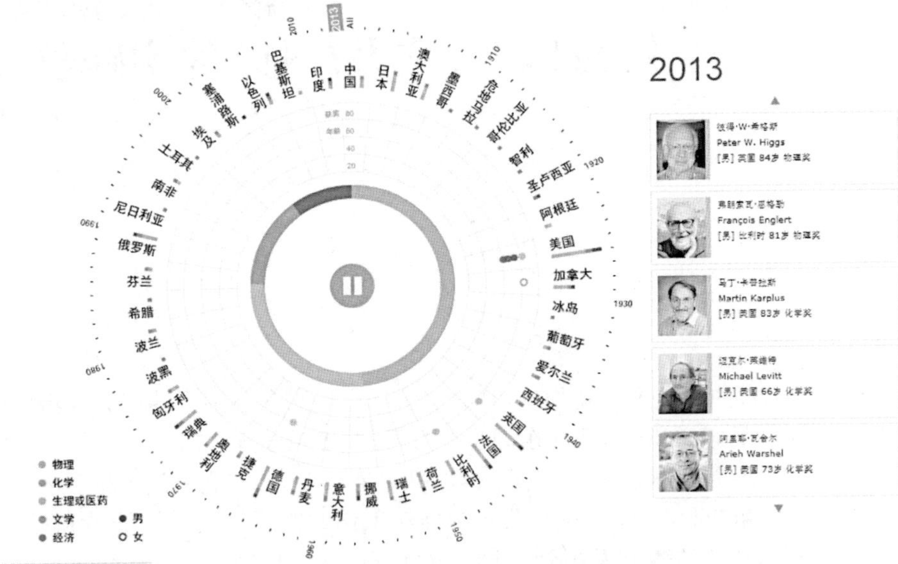

图 2　财新网"数字说"栏目数字新闻报道《星空彩绘诺贝尔奖》

结语：数据新闻的未来

经过若干年的探索和实践，数据新闻作为一种新闻呈现方式已经逐渐成熟。大数据给新闻媒体提供了另一扇发现新闻的窗户。通过大数据挖掘，记者有机会发现具有独特价值的新闻。数据新闻呈现了大数据背后隐藏的某种现象和规律，互动可视化技术也给数据新闻的呈现带来了全新的阅读体验。笔者认为，新闻媒体今后需要在数据获取、数据分析与过滤、数据可视化呈现三个方面下功夫，才能进一步提升数据新闻的品质。

未来，当物联网与大数据相结合的时候，新闻媒体采集的新闻比重将下降，而非专业媒体人甚至是非人工采集的信息将占有越来越大的比重。随着物联网技术的发展，任何物体都有可能成为信息收集的终端，物体上安装的传感器能够捕捉到人们肉眼难以发现的细节。物联网中传感器采集的数据（包括移动互联网中的地理位置数据）、社会化媒体中的用户生产内容（UGC）以及新媒体中的各种用户数据，将得到更为广泛与深入的应用。① 这样一来，新闻媒体用于制作数据新闻的数据来源将发生结构性的变化，数据新闻本身也将因此焕发新的生命力。

〔作者张丽系中国传媒大学新闻传播学部副教授、博士；
盛毅韬系中国传媒大学 2013 级新闻学硕士研究生〕

① 彭兰：《大数据时代新闻信息资源的结构性变化及其影响》，《中国广播电视学刊》2013 年第 7 期，第 9 页。

·新闻工作"群众路线"专题

解放区"大家办广播"的实践研究

哈艳秋　彭芳群

1940 年 12 月 30 日，延安新华广播电台成立，广播媒介与中国共产党政治传播中的联动开始凸显。1943 年，毛泽东同志撰写了《关于领导方法的若干问题》一文，提出"从群众中来，到群众中去"的观点，这段话被看作是对中国共产党群众路线的一个经典表述。解放区广播也成为党开展群众工作的主要战线。抗战胜利后，解放区广播事业从初期的微弱发声到响彻中华大地，不仅得益于中国共产党政权力量的发展壮大，还归功于广播人在中国共产党的领导下提倡"大家办广播"，走群众路线，用事实说话，而且还逐渐形成了一套行之有效的宣传体系。

一、"大家办广播"方针的主要内涵

在解放区广播发展的阶段过程中，解放区广播电台始终注意把联系群众、听取群众意见和为听众服务作为重要的工作方针和方法，并明确提出了"大家办广播"的口号。从现有资料看，最早提出"大家办广播"的概念是在 1945 年 8 月延安新华广播电台恢复播音后。1945 年 10 月 25 日，延安《解放日报》发表文章《大家办广播》。文章指出，延安新华广播电台（XNCR）是一个新的技术，"要驾驭它，要掌握它，要使它真正为人民服务，还需要一个过程"，这个过程如果"单让 XNCR 的从业员，电务人员、编辑去干，它会延长，如果合力经营，大家办，它会缩短。"为此，文章提出了"大家办"的三点要求，即"充分地享受它"、"充分地利用它"以及"建立广泛的广播网"。这种办广播思想是中国共产党"全党办报"、"群众办报"、"全党办通讯社"方针与思想在解放区广播工作中的具体体现与运用①，为中国共产党与群众之间的政治沟通架起了一座新的"桥梁"。

1. 充分地享受它——从"独乐乐"到"同乐乐"

抗战结束后，随着延安台的恢复播音以及地方广播电台的逐渐兴起，为了让更多的人听到解放区广播，把握时局的动向，《大家办广播》一文建议，"把你的收音机走出斗室，放到街头巷尾，放到公共场所，放到群众中去，从'独乐乐'变成'同乐乐'"，这样才能"使它真正成为有力的宣传工具、教育民众的最好的武器"。《解放

---

① 赵玉明：《中国广播电视文集》，中国广播电视出版社 1993 年版，第 269 页。

日报》还撰文建议,"每个县城或重要市镇,最好至少购置一台(收音机),安放在热闹街口,按时播放,让老百姓听到"。[①] 据新华社晋察冀总分社1946年2月1日电讯:"各马路旁的无线电扩音机下,比往日有更多的人站着静听。市立民众教育馆门口,竟有人在冰冷的石阶上坐着,聚精会神地听扩音器里关于政治协商会议通过的五项决议全文的播送……"[②]

这种"同乐乐"收听的意义不仅表现在信息的推广上,在联络政府与民众之间,军队与民众之间的情感方面也有独特作用。在渡江战役期间,时任第四兵团司令员兼政委陈赓在日记中写道:行三十里到夫子河宿营。群众对我热情。我将收音机悬于街上,群众聆听新华社广播,一时拥挤不堪,群情兴奋。此种宣传方式甚好。[③]

2. 充分地利用它—— 大众的号角大众吹

"大家办"的要求还在于,广播光是让人听还是不够的,应该让群众发出自己的意见和主张,"大家的耳朵加上大家的嘴巴,才能算是两全其美!"[④]

1945年10月25日延安《解放日报》发表文章《介绍XNCR》,号召社会各界倾其热忱一起来办广播,明确提出"人民大众的号角要人民大众来鼓吹"。文章认为"XNCR既然是人民的喉舌,民主的呼声,那么就应该大家来管理它,利用它,掌握它。有什么话要XNCR代说的,有什么新闻要XNCR报告的,可以寄给新华通讯社,说得明白些,就是XNCR希望各界多多投稿。"

这种开门办广播的方针,不仅仅是指号召解放区的干部、群众一起办,而且号召国民党统治区的民主人士和进步群众为延安新华广播电台提供广播稿件。1946年七八两个月,延安新华广播电台一共播出的89篇文章中,有34篇,也就是近40%是上海、重庆、南京、北平、昆明等地以及国外各地的民主人士写的[⑤],对丰富延安台的信息来源起了重要作用。

在"大家办广播"的方针指导下,各地解放区广播电台都注重同社会各阶层的联系,认真做好听众工作。1946年7月,延安新华广播电台在总结一年来的工作和改进业务基础上,发表公开信,广泛征求全国及南洋各地听众之意见,"有哪些是你喜欢听的,哪些不喜欢听?你还希望增加些什么节目?各报馆及通讯社对于记录新闻有何意见?……均请提出具体意见"[⑥]。公开信广播后,国统区就有29多位听众给延安台写了信。[⑦] 从1947年10月到1948年5月,延吉新华广播电台先后四次

---

① 《介绍XNCR》,《解放日报》1945年10月25日。

② 河北省广播电视厅史志编委会编:《张家口、晋察冀新华广播电台回忆录》,1989年版,第25页。

③ 《陈赓日记》,战士出版社1982年版,第22页。注:1949年,在渡江战役期间,陈赓于3月10行动前在河南漯河之福音堂大楼写下"渡江作战,完成历史任务,对此壮举,不能无记,决心写下去。特志。"此段日记为陈赓于4月5日所写。

④ 中央人民广播电台研究室、北京广播学院新闻系编:《解放区广播历史选编(1940—1949)》,中国广播电视出版社1985年版,第11页。

⑤ 赵玉明主编:《中国广播电视通史》,中国传媒大学出版社2006年版,第110页。

⑥ 《人民日报》1946年7月29日。

⑦ 苏力编:《延安之声——延安(陕北)新华广播电台纪闻》,陕西旅游出版社1990年版,第75页。

在《吉林日报》上刊文，向听众提出“你感到本台今后还应增加些什么节目？”“你收听本台转播陕北电台节目时情况怎样？”“你喜欢听解放区哪个电台，你喜欢它哪个节目？”等问题，博采众议。

对于听众寄来的稿件和信件，解放区广播电台依据自身条件反馈信息。延安台克服了很多难以想象的困难，适当调整和增加节目内容，满足听众提出的要求，“许多友人提意见，要我们增加广播评论、物价报告，我们现在已经加上了……有人提出记录新闻字数多加些，我们正在计划，不久就可以做到”①，“有些听众，特别是有些外国友人，要我们增加英语新闻，我们准备从本月 11 号开始增加”②。华东新华广播电台自 1948 年 9 月开播后的几个月间，就收到淮海前线解放军各部队、华东华北东北西北各解放区、上海等江南各地解放区的人们和国民党战俘等的收听意见。如，上海等地民众表示最喜欢记录新闻和主要文件，要求“记录速度可稍慢些，讲解更简明些”；各解放区希望举办政策讲座，解释政策法令，播送短小精悍的文艺、音乐、戏剧节目，要求“更口语化、更清晰些”；国民党军战俘则希望重播战俘军官名单并事先预告，要求“多点、更多点军事新闻”③。根据上述受众意见，华东台几经变更广播节目表。

3. 建立广泛的广播网——以广宣传

到解放战争末期，全解放区大概有 200 万台收音机。为了尽可能地扩大广播的收听范围，更好地传达中国共产党的政治主张，建立广泛的广播网迫在眉睫。在北平、天津、济南、沈阳等地，解放区政府开始有计划地组织收听网，主要是在工厂和学校逐步成立广播小组，组织工人和学生到电台参与广播或集体收听。

有线广播也在一些地区开始实验推广。早在 1946 年至 1948 年解放战争期间，东北地区在办好无线广播电台的同时，就先后在一些城镇建立了有线广播，如通化、承德、哈尔滨、牡丹江、齐齐哈尔。比较突出的是哈尔滨，在市内主要街道、公共场所都安装了有线喇叭。不少广播电台在配合重大政治活动时，往往设立临时会场，安装扩音设备，组织干部群众收听广播，甚至少数城镇建立了简易有线广播站。

在当时收音工具量少的情况下，通过有组织地集体收听或发展有线广播所具有花钱少、易普及并有广泛群众性等特点，对解放区广播的信息传达和政治动员起了很大的推动作用。

二、“大家办广播”方针的内容体现

从战时宣传向和平建设宣传转换的过程中，解放区广播节目开始由单一走向“多样发展”的阶段，新闻性节目、教育性节目、文艺性节目、服务性节目品类逐渐齐

① 《解放日报》1946 年 9 月 5 日。

② 中央人民广播电台研究室、北京广播学院新闻系编：《解放区广播历史资料选编》，中国广播电视出版社 1985 年版，第 82 页。

③ 周新武主编：《华东人民之声》，中国广播电视出版社 1994 年版，第 49－50 页。

全。这种多样化和复杂化充分体现了解放区广播节目深入群众的思想解放历程。

1."广播讲话"类节目的多阶层参与

"大家办广播"的一项重要任务就是组织、宣传、动员各级党政部门、群众团体重视广播,运用广播。在解放战争初期,"广播讲话"成为各地解放区广播电台动员群众、组织群众最普遍的节目形式。解放区军政人员、普通民众都成为这一形式的主角。

1946年10月,为响应"美军退出中国"运动,延安台从10月10日起连续10天组织名人演讲。林伯渠、柳湜、李鼎铭、廖承志等多个阶层的代表都应邀在每晚的"名人宣讲"节目中发表广播讲话。1946年,作家肖军在东北新华广播电台。1947年元旦,吉林军区司令员周保中到延吉新华广播电台,辽东军区司令员肖华到安东新华广播电台都做过广播讲话。①

此外,普通民众也被邀请走上广播电台。仅"1946年,人民群众到大连电台讲话的就有102次之多"。在题为《广播电台过生日,我也说上几句话》的发言中,大连市组织清洁工生产自救的劳动模范白玉江感叹道:"在早敌人不让俺们去讲话倒不说,谁要是走到那铁架根底下,真隔着蹲大狱不远啦!打死勿论。这功夫什么样的穷人、受气人,都能捞着去说一说。"②

2.满足受众需求,举办知识性节目

1945年10月底,延安新华广播电台率先开办了《解放区介绍》、《解放区政策》、《解放区建设》等专题节目以满足国统区人民对解放区的了解。不少地方台也开播了类似节目,如华东新华广播电台创办了《华东解放区介绍》。大连台的《苏联介绍》在第一年就广播了163次。③张家口台开办的《八路军生活介绍》节目,通过撷取重要的事件和生动的故事,具体、系统地介绍八路军的战略战术、政治文化工作、军队内部的官兵关系,情同鱼水的军民关系等等,很受听众的欢迎。

解放战争后期,随着新解放城市的增多和解放区条件的逐步改善,针对城市不同受众层和收听需求不同的特点,知识性对象性节目逐步丰富起来。大连台在1946年1月刚开播时,便开办了每天15分钟的儿童、妇女、青年节目,内容联系收听对象的实际,针对性强。这些节目也充分得到了各地党政机关和团体的配合。1949年3月起,东北新华广播电台、延吉新华广播电台、吉林新华广播电台等与当地工会、妇联等有关部门合作,在"面向谁,为谁服务"方面,加强了节目的对象化。这一期间,解放区广播联系群众的形式表现更加丰富,如组织各界听众座谈会、广播座谈会、广播演讲竞赛会、歌咏比赛、办通讯员讲座等。④ 反映基层行业群众的工作生活状态日益受到解放区广播的重视。

3.以"群众工作"为中心,强化节目地方性指导

解放战争中,各解放区广播电台除了转播延安(陕北)台的节目之外,在当地党

① 《东北人民广播史(1945.8—1949.9)》,辽宁人民出版社1991年版,第41—42页。
② 大连人民广播电台编印:《1946—1986大连广播回忆录》第一辑,1986年版,第16页。
③ 康荫:《解放战争时期的东北区人民广播事业》,《广播动态》1958年版,第194页。
④ 大连人民广播电台编印:《1946—1986大连广播回忆录》第一辑,1986年版,第151页。

政部门以及报刊媒体的支援下，尽量根据自己编播队伍的实力，围绕中国共产党的群众工作任务，因地制宜地制作节目，在传播中国共产党政策、动员人民参军、支前，推动解放区经济、政治、文化建设等方面起了很大作用。

大连台围绕大连地方党委提出的“恢复生产，安定民生；普及文化，教育群众”中心工作，开展宣传，并根据受众意见，适时革新节目内容，仅在1946年，就先后在2月9日、3月17日、6月1日、8月1日和11月1日，共5次改革广播节目。[①] 晋冀鲁豫地区的邯郸台从1947年9月起，增加50分钟本解放区的报道，及时反映城市建设、文化教育、生产、支援前线、土改后的农村新面貌。因为贴近现实需要，不少经验报道在其他解放区都具有示范意义。

在解放区各电台的努力下，“大家办广播”的表现形式日趋丰富多样，从节目内容上看，其主题基本围绕中国共产党中心工作，强化对中国共产党的思想认识，强化新旧政策的对比，颂扬解放区各行业在生产、工作中创造的成绩等，在沟通中国共产党、政府与群众间的联系上往往具有“直接的效果”。

三、“大家办广播”的能动效应

在抗战初期和解放战争初期，由于政治、经济环境以及技术条件的制约，解放区广播传受双方的社会互动曾表现出很大的不平衡。随着中国共产党军事上的顺利进展以及解放区政治、经济环境的改善，解放区广播争取受众、服务受众日趋活跃，从方针政策到实践上趋向统一，逐步获得强大的聚众效应。

1. 强调受众方针的能动性

“大家办广播”最简单的理念就是坚持以受众为本的内涵。抗战结束后，国统区的收音机已达到100万台左右，占全国的绝大多数。就国统区一般的广播受众而言，其对中国共产党的政策、主张知之甚少，甚至还有不少误解。1947年6月10日，新华社语言广播部提出《对目前改进语言广播的几点意见》。《意见》指出，在全面反攻即将到来的形势下，国统区人民对解放区的声音更加重视，他们需要更进一步了解整个中国的前途究竟怎么样。宣传内容“要使听众爱听，要生动具体，要有面向全国的气派，切忌不看对象、无的放矢及空洞说教，多做积极的报道，宣扬我党政策，争取蒋区听众，孤立敌人”。[②] 正如温济泽曾谈到，当时解放区广播很重视对宣传对象的调查研究，对于国统区人民的生活、斗争和思想情况，都经常进行周密调查和研究，最大程度发挥了解放区广播的动员、说服、引导功能。

2. 构建中国共产党与受众相互认同的通道

在革命语境下，中国共产党政治动员的最基本目标在于唤起最广大群众的参与意识，增强群众对中国共产党的政治认同，从而促进政治目标的实现。解放区广播作为中国共产党政治动员的主要传播载体，坚持受众诉求主题选择的合理性，从

---

① 大连人民广播电台编印：《大连广播回忆录》第一辑，1986年版，第70－71页。

② 《关于土改等报道的检讨》，新华总社《本周业务一览》第3期，1948年3月7日。

而产生了持久有效的影响力。以争取国统区的青年为例，抗战后到自卫战争期间，青年群体成为反内战的主要力量，各解放区广播也很重视对青年尤其是国统区青年的思想宣传。胡素珊在《中国的内战：1945—1949 的政治斗争》中论及学生与政治运动的关系时曾指出，学生的抗议与延安广播或共产党报纸采取的路线有相似之处。①

1946 年 12 月底到 1947 年初，北平、天津、上海等几十个大中城市，50 多万学生，相继举行了大规模罢课和游行示威，抗议美军士兵在华暴行。为声援学生爱国运动，从 1947 年 1 月 11 日至 14 日，延安新华广播电台分别邀请法学家陈瑾昆教授、解放区青联筹备会主任冯文彬、西北民主军骑六师师长胡景铎将军、政协中共代表、解放区妇联筹备会副主任邓颖超进行演讲。邯郸台、晋察冀台同时转播。②广播讲话在国统区的学生中引起了强烈反响。“他们清楚地了解到，他们的斗争不是孤立的，在他们的背后有解放区军民的强大力量在支持他们，与他们站在一起，共同战斗。”③

为了争取青年受众，解放区电台还倾向于在一些特定节日或特殊形势下，通过“介绍解放区学生状况”、“给同学的信”等形式对青年学生进行针对性的宣传。这一点我们可通过张家口新华广播电台 1946 年 5 月 4 日播出的节目内容得以佐证，其播出有晋察冀边区青年会主任许世平的讲演《八年来晋察冀边区的青年运动》，张家口青年参议员、华北联大同学陈颖的广播讲演以及华北联大文艺院院长沙可夫的讲演《鲁迅与“五四”》。不难看出，解放区广播之所以对青年产生吸引力和影响，就在于他们迎合了青年关注社会的主题诉求。

3. 推动中国共产党政治传播的最大化

解放区广播声明自己是“人民的喉舌、民主的呼声”，从传播者与受众的角度出发，这种受众本位的理念在很大程度上是以中国共产党文件和政策传播的形式统一到传播者本位的框架下的。

综观当时的解放区广播，其节目传播对象一是对解放区的广播，受众主要为解放区的党军政部门和民众。二是对国统区广播，面向国统区具有收音条件的各阶层民众，包括各党派民主人士、爱国学生、工商人士、国民党官兵等。此外，解放区广播的海外传播对象主要为东南亚、美国等地的民众。

上述民众的参与广播，大抵与中国共产党政府强有力的部署以及解放区广播电台的有力执行密不可分。通过多级传播途径动员和组织群众参与到广播的传播活动中来，虽然这种群众路线的实施具有“泛政治化”传播的特点，消解或弱化了解放区广播媒介其他功能，使其真正的大众化难以企及，但由于中国共产党自身及其所代表的社会阶层的利益趋向的统一，解放区广播所提供的政治意愿表达平台的

① 〔美〕胡素珊著，王海良译：《中国的内战：1945—1949 的政治斗争》，中国青年出版社 1997 年版，第 95 页。

② 《声援全国学生爱国运动，延安名流日内广播》，《解放日报》1946 年 1 月 10 日。

③ 河北广播电视厅史志编委会编：《张家口、晋察冀新华广播电台回忆录》，1989 年版，第 34 页。

确在很大程度上满足了民众的政治诉求，使其实现了对内对外传播的突破。从政治传播角度上看，它的效果是成功的。

结　语

解放区广播处于中国政治社会化与电子信息传播的初级阶段，其创立和发展是自力更生、群策群力的产物。"大家办广播"作为解放区广播事业区别于旧中国广播的根本标志之一，体现了中国共产党领导下的媒体密切联系群众的作风。这种理念贯穿整个解放区广播的发展历程，成为解放区广播的"创业之本、胜利之本"①。时至今日，革命的语境不复存在，新媒体时代信息传播模式的格局大为改变，要求广播媒体在内容生产、受众理念、互动理念、传播理念等方面积极创新。但以"受众"为中心依然是广播媒体事业发展的出发点。争取受众、吸引最广泛的受众参与，扩大传播影响力仍是广播竞争力的核心要素。"大家办广播"的理性回归依旧是时代的需要。

〔作者哈艳秋系中国传媒大学新闻学院教授、博士生导师；
彭芳群系《中国化工报》电视台编导、博士〕

---

① 赵玉明主编：《中国解放区广播史》，中国广播电视出版社 1992 年版，第 154 页。

央视《感动中国》栏目的群众观分析*

韩文婷

已经连续举办多年的《感动中国》栏目，早已成为中央电视台的第一精神品牌。自2003年开始的每一个春天，广大观众都能与十余位《感动中国》的年度人物相逢，在一段段动人事迹的温暖与感动中开启新一年的旅程。这之中既有感人肺腑的好人好事，也有正气凛然的英雄事迹，蕴含着振奋人心的精神力量。11年间，《感动中国》在广大观众中产生了广泛而深远的影响，每一年评选出的年度人物都会成为当年人们学习的精神榜样。笔者认为，《感动中国》的成功，不仅源于它独树一帜的栏目定位，更加源于它在群众路线上的深刻把握。坚持党的群众路线不动摇不仅是我们党在长期革命实践中制胜的武器，也是广播电视栏目深入人心、常青不衰的法宝。从另一个角度来说，《感动中国》栏目也为近年来宣传思想战线进一步践行群众路线的"走转改"活动树立了学习的标杆。

一、电视媒体践行群众路线的重要性

密切联系群众是我们党的光荣传统和最大优势。作为党和人民的喉舌，电视媒体一直承担着沟通思想和服务群众的重要职责，所以群众路线是电视媒体工作的根本路线。自迈入新世纪以来，随着物质条件和精神文化生活的丰富发展，电视媒体不断迎来新的机遇和挑战。在泛娱乐化、低级趣味化并行的今天，电视若想获得更多的受众，创办出更加优质的栏目，就一定要将群众路线贯穿到电视媒体工作的全过程中。电视媒体只有主动面向群众、主动服务群众，全面树立受众意识，扎实践行群众路线，善于从群众的角度出发，创办出更多贴近群众实际生活的电视节目，才能更好地发挥宣传政策、沟通上下、引导舆论、提高国家凝聚力的重要作用。

群众路线的核心是"一切为了群众，一切依靠群众"，为了群众是目的，依靠群众是手段。电视媒体在贯彻和践行群众路线的过程中要坚持将"一切为了群众"作为日常工作的根本目的，将"从群众中来，到群众中去"作为日常工作的根本原则，将满足群众的收视需求作为电视工作的根本出发点。只有把体现党的主张和反映人民群众的心声统一起来，把坚持正确导向与通达社情民意统一起来，才能不断增

* 本文是2009年度教育部人文社会科学研究规划基金项目《当代中国广播电视史》(1949—2009)课题阶段性研究成果，项目编号：09YJA860028。

强电视媒体宣传的亲和力、吸引力和公信力。

近年来，全国各级广播电视系统不断地加大新闻改革的力度，在贯彻和实践党的群众路线方面进行了广泛而有益的尝试。很多媒体都成功地打造出了一批具有较强贴近性、地域性，具有鲜明特色的品牌节目，深受广大人民群众的喜爱。例如新闻宣传战线开展的“走转改”系列活动，中央电视台的“新春走基层”主题报道，各地电视台创办的各式民生新闻节目等等。细数近年来涌现出的众多在实践群众路线上取得丰富经验的广播电视节目，中央电视台的《感动中国》栏目可谓是里程碑式的典型代表。

多年来，《感动中国》都以评选本年度具有感人事迹、震撼心灵的人物为主打内容，向全国观众推选出了许许多多感动你我的英雄人物。每一个人物都裹挟着那个年份的缩影，我们可以从他们的悲喜与振奋中感受到那一年的纷繁情绪，也正是因为这些来自我们身边平凡的丝丝缠缠的感动才让每一届的《感动中国》人物评选得到十分广泛的关注。可以说，深入贴近百姓生活，坚持栏目的群众性成就了《感动中国》。

二、《感动中国》践行群众路线的体现

2003 年 2 月 14 日，历时 5 个多月、由 38 位专家学者及社会知名人士推荐和全国各地观众、读者、网友参与投票评选的首届“CCTV 感动中国—2002 年度人物”评选颁奖典礼在中央电视台一套播出，从此掀起了席卷全国的“感动”热潮。转眼间，《感动中国》已经走过了 11 个春秋，从前一年秋季开始的年度人物评选，到第二年春天颁奖典礼的举行，《感动中国》成为了家喻户晓、口口相传的精神盛宴。与曾经众多的人物评选活动相比，《感动中国》之所以脱颖而出，不仅源于它的“感动”定位，而且源于它与人民群众的紧密联系。《感动中国》在很多方面都体现出了栏目对群众路线的深刻把握。

1. 栏目定位上坚持“三贴近”原则

《感动中国》评选以“感动公众、感动中国”为主题，推选人物须具备以下一种或几种特点：“为推动社会进步、时代发展做出杰出贡献，获得重大荣誉并引起社会广泛关注；在各行各业具有杰出贡献或重大表现，国家级重大项目主要贡献者；爱岗敬业，在平凡的岗位上做出了不平凡的事迹；以个人的力量，为社会公平正义、人类生存环境做出突出贡献；个人的经历或行为，代表了社会发展方向、社会价值观取向及时代精神；个人在生活、家庭、情感上的表现特别感人，体现中国传统美德和良好社会风尚。”从中我们可以看出《感动中国》的鲜明特点就是它的贴近性，栏目定位紧密联系人民群众，贴近人民群众本身。评选标准可以归纳为不在乎候选者的身份、背景、经历有多么不同，而只在乎在过去的一年里，他们的所作所为是不是真的感动了公众，感动了中国。他们或者用自己的力量，推动了中国社会的前进与发展，诠释了一个人对中国、对社会应该承担的责任；或者用自己的故事，解读人与人之间应该有的真挚情感，带来感人肺腑的心灵冲击。《感动中国》用国人的心路历

程来见证重大的新闻事件，这一密切契合群众路线的设计思路仍延续至今，并在不断地丰富着它的内涵。

《感动中国》一经开播就收到了强烈的反响。时任中央政治局常委兼中央精神文明建设指导委员会主任的李长春曾说："'感动中国'这个节目令人十分感动……看了给人以力量，给人以鼓舞……我是含着眼泪看完这台晚会的。这台晚会再一次证明，主旋律的节目，只要坚持'三贴近'，是不会枯燥的，而且是会有强烈的吸引力和感染力的。希望坚持'三贴近'，认真总结，不断改进，让更多主旋律的节目感动人、教育人。"①

《感动中国》的成功历程启示我们，坚持贴近实际、贴近群众、贴近生活的原则是一部优秀电视作品具有鲜明时代性、艺术性的重要法宝。《感动中国》之所以能够成为中央电视台第一公益品牌，就在于它强烈的时代特色、浓厚的人文关照和真实的思想意境。这种风格与特色的形成不是创办者凭空猜想出来的，而是创办者们自觉地遵循新闻传播规律，深入生活，深入群众，深入实际，脚踏实地干出来的。②

2. 人物选择上坚持平民化原则

《感动中国》的成功，很大程度上取决于人物选择的成功。每一届评选出的年度人物或是心系百姓、恪尽职守的人民公仆，比如任长霞、郑培民等；或是勤于钻研、做出杰出贡献的科技尖兵，比如袁隆平、钱学森等；既有活跃在艺术舞台、奥运体坛的文体明星，比如巴金、刘翔等；也有来自民间的草根百姓、道德模范，比如王顺友、徐本禹等。年度人物几乎涵盖了所有的社会阶层，人物选择与分布的多元化是《感动中国》成功的一大因素。纵观 11 年来所颁发的 120 个"感动中国"年度人物奖，有一个明显的特征就是获奖人物的平民化。下图是《感动中国》栏目创办至今 11 年来的年度人物身份类别数量分布走势图。

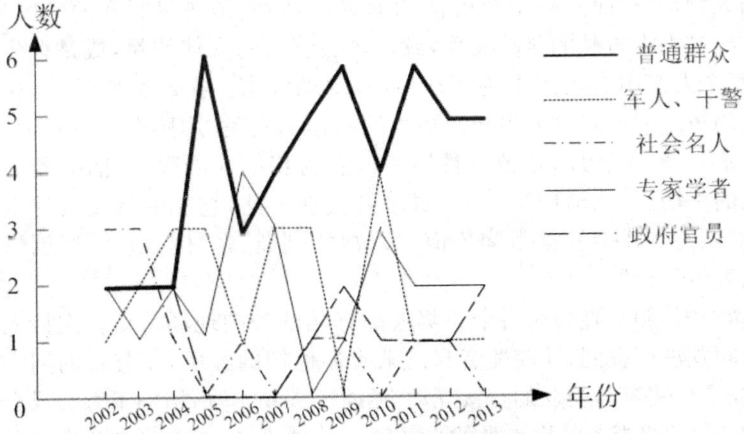

图 1 《感动中国》年度人物身份类别数量分布走势图

① 梁建增、陈虻：《感动中国：2003 感动中国年度人物》，中国社会科学出版社 2004 年版，第 1 页。

② 胡占凡：《给人以力量 给人以鼓舞》，《电视研究》2012 年第 3 期，第 6 页。

从图 1 中可以看出,《感动中国》获奖者的身份不再只是上层领导干部阶层,不再仅仅是身居高位的领导者,而更多的是那些来自于我们身边的朴素的、平凡的"草根英雄"。普通群众所占的比例总体呈现上升趋势,在 2010 年后更是保持在每年 5 位以上的数量,超过每一届年度人物评选人数的半数,远远高于其他任何一个获奖群体。值得注意的是,在"政府官员"和"军人干警"身份类别中,基层人员也占有一定的比例。可以说《感动中国》评选出的年度人物大部分是来自我们身边的普通群众。这些人物有的曾经被媒体报道宣传过,有的则从未走进过大众的视野,他们用自己亲身经历的故事,让观众感觉到典型人物就在我们身边。让最容易被忽视的平民群体在一个名为感动"中国"的人物评选中唱主角,普通百姓开始成为历史的镌刻者,这是以往任何一个人物评选都不具备的,这是《感动中国》最大的特点之一,也是《感动中国》深入人心的秘诀。

另外,《感动中国》自第二届开始每年都会评选出一个或几个年度人物特别大奖,并将其作为团体奖项授予那些在年度事件中具有卓著影响的人物团体,例如首届《感动中国》2002 年度人物特别奖授予了舍小家为大家的三峡工程移民,2008 年《感动中国》更是将特别奖授予了全体中国人。这也是《感动中国》在践行群众路线上的又一显著体现。

3. 表现方式上坚持以人为本

每一届的《感动中国》颁奖晚会都会用播放人物短片的方式来介绍和讲述候选人的感动事迹。人物短片的播放时间占整台晚会时间的三分之二,也就是说,观众被感动,人物短片是关键因素。人物短片充分体现了以人为本的创作理念,没有刻意拔高,更没有枯燥的说教,语言朴实生动,故事真实,画面平实质朴,贴近受众,成为整台节目最吸引人的亮点。表 1 是 2002 年至 2013 年间荣获《感动中国》年度人物获奖者事迹主题汇总表,从表中我们可以看出,《感动中国》的每个获奖者都不只是简单的人物符号,而是一个个鲜活的形象,他们或是恪尽职守的爱民公仆,或是为国家作出过杰出贡献的科技尖兵,或是热心慈善的文体明星,或是舍生取义的平头百姓,每个人都用真实的事迹感动你我,感动大家。在颁奖典礼上,这些感人事迹大多会用短片的形式讲述出来。短片的制作原则是"用感性的方式表达,以细节的魅力展示"。所谓感性,是把电视镜头设置为普通人的眼睛,捕捉和突出那些能打动观众的一切。《感动中国》的可贵之处就在于此,它能够从现实的生活中汲取营养,从群众的实践中发掘新闻价值,"以视觉创新、题材创新、手法创新等方式来实现新闻宣传创新"。

《感动中国》颁奖晚会对每个获奖人都有几分钟的现场采访。主持人会抓住几个关键的问题进行提问,让获奖者自己来讲述他们的经历,获奖者的回答更加朴素直接,促成了获奖者与观众的直接互动,还原了人物本真,增加了感动成分。在 2004 年"感动中国"颁奖现场对徐本禹的采访就十分感人,徐本禹说:"我原来教学生写作文,写 2008 年的北京夏天。这是我的一个愿望,我希望我能圆我学生的这个愿望。"①

---

① 庾月娥、叶芳:《"感动中国"报道的理念创新》,《当代传播》2006 年第 4 期。

表 1　2002—2013 年荣获《感动中国》年度人物获奖者事迹主题汇总①

主题	总人数 124	所占比例	感动人物
爱民公仆 恪尽职守	32	26%	郑培民、张荣锁、梁雨润、达吾提、牛玉儒、任长霞、孙必干、杨业功、经大忠、沈浩、赵新民、明正彬、李春燕、王顺友、丁晓兵、华益慰、王百姓、李剑英、方永刚、武文斌、王伟、何祥美、孙炎明、八位维和英烈、K165 列车乘务组、杨善洲、刘金国、林俊德、陈斌强、陈家顺、李文波、段爱平
科技尖兵 杰出贡献	22	18%	张瑞敏、黄昆、袁隆平、杨利伟、梁万俊、桂希恩、钟南山、黄伯云、孔祥瑞、闵恩泽、宋文骢、叶笃正、钱学森、张艺谋团队、费俊龙和聂海胜、神七航天员、钱伟长、朱光亚、罗阳、黄旭华、沈克泉沈昌健、载人航天英雄
自立自强 人民榜样	14	11%	田世国、丛飞、洪战辉、邰丽华、黄舸、李丽、谢延信、罗映珍、卓琳、陈玉蓉、朱邦月、刘伟、孟佩杰、姚厚芝
道德模范 奉献社会	21	17%	张前东、陈健、林秀贞、李桂林和陆建芬、韩惠民、钟期荣和胡鸿烈、唐山十三农民兄弟、阿里帕、萨布利亚、李灵、孙水林和孙东林、才哇、郭明义、王万青、中国志愿者、吴孟超、何玥、高秉涵、周月华艾起、陈俊贵、胡佩兰
文体明星	7	6%	陈忠和、刘翔、姚明、巴金、季羡林、吉吉、翟墨
慈善公益	15	12%	濮存昕、成龙、徐本禹、霍英东、微尘、高耀洁、刘丽、胡忠谢晓君夫妇、阿里木、张平宜、白芳礼、高淑珍、刘盛兰、格桑德吉、龚全珍
追求正义	5	4%	王选、刘姝威、尾山宏、陈晓兰、金晶
见义勇为	8	6%	孟祥斌、张正祥、魏青刚、李隆、王茂华和谭良才、吴菊萍、张丽莉、方俊明

4. 评选方法上坚持受众参与

自新中国成立以来，我国在不同的时期都曾产生过大量先进人物和英雄模范，比如焦裕禄、王进喜等等。人们对这些英雄人物的了解往往是通过媒体的报道和自上而下的宣传。这些英雄人物的先进事迹在很大程度上不能使人们感同身受，甚至会出现脱离人民群众的可能。而《感动中国》评选出的年度人物则摆脱了“高大全”和“完美神化”的问题，摒弃了新闻报道在人物报道方面的模式化、公式化，增强了受众对先进人物的关注与信任。每一届的感动人物候选人资料都会在央视国

① 注：每一届的特别奖未包含在内。

际和新浪网的《感动中国》年度人物评选官方网站上进行公开展示。每年的12月中旬,《感动中国》年度人物评选网上投票系统开放,网友们可以通过论坛继续推选他们认为可以参评的人物成为候选人。人们可以根据自己的标准,通过网络参与投票和评选推选出他们心中的年度人物。受众本位原则是《感动中国》在践行群众路线上的又一重要体现。

《感动中国》栏目坚持以人为本,坚持贯彻和实践群众路线,从栏目的形式到内容都切实贴近群众生活,认真倾听民众呼声,真实反映群众愿望,并为广大人民群众所喜爱,其良好的实践效果与巨大的社会影响均显示出了群众路线在电视文化中的现实意义。

三、《感动中国》的社会影响

当一些媒体偏离主流,过度热衷于"另类"、"边缘化"的评选,极尽炒作之能事争夺受众眼球时,《感动中国》为普通群众提供了展示的舞台,记录人民群众创造的历史,弘扬社会主流文化,传播正能量。《感动中国》的成功历程启示我们,不断贯彻和实践群众路线,树立对党、对国家、对人民高度负责的政治意识,是这个精神品牌具有强大公信力、引导力的根本保障。

1.《感动中国》提供了普通群众展示的舞台

在"感动中国"颁奖典礼上,让观众流下最多热泪,获得观众最多掌声的,往往是那些普普通通的"小人物"。《感动中国》把目光更多地投向普通人,真正关注社会转型期人民群众自身的命运和价值。只有《感动中国》能提供这样一个舞台,让这些大人物和小人物、知名人士和默默无闻者,一起接受尊重。无论获奖者的身份、背景、经历如何,也无论他们是曾经见诸媒体还是尚不为外界所知。这些人代表真诚、正义、勇敢、坚强、廉洁、孝悌……它们聚合在一起,就是《感动中国》的核心价值观。[①] 在人们关注的视线里,他们或者用自己的力量,推动中国社会的进步与发展,诠释着一个人对国家、对社会,应该担当起怎样的责任,以坚强的民族精神挺起国人的脊梁。[②]

2.《感动中国》记录了人民群众创造的历史

《感动中国》不单单是一个记录感动的节目,它还是对过去一年所经历的人文历史的一次梳理。这种梳理,对人们所经历过的和所要经历的岁月,都是非常有意义的。它是一个时期一个阶段一种民族精神的高度凝聚、一段难忘历史的精彩浓缩,是一个民族居安思危的忧患力量、不断进取的内在精神的赞颂与传扬。人民群众是历史的创造者,《感动中国》无疑成为了历史的记录者,记录了来自我们身边的普通群众所创造的历史。

---

① 刘凯:《感动的力量》,长江文艺出版社 2012 年版。

② 欧阳国忠:《〈感动中国——年度人物评选〉的成功运作》,《2005 中国广播电视年鉴》,第 318 页。

3.《感动中国》弘扬了主流文化，传播了正能量

《感动中国》评选活动现已列为央视年度重大项目，随着感动情绪的积累沉淀、节目影响力的不断提升和评选活动规模的逐步扩大，《感动中国》在群众路线上的实践意义也将更为深远。在更高意义上说，《感动中国》还是一个传播社会主义核心价值观的平台。在这里能够以心灵聆听中华民族精神，或悲苦雄壮或慷慨激昂，这些不同的生命事迹既是中华民族精神主旋律的具体表现，又不断丰富和发展着中华民族精神的主旋律，弘扬了我们五千年的主流文化。年度人物们向观众讲授着母爱、仁爱、大爱，讲关心、讲奉献、讲真善美。《感动中国》是这个时代的坐标，是当前社会转型期的精神舞台。

2014 年将迎来《感动中国》的第 12 个春天，会有更多的平民英雄被我们所熟知，会有更多的感人事迹传颂到我们耳边，会给我们的和谐社会带来更多的正能量。广播电视工作者在贯彻和实践党的群众路线的同时，更要深入发掘来自平凡的力量，真正做到一切为了群众，一切依靠群众。不断深入贯彻和践行群众路线才是广播电视栏目常青的法宝。

〔作者系中国传媒大学新闻学院 2013 级硕士研究生〕

论地方电视台新闻报道对群众路线的践行*

齐亚宁

随着数字电视的发展，可供人们选择的电视频道越来越多，各大电视频道之间的竞争越来越激烈。不仅如此，在当前激烈的媒介竞争环境中，网络、手机等新媒体也给电视媒体带来了一定的冲击，对于电视媒体来说就要坚持新闻立台，打造优质的电视新闻节目来吸引观众的注意力。中央电视台覆盖面广、影响力大，并且在人力、物力、财力等方面都具有得天独厚的优势，这些都是地方电视台难以企及的。地方电视台一般只是在特定区域内传播并且针对特定区域内的观众，不像全国性电视媒体那样具有广泛的覆盖面。作为地方电视台来说，要坚持"新闻立台"，牢牢把握当地观众的注意力，就需要在新闻实践中努力践行群众路线，充分体现新闻的接近性。

一、地方电视台新闻报道践行群众路线的重要性

坚持群众路线一直是我国新闻工作的优良传统，很多优秀的媒体都在新闻实践工作中践行着群众路线。新闻工作要走群众路线，就要将"一切为了群众，一切依靠群众，从群众中来，到群众中去"贯穿于新闻工作的始终。地方电视台新闻报道践行群众路线，不仅可以为群众提供更好的信息服务，紧密地联系群众，还可以充分发挥媒介在党和政府与群众之间的桥梁作用。

1. 践行群众路线，可以充分体现新闻的接近性

近些年，随着地方电视台民生新闻节目的发展，很多地方新闻节目把报道视点放到了当地老百姓身上，更多地关注普通人的生活，反映民意，拉近了和观众的距离，受到了当地观众的欢迎。江苏电视台的《南京零距离》、安徽电视台的《第一时间》、陕西电视台的《都市热线》、西安电视台的《直播西安》等地方电视台的民生新闻节目都聚焦于当地老百姓身边发生的小事，贴近群众生活。地方电视台新闻报道纷纷把老百姓生活中的琐事列为新闻节目报道的重点，使很多以往很难登上电视的新闻也能够与广大的群众见面。地方电视台对于当地群众来说更加具有接近性，而且地方电视台又对当地文化、历史、人们的生活习惯等方面比较熟悉，因此地

* 本文是2009年度教育部人文社会科学研究规划基金项目《当代中国广播电视史（1949－2009）》课题阶段性研究成果，项目编号：09YJA860028。

方电视台能够更加贴近当地群众的生活，传播的信息更容易被接受。在传播的过程中，传播者在地理距离上和心理距离上与传播对象越接近，就越容易达到好的传播效果。

地方电视台践行群众路线，充分体现出新闻的接近性，传播的信息就更容易被当地群众所接受。地方电视台在国际新闻以及外省新闻的报道上很难竞争过中央电视台。地方电视台新闻节目要践行群众路线，就要打好地方牌，才可以在激烈的电视新闻竞争中立足。地方电视台具有地域性的媒介属性，地方电视台新闻节目要着力报道当地老百姓生活中的新现象、新问题、新趋势，要体现出新闻的地域特色。地方电视台践行群众路线，就要充分了解当地群众的需求，深入群众生活，报道群众关注的事务或问题，为群众提供真正需要的新闻，这样才能够实现新闻的接近性，可以引发当地群众对地方电视台新闻节目的关注。

2. 践行群众路线，有利于满足本地群众的信息需求

随着当前各地媒体的快速发展，不同地区基本都已经形成报纸、广播、电视、网络等媒体多层次立体化的新闻传播格局。地方电视台的新闻节目仍然是地方老百姓获取本地新闻的一个重要渠道，地方电视台要充分满足本地群众的信息需求。地方电视台通过对当地重大新闻事件和群众关心的社会热点进行全方位、多角度的报道，让公众及时了解事件真相，充分满足受众的知情权。例如西安电视台的《关注》这类深度报道节目就在当地群众中产生了较大影响，具有良好口碑。此外，民生新闻节目也是近年来地方电视台大力打造的节目类型。西安电视台的《直播西安》就以普通市民的视角关注平民生活、反映百姓问题、解决群众困难，成为西安地区很多观众了解民生的重要窗口，也对当地群众具有较强的影响力。

地方电视台要充分满足本地群众的信息需求，还应在报道本地的重大突发性新闻事件时，做到及时反应、积极应对，为公众了解事件提供一手材料。例如西安电视台在 2013 年党的群众路线、走基层等主题报道和延安城管暴力执法、西安 9 · 15 游乐场事故重大事件报道中，都对这些重要的新闻事实进行了真实、生动、权威的报道，及时告知群众事实的真相，有效地发挥了舆论引导的积极作用，取得了较好的社会反响。

3. 践行群众路线，架起政府和群众之间的桥梁

对地方电视台的新闻节目而言，群众路线为其指明了一个方向，就是要在新闻报道中选择跟群众生活密切相关的新闻事实进行全面报道，并且对这些事实进行深入的分析。地方电视台的新闻可以通过对这些老百姓生活中的琐事和小事的报道，服务于群众，充分满足人们的知情权，推动社会问题的解决。就像纽约大学新闻学教授杰伊 · 罗森认为的那样，“新闻记者不应该仅仅是报道新闻，新闻记者的工作还应该包含这样的一些内容：致力于提高社会公众在获得新闻信息的基础上的行动能力，关注公众之间对话和交流的质量，帮助人们积极地寻求解决问题的途径，告诉社会公众如何去应对社会问题，而不仅仅是让他们去阅读或观看这些问题”①。地方电视台新闻报道践行群众路线，有利于建构政府和群众之间的沟通与对话机制，也可以进一步推动地方的政治、经济、文化的发展。

践行群众路线，就要在新闻工作中不仅报道正面的新闻，也要适当地报道负面新闻，关注群众迫切需要解决的问题，真正地架起政府和群众之间的桥梁。例如西安电视台《直播西安》每期都会报道一些负面的新闻，并每周开设一个“直播说吧”子栏目，直接发表对热点问题的评论，引导公众舆论。2013 年 6 月初，延安城管暴力执法事件最早在网络媒体中被曝光，此后国内一些主流媒体纷纷介入该事件的报道，该事件迅速成为舆论的热点。西安本地媒体也积极报道该事件的最新进展，除此之外，还积极发表对此事的观点，在 2013 年 6 月 9 日《直播西安》的“直播说吧”里就做了一期“城管暴力执法 突破底线”的节目，反映了舆论的呼声。随着事态的进一步发展，延安城管相关负责人出来道歉，6 月 19 日《直播西安》“直播说吧”里就提出“延安城管打人事件，相关部门表态迟、理由烂”，直接指出延安城管负责部门在该事件的处理上存在的弊端。

二、当前地方电视台新闻报道中出现的问题

1. 新闻报道内容趋于琐碎，缺乏深度

很多地方电视台的新闻节目最初大都是模仿中央台的新闻节目，但是由于人力、物力等方面的因素，地方电视台新闻报道水平参差不齐，一些地方电视台的新闻节目形式死板，报道内容空洞无物，没有形成自己的新闻节目特色，很难吸引当地老百姓的兴趣。当前的媒介竞争激烈，地方电视台新闻节目经过这些年的发展，受民生新闻的影响，新闻报道内容也越来越琐碎，再加之新闻报道缺乏深度，对于观众的吸引力有所降低。一些地方电视台的新闻节目大量堆砌生活琐事，一味追求新闻的时效性而不对新闻进行深入挖掘，如在报道一些涉及教育、医疗、住房、养老等跟群众生活密切相关的新闻时，只是简单地描述事实本身，缺乏对社会生活的整体关照，这样蜻蜓点水式的报道也很难在群众中产生共鸣。

2. 缺乏服务群众的意识，报道视角大而不当

一些地方台新闻报道的内容看似与老百姓的生活非常贴近，但是在新闻报道时却缺乏服务群众的意识，选择的报道视角大而不当，报道内容往往只是停留在事物的表面，不能真正反映老百姓亟须解决的实际问题，因此很多新闻报道很难在群众中引起广泛的影响。现在很多地方电视台的新闻节目一味地追求贴近性，热衷于报道群众生活中的家长里短、鸡毛蒜皮的小事，在报道中没有很好地审视问题的根源，只满足于煽情的叙述，使得很多新闻只是成了人们茶余饭后的谈资。这种做法不仅没有拉近与群众的距离，反而很多时候适得其反，令很多观众对地方电视台

---

① 蔡雯：《美国“公共新闻”的史与现状（上）——对美国“公共新闻”的实地观察与分析》，《国际新闻界》2005 年第 1 期。

新闻节目产生反感，也影响了地方电视台新闻报道的传播效果。

3. 新闻娱乐化倾向严重，缺乏人文关怀

目前，很多地方电视台一味追求收视率，新闻节目报道往往也采取娱乐化的手法，把镜头对准事故、犯罪，并对这些事实的细节不遗余力地尽心披露，报道的基调也缺乏基本的人文关怀，没有考虑这些新闻产生的负面影响。例如有一家地方电视台在报道一则车祸新闻时，使用“高速路上叠罗汉”这样的标题来吸引人们的眼球，对车祸的报道采用戏谑的手法，缺乏最基本的人文关怀，这种做法引起了很多群众的质疑。新闻报道要为人们及时地、准确地提供有关外部世界的变化情况，娱乐化做新闻的手法虽然能够在短期内聚集人气，提高收视率，但是过度的新闻娱乐化会消解新闻内容，导致新闻流于庸俗的报道，不能很好地遵循新闻的客观、公正的原则，还会损害媒体的公信力，对媒介形象造成不良的影响。

三、地方电视台新闻节目践行群众路线的具体做法

1. 在新闻报道的选题上要反映群众的呼声

地方电视台新闻节目要践行群众路线，首先在新闻报道的选题上要注意反映群众的呼声。毛泽东提出的“群众办报”中就蕴含着新闻媒体要站在人民群众的立场，反映人民群众的呼声和要求。刘少奇 1948 年在《对华北记者团的谈话》中也提到，报纸“如果能真实全面地深刻地把情绪反映出来，作用就很大”[①]。胡锦涛曾提出新闻界要落实“三贴近”(贴近实际、贴近生活、贴近群众)的要求，习近平提出要深入扎实开展党的群众路线教育实践活动。地方电视台的新闻报道要践行群众路线，在选题上就要多反映群众呼声，不是说简单地点到为止，而要善于采用科学的方法真正深入群众，了解群众的需求。在新闻的选题上，要及时报道当地老百姓关心的新闻。例如在 2013 年 9 月 15 日，西安一游乐场发生事故，三位游客从高空被甩下受伤，当晚西安电视台的《直播西安》节目快速报道，以“秦岭欢乐世界一娱乐机械出事故三人被甩出受伤”为题最先报道了这起事故，让公众第一时间了解事实，该事件也迅速引起国内各大媒体的关心，很快成为网络等新媒体中的热点问题。随后几天西安本地的其他媒体积极报道，对该事件的进展进行了追踪，信息完全透明，让全国人民了解新闻的真相。此后在 9 月 29 日西安电视台《直播西安》又报道了一则“游乐场应急救援演练”的新闻，用积极正面的方式报道了游乐场的相关改进，达到了良好的舆论效果。

2. 在新闻采访上要坚持深入群众的路线

新闻来自于现实生活，是对事实的报道。新闻报道要想抓住事实，在新闻采访阶段就不能满足于浅尝辄止的采访，一定要深入群众生活，才能抓住精彩的新闻事实。作为地方电视台的新闻节目，在采访过程中要更加深入到广大人民群众中去，到群众实践的第一线去。很多在社会上产生很大反响的新闻作品，都是记者深入

---

① 刘建明：《马克思列宁主义新闻观经典读本》，清华大学出版社 2009 年版，第 138 页。

群众生活采写出的好新闻。记者只有深入群众，才能抓到鲜活感人的新闻。近些年，一些新闻媒体积极开展走基层活动，就捕捉到了很多新鲜感人的新闻事实，受到了群众的喜爱。桂林电视台《身边》栏目在 2014 年 3 月 1 日播出的一条新闻"永福:居民送不出去的锦旗"到老百姓家里采访，报道了居民家里一面放了一年多却送不出去的锦旗背后的故事，记者采访了当地老百姓以及相关政府部门的工作人员，没有枯燥说教，而是用真实的画面和群众朴实的语言反映了政府为老百姓做实事不求回报的真实事件。

3. 在新闻报道的视角上要多从群众视角入手

当前的一些地方电视台的新闻节目，出现了大量"快餐式新闻"。新闻做得短、平、快，但是缺乏深入的挖掘与分析，使得很多宝贵的新闻资源没有很好地被开发出来。地方电视新闻报道，不能只满足于报道一些鸡毛蒜皮、家长里短的事，而应该在这些小事的报道上去挖掘新闻背后的故事，了解最真实的群众生活。地方电视台新闻节目要想成为人们获取本地新闻的重要渠道，就要站在群众的立场上进行新闻报道，要反映当地老百姓亟须解决的问题或者他们密切关注的事务。例如南京电视台《直播南京》2012 年 3 月 24 日的一条新闻"禁行标识不醒目，众多车辆违规掉头"报道的是一条标识不清的断头路。虽然选题很小，但是和老百姓生活密切相关。记者采访了一些司机，然后将这个问题反映给政府相关部门，促使这个问题得到了及时的整改。地方电视台的新闻节目要能将与群众生活密切相关的事实快速、准确地报道出来，使当地群众了解外界世界的变化，为人们的生活提供一些指导。因此，对于地方电视台的新闻节目来说，要注意站在群众的立场去分析群众真正需要的是什么样的新闻，并对这些新闻进行较深入的分析，挖掘新闻背后的新闻，将新闻做深做透。

4. 在新闻报道的形式上要采用群众喜闻乐见的形式

一些地方电视台的新闻节目语言空洞缺乏感染力，画面也主要以各级领导为主，报道的形式单调，并不能真正地吸引观众的兴趣。对于电视新闻节目来说，报道应该运用灵活多样的形式，要善于捕捉新闻事实中老百姓最原生态的画面以及最具有生活气息的语言，这样的电视新闻既真实又具有感染力，也会增强对观众的吸引力。当前的很多地方电视台的新闻节目，记者出境报道很多，增强了新闻的真实感和现场感。此外，连线报道、现场直播等形式也被广泛应用，新闻的现场感得到了增强，报道的新闻真实客观，形式灵活，使得新闻具有更强的吸引力和感染力。

5. 在新闻报道的传播效果上要重视群众对新闻的反馈

地方电视台的新闻节目不应该只是满足于对各种社会现象的简单报道，还应该对这些社会现象进行深入的解读，引导观众进行理性的思考，引发观众的情感共鸣，为人们的现实生活提供指导。新闻报道可以对群众产生一定的影响力，而群众对于新闻报道的反馈也非常重要，可以给新闻的改革、政府的决策提供重要的参考。对于那些重大的新闻事件和政策来说，电视新闻媒体要及时准确地进行报道，并注意反映群众对这些事件和政策的态度和看法，架起党和政府与群众之间的桥梁。重视群众对新闻报道的反馈信息，也有利于端正地方电视台的新闻作风和提高新闻报道的质量，促使其更好地为群众提供服务。

总之，作为地方电视台的新闻报道来说，走群众路线可以为节目的创新和发展提供源源不断的动力。地方电视台新闻节目要想获得当地群众的持久关注，就要报道当地群众关心的新闻，并且深入群众生活，站在群众的立场将新闻做深做透，这样才能真正做出群众喜闻乐见的好新闻来，不断提高当地群众对地方电视台的关注度。地方电视台的新闻报道践行群众路线，就要始终坚持为人民服务的思想，积极地反映群众的呼声，满足群众的信息需求，承担起社会赋予地方电视媒体的使命和责任。

〔作者系中国传媒大学新闻学院 2013 级博士生〕

·新闻传播史·

对"1923年1月1日,哈尔滨广播无线电台开播"论证材料的意见

——2012年8月28日在"中国第一座广播无线电台"论证会上的发言

赵玉明

前言——论证会召开的背景

2012年8月28日,中国广播电视协会主办的"中国第一座广播无线电台"论证会在北京举行。会前一个月,中广协会向与会专家提供了《关于"中国第一座广播无线电台"的论证材料》(以下简称"论证材料")及近40万字的《中国第一座广播无线电台史实论证》(以下简称"史实论证")资料汇编。中广协会在"论证材料"说明中说,黑龙江广电局为广电总局重大社科研究项目《中国广播电视编年史》提供的上报材料中,"标明'1923年1月1日,哈尔滨广播无线电台开播'。若该条属实,将改写'中国人开办的广播电台始于1926年'的历史"。对此,中广协会要求黑龙江局提供扎实的论证材料。半年之后,2012年春,该局将上述"论证材料"及"史实论证"提交中广协会。2012年7月初,中广协会派出以中广协会广电史研委会副会长王宴青为组长的调研组赴哈尔滨召开调研质询会,听取论证报告,并进行质询。黑龙江方面的有关专家一致认可论证结果。北京调研组的同志本着严谨求实的精神提出了几个质询问题,黑龙江方面的专家当场作了回答。7月22日,黑龙江省广电局、黑龙江人民广播电台传来书面答复意见。这次论证会就是在上述背景下举行的。

会前,我收到的上述"论证材料"中包括《关于"中国第一座广播无线电台"的论证报告》(以下简称"论证报告")、《对中广协会调研组专家质询的答复》(以下简称"答复"),还有一份所谓《中国第一座广播无线电台史实论证验收标准(建议稿)》。

论证会时间为当天上午,由广电史研委会会长张聪主持。与会有杨波(中广协会副会长)、刘习良(中广协会学术委员会主任)、周然毅(中广协会副秘书长),外请专家到会6人为王汝峰(中央电台原副台长)、孙迎年(中央电台原总工)、张景岳(上海音像资料馆研究员)、李栋(中国传媒大学教授)、万京华(新华社新闻所研究员)和本人。方汉奇(中国人民大学教授)和安景林(中央电台原台长)未到会。黑龙江方面到会有徐春生(黑龙江人民广播电台媒资中心主任)、朱连君(原局史志办副主

任）和陈尔泰（原局研究室主任）等4人。论证会上，陈尔泰以“关于中国第一座广播无线电台的历史实情”为题，首先发言约1小时，多方论证，认定哈台于1923年1月1日开播。随后孙迎年、张景岳、李栋、王汝峰和万京华相继发言。他们不约而同地均在不同程度上对1923年1月1日哈台开播的说法表示难以认可，认为所提供的证据说服力不足，还需再作调查，随后本人作了发言。徐春生在发言中介绍了黑龙江局、台多年来调研哈台史的情况。杨波最后讲话对黑龙江局、台在重视广播史调研予以肯定。会上，与会专家还就论证之事作了投票表态，但会上未公布投票结果。

黑龙江局、台提供的近40万字的“史实论证”，内容包括三个部分，第一部分为陈尔泰《中国早期广播史料题识选注》，该文对20世纪20年代的约90条史料，作了“题识选注”，共达166页，但其中与1923年初哈台开播的有关史料不过10多条，仅10多页。第二部分为《纪念前人，造福后人——北京交通大学刘瀚教育基金创设记略》约80多页，根本与论证的事实无关。第三部分为朱连君的《黑龙江广播电视编年简史（1922—2008）》，虽长达140多页，但与论证有关的记载不过5页。综上可知，近400页的“史实论证”，实际上与论证史实有直接关系的连30页也不到。真不知提供那么一大本“史实论证”，究竟是出于何种考虑？

以下为本人在论证会上的发言。

一、关于人证材料

“史实论证”中涉及哈尔滨广播无线电台（以下简称“哈台”）的人证材料，主要有三件，均为间接人证材料。

第一件是刘瀚之弟刘准（1905年出生）写的《刘瀚先生生平简介》，其中两处提到“1923年又奉令筹设广播电台”、“1923年又奉命创办广播电台”（写于1984年，时年79岁）。

第二件是刘瀚之友韩迭声（1892年出生）的回忆，内称“1923年元旦我去会刘瀚。刘瀚……正忙着开播。可是我不懂广播无线电，看着广播的装置，也不知道内部详情”（1984年5月8日回忆，时年92岁）。

以上两人均为回忆60多年前的往事，有两处疑点。疑点之一，刘弟《简介》中两次提到其兄“1923年奉令（命）筹设（创办）广播电台”，未讲1923年具体何时。即使是1923年1月，哈台又怎么能是在1月1日开播呢？又，《简介》中写刘瀚1922年工作甚忙，那么他在何时筹办广播电台呢？如果1922年不筹备，1923年1月1日如何开播呢？疑点之二，韩称刘“正忙着开播”，究竟开播了没有？韩因不懂未作交代。令人遗憾的是，当年直接参与“开播”的刘瀚及其他人员如播音员、机务员等均未留下只字的回忆材料。

第三件是刘瀚长子刘宗唐（1912年出生）写的《筹建东三省各地无线电分台》（写于1981年或稍后）。文内称“1923年1月中旬先父回北京搬取家眷去哈尔滨。父亲说及朱庆澜将军催促的广播已经进行……12月为朱将军演示广播”，然而其父并未说及1月1日开播之事。如确为1月1日开播，其父能没有记忆吗？其中一处又称“1923 年之始，哈尔滨广播无线电台用 XOH 呼号进行广播”。对此话我心存疑惑。刘宗唐当年刚 10 岁，60 年后怎么记得这么清楚呢？参加在哈尔滨召开的调研会的哈艳秋教授返京后告知我，细阅带回的材料，并与同页所刊刘宗唐手稿对照，发现这段话竟然在手稿上没有，是陈尔泰添加上去的（见“史实论证”第 41 页）。我又与该书第 25 页所载《局沿革》史料对照，原来出处在此，不过把“哈尔滨 1923 年开始广播”改为“1923 年之始”哈台进行广播。但此说又与刘的另一回忆互相矛盾。陈尔泰与丛林 1982 年 6 月所写《哈尔滨广播无线电台的诞生》一文，内称：“在访问这座电台的广播参与者刘宗唐、广播听众边永禄和 1927 年安装矿石收音机的于开泉时，他们都说哈尔滨广播无线电台开创于 1926 年。”（见陈尔泰《广播史论辑存》一书，1987 年 7 月编印）

二、关于间接物证材料

“史实论证”中直接涉及哈台 1923 年 1 月 1 日开播的物证尚无。但有间接物证三件，其中两件为伪满史料，均出自《满洲电信电话株式会社十年史》（下卷）（1943 年 8 月编印）。其中第一件《局沿革》内载：

“哈尔滨 1923 年开始广播，广播发射功率 500w，频率 600 千周，呼号 XOH，用汉语、俄语进行广播。”

第二件是《电气通信发达年表》即“大事年表”，内载：

“1923 年　哈尔滨广播开始进行
东北政权吉林、齐齐哈尔无线电台设立
奉天省长话开设
大连电话自动化”

此两件均有哈市开播年份，但无月日。两件均为 20 年后的伪满出版物，且只说哈市进行了广播，但未交代史料来源，而且其中第一件的全文不过 200 字左右。据陈在《题识选注》的注释指出，至少有三处差误（见“史实论证”第 25－26 页）。此史料本身的可信度究竟如何？

对上述 1943 年编印的伪满史书，在哈尔滨会上，北京专家也提出疑问：1933 年成立的伪满洲电信电话株式会社，在成立十年后对其未成立之前十年的“1923 年的记录”是否准确？黑龙江局、台的书面答复是：“就算《十年史》说哈尔滨广播功率是 500 瓦错了，也不能抓住一点不及其余，得出整个《十年史》均不可信的结论。”专家只问 1923 年的记录是否准确，并未说整个《十年史》均不可信。答复进而指责专家的提问是“没有事实依据的质疑态度，是不严肃的，不可取的”。这样的回应是否太过分了，是不是对“论证材料”无一质疑才是“严肃的、可取的”呢？

顺问一句，据“史实论证”一书中称在《十年史》之前，伪满还出版了两本《放送年鉴》（1939 年、1940 年）和《电电读本》（1939 年）中为什么都没有对哈台 1923 年开播记载？反倒是说哈台“1926 年 10 月开播”呢？这类记载，一般来说是以离事实发生较近的史料更为可信。说到底，《十年史》记载的 1923 年开播说根据何在呢？

第三件是黑龙江省档案史料《咨》(1923 年 4 月 19 日),内称“东三省无线电台齐齐哈尔分台……于 1 月 1 日成立”。

前述第一、二件均标明时间为 1923 年,据第三件“齐齐哈尔无线电台设立为 1 月 1 日”推论,与之并列的“哈尔滨广播开始进行”也应为“1923 年 1 月 1 日”。两者虽均为 1923 年无疑,但一者证实为 1 月 1 日,另一项就一定也是 1 月 1 日吗?《大事年表》同年有 4 项并列(5 件事),是否都应是 1 月 1 日?论证材料又以前述韩迭声的回忆与之互证,结论为:哈台于 1923 年 1 月 1 日开播。但均非直接证据,且有的是推论。又前述提出的关于韩的回忆之疑点又如何解释呢?

如果哈台确是 1923 年 1 月 1 日开播,那么请问台名怎么称呼?播音员是何人?播出了哪些内容?当时有无收听设备?如果这些问题说不清楚,怎么能说开播了呢?

黑龙江局、台在书面答复专家质询最后说:不要说 1923 年,就是 1941 年,1945 年的人民广播,也没有一座电台有开播节目单。此说无根据,请看当年 1941 年 1 月 26 日《新中华报》和 1945 年 9 月 11 日《解放日报》的有关报道。

黑龙江局、台在书面答复专家时说:“当时民间并无收听设备”,这更能说明当时的情形最多是“演示”,并非“开播”。否则的话,没有收音设备,电台办给何人听?

三、关于相关物证材料

“史实论证”第一部分中有 160 多页大约百篇史料,陈尔泰均作了题识并注释。限于时间难以一一解读,仅就有关 1923 年开播的一件及否定 1926 年 10 月开播的一件提出以下意见。

1. 对《无线电之前途》的看法

该文刊于 1923 年 3 月 17 日《滨江时报》,约六七百字,其中第一段是已发生事情,第二段为拟办之事。但涉及陈认为与哈台有关的“无线电话”为其中一项有几十个字,陈作了题识和注释。

第一句“无线电话自发明以来,已著完满效果”。陈在注释中将“发明”两字解释为刘瀚在技术上有所创新,广播声音宏亮清晰,前所未有,故称为“发明”。我认为这里讲的是一般意义上的无线电话发明之事,其效果完满。怎么就变成刘瀚的“发明”及哈台在哈市收听效果极佳了呢?且在答复专家提问中说哈“当时民间并无收音设备”。既然如此,何来“收听效果极佳”呢?

第二句“现该台拟就哈埠市内,于重要机关设置电机……”这里该台是指该文第一段所讲的“东三省无线电台”,陈将之解释为哈台(广播电台)“在市内于重要机关设置电机”。

“重要机关”通常指军政机关,但陈解释为“娱乐场所、剧院、大舞台、俱乐部等”,实为罕见。那么“电机”系何物,为何要安在重要机关或娱乐场所呢?陈解释为“现场转播机器设备”。

下文“……如中俄戏院中,各设电线一架”。“电线”怎么能论“架”呢,我怀疑是

“电机”之误，“电机”论“架”更合理一些。因有此理解，在与陈商榷文中，把“电线一架”写成“电机一架”，实属笔误，陈将此事上纲为“偷改史料，制造疑云”。但陈将“电线一架”解释为架电线，“敷设一路由剧院、俱乐部等至广播电台的转播专线”，与原文对照看，这样解释是不符合语法的。

第三句“闻此项话机，该台即能自制，每架约七八十元”。这“话机”陈解释为广播电台自制的收音机。那是什么样的收音机？是矿石机，还是电子管收音机？如是前者，则太昂贵了，刘准回忆其兄当年为小公务员，每月收入不过五六十元；如是后者，至新中国成立前我国也造不出电子管来，只能是进口原机或组装。

该文是 1923 年 1 月以来哈市报刊所载唯一有关无线电话之文，陈在“题识”中描述了当时哈市广播“采用国内外无线电消息，提高了新闻的时效性，播出气象预报，戏曲音乐，广受欢迎”。注释中还说“1923 年元旦开播哈市收听效果极佳”，这两段话不知根据何在？“特别是首创剧场到广播电台的转播专线很快完成后，人们可以直接听到剧场的现场实况，备受称许”。其实，在答复专家提问中说的倒是实情：“哈尔滨无线电台本身就是护路军总司令部的电台，总司令指示的演示广播……当时民间并无收音设备”。该文第一段末尾只说“闻此后尚拟增加下列数项”，但“无线电话”项内之事如陈解释的“剧场转播专线”等是否安装了？何时完成的？均未见后续报道。但陈的解释却说“很快完成后……备受称许”。

2. 对《关于无线电交涉解决》的看法

据黑龙江省局台提供的“论证报告”第 5 页云，关于哈台开播时间除 1923 年元旦说外，还有 8 种。其中 1926 年 10 月说源自《关于无线电交涉解决》，该文刊登在《滨江时报》1926 年 11 月 20 日。

1982 年 6 月，尔泰、丛林《哈尔滨广播无线电台的诞生》一文中引述该文说“东北无线电兼长途电话监督处鉴于利权外溢，特请准镇威上将军（即张作霖）公署筹备广播无线电台。先于奉天、哈尔滨两处各设一座。已于十月一日开办。”紧接着说，“这里清楚地记载了哈尔滨广播无线电台正式开播的时间是 1926 年 10 月 1 日”（见《广播史论辑存》）1985 年 4 月，陈尔泰发表的《中国第一座广播电台》虽然未引用《交涉解决》中的那段话，但也明确说：“（1926 年）10 月 1 日哈尔滨广播无线电台正式广播。中国的第一座广播电台正式诞生。”（附带说一句，此文经我推荐刊于中国社科院新闻所主办的《新闻研究资料》第 30 辑，中广协会首届广电论文评选获一等奖。）

现在要论证哈台 1923 年 1 月 1 日开播，就需要否定上述论断及其依据。请看“论证材料”中是如何论证的？

首先，陈在《交涉解决》的“题识”中说：“把（1926 年）10 月 1 日‘开办’说为‘10 月开始试验放送’，从此谬种流传，影响很恶劣。笔者发现后，在感到也曾误信而遗憾的同时，自知有误而改之，曾于 1983 年、1985 年在相关文章中‘补正’，放弃 1926 年 10 月 1 日哈广开播说法，改为 1923 年开播。但未得到业内重视，这里进行再次订正之。”（“史实论证”第 73 页）这里陈说在 1983 年、1985 年的相关文章中的“补正”，并放弃 1926 年 10 月 1 日哈台开播说法，不知刊登在哪些“相关文章”中？

我所见的1985年首发的刊于《新闻研究资料》的文章和该文参加1988年中广协会首届广电论文评选时，均未见什么“补正”。陈在1987年7月自行编印的《广播史论辑存》的第一篇中仍写着“(1926年)10月1日哈尔滨广播无线电台正式广播”的字样。1983年7月第一次中国广播电视史座谈会在长春举行，陈在会上发言时高兴地说：“我们认为要使证据充分翔实，还要有文字的记载，我们费尽周折查阅了《滨江时报》，找到了记载这座广播无线电台正式播音的确切时间1926年10月1日。”(见该《座谈会专辑》第69页)。

又《黑龙江广电志》是1996年出版的，陈是编委之一，如果已于1985年否定了1926年10月1日开播的说法，为什么《广电志》中未作“补正”呢？连黑龙江省广电志都未认可，又怎么能“得到业内重视”呢？

黑龙江局提供的《论证材料》将此前哈台开播的不同说法，均予一一否定。但如哈台1923年1月1日开播说的论证结果未能得到认同，哈台岂不成了“孤儿院的小孩”——出生年月不详。这样一来哈台乃至黑龙江广播史的第一页又怎么写呢？

综上所述，本人认为涉及1923年1月1日哈台开播的“论证材料”中，一无当事人的回忆(包括刘瀚及相关编播技术人员等)，而只有非当事人60多年后的间接回忆；二无1923年初报刊上有关开播的报道，只有20年后伪满书刊中出处不明，且并无1月1日开播的记载；三无哈台1923年元旦开播的直接档案记载。在上述情况下，采用了“弯弯绕”的方式论证出“哈台于1923年1月1日开播”的结论，怎么能令人信服呢？

后记：不得不说的几句话

陈尔泰在为黑龙江局、台提供的《中国早期广播史料题识选注》所写的《后记》中再次不点名地对笔者与之争鸣的文章中的观点作了批评，称拙文用“偷改史料”、“化有为无”、“无中生有”、“切割拼接”、“无理诬栽”、“歪曲妄断”、“以其昏昏”、“以误为正”、“已臆为尊”、“为疑而疑”等十多种手法“制造疑云”。对此，限于时间和场合，笔者这里不作争鸣。但对他在《前言》中一方面称我为“权威”一方面故意罔顾事实、混淆视听的文字，在北京论证会上我特作说明如下：该《前言》中有一段话涉及两人文章争鸣之事，他说“权威批评我的文章，上一回发在《中国广播电视学刊》上，而我据理回答时，所寄文章一律不得发表，权威一直封堵了我九年。这回权威批评我的文章发在中国传媒大学学报《现代传播》上……”。这段话给人们的印象是这个“权威”好厉害，既批评了人家，又“封堵”了人家，而且还要再批评人家，真是岂有此理！而事实是，陈尔泰于2000年4月、2001年2月先后在《中国广播电视学刊》发表了两篇文章，对拙著《中国现代广播简史》中的某些观点提出批评。对此，我在该刊2001年第5期发表了《中国现代广播史研究中的若干问题》予以回应。这里需要说明的是，我虽是学刊编委之一，但该刊发表陈文，事前并未与我打招呼。拙文发表后，该刊也未告知我，陈又写了文章，但未曾发表之事，怎么能无端指责本人“封堵了九年”呢？九年之后，我确实于2010年2月、3月在《现代传播》上发表了《再谈中国现代广播史研究中的若干问题》(上)(下)。但我为什么"再谈"呢？陈在这里故弄玄虚，避而不谈的事实是，此前他于 2006－2009 年先后出版了 4 本关于中国现代广播史的专著，如果说前三本专著在阐述他本人的观点兼及对拙著有所批评外，那么第四本《中国广播史学批评建构》的副标题"以《中国广播电视通史》上卷为个例展开"，则是对本人执笔的《中国广播电视通史》上卷作了全面批评，一口气给拙著扣了"窜改史实"、"篡改史实"、"擅改史实"、"臆改史实"、"妄改史实"、"暗改史实"、"强改史实"、"涂改史实"和"更改史实"等九顶帽子。在此背景下，本人才于 2010 年春天发表《再谈》一文予以回应。此后《现代传播》又于同年 12 期发表了陈尔泰的《关于中国广播史若干问题的讨论——兼答赵玉明教授》一文，这就是事实的经过。陈在《前言》中还多次提及"权威"如何如何，但涉及的事实，有的似乎可能与本人有关，有的似乎又与本人无关，不便一一冒认，以免引起他议。特作说明如上。

北京论证会后，曾有同志向我建议将发言稿发表，当时我考虑内部研讨会上的发言不宜公开，且有待黑龙江方面对会上专家发言的认可程度再作考虑。

2012 年 9 月 18 日，第二届全国历史题材广播电视节目创作论坛暨史研会(即中广协会广电史研委会)年会在哈尔滨举行。会上，黑龙江人民广播电台将前述 40 余万字的"史实论证"一书的三个部分，分成三本，以黑龙江人民广播电台《新闻传媒》编辑部的名义编辑出版(国内统一刊号为 CN23－1147/G2)，发给与会来自全国各地的 60 多位代表。与原书不同的是，每本前面均有"中广协会广播电视史研究委员会、黑龙江人民广播电台，2012 年 8 月 31 日"署名的总序一文。经笔者将与会代表转赠的三本书与原书中直接涉及"1923 年 1 月 1 日哈台开播"的内容粗加比较，除第一本《题识选注》有关内容略有删改外，其余照旧。

前述"总序"一文六七百字，关键的话大概是三句，第一句黑龙江广电局上报材料标明"1923 年 1 月 1 日，哈尔滨广播无线电台开播"；第二句是在哈尔滨召开的调研质询会上"黑龙江方面的有关专家一致认可论证结果"；第三句是引用杨波同志北京论证会上的总结发言说，对哈台 1923 年 1 月 1 日开播之事，"无人提出否证"。12 月，经笔者向中广协会史研会会长张聪询问，张的回答是他不知总序之事，也即是说黑龙江台在未征得史研会会长同意的情况下，署了"史研会"的落款。又由于我听过杨波的总结发言，但不记得他说过"无人提出否证"这句话，通过他的秘书代为询问，杨波的答复是确实没有说过"无人提出否证"这句话。

何谓"否证"？经查《辞海》、《现代汉语词典》，均无此词。笔者查阅陈著《题识选注》一书发现曾提及"歧证"、"否证"、"反证"等词。他在北京论证会上的书面发言也提到"至今尚未见到反证、否证"云云。可见所谓"无人提出否证"这句话是黑龙江方面早在北京论证会前的材料中就提出来了，现在又强加给杨波同志的。

黑龙江方面继续坚持哈台 1923 年 1 月 1 日开播的说法，这是学术自由。他人可以不同意，但无权强令其改变观点。但黑龙江方面为了维护自己的观点，竟然罔顾多名专家的不同意见，堂堂黑龙江人民广播电台甚至不惜冒用史研会的名义作总序，捏造杨波同志不曾讲过的话，为自己的观点做辩护，那就不单是超出学术讨论范围的事，还有学风问题了。

现在再谈谈陈著《题识选注》中的删、改、增的问题。新版陈著在书末 9 月 9 日写的“附言”中称：“本书原为 7 月论证会准备，时间仓促，排、印、校、改均出现错漏。今变为单本书重印，订改以今本为准。”但是否均为“排、印、校、改”的问题呢？只恐未必。在《前言》中首先删去前述几百字的涉及“权威”(即笔者)的段落。这大概是因为笔者当面质询，他无言以对，事后只能如此处理了。尽管没有一句道歉的话，但总算默认笔者指出的真相了。在改动方面涉及笔者在论证会上指出的两个问题：

第一，原版书中第 41 页，陈在刘宗唐写的《筹建东三省各地无线电分台》一段释文中凭空增写了手稿中没有的一段话，即“12 月为朱将军演示广播。在做了充分准备之后，1923 年之始，哈尔滨广播无线电台用 XOHO 呼号进行了广播。”对此，在新版书中第 45 页陈新加的注③中说：刘宗唐“曾对其提供的《简介》进行过补充和更正，并称‘仅供参考’。供参考的材料中有‘1923 年之始……在哈尔滨进行首次实际广播……’字样，笔者再次询问，请他写清楚，宗唐教授就在白纸上，单写了图上最下方一段话，以表明讲清楚。刘教授称‘仅供参考’，所以在这里公开，以供参考”，“前排版时，误将此段话与前文排在一起，现订正”。在本页中，陈新增加了三截互不相关的刘宗唐的手迹。第一截题为“黑龙江人民广播电台沿革简介”，开头说“简介书面材料早于 1981 年 11 月 1 日寄给该台总编室陈尔泰同[志]，现再根据陈同志所提问题，作如下补充，并对前寄材[料]作些更正，仅供参考”(以下一行为半截字，不知所云)。第二截云：“在充分准备后，1923 年之始，在哈尔滨进行首次实际广播，尔后又利用放在无线电台的无线电话及广播电台新安装的设备，直到 1925 年广播一直继续进行。1926 年七八月间(下略)。”第三截即陈所说的刘在白纸上单写的一段话。

从新版中提供的刘的三截手书可知：1981 年 11 月 1 日刘曾寄给陈尔泰一份简介材料，此后又对陈所提问题作了补充、更正，但“仅供参考”。此件未标明写于何时？1981 年 11 月 1 日的简介材料未公开，后又写的简介材料，也未全文公开，只公布了三截，不知何故？两相比较，刘究竟做了哪些补充、更正？外人不得而知。

又，刘宗唐并非黑龙江人民广播电台的人员，也不是研究广播史的人，他怎么写《黑龙江人民广播电台沿革简介》呢？

再者，刘的补充材料中有“1923 年之始……在哈尔滨进行首次实际广播……”，陈又再次询问(是当面？还是函问?)，请他写清楚，刘就在白纸上单写了一段话(好像是当面)，多少带有授意之嫌。

即使如此，原书第 41 页释文中仍有“12 月为朱将军演示广播”10 个字，这次陈仍未说明来自刘的哪份手迹。

凡此种种，令人疑窦丛生。刘宗唐一再说所写“仅供参考”，这说明他心中也是没底，而陈却将之作为 1923 年 1 月 1 日哈台开播的重要人证材料，反复加以引用。

第二，原版书中第 25—26 页，陈指出伪满史料《局沿革》中记载的史实有三处差误。他在注②中说，正文中称“广播发射功率 500W”，“实际应为 50W”；在注③中说正文中称“用 50W 发射机”，但实际上“用的并非 50W 发射机，而是 100W”；在注④

中说正文称“呼号为 COHB”，实际上“呼号不是 COHB，而是 XOH”。我在发言中说连陈也认为《局沿革》中记载的三处史实有差误，该书可信度如何，值得怀疑。而在新版中陈对上述三处原注释用的否定之词予以淡化，不再用“实际应为”、“并非”、“不是”等字句而均分别改用“另一说”。这样给人的印象即是《局沿革》的记载没有差误，只是还有“另一说”而已。陈为维护《局沿革》的“可信度”，可谓用心良苦。

下面再谈谈新版《题识选注》中与 1923 年 1 月 1 日开播有关的增加内容。

第一，第 27－28 页新增《哈尔滨市电报电话局略史》(1947 年)一文，内称：“民国 12 年(1923)设无线电台，同年设广播电台。”该《略史》是东北解放后编印的，只是重复此前伪满材料的记载，并无新意。

第二，第 31 页《无线电运往江省》的题识内新增 200 多字，反复强调哈台于 1923 年 1 月 1 日开播。

第三，新版第 37 页新增《东三省陆军整理处咨》一件，但未标明何年何月之文，也不清楚与哈台开播事有何关系。

〔作者系中国传媒大学教授、博士生导师〕

民国时期宗教广播的发展及其原因*

艾红红

一、民国时期宗教广播的兴起与繁荣

或因广播技术出自西方，广播事业由外人引进的缘故，第一家外商电台——奥斯邦广播电台在上海开播当晚，即安排了当时每晚在卡尔登大戏院演出的福音歌曲《金门四重唱》(*Golden Gate Quartet*)。继之于1924年开办的上海美商开洛电台，也在礼拜日设有美国教堂讲座及赞美歌等节目。① 此后，国人自办的基督教节目和电台陆续出现。如上海的中西电台、其美电台、利利电台、友联电台、航运电台、友联电台、国华电台和华侨电台，北京的潞河中学实验电台、育英电台，绍兴的越声电台等，都曾播出过基督教节目。官办的上海广播电台（呼号XORA）也于1946年11月10日起，在每周日下午八时半至九时播送中国基督教复临安息日会制作的《预言之声》节目，并用中文、英语和粤语播送音乐、祷告及报告。不仅如此，中国基督教复临安息日会还和全国12座官办电台签订合同，借这些电台在全国主要城市（包括上海、南京、长春、广州等）播送《预言之声》。上海福音广播电台则为纯粹的基督教电台，于1933年12月2日在上海租界开办，上海沦陷时期一度被迫停播，后于1938年11月30日转为美商电台继续播音。1941年12月"孤岛"沦陷后，福音电台被日军报道部作为敌性电台接管，改名为大东广播电台，由日伪广播事业建设协会管理。抗战胜利后，经国民政府交通部核定，福音电台暂准设置轮流播音，直到新中国成立后还维系了一段时间。

作为一个专门性质的基督教电台，福音电台的目标受众群主要是基督徒和潜在的基督教信仰者，目的是使他们通过收听广播，更加理解圣经等基督教教义，跟随节目参与祈祷等宗教仪式，从而更加"接近"耶稣基督，来增强信仰，增加"灵性"而获得"重生"。这也佐证了该电台的宗旨："辅助造就基督人格，救助未得真理者，及辅助各需要者。"②

与基督教广播在大陆的"早兴晚退"不同，佛教广播则属于"后知后觉"，且"晚

---

* 本文为教育部人文社会科学研究基金青年项目"中国宗教广播史研究"的阶段性成果，项目编号：09YJC860034。

① 《无线电播送音乐近讯》，《申报》1924年12月13日。

② 《福音广播季刊》第一卷第二期，1936年10月至12月。

兴早退”。1933 年 3 月 1 日，上海佛学书局通过永生电台播送“佛学答问”，并诵读《金刚经》，开佛教广播之先河。“本局定每日起，每晨七时半到八时一刻，假座南京路永生无线电台，播送佛学答问，并诵金刚经一卷，祈各界仕女，或凝神恭听，或随声读诵，功德极为无量。若对于佛学有疑问者，请具函南京路永生无线电台，或胶州路本局，当于每晨在电台播音普答。希各界君子届时留意，鉴察为荷。”[①]此后不久，专门的佛教电台也在佛教界居士的推动下建立起来：1934 年 1 月 24 日，由上海著名居士团体佛教净业社创办的我国第一座佛教广播电台——佛音广播电台开播。该台以“阐扬佛理，宣扬佛化”为宗旨，经常邀请著名法师和居士来台讲经、演讲[②]。1936 年 8 月 17 日，上海佛学书局又创办了佛化播音会的专门电台——上海华光电台，全天播出佛教节目。“穷维世道衰微，人心陷溺，欲谋挽救，非弘扬佛化，阐明因果不足……播音电台尤为事半功倍之利器，沪上虽有注重佛化之电台而节目未能纯一，有时亦或作辍，本局有鉴于此，援创设一纯粹佛化播音之电台，专司其事佛化外不播别音，每日上午六时起至下午十时止，完全播送佛化节目，计讲经及佛教演说，早暮课诵，余时念佛，必须终日无间，川流不息，随时随地充满法音，俾广士众民欲闻者启之即是，随喜者开之即来。”[③]但该台在 1937 年 2 月 1 日被上海电报局取缔。1941 年 10 月，上海光明电台改名为妙音电台，“每日自上午八时至下午八时，纯属佛教节目”。[④] 妙音电台地处上海南京路慈淑大楼，属于租界区，在日军尚未占领孤岛时尚能正常播音，在 1941 年底日军占领租界后被封闭。1946 年 4 月，上海心光电台也开始播出佛教节目。“本埠心光广播电台，呼号 XHBC，周波 1480 千，自国历三月十五日起由翁慧常、钟慧成等居士主导，每日上午八时至九时二十分播送佛学讲演及早课，下午三时二十分至四十分讲演及晚课。八时至八时四十分通俗讲演。主讲者大都为缁素硕德，希望大众依时收听。”[⑤]但在同年 7 月，上海市电信局、淞沪警备司令部电信监察科及市警察局三方代表商讨整理上海市广播电台办法后，心光电台被划归为被取缔电台之列。8 月 9 日，心光电台停止播音。据笔者的不完全统计，到 1949 年新中国成立前，除上述电台外，上海市民营的胜利电台、李树德堂电台、华英电台、利利电台、金鹰电台等都曾先后播出佛教节目，最多的时候有十几家电台都在播出佛教内容，但大都坚持未久即因各种原因而停歇。鲁迅先生在其《花边文学》中讽刺的无线电播音“早晨有和尚念经” 的情形[⑥]，便是 20 世纪 30 年代上海佛教广播泛滥的生动写照。

天主教的组织和个人也看到了广播布道的优势，开始利用广播传播教义。据笔者查证，1934 年 6 月 19 日，上海市天主教会借快乐电台播讲天主教义，为天主教广播的最早记载。同年 6 月 29 日，由中华全国公教进行会创立的天主教无线电台

---

① 《佛学半月刊》，1933 年第 50 期，第 1 页。

② 1938 年抗战爆发后，佛音电台为抵制上海市日军成立的广播监督处控制，自动放弃播音。

③ 《佛学半月刊》，1936 年第 133 期，第 11 页。

④ 《播音台》，《觉有情》（半月刊）1941 年第 50—51 期。

⑤ 《觉有情》（半月刊），1946 年第 159—160 期。

⑥ 鲁迅：《奇怪》，《鲁迅全集》（第五卷），人民文学出版社 1981 年版，第 542 页。

正式播音,电台设在上海南市正修中学,为中华全国公教进行会总会长陆伯鸿创立。作为专门性的天主教广播电台,天主教无线电台以宣传播送天主教义为要旨。其开办单位中华全国公教进行会是天主教教徒组织,目的在于辅助各教区主教、司铎进行传教活动。7 月 28 日,天主教人士徐宗泽①曾在天主教播音台演讲,题目为《明相国徐文定公》。而 1946 年 5 月 8 日开播的南京益世广播电台,则是当时著名的天主教电台,也是全国抗战胜利后出现的第一家民营广播电台,由天主教中国教区大主教于斌亲自担任电台的负责人。② 该台节目带有浓厚的宗教色彩,每日开播、停播都要进行"晨祷"和"晚祷","圣经宣读"、"教义讲座"是节目的重要组成部分。"益世福音"也是该台常设节目之一,内容有圣经宣读、教义讲座、教务通讯、教堂音乐等③。1946 年 9 月,天主教上海主教惠济良创办了黄钟播音社,该社借法国电台(后更名为国泰电台,呼号 FFZ)于周日晚播出宗教知识讲座、教理讲座、天主教新闻、音乐及医学卫生讲座等节目。④ 从 1948 年起,黄钟播音社改用上海电台播送,节目名称采用家庭晚会和"星期晚会",内容照旧。上海解放前夕停播。

一些伊斯兰教人士也积极参与了电台的播音工作。如 1946—1948 年,由回教徒丁麟祥先生历时三年播讲的"陕西广播电台伊斯兰讲座",就是陕西伊斯兰教史和陕西回族史上值得记载的一笔。讲座除深入浅出地讲解《伊斯兰认主学》、《伊斯兰五功要义》、《伊斯兰五典要义》外,还紧贴时事、伊斯兰世界、回族文化生活和节日,开设了《巴勒斯坦今昔观》、《国际回教纵横谈》、《古尔巴尼谈忠》、《回族饮食问题的说明》等专题讲座,不仅使一般的回族同胞从信仰到生活明白了很多道理,坚定了自己的信仰,而且使很多教外同胞收听后对中国回族有了耳目一新的正确认识,消除了很多误会和隔阂,增强了回汉团结。

总之,民国时期,不论是基督教,还是佛教、天主教、伊斯兰教甚至道教,都在新兴的无线电广播中崭露头角,基督教广播和佛教广播甚至一度极为兴盛。它不仅打破了中国宗教过去单纯依靠人际传播和经典(如书刊、图片等)传播的局面,争取了更多的信徒,弘扬了宗教教义,也扩大了宗教传播的范围,为信徒提供了新的学习渠道,同时还为潜在的信徒或不信仰宗教者提供了接触宗教的机缘,也助推了当时的宗教复兴运动,成为 20 世纪前半叶宗教复兴运动的重要一翼。

---

① 徐宗泽(1886—1947),青浦人,字润农,教名若瑟。明代徐光启的第十一代世孙,天主教神父。曾留学国外,得哲学博士和神学博士学位。民国十二年(1923)起主编天主教《圣教杂志》,兼任徐家汇天主堂藏书楼(亦称图书馆)主持人(司铎)。抗日战争爆发后杂志停刊,专心致力于藏书楼工作,多年来搜集地方志 2000 余种,成为该楼藏书一大特色。著作有《中国天主教传教史概论》、《明清以来耶稣会教士著译书目》等。

② 引自 http://www.ndcnc.gov.cn/datalib/2004/organize/dl/dl-20040107154744。

③ 1949 年,益世电台随南京政府西迁台湾,至今仍在播音。

④ 初每两周播音一次,后每周一次,节目原长 45 分钟,后增为两个半小时。

二、民国时期宗教广播生存与发展空间之原因

民国时期宗教广播的兴起与繁荣，有着深刻的社会文化与政治背景。

首先，政府在法律上赋予国民信教自由，同时还赋予民间创办广播电台的自由，无疑为宗教广播的出现准备了必要条件。

辛亥革命胜利后，以孙中山为首，中华民国临时政府制定了具有"宪法"性质的根本大法——《中华民国临时约法》。其第二章"人民"款第七条规定，"人民有信教之自由"。不仅如此，从孙中山到蒋介石等各级政府首脑中，许多都有宗教信仰，因此对民众的宗教信仰也持包容和肯定态度。所谓上行下效，政界、商界和文化界大批信教人数的存在，也无形中带动了民众的信教热潮。反观整个民国时期，连年战乱给民众造成的缺乏安全感，本就容易滋生宗教信仰的社会土壤。统计数据显示，辛亥革命后至新中国成立前，除抗日战争的最艰难时期外，中国基督教和天主教的发展都呈"直线上升的趋势"①，人数逐年递增。以基督教为例，1928 年，中国的基督教信教人数为 44 万 6 千多，1935 年即递增至 51 万 2 千多，1946 年 70 万，1949 年 78 万以上。天主教信教人数在 1946 年也有 327 万以上。② 而佛教事业在民国时期也有很大发展，不仅佛教界的改革如火如荼，各种居士团体也纷纷成立，民间信佛学佛成风。俗话说，"平时不信佛，临时抱佛脚"。就说明每当社会动荡，民众对前途命运没有把握时，就容易把希望寄托在宗教信仰上。这客观上都为宗教广播准备了受众群。而随着社会上宗教性需求的增加，广播中宗教内容的扩大再生产也就成为势所必然。

其次，从广播事业本身看，1928 年 6 月，国民党中央政治会议临时会议决定，包括无线电广播在内的无线电事业改由新成立的建设委员会管理。8 月，建设委员会设立无线电管理处，管辖中国国内及国际间包括广播电台在内的全部无线电事业；同月，建设委员会公布《中华民国无线电台管理条例》，明文规定广播电台"得由人民设立"。12 月 13 日，建设委员会颁布《中华民国广播无线电台条例》，规定："广播电台得由中华民国政府机关公众或私人团体或私人设立，但事前须经国民政府建设委员会无线电管理处之特许，违者由当地负责机关制止其设立。"③在这一背景下，民间创办的广播电台于 20 世纪 30 年代风起云涌，如雨后春笋般在各大中城市陆续出现，宗教广播也在这一办台热潮中应时而生。

对于执政当局的鼎力支持，宗教广播事业也投桃报李，在不遗余力地传布宗教教义的同时，还不忘通过节目向执政当局输诚，为自身的生存与发展营造良好的政治氛围。以上海功率最大的民营宗教电台——福音广播电台为例，该台创办后，一不播放任何广告，二不从事任何商业活动，日常经费全靠基督徒们的奉献。综观福

---

① 中央人民政府情报总署编印：《外国在华教会概况》(1950 年 3 月印，内部资料)，第 7 页。

② 中央人民政府情报总署编印：《外国在华教会概况》(1950 年 3 月印，内部资料)，第 13 页。

③ 《建设委员会颁布中华民国广播无线电台条例》(1928 年 12 月 13 日)。

音电台的节目，其内容并不限于专门的布道，还担负着复杂的教化、传播新知乃至参与政治的功能，是当时宗教界人士参与社会事务的一个重要渠道。该台常邀请政界、文化界名流进台做演讲，既有利于提升电台人气，又可以装点门庭。在福音电台，"蒋夫人宋美龄女士演讲"、"外交总长张岳军夫人马育英女士演讲基督徒对于社会的责任"、"圣约翰大学卜方济校长英文演讲"、"沪江大学刘湛恩校长演讲奋战、团结、牺牲"等①，都曾产生了较大影响。1937 年，福音电台又贯彻执行当年 4 月国民党中央广播事业指导委员会制定的"各广播电台必须转播中央台的播音"政策，在星期日节目中增加了中央广播电台的节目和播音业同业公会节目，可见与执政当局的合拍共振。正如福音广播社出版的《福音广播季刊》中该台经理王完白公开宣称的那样，"本电台素以提倡基督教之信仰与实行为职志，与蒋委员长（即蒋介石）的主张如出一辙。"②而益世电台的于斌大主教与南京政府的密切关系，则更是众所周知，在此不赘述。

最后，宗教广播事业的兴起与发达，也是宗教组织与个人对宗教传播不懈探索的结果。宗教广播出现后，面对国家被日本侵略者不断蚕食的情形，日益显示出一种浓烈的现实关怀。一些宗教界人士与国家民族心连心，同呼吸，共命运。其思想和主张通过广播扩散后，赢得了社会的极大尊重。从 1931 年起，日军频繁挑起战争，妄图侵略中国。"九一八"事变后，基督新教教会联合抗议，决定把 9 月 27 日定为"国难祈祷日"。佛教广播也适时调整内容，更加关注政治，体念人心。尤其是以太虚大师为代表的佛教界高僧，更是数次对中国和亚洲的佛教徒发表广播演讲，希望通过佛教徒的努力，制止战争，谋求和平。天主教爱国人士马相伯的抗战广播演说，也曾令举国动容。而南京大主教于斌在就职伊始（1936 年），就在南京的国民党中央广播电台发表《天主教与中国》的演讲，明确表示："现值我国民族复兴、国家建设之盛会，我们相信天主教对于这种运动，能有极大的贡献，怀有极诚切的志愿。"③

日本侵华战争全面爆发后，各地宗教事业受到不同程度的破坏和影响，但宗教广播却在战争初期有了进一步发展。为了宣传中国的抗日战争，于斌曾八次前往欧美国家，到处发表演说，争取国际同情和援助。当时《大公报》载文指出："于主教到大学演讲，到无线电台广播，在报纸上发表谈话，果断地抨击强权。他不但坚决地反对日本的蛮横，而对于意德的行动敢加以声斥。"④佛教界爱国人士也没有置身事外，一方面呼吁佛教徒投身救国运动，另一方面无情地批驳了同为佛教国家的日本的行径，希望通过日本佛教徒的努力来制止日军的暴行。1938 年 6 月，太虚法师于成都无线电台发表《佛教徒如何雪耻》的演讲，质问"日本的三千万佛教徒究竟何在？有如此庞大数目的佛教徒，如何竟不能制止日军的暴行？假使是真佛教徒，应当真切地知耻，体验佛教宗旨，实现佛法精神，此是佛教徒应知之耻，和佛教徒应知

① 陈文文、徐翠：《上海福音广播电台——中国空中福音的先声》，《科技信息》2009 年第 25 期。

② 《福音广播季刊》第 1 卷第 3 期，1937 年 3 月出版，转引自赵玉明主编：《中国广播电视通史》，中国传媒大学出版社 2006 年版，第 29 页。

③ 于斌：《天主教与中国（于主教广播演讲）》，《公教周刊》1936 年第 8 卷第 30 期。

④ 《于斌主教在欧美工作成绩》，汉口《大公报》1938 年 5 月 12 日。

此雪耻。”[①]除了号召佛教徒投身战争，保家卫国，佛学广播还通过布施募款来慰劳军队。如 1941 年，“太虚法师为出钱劳军运动，于中央广播电台，作《出钱劳军与布施》之呼吁。”[②]

正是由于宗教广播的视角日益转向社会和民生，积极关心时事，了解形势，甚至投身抗战，以亲身行动追求宗教对社会的实际贡献。因此，战时宗教广播非但未与时代脱节，反而成为战时宣传的重要力量。

也应承认，无论从全局还是实际效果看，民国时期的宗教广播仍有相当的局限。宗教广播中呈现出的鲜明的经世致用取向，虽与宗教本身对人的终极关怀相违逆，但这一符合中国传统文化心理的节目价值观，无疑也显示出宗教广播改革的良好愿望——基督教自身的外向性使其总会在第一时间借力新兴媒体，基督教内容与广播事业同时产生的历史事实本不难理解；连一向躲在深山，等人来“求”的佛教事业，也开始搭乘无远弗届、“普度”众生的无线电广播，不能不说是宗教传播的巨大进步，也反映出中国宗教界人士与时俱进的良好愿望。民国时期，基督教、天主教、佛教界人士都曾召开会议，探讨革新传教的方式，其中就包含对广播等新兴手段的利用。宗教与广播相结合，也就在情理之中了。

〔作者系中国传媒大学新闻学院教授〕

① 《太虚诗文选》，上海古籍出版社 2007 年版，第 206 页。

② 《太虚法师年谱》，宗教文化出版社 1995 年版，第 265 页。

红色中华新闻台的待解之谜

——兼与严帆等同志商榷

庞亮

近几年来，江西瑞金红色收藏专家严帆和江西广播电视系统的有关同志对江西苏区“红中台”的历史做了大量的研究，发表了一系列文章和著作，为苏区新闻事业研究的深化进行了可贵的探索。其中代表性文章有，2002年严帆率先发表的《新中国广播通讯事业的前身——中华苏维埃共和国红色中华新闻台历史考证》(以下简称严文，载江西《红土魂》2002年创刊号)，称：“苏区时期在苏区创办的红色中华新闻台，是我国最早的红色广播电台机构，也是新中国中央人民广播电台的前身。”2006年10月，由严帆主持设计的红中台旧址及陈列馆揭幕开展(以下简称陈列展)。2009年9月，严帆将其1991年出版的《中央革命根据地新闻出版史》增补为《中央苏区新闻出版印刷发行史》(以下简称严书)，由中国社会科学出版社出版，书中认为当时苏区的中央新闻机构主要有红色中华报社、红色中华新闻台以及红星报社等(该书第72—94页)，提出“从现有史料看，红色中华新闻台就是目前史学界常称的‘通讯社’(或‘红中社’)，但实际上苏区当时并未出现过‘通讯社’这种机构。”(该书第83页)2008年5月，笔者在《中国广播》上发表了《关于人民广播事业发源于江西苏区说之商榷》。那么，备受关注的红色中华新闻台到底是一个什么样的机构？它与红中社、红中报是什么关系？它的主要任务是什么呢？笔者试以严文、严书及陈列展为据，对有关“红中台”诸事再进行探讨。

一、关于红中台之称谓

严文从标题和开篇第一句话，即将红中台定名为“中华苏维埃共和国红色中华新闻台”，并对之作了长篇历史考证，但文中并未清楚地交代这一称谓的来源及其含义，只是在他引用的两件文物上有这一称谓的两枚不同的印章。而在严书中继续沿用此名，但是，在谈到与红中台密切相关的三件苏区文物时却说：“当时由于价格高而未购买，后又拖延一年之久，导致流落民间，下落不明。正是因原件未得，故本书不将其作为佐证”(该书第82页)。这三件文物中的两件都盖有“中华苏维埃共和国红色中华新闻台”印章，严书中既然不将其作为佐证了，那么再将印章作为证据就过于勉强了。此外，迄今为止，从笔者见到的严文所说的红中台三位台长王诤、刘寅和岳夏(罗若遐)的回忆以及通信兵史、邮电史、新华社史的有关文件和记载中也均未见到这一称谓，一般均称之为“新闻台”、“新闻电台”，甚至连“红色中华新闻台”的称谓也尚未查到文献记载。但令人惊讶的是80多岁的李永福老人在回忆时一开口就说：“当年红色中华新闻台就驻扎在……”（见严书第80页）。王诤、刘寅和岳夏都未提到有“中华苏维埃共和国红色中华新闻台”或“红色中华新闻台”这一名称，而严文中却提到有当地的老乡知道，不能不令人生疑。如此看来，作为旧址之名、陈列之名的“中华苏维埃共和国红色中华新闻台”究竟根据何在呢？

据查，《红色中华》报上涉及红中台的称谓仅有两处。一处是1934年4月19日的一则报道中称：“军委，中央局，中央政府，红中新闻台，四电台工作人员决定自4月至7月每人节省津贴费三分之一，充作革命战争经费。”一处是1934年7月12日有关红色中华社的报道中称：“本社工作人员连同新闻台在内才12人。”从上述文字可知，新闻台似乎只是红中报(社)的一个部门。

另据鲁之玉等著的《王诤传》中还有一说，中国共产党的第一个文字新闻广播电台定名为“中华苏维埃中央政府广播电台”。（见该书第24页）

此外，红中台还有个英文呼号为CSR。对于CSR的中文含意，有不同的解释。据《新华通讯社史》(第一卷)的解释为“Chinese Soviet Radio，中华苏维埃无线电台的缩写”，又《通信兵大事记》中也作此释义。严文引用曾三同志的回忆，将其中文释义为“中华苏维埃共和国”，但笔者所知，Radio并无“共和国”含意。曾三还称此前还有个呼号为RCI，意为“红色中华第一台”，此呼号未见他书记载，也不知是哪几个英文词语的缩写。

二、关于红中台之定位

前述严文将红中台定名为“中华苏维埃共和国红色中华新闻台”，并说是临时中央政府指示成立的，又在他设计的红中台陈列馆中进一步称“红色中华新闻台作为中华苏维埃共和国国家电台”等等。这一定位之高等同于今日的中央三台(中央人民广播电台、中国国际广播电台和中国中央电视台)。如同上文所述，这么高的定位，为什么在三任台长的回忆及通信兵、邮电史的有关文件中均无反映呢？与之相反，笔者却查到一些红中台其他的定位之说。

《通信兵大事记》中有如下几条记载：

——1931年11月7日，红一方面军司令部无线大队设立专台……并以CSR——中华苏维埃无线电台为呼号，向全国播发大会新闻。

——1931年11月27日，中革军委总司令部无线电大队新闻台在江西瑞金向全国播发中华苏维埃临时中央政府宣言。

——1933年5月，中革军委新闻台在江西瑞金成立，罗若遐任台长。

《新华通讯社史》(第一卷)中称：

——初期，红中社不仅没有用于播发新闻的电台，也没有抄收电讯的电台，抄收新闻电讯的工作由军委电台承担。由于抄收新闻电讯的工作量越来越大，1933年5月，原在中革军委总部电台第六分队工作的岳夏(原名罗若遐)，受命建立专门抄收新闻电讯的新闻电台，这就是“红色中华新闻台”。

——这部电台是新华社历史上第一部新闻电台，也是中国共产党和红军历史上第一部新闻电台。

那么，红中台究竟受哪个单位领导呢？严文说“行政上受中央政府、军委和中央局宣传部共同领导”，但在陈列说明中却说红中台“宣传业务受中共苏区中央局宣传部领导”。严书中称“新闻台与红色中华报社合署办公，两块牌子，一套人马，工作上各自独立”，没有认可红中社的独立存在。岳夏回忆中称“新闻台的行政领导归中央人民政府(应为临时中央政府)，业务领导归红色中华通讯社”。在《新华通讯史》(第一卷)中，则认为红中报和红中社是“报社合一”，红中台隶属于报、社。而据《通信兵大事记》中的记载，该台行政上归军委总司令部无线电大队领导，业务上归红色中华通讯社领导。我们听信哪种说法，为红中台作一个准确的定位呢，看来还需要探讨。

三、关于红中台的机构和人员

严书认为红中台与红中报“合署办公，两块牌子，一套人马……而且这个新闻台始终没有单独分开设立过”。(该书第76—83页)这段文字告诉人们“新闻台始终没有单独分开设立过”。严书中称红中台有三任台长，由严本人设计的陈列展中有一幅1933年底“红中台”的机构示意图，图中显示，红中台下设机务组、监察电台、编辑部和新闻广播电台四个二级机构，给人们的印象是红中台却又俨然是一个独立机构。红中台到底是不是一个独立机构？恐怕连严本人也说不清楚，给人们的印象也是自相矛盾的。

严书中将《红色中华》报的历任10个负责人都笼统地称之为“红色中华报社、红色中华新闻台分管领导人”，但是，我们在红中报的负责人王观澜、杨尚昆、任质斌、李一氓等人的回忆录中，都没有见到有关他们“分管领导”红中台的记载。严文和严书中均称红中台有三任台长，其中首任和第二任王诤、刘寅为“兼台长”，第三任是岳夏，但他们的回忆和生平简历中都无上述记载。尤其令人费解的是，岳夏回忆中清清楚楚地说，他是1933年3月离开上海，5月到瑞金新闻台工作，半年后离开的。但严书却白纸黑字地印着“岳夏，1931年11月—1933年底协助负责(红中台)，1933年底—1934年10月为台长”。(见该书第84页)如果岳夏真的是红中台台长的话，那也只能是1933年5月至年底。1931年11月，他还在上海，1933年底又已离开新闻台，又怎么能先“协助负责”红中台，后又担任红中台台长呢？又，该书第84页称“伍云甫、宋裕和1934年曾分管过(红中台)”，但书附录第580—581页人物简介中又称他们两人是“红中台主管领导人”，到底是“分管”，还是“主管”红中台？让人们莫衷一是。

红中台是独立机构，还是非独立机构暂且不提，那么，红中台前后到底有多少工作人员呢？有文字记载的是1934年7月12日，《红色中华》报第三版刊载苏维埃政府中央机关收集被褥、毯子捐献给红军的消息，内容中提到“红色中华社”时，特别注明:“本社(指《红色中华》报——笔者注)工作人员连新闻台在内才 12 人。”而严书估计其中新闻台“至少三五人左右”。另据严书中涉及的红中台工作人员状况列表如下:

1932 年初	约七人(与红中报合署办公)
1933 年 3 月后	约五人
1934 年 7 月	三四人

据上述材料,红中台前后工作人员累计十余人。这十余人究竟是何人?恐怕一时难以说清。严书中包括王诤、刘寅和岳夏在内列出一个 15 人名单(未注明有女性,见该书第 84—85 页)。但其中疑点尚存,如表中 1933 年 3 月后约为五人,此时大概即岳夏参与红中台工作时期。据他回忆当时只有他和另一王姓同志,他走后由黄乐天接替。据此,当时新闻台不过两三人而已,估计为“约五人”,恐怕多了一些。又名单中称陈士吾、黄乐天 1933 年 5 月—1934 年 10 月“协助负责”红中台。1933 年 5 月时,岳夏在红中台,他的回忆中并没有说陈、黄“协助负责”,而是说他走后由黄乐天接替,甚至没有提到陈士吾其人。至于名单中红中台的 10 位工作人员,除伍云甫、唐明外,其他几人据何材料写入尚待考核。但岳夏回忆中的王姓之人,却不在其内,不知何故?

根据岳夏的回忆,他从 1933 年 5 月到红中台,大约半年后离开,其时间大约是 1933 年底,连交接工作也就是两三个人,但如前所述,在展出陈列的 1933 年底“红中台机构示意图”中,红中台却又有四个二级单位。如果真如此,岳夏的回忆中为何一字不提呢?

那么,红中台的十几位同志,都是从事哪些具体工作的呢?严文和严书中说“有编辑、播音、发报、勤务和技修等”,其中引人注目的是“播音”。陈列馆的序厅中有一位女播音员正在播音的塑像,那么究竟这位女同志是何人呢?迄今未见有人回忆,也未见有关记载。按照严书中提供的红中台上述不同时期的工作人员,每个时期平均也不过三四个人。但本段前述 1933 年底“红中台机构示意图”中标注下属有四个二级机构,如此说来,每个二级机构只有 1 个人左右在工作,这样的陈列展示,其说服力又何在呢?

四、关于红中台旧址

红中台的旧址在何处?据严文和严书中叙述,列表如下:

1932 年初	瑞金县叶坪村谢氏私厅内
1933 年 3 月后	瑞金县西沙洲坝村杨姓祠厅内(此地也称“大树下”)
1934 年 7 月后	云石山梅坑村梁姓私宅内

如果上述属实，红中台的旧址确是变动过好几次。但是，刘寅在回忆1931年底在江西瑞金先后召开了苏区党代表大会与中国工农兵第一次代表大会时说“大会会场设在叶坪的一个祠堂内，电台就设在离会场只有几十米远的老乡家里”。岳夏则回忆说“新闻台设在瑞金县下肖区大树下的一座旧屋里，距离红色中华报社很近”。而被严书和严文广为引用的李永福老人的回忆是“1934年前后，红色中华新闻台就迁到了大树下福祖庙的一个房间里”。那么红中台的旧址到底在哪？究竟变动过几次？看来都还需要进一步研究。

红中台每处工作旧址有多大呢？严书中没有说明，但每处工作人员如前所述不过三五人，想来旧址面积不会太大。新华社主办的红中社旧址陈列设计图中标明“红色中华新闻台”的某处旧址面积为16.96平方米，大体是可信的。但是严帆2004年设计并于同年完工的红中台历史陈列馆中，红中台的旧址面积有多大呢？其说不一，刘卫国等人文章中说红色中华新闻台旧址占地面积为1 300平方米，为二层土木结构，典型的客家民居建筑结构，分为旧址和陈列两个部分。陈列馆面积200平方米，其余应为旧址面积即1 000平方米多，共收集翻印、拍摄苏区历史资料照片300多份，收集复制文物100多件，分为红色中华新闻台的诞生、红色中华新闻台的业绩、红色中华新闻台的领导与工作人员简介、红色中华新闻台与其他媒体的协作、大事纪年表、新中国广播电视事业发展史等6个部分。赣州市广电发展研究中心的黄斌、肖益涵等在文中说：“旧址修复按照历史原状，占地面积2 000平方米，为江南客家土木结构，共分两个部分，第一部分为工作人员卧室、工作室，第二部分为陈列馆。”当年如果红中台的旧址有1 000平方米左右的“卧室、工作室”，那真是匪夷所思了。

谨就上述几个待解的问题，向严帆及有关同志请教。

〔作者系中国传媒大学博士、副研究员〕

参考文献

《华东战时交通通信史料汇编(中央苏区卷)》，江西省邮电局编，人民邮电出版社1995年版。

《中国人民解放军通信兵史》第一编《革命战争时期》，总参通信部编，军事译文出版社1992年版。

《通信兵回忆史料(1)》，军史资料丛书编审委员会编，解放军出版社1995年版。

《王诤传》，鲁之玉等著，电子工业出版社1998年版。

《刘寅文集》，电子工业出版社1995年版。

《通信兵大事记》(1927—1934)，总参通信部编研室2009年12月编印。

《新华通讯社史》第一卷，新华社史编写组编，新华出版社2010年版。

"九一八"事变前后《盛京时报》抗日御辱言论研究

叶彤

《盛京时报》是日本人中岛真雄于1906年在沈阳创办的一张中文报纸，被视为东北言论界的领袖。该报发行长达38年，其主编菊池贞二，笔名傲霜庵，以犀利独到的评论名扬东北报业。以往对于《盛京时报》言论的研究，多注意到了其混淆视听，为日本侵略者张目的一面，而对于国人在该报发表的言论，则没有相关的论述。作为一份日本人在满洲附属地办的报纸，其政治取向和自我定位自然是倾向于日本，绝非中国。但是，审视该报关于"九一八事变"的言论，一个值得注意的现象是：该报始终存在着大量的中国人所发表的抗日言论，在"九一八事变"前后都是如此。这些爱国御辱的言论与日本人菊池贞二侵华意识浓烈的言论，形成了观点的对峙。联系到"九一八事变"之后，日本当局在东北采取严厉的新闻统制，对中国人的报纸采取严格的甄别审查，使得众多国人报纸被迫停刊，而日本人所办的主流报纸《盛京时报》，反倒出现了国人的精神抵抗和言语呐喊，甚至是对日本鲜明犀利的批评，这种现象值得我们思索。

一、"九一八事变"之前的《盛京时报》言论特点和言论倾向

东北易帜之后，日本在东北的特殊政治经济利益受到了空前的威胁，日本国内形成了一股以武力解决中日争端的极右思潮，而体现在具体行动上，日本关东军蠢蠢欲动，希望用突袭的方式一劳永逸地解决满洲问题。而此时的中国，内战频仍，民生凋敝。国民党为维护其专制统治，不惜投入大量国帑用于围剿共产党，对于日本的野心，妄图以"不抵抗"的消极政策与之周旋。一时间，东北局势已危如累卵，国内有识之士对此忧心忡忡。在"九一八事变"之前，这种希望中国通过改革内政，建立民主制度，改善民生以实现自强的急切愿望，在《盛京时报》上有着清晰的表述。

1. 从内容上看，对于中国内政的建议和善意批评占主流

该报副刊编辑金小天连续撰文，对于国内不重视农业的问题加以论述，从中国为农业大国，应该以农立国的高度，批评重商轻农的思想。在具体方法上提出采取科学的种植方法，依靠科学振兴农业。① 再比如对于国内军阀混战，民生凋敝，"石

---

① 金小天：《哀农业古国》，《盛京时报》1930年2月7日—2月10日。

顽"多次撰文批评党国施政不利,造成国内混乱,相关建设迟迟不能开展,国民党当局言行不一,口是心非。对民国以来的乱象,表示相当的失望,并且做出了"将遭受外侮"的预言。[①] 对于中国的政治体制,该报副刊编辑"怜"曾经多次撰文探讨,他对国民党的专制统治表示不满,称其为"党外无民",名曰共和实为"共乱"。对于国民党内山头林立,内战不止的现状,提出限制武人权力,切实实行约法民治,他甚至探讨了联邦制在中国实现的可能性。面对内战不止,"怜"呼吁各位军阀为国家稍留元气,不要挥霍国力。他甚至呼吁人民要敢于革命,行使天赋之权利。[②]

2. 从数量上看,中国人的言论占据优势

负责撰写言论的有中日两国人士,但由于是以中文发表,需要作者具有相当的中文功底,所以在该报发表的评论性文章中,中国人始终居于主要地位。目前已知的在《盛京时报》署名的日本人只有傲霜庵(即菊池贞二)一人,相较于该报众多的国人编辑和更为庞大的社外人员,日本撰写言论人员的数量处于绝对劣势。总体来说,在"九一八事变"之前,国人言论占有多数。以 1930 年为例,该年共发表言论 291 篇。其中,日人傲霜庵发表 99 篇论说(不包含短评),而国人署名共发表了 132 篇,另外有 60 篇无署名。从署名的国人的构成来看,大部分为《盛京时报》的副刊编辑,如前文提到的"儒丐"、"怜"、"小天"、"石顽"等人,也有少量的社外署名人士。但是"九一八事变"之前,署名的中国作者以该报的编辑为主力,这一点与事变发生后显著不同。

日本人菊池贞二虽为主编,凭借一己之力,力压众多中国编辑,其言论不但特色鲜明,而且数量颇丰,是《盛京时报》言论发表最多的作者。但是毕竟形单影只,虽然绝对数量上超过所有中国作者,但是和整个中国作者群相比,他处于少数,是无法改变的事实。

3. 中日观点常有对立,国人图存情感真挚

以往《盛京时报》的研究,多注意该报为日本侵略利益张目的负面作用,对于该报发表的大量正面建设性的评论,往往语焉不详。不管是出于什么原因,这都有失于片面,而以此建立起来的关于《盛京时报》的评价,显然难言公允。

事实上,在事变发生之前,正如前文所分析的,起毒害作用的日本人言论在数量上并不占优势。就笔者所查的"九一八事变"之前的将近三年时间里(1929 年、1930 年、1931 年 1—9 月),没有看到一篇汉奸言论。虽然大量国人的观点是复杂的,在具体的问题上也会存在不同,但是在出发点上,是完全一致的。他们都拥有一颗中国心,他们热爱和拥护的,是整个大中华,而绝非日本人所期望的满洲一隅。这种立场决定了国人在该报与主编菊池贞二的对立和碰撞。

1929 年,由于菊池贞二外访,在该报言论完全落入国人手中之后,从 6 月 9 日开始,言论从第一版变为第二版。这在《盛京时报》的历史上并不多见,在笔者翻阅

---

① 石顽:《纪念日感想》(1930 年 3 月 12 日),《天变民怨》(1930 年 3 月 20 日),《内战》(1930 年 6 月 19 日)。

② 怜:《说革命》(1930 年 6 月 27 日),《财荒慨言》(1930 年 8 月 22 日),《联治之商榷》(1930 年 7 月 19 日),《呜呼约法》(1930 年 9 月 19 日)。

的 5 年中仅此一例。也许是由于菊池的缺席，导致该报言论导向出现偏差，引发日本人的不满，从来居于首要位置的论说在 1929 年一度变为二版，而在菊池回沈后立刻重新恢复为第一版发表。[①] 这一版面罕见的变动值得我们玩味深思。

不管是否由于国人的爱国言论而使日本人临时改变编辑方针，暂时降低了社论的地位，还是另有内情，有一点可以肯定，在"九一八事变"之前，中国人的爱国言论从数量上是《盛京时报》的主流。虽然日本人菊池贞二的言论依旧毒辣，但是国人的精神抵抗一直在持续着。

二、"九一八事变"之中的《盛京时报》言论调整与取向

为了便于行文，首先要界定一下"九一八事变"过程中的时间范围。本文所指的事变的过程，是指事变发生之后的一个月内，主要分析该报对于"九一八事变"发生之后的短期言论反应。

首先，《盛京时报》对于"九一八事变"发生的言论反应无疑是严重滞后的。该报于 9 月 20 日报道了 18 号发生事变，在报道中颠倒黑白，将事变发生的责任推到中国身上，并且陆续发表了大量虚假报道和摆拍而来的图片，力图塑造一个战后和平安详、社会秩序井然的沈阳。令人不解的是，在 20 号第一篇关于事变的报道发出后，该报一直没有发表任何评论，直到 9 月 29 日，也就是事变发生后的第 11 天，才发表了傲霜庵不阴不阳的评论，第一次对"九一八事变"表态。这篇名为《过渡期之急务》的评论，语调讽刺，将责任完全归咎于张学良和蒋介石，并且建议日本当局给沈阳的汉奸政权以实际权力。从这篇评论开始，傲霜庵接连 6 天连续发表相关评论，完成了对该事件的表态。日本人的《盛京时报》为何在事变发生后相当长时间内处于"失语"状态？如果说报道发生在 9 月 18 日深夜的事变，19 号来不及更换版面，故而推迟到 20 号还可以从业务上解释的话，那么在 9 月 20 号正式报道之后的第 9 天，第一篇表态性的评论才姗姗而来，在业务上恐怕难以找到合适的理由。《盛京时报》在重大新闻事件上，一向以及时报道和深入评论而著称。但是在"九一八事变"这件事上，该报的报道难称及时，评论可谓滞后。对于"九一八事变"后失语的原因，目前还没有找到当事人的直接描述，笔者只能推测：以主编菊池贞二的洞察力，应该清楚事变的严重性。由于兹事体大，牵涉面较广，故而在事变发生之初采取顾左右而言他的无视态度，在言论方面宁愿安排一些无关痛痒的教育问题、农业问题的评论，也不愿就"九一八事变"这一重大事件贸然表态。在事变过去十多天之后，才根据情况正式表态，这也为其与军方和政府协调立场赢得了时间。由此可以看出日本人主编的狡猾。

其次，国人言论被边缘化值得注意。在"九一八事变"之前，国人言论与主编傲霜庵的言论在立场上存在着明显不同，这种不同一直是客观存在的，并且在相当程度上，菊池贞二容忍了这一现象。"九一八事变"发生后的一个月内，看不到了国人

---

① 该报 1929 年 11 月 28 日发表傲霜庵社论《论中俄问题》，标志着言论重新恢复到第一版。

署名的评论。从9月19日开始，至10月18日，明确署名的只有傲霜庵（10篇）和一个叫佩尔的美国人。其他的都是没有署名的评论，并且基本上都与事变无关。而与事变相关的评论，除了傲霜庵的评论外，仅有1篇没有署名的。这篇名为《沉着镇定不屈服》的无署名评论，写得委婉坚强。以赞扬孙中山临危不乱，来讽刺东北地方官员不负责任，临战而逃，没有气节。字里行间可以感到作者拳拳的爱国之情和对日寇暴行的不满。但这种不满的情绪也只能以一种含蓄的形式表达。之前风生水起的国人编辑评论在事变后的一个月内完全消失，在以后的几年内也再难看到了。

总之，《盛京时报》对于"九一八事变"的报道和评论，值得我们注意：在这一个月内，主编傲霜庵独掌言论大权，国人编辑完全退出言论舞台，国人言论受到严重打压，表达受到限制。究其原因，与当时较为紧张的时局有关。当然更深层的原因，无疑是由于日本侵略者及其代言人的虚伪。《盛京时报》从来都不是一个民主的言论舞台，对于异议的容忍，只不过是基于形势的需要。一旦局势转变，就立刻会收紧言论，打压异见。

三、"九一八事变"之后的《盛京时报》言论的微妙变化

本文所指的"九一八事变"之后，其时间跨度从1931年11月开始，至1933年结束。在度过事变发生初期的波动之后，《盛京时报》的言论出现了一定程度的修正。主要呈现出如下新变动：

1. 国人编辑言论持续低迷，开始启用大量社外人员撰写稿件

比起事变之前有声有色的国人编辑评论，此时，除了"石顽"和"儒丐"在事变发生后发表过几篇毫无生气的评论外，之前活跃的"怜"、"小天"等几近消失。国人编辑评论的消失，是一个不能忽视的问题。是《盛京时报》不愿刊载本社中国编辑的评论了呢，还是另有其他原因？目前还看不到中国编辑对此直接的解释，从《盛京时报》后来大量采用报社外中国人写的评论一事来看，显然，不是由于中国编辑的立场问题。因为从那些社外人士所发表的评论来看，表述较为粗糙，但立场却更为激烈，甚至有直接批评日本当局的言论，《盛京时报》也照登不误。因此，没有理由弃本社的中国编辑言论于不用，转而采纳外来言论。

那为何该报中国编辑在"九一八事变"之后集体失语了呢？囿于史料的缺乏，笔者只能根据旁证来进行推测。笔者认为，中国编辑的失语，是主动自发的行为。而不是由于立场原因被《盛京时报》弃之不用。中国的编辑在"九一八事变"之后，在中日民族矛盾尖锐的情况下，出于种种原因，不再主动寻求在《盛京时报》刊发文章应当是合理的解释。这种报社内部，中日编辑的矛盾是客观存在的。该报历史上屡次发生中国编辑不堪该报"对中国欺压太甚"[①]而忧愤辞职。尤其在中日民族矛盾加剧的"九一八事变"之后，中国编辑面对破碎的山河，心生反抗是人之常情。

---

① 黑龙江日报社新闻志编辑室编：《东北新闻史》，黑龙江人民出版社2001年版，第27页。

1943 年该报中国编辑于莲客游山吟诗，因其中有“听雪遥怜战地寒”一句，被菊池贞二当即询问“战地寒，你是顾念中国兵吗?”[①]由此可见，《盛京时报》报社内部，中日编辑之间的猜忌一刻也没停止过。对于这种民族的隔阂，就连菊池贞二本人也承认。在 1932 年“九一八事变”发生一周年，日伪当局策划搞一系列庆祝活动，这种违背民众意愿的倒行逆施遭到了广大东北民众的冷漠对待。针对这一情况，菊池贞二发表了社论，奉劝日伪当局应当把主要精力放在收买人心上，应当全力赈济水灾。他承认在民众情感上不接受“满洲国”的情况下，任何庆祝活动都是无意义的。[②] 可见，日本对于中国的欺压，是日本在东北无法获得支持的根本原因。中国编辑的集体噤声，应当是其自我的意愿，他们面对时局日迫，在无法逃离沦陷区的情况下，用沉默以示抗议，应当是符合情理的解释。

2. 国人精神抵抗不屈不挠，抗日御辱言论层出不穷

国人编辑选择退出言论舞台之后，社外人员撰写的言论开始进入《盛京时报》的版面上。虽然从总体上看，社外人员的言论写作水平参差不齐，与国人编辑有一定差距，但是，就爱国心上看，则没有任何差别。他们的表达更为直接和热切。

在度过了事变初期国人言论的噤声后，从 1931 年 11 月开始开始，国人的抗日御侮言论，开始持续发力。

11 月 6 日，发表无署名的《御患勿忘祛毒》。文中认为只有禁毒，才能抵御外患。严厉驳斥不抵抗主义，称日本为“外患”。

11 月 7 日和 8 日两天，连载署名陈延炯的《最低度之政治要求》一文，文中要求国民党改革内政，实行法治，指责日本垂涎东三省，愤慨东北当局之不抵抗。

11 月 11 日，发表无署名的《知识阶级之苦闷》，用知识分子因国事而绝食一事，对当局提出希望，言语真切。

11 月 14 日，发表无署名的《绝食呼吁和平》，就绝食一事连续评论，认为绝食不值得提倡，“不足以救国，克强敌”。

以上是在短短的一周内国人所发表的言论。以后的 1932 年、1933 年，国人的精神反抗痕迹几乎无处不在。事实上，在事变发生后中国编辑基本退出评论写作的情况下，“石顽”仍公开发表了两篇评论，都是批评日本的。在事变发生后的 10 月 28 日，“石顽”发表《和平会议与满洲事件》一文，呼吁国民党要团结，满洲事务是当下最重的要务，直言日本是“外辱”。在当年 12 月 30 日，“石顽”撰写《辞岁》，再次出现反日言论。他的文章认为当今中国国民不幸，社会混乱。“外有强邻，内有灾祸”。在这两篇猛文之后，“石顽”的名字就在其后的两年内消失了，再也没看见。国人对于日本的反抗，也体现在对日本的称呼上，1932 年 1 月 27 日、28 日连续两天发表无署名文章，称日本为“蕞尔小国”和“蕞尔三岛”。[③] 还有的国人在伪满洲国成

---

① 罗继祖:《枫窗三录》，大连出版社 2000 年版，东北史丛话，“永吉二于”条目下有记载。于莲客，满族人，曾任《盛京时报》编辑，康德新闻社编辑局长，以收藏家而著名。

② 傲霜庵:《致武藤全权书——满日须共其忧喜》，《盛京时报》1932 年 9 月 13 日。

③ 无名氏:《黄金之国际》(1932 年 1 月 27 日)，《希望于冯玉祥》(1932 年 1 月 28 日)。

立后,拒绝承认伪国,仍然强调民国年号,在文内以民国纪年进行抗议。[①]

哪里有压迫,哪里就有反抗。在"九一八事变"之后,在日本人所办的《盛京时报》的言论版,居然抗日御侮言论时有发生,这不能不说是一个很奇怪的现象。难道说是《盛京时报》本身的疏忽所致?疏忽是偶然发生的,如果一次或两次出现,还可以解释,多次的出现绝非偶然的疏忽可以解释。笔者在此倾向于认为是《盛京时报》在事变后所采取的策略,即主编菊池贞二有意招徕若干中国人的言论。

我们需要深入探讨一下总编菊池贞二的动机。为何在"九一八事变"之后,安排大量的对日本不利的言论?国人救亡图存的言论显然与菊池贞二的一贯理念不符,也与《盛京时报》的使命相违背。在事变之后,日本对于国人报纸采取了严厉的审查制度。一些一贯持反日态度的报刊,日本直接采取了关闭报馆、逮捕报人的做法。[②] 一时间,国人没有了发表时见的媒介,而独有日本人的《盛京时报》,此时却大开方便之门,允许国人抒发自己的愁苦,甚至是不满,这样的做法着实让人意外。目前还没有菊池本人的直接论述,对于他的动机只能猜测。笔者以为,发行量的考虑应该是其主要原因。据学者周佳荣在《近代日人在华报业活动》一书中所说:"九一八事变发生时,(《盛京时报》)销数曾一度激减,但不久又回复旧观,执东北各报之牛耳"。[③] 联系到中国编辑在事变之后集体噤声的情形,周佳荣的论述应当符合当时的历史真实。国人对于日本人报纸的抵制,是造成该报销量锐减的主要原因,这在该报历史上曾多次发生。此时,菊池贞二将大量国人言论纳入该报中,应该是出于维持报纸销量的考虑。《盛京时报》毕竟不是日本官报,形式上采取股份制,满铁是其最大的控股方,纵然是有政府的支持不至于破产,但是自负盈亏的本质没有改变。如果国人抵制的状况一直持续,在经济上《盛京时报》的损失将难以承受,而且,如果国人每天看到的全是日本人的陈词滥调,则购买的意愿一定会减少。从传播学的角度来看,如果受众完全不阅读传者发出的信息,则传播效果等同于零。换句话说,没人看的报纸,办得再好,也是白办。从这个意义上来说,《盛京时报》夹带国人言论的做法,在当时无疑是挽救销量和影响力的唯一出路。况且,对于国人的言论,该报并非完全不作为,而是因势利导,使国人对于日本的批评维持在较温和的范围内,并且相当一部分是对于国民政府自身问题的分析。虽然国人的动机显然出于善意,但是大量暴露自身缺点的评论组织起来一起发表,这本身就是一种表态。《盛京时报》利用国人急切改革的心理,达到了暴露国民政府无能低效的目的,从而为其发动"九一八事变"找到了合理性。

通过对于"九一八事变"前后《盛京时报》在言论上出现的不同表现进行对比分析,我们可以得到以下两点认识:

第一,该报国人编辑在事变之后集体退出了评论的写作。以"九一八事变"为分水岭,前期国人编辑与日本人菊池贞二呈分庭抗礼之势,到了事变发生后,除了

① 无名氏:《剿黑》(1933年10月24日),步陶:《推行义教之先决问题(上)》(1932年12月17日)。

② 黑龙江日报社编:《东北新闻史》,黑龙江人民出版社2001年版,第231页。

③ 周佳荣:《近代日人在华报业活动》,三联书店2007年版,第89页。

“石顽”和“儒丐”发表过寥寥几篇评论外，前期活跃的国人编辑基本再也没有作品呈现。与国人编辑言论的消退对比的是，社外国人投稿逐步增多，《盛京时报》增大了社外人员稿件的采用率。从一定程度上来看，社外国人投稿补充了本社国人编辑噤声的空缺。

第二，无论是事变前还是其后，日本人的毒害评论在该报的数量都不及国人的爱国言论。以往对于《盛京时报》的认识多注意到了日本人借助该报宣传侵略思想和殖民政策的一面。日本人的宣传固然恶毒，但同时，国人的爱国宣传也同样有声有色。纵观《盛京时报》的五年言论，除了在“九一八事变”发生后的一个月，绝大多数时间，国人的爱国言论在数量上是超过日本人的。对于这一点，前文已有分析。笔者以为，将《盛京时报》视为日本侵华的舆论工具，是符合该报办报方针和编辑人员主观意愿的。但是，我们对于该报在中国得以存在较长时间并且一度风靡东北应该具有更为全面的分析。从该报对于国人言论较高的采用率来看，《盛京时报》对于不同观点的采用无疑扩大了该报的受众群体。这种编辑方针饱含着日本人的狡猾，很可能正是由于这种狡猾的编辑方针，才使得《盛京时报》经历了一次次中日政治危机的考验，在东北大地上顽强生存。

四、言论悖反原因分析

对于《盛京时报》言论中出现的与其使命相悖离的现象，除了主编菊池贞二为了维持报纸发行量有意为之之外，笔者认为还有以下原因：

第一，“以华制华”宣传策略。“以华制华”的宣传策略，是笔者总结《盛京时报》宣传策略的核心。一方面，傲霜庵常常利用自己对于中国文化的了解，用儒家思想、逻辑和话语，乃至中国典故，来进行政治宣传；另一方面，该报在不方便由日本人来评论的时候，会通过吸纳国人言论，并加以利用，来服务于该报政治目的。这两种方式在“九一八事变”前后的《盛京时报》言论中，都有鲜明的体现，由此可知，出于“以华制华”宣传策略的开展，也需要该报容纳一定数量的国人言论。

第二，维持报纸出版的实际需要。从“九一八事变”前后五年(1929—1933)《盛京时报》的言论来看，主编傲霜庵是该报发稿量最大的署名作者。除去 1929 年，傲霜庵由于去欧美访问，所发表论说有限。在其后的四年内，傲霜庵最多时撰写言论达到言论总数的四成，最少时也将近三成①，这样高数量的言论撰写，应是傲霜庵的极限。在“九一八事变”发生之前，除去傲霜庵，该报的国人编辑是最大的撰稿群体。但在事变发生后，国人编辑集体退出言论撰写的情况下，大量吸纳社外人员投稿，成为维持每日正常出版的无奈之举。日本人方面除去傲霜庵，能熟练应用汉语写作的应无第二人，这一点前文已经分析。因此，笔者认为，在国人编辑因“九一八事变”退出言论撰写的情况下，大量招徕社外国人投稿是该报保持言论传统的现实

---

① 傲霜庵 1930 年发表论说 99 篇(不包含短评，下同)，占当年言论数量的 34.02%；1931 年发表论说 73 篇，占当年言论总量的 27.23%；1932 年发表 102 篇，占 40.96%；1933 年发表 109 篇，占 39.49%。

选择。

第三，日伪监管机制的缺失。伪满成立后，在其机关报《大同报》的副刊上，出现了国人精神抵抗。[①] 无独有偶，在日本人所办的《盛京时报》言论版上，也出现了类似的国人言论。二者不同的是，《盛京时报》是在报纸第一版的言论上出现了与其使命相悖的内容，比起《大同报》副刊，显然更为大胆和令人瞩目。但是，二者无疑共同说明了一个现象：日伪当局对于报纸的审查存在缺失。在伪满建立之前，《盛京时报》作为日本在“满洲附属地”办的报纸，享有治外法权，因此不受中国法令的约束和政府当局的检查；在伪满成立后，日伪当局对国人报纸严加监管，动辄查封报馆逮捕报人，但是，对于早已盛名在外的《盛京时报》，能否与国人报纸一样接受日伪当局的新闻检查，颇成疑问。从结果来看，《盛京时报》的言论版，对于抗日言论的采纳，其大胆程度远远超过国人报纸。这一现象与“日人言论机关”的使命显然严重背离。

总之，日本人创办《盛京时报》的险恶用心和狡猾的编辑策略，应该是毋庸置疑的。从其主观意愿上看，《盛京时报》自然是日本人在华的言论机关，是为其侵略利益服务的。但是，以“九一八事变”前后五年的言论看，该报的言论使命在执行过程中遭到了国人的抵制和客观社会环境的制约。日本人傲慢偏见的毒害言论，在一定程度上被国人爱国御侮言论所稀释。历史的真实也许比本文的分析更为复杂，仅仅依靠对言论的文本分析，显然是难以建立起完全的认识的。报纸上的言论不一定就是历史本身，传播内容是传者意图与传播效果的心理预期互动妥协的结果。从这个意义上讲，言论的文本研究要结合更大的历史背景去考察。对《盛京时报》的研究，还有待进一步深入。

〔作者系东北农业大学讲师、中国传媒大学新闻学院2012级博士研究生〕

① 蒋蕾：《东北沦陷区中文报纸：文化身份与政治身份的分裂——对伪满〈大同报〉副刊叛离现象的考察》，《社会科学战线》2010年第1期。

郭小川的《人民日报》记者生涯

朱悦华

诗人记者的短暂快乐

1955年,身为中国作家协会秘书长的郭小川,不愿深陷事务纠缠,多次申请到基层,甚至申请调离作协,均遭到作协党组书记刘白羽的拒绝。1959年反右倾运动中,作协党组竟然把郭小川同彭德怀挂上钩,开展重点批判,认为郭小川在复查"丁、陈反党集团"中"经不起考验","形势发生变化时,由摇摆不定走向右倾",认为他"自由主义、成名成家思想严重",他的《望星空》、《深深的山谷》、《白雪的赞歌》、还没有发表的《一个和八个》等是自由主义、"大毒草"、反党作品。1959年11月底,郭小川被迫在作协12级以上党员干部会上做了检查。

这场批判对郭小川身心的重创是深刻而长久的。之后他的创作不敢再去触碰人性、善恶、爱情、知识分子、中间人物等禁区,而是自觉地向主流意识形态靠近。

1960年春,中央要求全党加强调查研究,纠正错误。党内原先紧张的政治气氛开始缓和。1962年初春,"七千人大会"后,郭小川获得了一年创作假。他与诗人贺敬之夫妇、剧作家赵寻夫妇一起游历了广州新会、肇庆七星岩,在从化温泉与画家李可染交谈甚欢。心情大好的郭小川给自己买了件兔毛衣,还给夫人杜惠买了一件。对以后的去向,郭小川做出了打算:离开作协到中南,专搞创作不做官。

1962年5月,郭小川回到北京。一个月后,抒情长诗《厦门风姿》在《人民日报》发表。

6月27日,中国作协党组为1959年对郭小川的批判进行了甄别,认为对他的批判是不适当的。

9月6日,胡乔木致函陈毅、康生,专门谈了对郭小川《厦门风姿》的看法:

陈总、康老：

介绍您俩看一首诗——《厦门风姿》，这首诗除感情热烈、文采富丽外，特别可注意的是160行通体都用对仗（隔句对和当句对，略以骈赋）调平仄，每句押韵（北方流行的所谓十三辙的宽韵），章法严谨（每四行一节，每一大段一韵到底），虽然篇幅略感冗长，不无小疵，但用白话写新式的律诗，究为诗史上的创举，也是主席号召的在古典诗歌基础上发展中国诗的一个认真的努力。这首诗发表已两个月了，我也是由于报刊的推荐和电台的朗诵才找出来看的。因为您俩都关心这方面的情况，不揣冒昧，特以奉上，并请对所见不当之处予以指正。

敬礼！

胡乔木

1962年9月6日

陈毅接信后写了批语，认为"郭小川在新诗人中是有前途的。但的确太冗长，不耐看。"康生的批语是，"读此诗，心中甚喜，唯词句尚欠精炼。"①

9月，在一次诗歌座谈会上，郭小川见到了胡乔木。简短交谈后，他做出到《人民日报》工作的决定。9月20日，郭小川给胡乔木写了一封信，信中说："拟去《人民日报》。"②

一个月后的10月29日，郭小川正式到人民日报社报到。这一年，他43岁。

胡乔木对郭小川调入人民日报社是有帮助的。他曾亲自给时任《人民日报》副总编辑安岗打电话，告诉他郭小川要来的消息。胡乔木还用赞赏的语气说："诗人也可以当记者。"③

到报社不久，郭小川即随老首长王震踏上北去的列车。扑面而来的白雪世界一下子吸引了郭小川的眼睛。在给夫人杜惠的信中，郭小川热情讴歌他所看到的一切：这里的人们干着史无前例的伟大事业。他们是转业军人、军官、支边青年，白手起家，兴建了城市、铁路、房屋、林场、农场、机械厂，开垦了200多万亩土地。"面对这样的生活，我是可以写出真正的诗篇来的。"

很快，他用散文诗一样的语言，写出了到《人民日报》后的第一篇特写——《白银世界的黄金季节》，发表在1963年1月17日《人民日报》上：

当山上一声吆喝、把木头放下来的时候，只听见一阵空空隆隆的声音在山谷中回响起来，一根接一根滑行着的木头，便那么自由自在、舒舒服服、摇摇摆摆地向山下的楞场疾驰而去。这时，你很容易想到儿时乘滑梯的那种迷人的欢乐，也很容易想到在舒缓的河流中摇荡轻舟的情趣。

此刻，我忽然感到，这茫茫无际的森林，这青松，这白桦，这整个的白

① 尚定：《胡乔木在毛泽东身边工作的20年》，人民出版社2005年版，第256页。

② 《郭小川全集》第10卷，广西师范大学出版社2000年版，第180页。

③ 陈徒手：《郭小川：团泊洼的秋天的思索（一）》，《社会科学论坛》2000年第3期。

> 银世界，都为一种庄严、雄壮的气氛所笼罩。在这里，人是有无穷的信心和力量的。人在雪地中行走，一步一个深深的脚印；人在冷空气中呼吸，能够看见自己从肺腑中吐出的、饱含生命力的热气；人，调动和支配了冰雪；人，使整个的白银世界参加到我们的建设社会主义的行列之中来。

在这里，诗人用满腔热情，歌颂着黑土地上创造奇迹的人们。此时，他的心情是轻松愉悦的，他笔下的人们在感受着劳动者的快乐。这是 1963 年初的郭小川。远离政治风云的他正享受着一个诗人的单纯和快乐。然而却又何其短暂！

这次东北之行，他还写出长诗《刻在北大荒的土地上》和《祝酒歌》。

1963 年 2 月 16 日，郭小川给胡乔木写信，约他一起谈谈诗。信中特别提到："我到《人民日报》后，一切都好。"

4 天后的下午，胡乔木来到颐和园云松果巢，与在这里写作的郭小川、贺敬之畅谈诗歌艺术。

1963 年 3 月 11 日，郭小川在日记中写道："我的几篇文章发表后，引起举世的震动，太好了。"[①]4 月 11 日，郭小川在给夫人杜惠的信中说："《祝酒歌》在上海反应强烈，王震更是赞不绝口，他家里的那一份《诗刊》，成了宝贝。已有十多个青年，从这里把诗抄去。"[②]曾是作协党组同事的严文井后来听到，郭小川私下里自言自语："我到了《人民日报》，才真正出了名。"[③]《人民日报》老记者金凤回忆说："我对小川真的服了，他跟我熟悉的老记者的处理方法不一样，高出一筹。小川对报社来说，是一将难求，可惜以后再也没有这样的诗人大记者。"[④]

"好八连"报道埋下祸端

1963 年 2 月 7 日，《人民日报》第二版头条刊登了《毛主席的好战士——雷锋》，同时配发了评论员文章《伟大的普通一兵》以及时任中国人民解放军总参谋长罗瑞卿的题词："伟大的战士——雷锋同志永垂不朽"。第五版全文转载了《辽宁日报》的《雷锋日记摘抄》。

1963 年 3 月 5 日，毛泽东等党和国家多位领导人为雷锋热情题词，发出了"向雷锋同志学习"的号召，全国掀起了学雷锋热潮。

在学雷锋热潮中，郭小川却表现出了少有的冷静。他在日记中写道："关于雷锋，实在很难入手，这是一个新人，毛泽东时代的新人，不知道怎样写才好。"[⑤]

1963 年 3 月，郭小川采访了南京路上"好八连"。诗人的心被感动了，他"深深

---

① 陈徒手：《郭小川：团泊洼的秋天的思索（一）》，《社会科学论坛》2000 年第 3 期。
② 《郭小川全集》第 10 卷，广西师范大学出版社 2000 年版，第 208 页。
③ 陈徒手：《郭小川：团泊洼的秋天的思索（一）》，《社会科学论坛》2000 年第 3 期。
④ 陈徒手：《郭小川：团泊洼的秋天的思索（一）》，《社会科学论坛》2000 年第 3 期。
⑤ 《郭小川全集》第 10 卷，广西师范大学出版社 2000 年版，第 198 页。

爱上它了。这真是一个伟大的集体，它的意义不下于雷锋，许多地方都动人极了。”①

但文章却写得很艰难。郭小川在给夫人杜惠信中说：这篇文章，整整用了一个月。“它无法去着力刻画人物，也无法起‘潜移默化’的作用，这是题材本身决定的。这样的东西恐怕也只能用这种形式去表现。”

郭小川笔下，南京路上“好八连”是艰苦奋斗的楷模，活学活用毛泽东思想的典型。

1963 年 5 月 8 日，署名“本报记者”的《无产阶级的高尚风尚——好八连》在《人民日报》发表。郭小川没有想到，笼罩在这篇文章背后的政治黑云正靠近他。

关于这篇文章，郭小川 4 月 21 日在给夫人杜惠信中说：

> 《解放军报》有人说，我和他们的报道思想不同。这倒是真的。在写作这个题材的文章中，充满了意见上的争论。他们总是把南京路说得很可怕，似乎就是资产阶级生活方式集中的地方，我则认为它有两个方面，主要的方面是美好的社会主义城市的中心……

郭小川不同意把“活学活用，学用结合，急用先学，立竿见影”这个“十六字诀”写进文章里，他认为这个提法有实用主义之嫌（当时不知道是林彪的话）。部队对此很不满，官司打到《人民日报》总编辑吴冷西那里，吴冷西劝郭小川写进去，中宣部部长陆定一也打电话询问此事，但郭小川都没有接受。这件事成为“文革”初期郭小川在人民日报社遭到批斗的导火索。②

没有发表的茶山通讯

1964 年 6 月 27 日，毛泽东在文艺界整风报告批语中再次指出：文艺界各协会和它们所掌握的刊物的大多数，15 年来，基本上不执行党的政策，做官当老爷，不去接近工农兵，不去反映社会主义的革命和建设，最近几年，竟然跌到了修正主义的边缘。③

文艺界声势浩大的整风运动让郭小川感到恐惧：“我自己的问题，也伤脑筋，近来我对文艺界的某些人物实在想避之远远的。要搞创作，不如在文艺界之外搞。否则，不知何时就得叫他们再整一通。我自己，言语又不能噤若寒蝉，容易惹事。这就是我为什么愈来愈坚决地到中南去的主要原因之一。”④

王震建议郭小川去中南局。郭小川深知老首长的苦心，也觉得自己在《人民日报》当了两年记者，有必要深入下去。与报社商量后，决定以《人民日报》记者名义

① 《郭小川全集》第 7 卷，广西师范大学出版社 2000 年版，第 306 页。

② 郭小林：《人性的郭小川——写在父亲诞辰九十周年之际》，《随笔》2010 年第 2 期。

③ 《中国共产党历史》第二卷下册，中共党史出版社 2011 年版，第 726—727 页。

④ 《郭小川全集》第 7 卷，广西师范大学出版社 2000 年版，第 348 页。

长驻中南，暂去两年。

6 月底，郭小川到了中南局。为方便创作，中南局第一书记陶铸答应郭小川只在中南局一个内部刊物挂编委的名。

郭小川首先采访了广东省的“四清”运动。陶铸给郭小川的题目是“社会主义教育推动了生产”。材料介绍说搞过“四清”的 6 个公社都获得了早稻大丰收。郭小川选择东莞茶山公社作为调查试点。他亲眼看到了茶山由老灾区变成高产区，很振奋，“从中看到了农村的无限前途和生产的巨大潜力。”①

因为语言不通，处处需要翻译，郭小川于是向陶铸提出：到河南某个灾区当两年县委副书记。在给夫人杜惠的信中，他一再表示，只做两年打算，而且“尽快把家搬到人民日报去，再也不搬到别处去了。将来还在人民日报工作，每年除了写几篇通讯外，就写些比较大型的东西。”②他的想法得到了陶铸的支持。

然而，一到河南郑州，碰到老熟人、省委候补书记兼商丘地委书记纪登奎，他不得不改变了想法。纪登奎坚决不同意他到商丘任何一个县工作：“我们那里太苦，情况特殊，你还是到一个稳定的地方去。”

郭小川看到了大跃进“五风”（共产风、浮夸风、干部特殊风、强迫命令风、生产瞎指挥风）留下的后遗症，深受震动。他亲眼看见商丘农民家中四壁空空，食不饱肚，衣不蔽体。他在给杜惠信中心情沉重地写道：“这种景象，我从来没有看到过，也没有想到过。以上情况，当然不可与人语。”③

他对广东茶山的热情也骤冷下来，他担心自己只待了 10 天调查不清，担心材料有不真实之处，决定将茶山通讯再做修改，但最终没有发表。

带着这种心情，1964 年 10 月中旬，郭小川回到报社，与同事谭文瑞、李克林、宋琤、王若水、陈柏生、凌建华、周毅之等 20 多人到通县西集公社侯各庄村搞“四清”。他们白天与村民一起劳动，晚上开会，清查账目。5 个人睡一通铺炕，吃的是白薯、玉米面和小米。④

谭文瑞（后任《人民日报》总编辑）说道：“当时正是三年困难之后，村干部多吃了一点豆腐，被说成走资本主义道路当权派。搞‘四清’对我们来说，是浪费时间，浪费生命，把当地经济也搞乱了。”（谭文瑞 2012 年 9 月 10 日口述）

与郭小川同在侯各庄大队搞“四清”的《人民日报》老记者宋琤说：“老百姓不欢迎工作队，这是以前从未遇到过的。以前在解放区，我们走的时候，村里的人都恋恋不舍，这次工作队走的时候，没有一个人出来送。大家心里过意不去，凑钱给村里种了一些树。”（宋琤 2012 年 9 月 12 日口述）

宋琤回忆，工作队团长吴冷西、胡绩伟坚持实事求是，没有逼大家乱来，结果，《人民日报》“四清”运动草草了事，一个走资派也没查出来。（宋琤 2012 年 9 月 12

---

① 《郭小川全集》第 7 卷，广西师范大学出版社 2000 年版，第 360 页。

② 《郭小川全集》第 7 卷，广西师范大学出版社 2000 年版，第 366 页。

③ 《郭小川全集》第 7 卷，广西师范大学出版社 2000 年版，第 371 页。

④ 《郭小川全集》第 10 卷，广西师范大学出版社 2000 年版，第 296 页。

日口述）

郭小川只在通县待了一个月，因急性肝炎回京治疗，就再没回去。他的日记中关于参加“四清”的记录也由开始热情到后来比较冷静了。可惜，这样的冷静很快被对领袖的崇拜所代替。

《小将们在挑战》，释放“文革”强烈信号

1964年下半年，乒乓球运动员徐寅生写了《关于如何打乒乓球》一文，毛泽东看后做了批示，说：“讲话全文充满了辩证唯物论，处处反对唯心主义和任何一种形而上学。多年以来，没有看到过这样好的作品。他讲的是打球。我们要从他那里学习的是理论、政治、经济、文化、军事。如果我们不向小将们学习，我们就要完蛋了。”

1965年1月17日，《人民日报》全文登载了徐寅生的文章，并加了编者按：号召大家“从中学到辩证唯物论，学到毛泽东思想”。郭小川看到毛主席对徐寅生《如何打乒乓球》一文的批示，知道中国乒乓球队马上要去参加第28届国际乒乓球比赛，立即访问了中国乒乓球队，写出长篇通讯《小将们在挑战》，发表于1965年4月21日《人民日报》第6版，占了将近大半个版的篇幅。在“文革”初的交代材料中，郭小川认为“这篇通讯宣传了伟大的毛泽东思想”①。

1965年夏天，郭小川几次向《人民日报》副总编辑安岗提议大张旗鼓宣传工农兵活学活用毛泽东思想的群众运动。

“文革”中郭小川写的材料中说，当时安岗不是含糊其辞，就是以“我们不搞声势，要搞声势很容易”为由推脱。后来，安岗在接受采访时说：“当时对毛主席是很崇拜的，活学活用毛主席著作在群众中是一股热，但不像‘文革’时期那么厉害。我只是不愿意空洞宣传，希望有分寸感，还觉得有更重要的事要抓。小川有很高的政治热情，这是可以理解的。”②

这一年，郭小川还将自己手书的32首《毛主席诗词》装订成册作为礼物赠送给了同事何燕凌。

1965年7月，郭小川与同事王日东到北京积水潭医院，采访创伤骨科烧伤专业组活学活用毛泽东思想的经验，郭小川写了《为革命，会革命》长篇通讯。

8月，郭小川到内蒙古伊盟乌审召公社采访一个多月，写出了《乌审召公社的革命风云》、《牧区大寨》和《乌审召人——新愚公》3篇通讯，热情抒发了“毛泽东思想是劳动人民战胜灾难的力量源泉”。

1965年12月底，郭小川随安岗等人一起到了大庆，只采访了两三天就匆匆赶回北京，根据在大庆、哈尔滨的访问所得和书面材料，以最快速度抢写出3篇通讯，分别于1966年1月9日、10日、15日发表在《人民日报》上。其中一篇题目就叫《怎样突出政治》，由安岗拟定提纲，郭小川执笔完成。在写作过程中，郭小川特意加进

---

① 《郭小川全集》第12卷，广西师范大学出版社2000年版，第124页。

② 陈徒手：《郭小川：团泊洼的秋天的思索（三）》，《社会科学论坛》2000年第5期。

了“紧跟毛泽东思想”一大段。

1966 年秋天，报社“文革组织”要求每人做自我总结，按黑线、红线、不黑不红三类划分。郭小川把《人民日报》写作的日子统统归入红线，正是因为有《小将们在挑战》这类紧跟领袖、宣传毛泽东思想的文章压底。

1966 年 7 月，报社把宣传新疆生产建设兵团作为学习毛泽东最新指示的典型，派郭小川、金凤等三人前往采访。郭小川“似乎很高兴，这表明我们仍是革命的动力，而非革命的对象”①。

郭小川他们在新疆采访期间，毛泽东《炮打司令部——我的一张大字报》在《人民日报》全文刊登。乌鲁木齐街头，贴满了“炮轰王恩茂”、“打倒张仲瀚”、“揪出赛福鼎”的大字报，广场上焚烧从新华书店抄来的图书。看到这些，郭小川脸色苍白，一言不发。②

从新疆回来，“揪出周扬的黑干将郭小川”大字报已贴在郭小川煤渣胡同宿舍区。上中学的女儿郭岭梅问他：“你是几类干部？你是黑帮吗？”郭小川含糊回答：“我不算一类干部，也算不上二类干部。”

郭小川回到报社，很长时间一直处在运动的边缘，时常一个人在房间里撰写没完没了的检查和交代。据郭小川同事、《人民日报》老记者金凤回忆，《人民日报》群众组织似乎只为郭小川开过一次会。造反派对他过去的作品不了解，一些人士表态：“我们自己的事都忙不过来，顾不上郭小川。”逢上外调，群众组织还与来人说：“革命群众反映他在报社宣传毛泽东思想，效果是很好的。”

1966 年 9 月，《人民日报》造反派贴出大字报，内容是“揪出周扬的黑干将郭小川”。年底，郭小川开始受到批斗，家被搜查。第二年初，郭小川被宣布“靠边站”，在王府井大街开始打扫卫生。

一年后，1967 年 9 月，作协造反派把郭小川从人民日报社揪回作协批斗，关在黑帮集中的文联大楼地下室，写交代材料。从此，郭小川离开了人民日报社。

1970 年 12 月，郭小川收到一张《人民日报》财务科会计赵玉明将他 1968 年 6 月至 1969 年 6 月的 1481 元工资全部上缴党费的收条。在辗转不定的日子里，他有几次想回人民日报社，但因种种阻挠，终未成功。

从 1962 年 10 月调入人民日报社，到 1966 年 9 月被批斗停止工作，郭小川在人民日报社整整工作了 4 年，写了一些在当时很有影响的作品，不愧为“诗人记者”。这段时间，是郭小川心情比较愉快的一段日子，也是他创作比较旺盛的时期。这也许是他后来在颠沛流离中总想回到人民日报社的原因。

〔作者系人民日报社办公厅社史研究员〕

---

① 金凤：《命运》，人民日报出版社 2000 年版，第 295 页。

② 金凤：《诗人郭小川的秋天》，《一个人与一个时代》，作家出版社 2009 年版，第 52 页。

·新闻传播理论·

媒介主体的身份认同与未来想象

——图像在当今报刊中的地位与作用*

刘昶

当今时代，信息与传播新技术（NICT—New Information and Communication Technologies）之勃兴令图像影响力无所不在，无远弗届。在此语境下，重提图像在报刊中的地位与作用，似乎有点老生常谈的意味，甚或简直就是愚钝而过时，其实不然。姑且不论此类命题对于进一步厘清传媒与政治、社会的关联性的意义，仅从新闻与传播学的视角，对反思相关学术研究的既有成果及其价值，更新与加深学理认知，也是不无裨益的，因为所做的努力有助于更好地理解传统媒介与新兴媒介之间的交集、冲突、互动等逻辑关系，继而完成对传媒主体的身份认同与未来想象。

一、报刊图像的基因与功用

基于不同媒介各自特有的个体属性，在开展相关研究时，首先有必要对其特性进行描述、辨析和认同，而追溯媒介主体的历史文化，则完全对应探析其发展趋势的前提。

迄今为止，有记载的人类视觉符号传播始于史前图像——无论是西班牙北部坎塔布里亚山区发现的阿尔塔米拉岩洞壁画（公元前 3 万年），还是法国西南部多尔多涅地区发现的拉斯科岩洞壁画（公元前 2 万年），这些作为原始艺术的图像符号记载并传递着丰富的信息及其所包含的象征意义。而公元二三世纪出现的西方宗教圣像更直接关乎视觉传播的历史。

作为世界上诞生最早的报纸——中国的《邸报》，也早就有了图像。在现代大众传播的范畴内，摄影术发明之前，报章杂志上的图像应用亦已渐成气候，当时的图像主要依赖于刻版画（木版画、铜版画、锡版画、石版画），如 19 世纪时欧洲报刊的插图或画报副刊。

作为印刷媒介主要形式之一的杂志，形成于罢工、罢课或战争等政治事件中的宣传小册子，强烈的传播目的和受限的印刷技术决定了文字在当时杂志中的核心

---

* 此文根据 2014 年 5 月 6 日在北京举行的“杂志上的世界与世界的重新审视”国际研讨会上的主题发言修改而成。

位置，图片只是一种伴随。19 世纪后期摄影术不断成熟，印刷技术亦得以改良，报刊图像形式日渐丰富，地位骤升。图像不仅增强了报刊新闻报道的客观性，适时地回应了读者们日益增长的对现场感的渴望，同时，也极大地美化提升了版面的视觉效果和叙事性，报刊的可读性因此大为提升。为回应市场，法国《小报》(*Le Petit Journal*)在其创办 30 年后，于 1893 年出版了《画报副刊》，立刻受到市场的积极反馈，1899 年读者人数多达 500 万，即为证明。

之后，随着时代政治格局的明朗和社会文化板块的松动，杂志悄然调整了与大众文化之间的关系，生动性、休闲性、时尚性、愉悦性等诉求进入杂志的表达体系，图像逐渐建立起其位置的重要性。例如，在旅游、时尚类杂志中，图像占有压倒性的篇幅，而文字每每只以注释的方式存在，一些以视觉符号为主载信息的"画报"成为杂志市场上的热门。一时间，摄影记者和图像报道蔚然成风，尤其是传输技术改善而时效性加强后，更是如此。

一些具有世界影响力的图片新闻报刊，如美国的《生活》(*LIFE*)、法国的《巴黎竞赛画报》(*PARIS MATCH*)以及德国的《图片报》(*BILD*)等大受欢迎的同时，国际性的图片通讯社如马格南(MAGUNUM)、伽马(GAMMA)、斯帕(SIPA)、开达(CONTACT)以及后来的卡彼斯(CORBIS)、盖蒂(GETTY)等亦风云天下。因而，即使是以图像新闻为主，《生活》还是成功地吸引了海明威等著名作家成为其撰稿人(《老人与海》就是首发于《生活》)。此外，首先获权长篇连载英国前首相丘吉尔、美国前总统杜鲁门等名人回忆录的新闻期刊也正是《生活》。

事实上，图像之所以在当今报刊中一直大受青睐，概因其独特的符号属性。作为视觉传播载体和意义生产方式，图像具有 6 大功用①：

1. 信息功用(informative)：图像以其特殊的再现能力，传递信息、开发新闻价值，与文字信息相得益彰以更全面深入地解读新闻。

2. 修辞功用(rhetoric)：图像具有丰富的视觉修辞能力，尤其是在比喻、借代、联想等方面，更是一图胜千言。例如，韩国"岁月号"沉船报道时，图像所呈现的遇难家属悲痛欲绝的表情，足令所有文字语言失色。

3. 象征功用(symbolic)：图像高度凝练的意指性，使得其与直接关联物产生规约性。例如，柏林墙倒塌的画面直接意味着冷战的结束。

4. 资料功用(documentarian)：以图表、图标等形式呈现的视觉符号，在当今报刊上发挥着描述或见证作用，传播内容的可信性因此而提升。

5. 娱乐功用(recreational)：图像的运用还可以增强报刊的可读性或导读性，具有提示性效果。

6. 装饰功用(decorative)：当今报刊上图像应用有时纯粹出于美观目的，以期获得阅读时的最佳视觉效果。例如，新华社的"全球图片总汇"将图片分为两大类：一是编辑类图片，二是创意类图片，前一类主要是时效性较强的新闻图片，后一类则

---

① 吸收了 Antoine Paulus, *Langages médiatiques* (Dossier pédagogique, Centre audiovisuel de Liège, Liège, 2000)中的相关见解。

包括非新闻图片、创意图片、广告图片等，用作报刊的插图。

二、读图时代的欣悦与苦楚

近20年来，许多学者和业界舆论一直在欢呼图像成为主流阅读方式，欢呼“读图时代”的到来。有研究表明，人的一生平均要看2400万个图像①。还有统计数据揭示，现代人类社会获取的信息中，有大约60%—70%来自于视觉②。而事实上，在当下的语境中，阅听人对信息的需求也的确越来越倾向于从文字转向图片：读者不再是“读”文字，而是“读”图像。

如是，图像日益成为杂志，尤其是新闻类杂志和专题性杂志的生命。

对此，可能的学理解析应是：图像在报刊中的地位和作用直接指向图文关系问题。作为符号，文字和图像分别隶属于不同语言的指标体系，而诉诸不同感觉通道的符号，不仅能够各自产生意义，同时各种符号的并置还能互通有无，彼此相生，从而产生通感效应。法国符号学家罗兰·巴特曾用船和锚的比喻，形象地解释图像与词语之间的关系。

基于视觉心理学的认识，人们通过大脑进行的一切感觉或知觉或情感的活动不可能沿着同一感觉平面，它依靠丰富的信号符码和传导机制协同工作，这些步骤之间有着内在的统一性。也就是说，理想的媒介应该能够在一瞬间唤起理智与感情的复杂经验，那么，复合的符号系统由于打通或省略了单一思维过程中的“链条中的连接”，因而有利于从认知、接收的全过程中贴近“思维的复杂经验”。

按照格式塔心理学派的观点，不同认知符号之间产生了联觉时，最佳的认知效果就会出现。所有的心理活动本质上反映的是一种力的作用模式，当不同的符号系统之间达到结构上的一致时（异质同构），就可能发生符号之间的转移和互通，也就是所谓的联觉。

种种不同的符号体系建构起的多面一体的辐射状的信息复合体，往往经过内在心理或注意力的转换，不断射向心灵的接受机制。这时，在心灵的光屏上便会出现奇妙的现象：文字、图像之间的差别渐渐消失了，符号对应的各种不同的感官感受之间的交错和混合、通融和抵消、生发和扩充，合成一种更为宽广博大的体验。这应该是我们当下倡导的理想的图文结合方式，也是图像在杂志中更具有生存智慧的发挥。

报刊阅读心理的特征在于“选择性”，读图时代的社会学解释在于现代人因生活节奏过于紧张，面对高深的文字逐渐失去耐心，而图像符号的易懂、愉悦等属性，不仅刺激阅读，而且还发挥着导向文字的作用，读者往往先被图像吸引，然后再被文字熏陶，用文字来读懂图像，用图像加深对文字的理解，在图像与文字的有效互动中，杂志传播效果得以优化。如今，越来越多的以文字传播为主的杂志也纷纷加

---

① http://www.lenstore.co.uk/blog/101—amazing—eye—facts。

② 罗忆：《影像真实性的相对论》，《当代传播》2005年第4期。

大图像的比例，以求最大限度地吸引读者的眼球，图像挽救了杂志。

与报刊的黄金时代相比，而今的纸媒似乎日薄西山。但是，作为纸媒火车头的杂志，却依然引领纸媒逆境图存，当报纸日益举步维艰之时，图文并茂的杂志却仍表现出旺盛的生命力，面对错综复杂的社会现实，最能够全面深入解析的媒介形式莫过于杂志（这也是杂志的读者群一直都是保持相对稳定的原因）。

图像之于杂志，还包含传媒经济学的因子：由于世界经济持续低迷、投放收缩、需求疲软等市场拖累，传媒的广告收入亦不断滑坡，而图像却为杂志实现其有效广告投放提供了有力保障，受杂志订阅驱动的阅读连续性令杂志广告的被注意率极高，优质图像的视觉效果促使读者专心阅读，加之杂志的重复阅读率及其保存时间等，都吸引广告主愿意选择杂志作为投放对象。美国的一项媒体调查揭示，媒体广告的有效性对比中，杂志得分最高。在此意义上，图像成为杂志赖以生存和实现盈利的重要保障。

然而，图像由于其超强的信息复制力和传播力，已然成为文化再生产秩序的基础，报刊的文字表达空间每每被堆砌的图像压制和挤占（更有甚者，传统经典作品的插图本、影像版居然成为人们接受经典的首选路径），图像也因此嬗变为人们了解现实世界的主要来源，"仿像"的社会导致历史以及自我认知的超现实。

正由于此，学界开始担忧意义的符号化、扁平化、肤浅化。原本，阅听人在对文字抽象性的接收过程中，在感官和心理的双重层面与客体保持一定距离，继而获得从容感受、参悟客体的空间，并在沉思静观中实现了与客体的精神汇合之同时，彰显主体自身的存在。但是，图像剥夺了这种可能性，其直观性限定了思维发散的维度，感官接受的丰富性遮蔽了深度感的流失，扫视的、即兴的、流动的、浏览式的知觉方式代替了源自内心的体悟，阅听人疏远了在文字空间中平和、舒缓、安详的心态而难以再去主动地把握对象，只能被灌输式地或暴露式地接受图像的辐射。不仅对印刷时代建立起来的沉思式文明血脉造成崩裂，而且还对阅读文字自身的严整逻辑和精神结构带来消解之后果，在具有批判精神的学者眼中，这一视觉传播现象无异于图像的"暴政"。

三、媒介转型重新定义图像

技术向来是媒介生态变化的主要动因之一，早先报刊登发的图片，尤其是国际新闻报道图片，限于传输技术条件，往往依赖于传真照片，因此，当年的图片报道大都以文字叙事为主，图片只处于视觉辅助的配角地位。

时至今日，信息与传播新技术突飞猛进，以积极、公开、参与和自由表达等为特征的全球性公民意识不断觉醒，公民记者实时报道不仅成为现实，而且还解构了专业记者对新闻报道的传统垄断。数字技术与公民新闻运动因而极大地改变了传媒生态，媒介转型猛烈冲击图像与报刊的传统关系，报章杂志以变求生：一方面，开始了从开发自身电子版到数字版的融媒努力，令全媒介性质的数字产品成为新一代阅读亮点；另一方面，继续保持印刷媒介的独特魅力，在内容生产上，以深度应对

"短、平、快"的实时传播，吸纳图书丰富的文化性与知识性属性，杂志与图书相结合的新形式——"杂志书"(Mook = Magazine + book)应运而生，并迅速在报刊市场上获得成功。

而今，受益于数字和网络技术的视频、动画等形式，图像文化的内涵得以延展，纸媒与数媒之间的互动更让传播方式发生革命性的变革，"用户生成内容"(UGC)、"用户生成市场"(UGM)和"产消者"(PROSUMER)的概念渗透到各个媒介生产领域。在传统的印刷媒介逐渐完成朝向全媒介转型的同时，图像如今已扩充至包括图片(photo)、视像(video image)、图表(infographic)、漫画 (cartoon)、图标 (icon)和装饰视觉符号 (decorative symbol) 等等在内的全新概念。

在融媒呈现形式的多重维度上，图像的定义除了传统的固定画面和视讯活动画面之外，还包括活动图片(如照片的某些部分处于运动状态)以及网络报道的新形式——有声图片报道(sound photo report)等。大数据时代的降临，更使得可视化数据(visualized data)迅速转变至新闻传播范畴内具有全媒介性质的数据可视化报道(data journalism)。

媒介融合的现实虽然使得传统上泾渭分明的媒介意义变得模糊，使得媒介主体的身份认同变得困难，但毕竟也使得媒介新技术、新形式的未来应用充满了无限的想象：三维图像技术对视觉显示深度的突破，全息技术对 360 度空间展示的探究，虚拟现实技术将真实与想象并置的能力，基于游戏建模兴起的主体与电子虚拟情境的全身互动系统的开发等等，这些敞开性、探险式的视觉技术为融媒时代的图像创造了生命的延伸。信息与传播新技术时代的到来不仅在文字和图像之间建立了一种交响式的文本互动机制，其创造的种种视觉热点也将引发阅听人的深度体验，成为对读图时代浅投入的某种精神性补偿。

质言之，当前图像的视觉特征为人们理解现实生活和现代传播体系提供了参照。从根本上说，图像在报刊中地位和作用的蜕化与社会的现代性进程相关联，反映的是信息传播展示方式以及社会交往方式的深层改变。作为一种可以"物化的世界观"，当今报刊中的图像不但可以视作时代的一种表征，或许多少还具有预示未来信息传播及消费方式规律的意味。

〔作者系中国传媒大学新闻传播学部副部长、新闻学院院长，教授、博士生导师〕

试析新闻采访主体的心理生活空间

——以汶川地震央视直播报道为例

刘京林

从新闻学的角度看，一般将新闻记者视为采访活动的主体（因为他们是采访活动主要的启动者和调控者），而把采访对象视为采访客体（因为他们是新闻资讯的主要提供者）。但是，从心理学视角看，采访活动实质上是记者与采访对象之间进行的话语沟通和心理互动，因此，记者和采访对象都是采访活动的主体。

以往，对新闻采访主体进行心理方面的探讨，特别是对记者在采访中出现的不当行为，比较多的是从认知、情绪情感、态度、性格、气质等方面进行横向的分析。本文拟以新闻采访主体的心理生活空间（mental life space）（也可称为“心理场”、“心理空间”）①这个深度的、纵向的维度为研究对象，旨在探索采访主体外显行为的内在特点及其动力属性。②

研究新闻采访主体的心理生活空间，可以帮助我们认识并把握新闻采访主体在采访活动中的心态和已积累的知识经验、人格特征及其对采访效果预期心理的整合状态；认识并把握新闻采访主体内和主体间进行心理互动的特点和规律。

虽然“心理生活空间”这个概念是勒温于上世纪前半叶提出来的，但是几十年来，对这个问题，特别是对心理生活空间的构成因素、心理环境的探索始终没有停步，这个问题仍然是“心理学研究的新方向”，甚至有心理学家明确指出：对“心理环境”的考察和研究“成为当代心理学发展应该重视和关注的课题”③。可见，探讨新闻采访主体的心理生活空间，不仅对心理学，而且对开掘新闻采访学的新视域也是十分有利的，至少可以扩展新闻研究者的眼界和胸怀。

本研究之所以选择 5.12 汶川地震央视直播报道为研究案例，主要原因有：第一，“从新闻史角度来看，央视对这次四川大地震的直播报道可以算作新中国成立

① 车文博在《西方心理学史》第 435 页中有这样一段解释：“心理场（psychological field）或心理生活空间（或心理空间）（mental life space）是勒温提出的拓朴心理学中的一个基本概念。”浙江教育出版社 1998 年版。

② 竺培梁在为勒温的《拓朴心理学》所写的中文版译序中指出：“……为了描述心理事实的动力属性，苛勒提出‘脑域’的概念，而勒温则提出‘生活空间’的概念。”

③ 葛鲁嘉：《新心性心理学宣言——中国本土心理学原创性理论建构》，人民出版社 2008 年版，第 393 页。

以来，乃至整个中国史上对特大灾害报道最及时、最充分的一次”[①]，是中国新闻史上里程碑式的灾难直播报道。这就意味着，在5.12汶川地震之前，绝大多数记者和采访对象对灾难环境中的采访工作缺少经验，心理准备不足，与在常态环境中的采访相比，采访主体双方的“原始”心态更明显，这就使他们在灾难场中的心理生活空间的特点更加突出，状态也更真实，更便于分析。

第二，5.12汶川大地震提供了一个难得的平台，在有限的时间内，在难以预料的种种恶劣的环境中，央视调集了数以百计的记者，他们与各种不同类型的采访对象（灾民、救援者、医务人员、武警官兵、心理抚慰人员等）高度集中在一起，不断地相互接触，频繁地进行着心灵上的碰撞、冲击、磨合，双方的心理生活空间互动的特点和规律更加鲜明、更加感人。

第三，中央电视台在5.12汶川大地震中，整合各种频道和资源使新闻频道高效率、高质量地直播了32天，几百位记者亲临一线，进行了大量卓有成效的采访活动。灾后，中央电视台编撰的三本以《震撼 媒体回想》、《震撼 战地手记》、《震撼 电视档案》为书名的5.12汶川大地震备忘，分别从记者和研究者的视角对这次地震中的报道、采访、直播等活动进行了全方位的深入细致的记录和反思。这三本书无论是从理论上还是实践上都为探索采访主体的心理生活空间提供了大量真实生动的研究资料。

一、新闻采访主体的心理生活空间

1. 心理生活空间的内涵

“心理生活空间”这个心理学术语，是由拓朴心理学家库尔德·勒温（Kurt Lewin）提出来的。从概念上解释，心理生活空间是用来“表示确定个体在某一时刻的行为的全部事实”[②]。在勒温看来，所谓全部“事实”就是在理解和预测人的行为时“必须把人及其环境看作是一种相互依存因素的整合。我们把这些因素的整体称作该个体的生活空间”，并用 $B=f(PE)=F(LS)$ 来表示（其中B表示行为，P表示行为主体，E表示环境；而LS则是生活空间的简称）。该公式表明，人的行为“既是人与环境的函数，也是生活空间的函数”[③]。换句话说，人的行为是人和环境交互作用的结果。

需要进一步解释的是，在这个公式里，P值容易理解，它包含了个体[④]所有的因素，但是在做出某种行为时，它只与“个人当前的动机、需要及人格特点等密切相关”。而E值即环境是一个比较复杂的概念。勒温认为“行为公式里的环境，不是指纯客观的环境，而是指心理环境”，是指“个体与环境发生相互作用，客观现实中

---

① 方汉奇：《中国新闻史上里程碑式的灾难直播报道》，梁晓涛主编：《震撼 媒体回想》第1页，中国民主法制出版社2008年版。

② 〔德〕库尔德·勒温著，朱培梁译：《拓朴心理学》，中文版译序，浙江教育出版社1997年版，第5页。

③ 车文博主编：《西方心理学思想史》，湖南教育出版社2007年版，第667页。

④ 从动力心理学的角度，勒温认为P值有时也可以指群体。

对个体有影响的那些事实”，而且这些“客观现实往往因人因时而不相对应”①。也就是说“心理环境的概念不是把环境看作外部的存在，而将其看作是人的心理的存在”②。一般而言，心理环境是被人们觉知到的、理解到的、把握到的，也是被人们创造出的、建构出的环境。③ 与现实环境相比，心理环境对个体影响力要远远大于外在环境的影响力，因为“有人在心理上附加给外在环境条件或外在环境因素”以“价值、意义、内涵、功用、预期、评判、估量”等。“这种经过了内在心理转换的环境影响，是对人的最为切近的和最为直接的环境影响”。④ 所以心理环境对人的行为产生具有非常重要的意义。

2. 记者的心理生活空间

记者在采访活动中的心理生活空间，即记者的采访行为，是记者主体的各种因素与其心理环境交互作用的结果。

记者在 5.12 汶川地震的环境中进行采访时，其主体因素肯定有个体差异，但总体上看充溢着恐惧、紧张、坚强、勇敢、悲痛、同情、克制、冲动、雄心、抱负、束手无策以及“把脑袋别在裤腰带上”⑤等多种复杂的心理。央视记者张雪峰曾这样描述自己在灾区时的心态：

“现在回过头来看，当时吐血劳累、难挨的饥渴都不在话下，记者只是恐惧。其实每一个行走其中的人，都清楚自己的处境，谁也不敢担保能平安地走出来，虽然没人这么说过，但每个人心里都埋着这个想法。也许，正是这个随时赴死的想法，反而促使每个人更加勇敢起来，都以无畏的姿态与死神擦身而过。”⑥

5.12 汶川地震所带来的灾难是毁灭性的。原来美丽的家园瞬间面目全非，成为钢筋水泥、碎石乱瓦的堆积物，灾民的心灵遭受到巨大的打击，地震之初人们陷入极度的惊恐和悲痛之中。这样的客观环境，对于每个记者而言，不可能自始至终全部都被他们纳入自己的视野。在某一个时段，某一个地点和每一次采访中，他们作为个体只能有选择地去感知、把握其中的一部分客体，并将之转换为自己的心理环境，再进而产生自己独有的采访活动。

举一例说明。在《震撼 媒体回想》这本书里，有这样一段描述：

“女记者引导摄像机进屋，目中无人。房间里有一妇女热情迎上来，咱们的记者既不打招呼，也不看房主，自顾自扫射房间，介绍设施，甚至伸手拉亮电灯，说明有电了。同志，那是人家的家，不是刚建好未住人的空房子！观众看着不觉得你没

---

① 〔德〕库尔德·勒温著，朱培梁译：《拓朴心理学》中文版译序，浙江教育出版社 1997 年版，第 4 页。

② 葛鲁嘉：《新心性心理学宣言——中国本土心理学原创性理论建构》，人民出版社 2008 年版，第 376 页。

③ 葛鲁嘉：《新心性心理学宣言——中国本土心理学原创性理论建构》，人民出版社 2008 年版，第 392 页。

④ 葛鲁嘉：《新心性心理学宣言——中国本土心理学原创性理论建构》，人民出版社 2008 年版，第 381 页。

⑤ 徐波：《“把脑袋别在裤腰带上”的路》，梁晓涛主编：《震撼 媒体手记》，中国民主法制出版社 2008 年版，第 100 页。

⑥ 张雪峰：《穿越死亡谷》，梁晓涛主编：《震撼 媒体手记》，中国民主法制出版社 2008 年版，第 88 页。

礼貌吗？也许记者拍摄前已打过招呼，但即使这样进门也该说一声：'大姐，我们来看看您的房子。'房子里有住家恰可以让主人现身说法，住户自己的感受不比记者自己说更好吗？那位妇女紧跟在记者旁边，笑容满面，很想插嘴，让人看着着急，也为我们的记者着急！直到后来，记者顺势问了个问题让这位妇女有了露正脸的机会。只是，我们的记者仍然连个招呼都没有。"①

看来，这位女记者是为了向观众介绍灾后重建房屋的内部设施。她所处的客观环境中有房间，房间内的设施、电灯以及房子的女主人。但是在这位女记者的心理环境中，竟然只有物却没有人！从而导致她的行为是自顾自地扫射房间，介绍设施，拉亮电灯，而对于近在咫尺的房主既不打招呼，也不理睬对方想插嘴的欲望，完全放弃了极好的采访女主人的机会。这位女记者给观众留下的是缺乏尊重人、理解人、关心人的意识和目中无人、行为傲慢的印象。

那么，即使记者已经将采访对象纳入了自己的心理环境，是否就一定能采访成功呢？也不尽然，关键在于记者是如何认知、理解采访对象及其所处的环境的。比如，同样面对被掩埋在废墟里的采访对象，由于记者心理空间的差异会导致完全不同的采访行为。男青年陈坚被水泥板压埋了 72 个小时，已经非常虚弱。但某电视台记者却不停地要他回答自己的提问，甚至还拨通电视台直播间的电话连线要他说话。记者不停地追问和煽情，使陈坚的情绪一直处于亢奋的状态。当他被救出时，生命已经消耗殆尽。

由于没有机会倾听记者对自己当时行为的反思，我们只能从她的行为反推其心理环境：记者并没有把陈坚视为一个濒于死亡的人（至少是在潜意识里），而是将之视为自己获取独家新闻的"工具"。也许她出于职业冲动，也许她自以为是恪守了新闻的真实性原则，即试图让人们亲耳听到这位被埋压整整三天的人所发出的真实的声音，以显示出他的坚强和勇敢。但是在这位记者的心理空间中，缺少的是"任何时候，人的生命高于一切，尤其高于记者从事的新闻报道本身"②这个至关重要的理念。而同样面对非常疲惫的采访对象，也有的记者果断收回话筒，向观众解释："他太累了，我们让他休息吧！"或者会俯身亲切地安慰、鼓励处于困境的采访对象；或者给他递去一瓶水、一包饼干……在这些记者的心理环境中，采访对象的安危、情感、尊严，"比搜集新闻更重要"。③

3. 采访对象的心理生活空间

采访对象的心理生活空间即采访对象的行为，指采访对象主体的各种因素与其心理环境交互作用的结果。在 5.12 汶川地震的环境中，采访对象主体的内在因素，有生理的、心理的，意识的、潜意识的，特别是其情绪情感状态，如惊恐、悲痛、无

① 王旭：《占领舆论制高点任重而道远》，梁晓涛主编：《震撼 媒体回想》，中国民主法制出版社 2008 年版，第 113 页。

② 陈力丹：《汶川地震报道的实践带给我们的新思维》，梁晓涛主编：《震撼 媒体回想》，中国民主法制出版社 2008 年版，第 170 页。

③ 陈力丹：《汶川地震报道的实践带给我们的新思维》，梁晓涛主编：《震撼 媒体回想》，中国民主法制出版社 2008 年版，第 170 页。

助、愤怒、失望、罪恶感及坚强、勇敢、乐观等。采访对象的心理环境，指其对所处客观环境的认知和理解。

在汶川地震中，采访对象的心理生活空间有明显的个体差异。面对灾情，“不同的个体有不同的反应。有的人心理素质好，可以坦然面对记者，可以把伤口和流血展现给观众，为他们提供力量和勇气。但是有一些弱小的个体，比如学生和孩子，妇女和儿童，他们很脆弱，这些人就需要尊重和保护”①。除此之外，还有一些人，比如从事灾区基层宣传工作的同志，他们之中有的人在心理上也比较脆弱，难以承受巨大灾难的袭击。与其他灾民不同，他们在地震中失去了至亲之后，还要轮番接受各路记者无休止的采访，被迫一遍一遍地把压抑在心中的流血的伤口无情地撕开，而且超常的工作压力使他们殚精竭虑，几乎没有一点休息的时间。2009 年 4 月 20 日，绵阳市北川羌族自治县县委宣传部副部长冯翔在家中自缢身亡，就是典型的例子。

其实，5.12 地震后，在北川经历地震的危险，遭受丧子之痛，临危上任，工作压力大，在有类似遭遇的灾区干部中已经成为一种常态。② 也就是说，冯翔的经历在灾区干部中是一种比较普遍的现象。再者，冯翔的爱人同样也经受着丧子之痛，而且她自己也在地震中受了伤，但为什么她以及灾区许多有同样遭遇的干部没有选择走上绝路？这就需要对冯翔自杀行为背后的心理生活空间做具体的分析。

先看冯翔自身的因素：冯翔生前既是一个基层干部，同时又是一位非常有才气的诗人、作家。他深爱并深受已自杀的诗人海子的影响。亲人、同事、朋友都认为，他曾是一个热爱生活、追求完美的人，对自己的工作有高度的责任感。在性格上，他有诗人的气质，内心孤独。他曾在网上日志中写道：“孤单，是一个人的盛宴；聚会，是许多人的孤单。”作为一个领导，一个男人，他想要表现出自己的坚强，但是他的内心却十分敏感。和其他失去亲人的干部一样，他不愿意和别人（甚至亲人）交流，宣泄内心的痛苦，只是默默地独自承受着来自内外的极其沉重的压力。

正是这样一种心态，使其产生了独特的心理环境：他始终无法接受年仅 7 岁的儿子去世的现实，同时也无法承受因宣传部副部长工作的性质给他带来的巨大的压力。冯翔的儿子冯翰墨是他们夫妇乃至整个家族的宝贝疙瘩。儿子的死对冯翔的打击是摧毁性的。冯翔在其 QQ 空间发表的遗书中写道：

“假如某一天我死了，儿子，那是我最幸福的事。我会让你妈妈，把我的骨灰，撒在曲山小学的皂角树下，爸爸将永远地陪着你，不弃不离……儿子你离开了，爸爸没有了未来，没有了希望，没有了憧憬，与你相聚，是爸爸最大的快乐……我们永远在一起，相信一个父亲，对你最深最深的爱。”

有朋友说：“自失去儿子以后，他经常以泪洗面，久久不能自拔。”“他没能过孩子这一关。”

尽管如此，在灾后近一年的时间里，冯翔还是强忍着失去亲人的巨大痛苦，不

---

① 郭小潺：《你我心理 还有余震吗?》，《北京青年报》2008 年 5 月 25 日。

② 白岩松：《培养当地土生土长的有心理援助能力者》，CCTV《新闻 1+1》，2009 年 4 月 22 日。

分昼夜地忘我工作。他曾写道:"我需要做一些事情,挤占我的时间,一刻不停地忙,才不会让我去回忆。"但是,作为重要的采访对象,他的这点心愿,也不能如愿以偿。"作为宣传部副部长,接受媒体采访是他工作的一部分。""冯翔只要一到办公室,电话铃声就响个不停。中央台要采访板房区的受灾群众,四川台要拍摄搬新家的专题片,《人民日报》要寻找需要帮扶的孤儿,日本 NHK 电视台要录制新年专题节目,美国 CNN 要回访北川英雄,西班牙 JFNY 要找那个在板房开 KTV 的白兴勇……各种事情蜂拥而至,冯翔每天都忙得焦头烂额",工作没日没夜,就连星期六星期天都不得休息。"地震之后,作为宣传部负责接待任务的副部长,每次来人他都要陪着去废墟,这样他就很痛苦,他都会触景生情。"被压抑的记忆一次次被唤起,他的心理生活空间充满了痛苦、绝望和强烈地想与儿子"相守"的愿望,于是他决然地选择了自杀。①

二、新闻采访主体心理生活空间的整体观

人的心理生活空间或曰行为表现是某个体与环境"相互依存事实的整体"②,这个"整体大于部分的总和,或者说整体具有了新的性质"。这是在一个非常重要的层面上"揭示了人的心理和行为的一个'基本特征'"③。对于人的心理生活空间的整体观可以从横向和纵向两个维度去理解。

从横向看,如第一部分所论述的表示人的行为是其个体因素与心理环境交互作用融为一体的结果;是其个体因素与心理环境"共生共长"的"一体化"的过程。④

从纵向看,表示人的行为是"由个人生活的过去、现在和将来的一切事件经验和思想、愿望组成的"⑤。这个"过去、现在、将来"蕴含着个体发展的历史、当前的现状及其对未来的期盼等。

这些横向和纵向的因素不能割裂开,它们是一个整体。当它们融于某个人身上时,会令其产生某一时刻和某一地点其所特有的行为表现。

在心理生活空间整体观的关照下,新闻采访主体的任何一种行为(哪怕只是一个微小的举动)的产生,都不是偶然的,而是由"个体需要和他的心理环境相互作用的"结果。其中包括正在影响或可能影响采访主体的"过去、现在和将来的一切事件,这三个方面的每一个方面都决定任何一个情境下的人的行为"⑥。

---

① 以上资料来自《冯翔自杀引关注 专家建议灾区干部异地任职》,http://www.sina.com.cn,2009 年 4 月 21 日 07:18;《自杀干部冯翔的多面人生》,http://news.qq.com,2009 年 4 月 22 日 07:52。

② 叶浩生主编:《西方心理学的历史与体系》,人民教育出版社 1998 年版,第 452 页。

③ 葛鲁嘉:《新心性心理学宣言——中国本土心理学原创性理论建构》,人民出版社 2008 年版,第 373 页。

④ 葛鲁嘉:《新心性心理学宣言——中国本土心理学原创性理论建构》,人民出版社 2008 年版,第 383 页。

⑤ 叶浩生主编:《西方心理学的历史与体系》,人民教育出版社 1998 年版,第 452 页。

⑥ 车文博主编:《当代西方心理学新词典》,吉林人民出版社 2001 年版,第 372 页。

在汶川地震中曾发生过这样一个场景：被掩埋了124个小时的女工卞刚芬刚刚被救出来的刹那间，就有几十个记者蜂拥而至，团团围住给她拍照。在武警指挥官动怒的情况下，才得以突围，被抬上救护车。一位医护人员气愤地说："照相机会毁了她的眼睛。你们要抢新闻，可我们抢的是生命呀！"

几十名记者抢拍刚刚被救出的伤员，看似是一种简单的行为，其实，这是在每一个记者的心理生活空间中所存在的历史的、现实的和未来的三种因素综合作用的结果。从历史因素看，众多记者之所以能够汇聚到汶川地震的现场，并大胆地进行抢拍（无论抢拍的行为是否妥当），这种行为的背后有着一个当时不易被人觉察的宏观的、历史的、社会的大背景。回溯中国电视面对灾难的行为，对汶川地震进行大张旗鼓的直播报道，可以说是揭开了"中国灾难史的新的一页"[①]，突破了"中国媒体不得违规擅自发布突发事件信息"的规定[②]，实现了观念的突破、机制的创新。这个宏观背景必然已经内嵌于每位记者的心理环境中（无论他们当时是否意识到这点），所以他们才敢于在灾区现场抢拍新闻。从现实因素看，由于不少记者"他们之前并没有到过第一线，就算到过也没有遇到过这样严重的灾难"，所以"刚开始的时候有些慌不择言，出现一些操作上的疏忽，采访上把握不到位等状况"。[③] 还有，他们中的不少人在去灾区采访前已经积累的经验是：注重新闻的时效性，电视画面要生动感人，要有视觉冲击力，而缺少把"珍惜人的生命和尊严作为灾难报道的核心理念"[④]、把报道"突发事件中抢救生命和被救援者的情况，作为灾区采访的切入点"。[⑤] 从未来期待因素看，记者们对自己在灾区的表现会有一个很高的期待，希望自己能够到灾区经受住考验，获得良好业绩。以上种种因素交织在一起便形成了记者采访卞刚芬时不顾其生命安全的鲁莽的抢拍行为。

采访对象接受采访的行为（心理生活空间），同样也遵循整体观的思想。举一例说明，有记者看到一对夫妇正在插秧，便上去询问。得知这对夫妇16岁的儿子在地震中遇难了。他们对记者说："儿子走了，可我们活着的还要生活啊，季节不等人。"说完，俩人又弯下腰插秧。[⑥] 简短的话语，弯腰插秧的动作，看似简单，实则包含着深刻的、丰富的内涵。作为农民，以往的知识经验使他们深知：错过季节，将会颗粒无收；作为灾民，尤其是心爱的儿子被地震夺取了生命，但他们没有深陷悲痛之中，更没有怨天尤人。他们知道，遇上这么大的灾难，国家、政府也有困难。自己能出一把力就尽上一份心。他们善良、朴实、坚强、勤劳，对来年的期望充满期待，对未来的社会充满信心。他们在灾难中表现出来的乐观向上、积极主动的行为，绝不是他们个体或环境中的某些因素孤立起作用，而是来自主体内的种种优秀的品

---

① 罗明：《当电视遭遇灾难》，梁晓涛主编：《震撼 媒体手记》序二，中国民主法制出版社2008年版。

② 方汉奇：《中国新闻史上里程碑式的灾难直播报道》，梁晓涛主编：《震撼 媒体回想》，中国民主法制出版社2008年版，第4页。

③ 敬一丹：《为大地震流泪》，梁晓涛主编：《震撼 媒体手记》，中国民主法制出版社2008年版，第3页。

④ 罗明：《当电视遭遇灾难》，梁晓涛主编：《震撼 媒体手记》序二，中国民主法制出版社2008年版，第3页。

⑤ 赵化勇、梁晓涛主编：《震撼 媒体手记》序一，中国民主法制出版社2008年版，第1页。

⑥ 王忠新：《坚挺向峨乡》，梁晓涛主编：《震撼 媒体手记》，中国民主法制出版社2008年版，第99页。

质和他们对灾区环境的认知和理解等诸多因素综合地交融在一起的必然结果。

再举一例,汶川地震中,被埋在废墟里的一个9岁的孩子,是唱着歌等待救援的。然而,当他被救出后在医院里养伤时,面对媒体频繁的采访却情绪失控,在医院里大喊大叫。① 与其被埋在废墟里的表现判若两人。其原因在于,在不同的环境中,他的心理生活空间发生了很大的变化。在废墟里的时候,可能他被埋得较浅,身体没有受到严重的伤害,而且看到了前来救他的叔叔,很开心,便情不自禁地唱起歌来。然而,当他被救出后,在医院里,面对一拨又一拨记者的采访,要他不停地述说自己被压在废墟里的感受,这种无节制的采访,逼使年幼的孩子不断地回忆那令人恐惧的感受,于是情绪失控,难以自持。

同是这个孩子,之所以在不同的情境中表现出截然不同的行为反应,是其自身因素和改变了的环境交互作用的结果。这不仅再次证明人的心理生活空间具有整体性的特点,也说明人的行为不是一成不变的,它会随着人的自身因素和所生存环境的变化出现整体性的改变。

三、新闻采访主体心理生活空间中心理能量运动的方向及规律

在新闻采访主体心理生活空间内存在着具有一定运动方向的心理能(也可称为张力,有正、负之分)。这种心理能不仅在新闻采访主体内部,而且也会在其主体间进行运动。随着事态的发展,在新闻采访主体内部会出现带有方向性的心理能量的移动:或将之释放到某个目标上,或将之压抑在潜意识里,以求得自身心理能之间的平衡;而主体间心理能量的移动,则或输入给对方,或从对方撤出,从而,保持或破坏对方的心理平衡。人的心理生活空间中的能量之间的平衡带有相对性,它决定着人的生存状态是否稳定;人的心理生活空间中的能量的不平衡是绝对的,它能够推动人的心理生活空间不断发展和成长。

在灾难场的大环境中,记者和采访对象心理生活空间中能量的变化遵循的规律是:它们始终处于频繁而激烈的平衡—不平衡—平衡的运动过程。

下面以汶川地震中女民警蒋敏接受采访后晕倒为例来说明心理生活空间中能量运动的方向及规律。5.12大地震无情地夺去了蒋敏几乎所有的近亲,包括她最疼爱的两岁的女儿。当时,将敏的心理空间已处于崩溃的边缘(内心产生强烈的张力,导致极度的不平衡),她强忍着悲痛(把痛苦压抑到潜意识里),同时又拼命地把注意力转移到彭州的灾后安置工作中(把痛苦转移到工作目标上)。蒋敏通过压抑和转移心理能量,勉强维持着内心的平衡。然而,某电视台记者在采访她时,不断地问她"怎么在痛失亲人的情况下还拼命地工作?"甚至问她:"你在救助这些灾民的时候,看到老人和小孩,会不会想到自己的父母和女儿?"记者的这种提问硬是把她压抑到潜意识里的锥心的痛苦又生生地揪了出来,记者的这种不近人情的问话,

---

① 李仕权:《从我国灾难报道观念变迁的角度看中央电视台"抗震救灾 众志成城"直播报道的突破》,梁晓涛主编:《震撼 媒体回想》,中国民主法制出版社2008年版,第182页。

是一种巨大的负能量，瞬间摧垮了她那本来就十分脆弱的心理平衡，导致她什么话都说不出来，最终晕倒了。蒋敏的行为同时也反作用到记者的心理空间，他感到极度不安(内心不平衡)，他哭了，同时也在对自己的言行进行反思。

同样面对蒋敏，央视记者白岩松的采访则与这位记者全然不同。因失去亲人的痛苦和连续几天高强度的救灾工作，蒋敏已经心力交瘁。当得知自己即将面对有亿万观众的舞台，参与自己非常陌生的央视举办的"爱的奉献"的晚会，她几乎无力承受，其心理生活空间出现了强烈的不平衡。

白岩松在调查了解了蒋敏有关资料及其当时的心态后，便费尽心思，把自己的正能量传输到蒋敏的心理空间里，帮助她维持内心的平衡。为此，白岩松首先要拉近与蒋敏的心理距离，使她感到亲切和温暖。当白岩松在北京见到蒋敏时，她忐忑不安地说："这么大的舞台，我不知道该怎么说。"白岩松便以他俩都是属猴的为话题说："你是我妹妹，你放心，你什么都不要管，你只要说心里话就行了。"其次，尽量减少对蒋敏的心理刺激，经白岩松向领导请示，没有让蒋敏参加晚会的彩排；再有，他用自己的肢体语言，对蒋敏进行心理援助(实则是向蒋敏的心理生活空间输入正能量)。白岩松一上台就紧紧握住蒋敏的手(心理学家认为，在进行心理援助时，抓住对方的手，会使其感觉更有力量)。当问了几个问题之后，白岩松发现，蒋敏的身体已经摇摇晃晃，便立即用手搂住她的肩膀，防止她摔倒。最后，他决定结束采访：尽管当时还有两个问题没有问完，但是白岩松果断决定终止采访。他对蒋敏说："不说了，咱们走。"便毅然扶着蒋敏，一边安慰她，一边离开舞台，并亲自把她送到陪同她来的公安人员的手上。蒋敏终于稳住了"像一片叶子几乎轻得没有任何分量"的身体。[①]白岩松的言行真正实践了"作为中央电视台，最重要的是传递一份力量"的理念。同样，蒋敏的事迹也深深打动了白岩松，当他们走下舞台后，白岩松"已抑制不住哭出了声，赶紧往外跑——那种气氛太难受了，太压抑了……"记者的心理空间也要靠不断宣泄内心的张力来维持心理的平衡。

在汶川地震的采访中，李小萌和路上偶遇的朱大爷之间的对话在受众及专家学者中广受好评。从勒温心理场的角度看，小萌和朱大爷之间的交谈，心理互动非常自然、非常真诚。表面看波澜不惊，实际上心潮澎湃。看似琐碎平淡的对话折射出记者和采访对象心理空间的相互包容。正如有评论者所言："小萌做的节目都很安静，但却有着一种无声的力量和悲壮，我每每回想她在前方做的一些报道，都会落泪。"[②]

5月12日，在北川县城，有关部门已经发出溃坝预警的消息。绝大多数灾民，包括救援人员、记者进行了大撤离。但是仍然还有三三两两结伴的村民从安置点朝自己家的方向走去，68岁的朱大爷就是其中一位。虽然溃坝的危险使他感到恐

---

① 白岩松、武强：《爱如潮水 爱不退潮》，梁晓涛主编：《震撼 媒体手记》，中国民主法制出版社2008年版，第13－14页。

② 白岩松、武强：《爱如潮水 爱不退潮》，梁晓涛主编：《震撼 媒体手记》，中国民主法制出版社2008年版，第13－14页。

惧,但是在他心中有一个更重要的目标吸引着他,那就是回家看看待收割的麦子和菜地,如果能有收获可以给政府减少点负担。[①] 正是这种动力压倒了恐惧,实现了朱大爷心理空间的平衡。作为记者,小萌深知朱大爷返家的潜在危险,于是再三劝阻老人不要回去(给予老人行为一种相反的力)。但是在无论怎么劝说也无效的情况下,小萌便顺势而为,贴心地帮老人将担子放在肩上,饱含深情地再三叮嘱老人一定要戴好口罩,注意安全。于是老人缓缓地走了,而小萌则目光深情地送别老人。就在这一刻,"在困境中,所有的路人都是亲人"的理念,使小萌和朱大爷的心理空间呈现出高度相融的和谐状态,而且双方似乎都实现了暂时的心理平衡。

但是这种暂短的心理平衡很快就被打破了。朱大爷挑着担子走了几步,忽然转过头来,对小萌说:"让你们操心了!"也许朱大爷对素昧平生的记者如此理解自己、百般关心自己,而自己却没有听从她的劝说,感到有些内疚(产生了不平衡感),于是用"让你们操心了"这句话来表达自己的歉意,恢复内心的平衡。然而朱大爷这句令人猝不及防的感谢,却一下子打破了小萌内心表面的平静,她情不自禁地蹲在地上放声大哭起来。事后有人问她当时为什么哭?她说:"至今我也无法找到准确的答案,意外、无力、惭愧、感动、震撼,能不能说得清?"[②]其实在小萌的心里早已积郁了多种刺激所引发的强烈的心理张力:多日来,灾区的惨状令人震撼;朱大爷面对巨大的灾难从容、镇定,令人敬佩;朱大爷冒着随时溃坝的危险,执意要回家看看庄稼、菜地,为了来年有点收成,满足自己最基本的生存需求,而自己却无能为力,深感惭愧;朱大爷说这样可以减轻国家、政府的负担,体现出中国老百姓宽大的胸怀,令人感动。这种种心理张力所建构的心理空间造成小萌内心强烈的不平衡,急需寻找一个出口释放出来。恰在此时,朱大爷的一句"让你们操心了"就像是给她的心理空间猛的一击,撞开了一个缺口,于是多日积郁于胸的种种复杂的情感,如潮水般奔涌而出,随着她的失声痛哭释放出来,从而使其内心达到了新的平衡。

"心理生活空间"这一心理学术语是勒温对任何一个个体"在某一时刻的行为的全部事实"的表述,因而"心理生活空间"的内涵、整体观及其心理能量运动的方向和规律,不仅适用于新闻采访记者,而且同样可以阐释其他新闻从业者及社会中各类角色"在某一时刻的行为的全部事实"。可以说深刻、全面理解人的"心理生活空间",对我们正确认识自我、准确分析他人提出了一种新的思路。

〔作者系中国传媒大学新闻学院教授、博士生导师〕

---

① 敬一丹:《为大地震流泪》,梁晓涛主编:《震撼 媒体手记》,中国民主法制出版社 2008 年版,第 3 页。

② 李小萌:《困境中 所有的人都是亲人》,梁晓涛主编:《震撼 媒体档案》,中国民主法制出版社 2008 年版,第 176－177 页。

试论新闻发言人从职业化到专业化的成长路径

郎劲松　张新越

以1983年外交部新闻发言人机制建立为界点，我国新闻发布工作经历了30年的发展，政务信息公开化已全面推进，成效明显。在新媒体环境下，新闻发布已打破风俗习惯背后"沉默是金"的传统思想，自我完善、自由及民主参与等理念促进了社会和政治的进步，政务信息公开发布制度越来越需要以理性为基础。公众对近期一系列危机事件中新闻发言人虚情假意、被动应付的行为表明，新闻发言人依然存在很多需要反思和改进的地方。如今，我国新闻发言人从职务化到职业化，再到专业化的时代俨然到来，对这一问题的探讨也将逐步深入。

一、新闻发言人从职务化到职业化的转变

1. 我国新闻发言人的职务化现状

国家转轨、社会转型期背景下新闻发言人这一职业也充满风险，"能少说就少说"使得新闻发布处于一种缺乏沟通的静止状态。2013年5月，媒体新闻盘点新闻发言人的"家奴行径"，甬温线高架桥动车追尾事故、刘铁男被实名举报等事件上榜。与某些政府机构垄断信息、躲避监督相比，政府在应对危机事件上取得了较大进步，面对媒体及公众期待，相关新闻发言人积极回应。但从发布效果看，其发言结果往往激怒了舆论，招致了公众的指责和批评，严重影响了政府的执政形象。目前，我国新闻发言人制度存在以下问题：

一是理念上的不成熟。新闻发言人高高在上的"主人形象"以及过于自信的态度，反映了其内心深处的官本位思想，使政府与社会的关系陷入僵局。

二是构成群体的职务化。据报道，"对比2010年和2004年的名单，来自办公厅、政策法规司和新闻宣传司的发言人最多，所有人中，没有一位是专职的。"①我国新闻发言人代表其所供职的部门发言属职务行为，发布人员的选派多为暂时性的制度安排，一般由缺少相应媒介素养的官员兼任。大多数新闻发言人获得提升后，便不再担任新闻发言人一职。而新闻发言人的职务化也导致了在很多情况下新闻发言人不能参加部委会议，不能获得第一手信息，尤其在突发事件中，新闻发言人需要从其他部门获得信息，这就影响了新闻发言人进行信息公开的质量。

---

① 吴鹏、郭少峰：《首批部委新闻发言人八成已换岗》，《新京报》2011年8月18日。

三是培养模式上的欠缺。我国还缺乏对新闻发言人进行培训的专业机构，没有建立定期对新闻发言人进行培训的系统的机制。另外，在对新闻发言人进行培养的过程中，往往照搬国外经验，不能有效结合我国的国情，容易造成新闻发言人与现实脱节的情况。

2. 新闻发言人的职业化转变方向

所谓新闻发言人职业化，指的是新闻发布工作呈现标准化、规范化和制度化的趋势，它要求新闻发布人员能够承接社会或社会组织的岗位职责，专业化地完成工作，准确扮演社会发布的工作角色，确保信息发布工作的准确、高效、廉洁和权威性。

新闻发言人职业化不仅是理论逻辑的推演和论证，而且是民主进步、信息发布的重要环节。在政治上，民主政治、信息发布制度在一定程度上得以实施和建立；意识形态上，依法依规的法治理念得到社会的认可和广泛接受，人权及公民权利得到尊重；教育方面，教育机构及工作部门能够培养出优质的高素质的新闻发布人才，并且新闻发布的学术研究工作取得了显著进步。尽管社会已认识到新闻发言人职业化的必要性，但如果没有或不积极创造促使新闻发言人职业化的社会条件，那么新闻发言人的职业化在我国将只能是美好的憧憬。

在热衷于推动职业新闻发言人发展进程的同时，我们应当研究探讨如何改善职业化赖以生存的各种社会条件，并提出各种具有操作性的制度设计，建立专职于新闻发言人工作的职业群体，使其成为一个职业身份和独立的职业角色，不再依附于其他官职，进而为新闻发言人从职务化到职业化、专业化以及精英化方向的前进奠定基础。

二、新闻发言人从职业化到专业化的提升

在社会责任论思想的影响下，西方新闻界把报业的社会责任细化为新闻从业者的职业道德和行为准则，即新闻专业主义理念。新闻发言人的专业化远远超过新闻专业主义的要求，因此需要从职业价值理念层面来探讨和把握新闻发言人的专业素养。

1. 新媒体生态下的话语权格局

新媒体将新闻生产的大门向所有人敞开，为参与式民主提供了现实路径，改变着媒介话语权力的格局。随着微博等新媒体的发展，网络上混杂着铺天盖地的信息，这些信息真假难辨。尤其在重大或突发事件中，谣言的传播给社会的稳定带来了隐患。如果新闻发言人仍坚持旧有观念，不能认识到网络新媒体下的舆论格局的变化，其“失语”行为更会放大谣言的危害性。原先政府只通过与新闻媒体的接触来影响新闻发布，如今新媒体技术的便捷接近权消弭了传授的界限，因此，新闻发言人及相关机构以专业的视角和理性行为方式满足受众的知情权成为题中应有之义，新闻发言人需更加注重公众话语权并对其直接回应。

2. 新闻发言人的专业化提升方向

(1)具有专业化的议程设置能力

哈贝马斯的“理性交往空间”理论中承载民主和公共利益,他认为“交往理性是让行为主体之间进行没有任何强制性的诚实的交往与对话,在相互承认的基础上达到‘谅解’、形成‘共识’与合作”①。

在一定程度上,新闻发言人作为有效信源,在政府与公众之间起着直接沟通的作用,因此应合理引导和控制媒体议程和公众议程。新闻发言人在遵守党和政府关于新闻报道的纪律和规定、保守党和国家秘密的同时,应该娴熟而精通地运用新闻传播技能,始终坚持新闻真实性,坚持正确的舆论导向,有效保障公众的知情权、表达权、参与权和监督权,精心组织信息发布流程,注重传播效果。

(2)成为专业化的“发言领袖”

新闻发布的专业化与职业化相比,有更大的体制空间和更为开放的语言环境,这对新闻发言人提出了新的诉求——应成为新型“发言领袖”,公正而高效地应对信息发布工作,娴熟地承担社会赋予其的责任与使命。专业化的新闻发言人应专注于信息发布的整合、筛选、管理及引导,擅长规范新闻信息管理,具备媒介信息选择能力、解读能力,并熟知政策制度和职能要求。同时,新闻发言人素质不仅包含政治理论素养和媒介素养,还需具备人文素养、科学素养以及沟通能力、协调能力、决策能力,在经过专门的新闻发布训练和长期的信息传播工作实践后,能运用相关知识服务于实际信息发布工作或既定目的。“发言领袖”要能够为政府制定及实施相关政策提供可操作性的建议,具有一定的社会影响力,并得到公众的认同。

(3)发言人的专业精神与操守

对于一个良性发展的社会,新闻发言人的角色异常重要。在角色定位上,新闻发言人集权威性与服务性为一体,作为政府机构的代表,新闻发言人具有权威性,在引导社会舆论、服务公众方面发挥着重要作用,体现了政府对公众知情权的尊重。做一名成功的教师和成功的发言人之间有什么相同和不同,曾任联合国秘书长安南首席发言人的弗雷德·埃克哈德以发言人风格的表述来阐述自己对角色转变的思考:“不同之处在于,发言人只能代表自己的组织和雇主说话,而不是说自己的真实想法;而作为教师可以向学生阐述和分析自己个人的想法。”“相同点在于,这两份职业都要求我不能说谎,因为事实最终会显现出来。”②新闻发言人不是一个大众化的职业,新闻发言人的作用应建立在部门及领导处理问题的基础上。新闻发言人在向专业化发展的过程中,应更具前瞻性视角和眼光,将服务公众转化为自觉态度,坚持理性和批判精神,坚守追求真理和正义的理想信念。

---

① 郑召利:《交往理性:寻找现代性困境的出路——哈贝马斯重建现代性的思想路径》,《求是学刊》2008年11月。

② 蒋晓丽:《党委新闻发言人理论与实务》,四川人民出版社 2010 年版,第 137 页。

三、新闻发言人成长路径探索

1. 充分的新闻发布保障机制

在现行体制下，新闻发言人坚持“政府立场”与“不做传声筒”之间仍存在着对抗。目前国家在保守国家秘密、政务信息公开、外国记者采访、突发事件应对处置方面都有相关的法律、法规、条例及办法依据，处于建设阶段的新闻发言人制度属于更高层面的体制优化环节，国家的宏观理论法规应为新闻发言人建设的细节提出更具体的指导，例如在法律上明确新闻发言人的权限。美国新闻发言人制度在立法上是值得借鉴的，为了保护个人隐私、国家机密、商业机密等，法律还详细、严格规范了信息自由权的例外情况①，使得新闻发言人制度最终得以在一系列的法律保障下正常运行。另外，发言人所在单位内部的工作结构和人事制度也需要进一步深化改革。

2. 有力的职业责任监督制度

国家应尽快完善新闻发布过错责任追究及新闻发言人职业责任监督制度和办法，通过行政监督及群众监督，对新闻发言人工作制度、落实情况、公开内容的规范与效果，群众的满意程度等方面进行监督和评议，实现行政机关工作的透明、公开、廉洁和高效。曾任国新办主任的赵启正认为，新闻发言人是否为公众所信任，取决于他是否具有深切的使命感，是否对国家富有感情，是否尊重人民，“每个回答应该都能以其真实和逻辑先说服自己”。因此，“与其说发言人是高危职业，不如说是‘高责任职业’”。他透露，自己作为发言人的背后是一个博士生团队，在正式发言前，他们先掌握事实、国际国内反应以及已做、未做和将做的事。同时，他们之间先行“试问试答”，考量受众接受度。他认为，在新闻发布领域，对“口径”一词的理解和使用存在巨大误区。“实际上，‘口径’应当是一个组织对外表达的原则和框架，而非需要背诵的条文。”新闻发言人是90%的“岗位人”和10%的“自然人”，既有官方立场，也有个人风格。

3. “专中有博”的发言人培养路径

新闻发言人承担着关键的社会职责，意味着发言人要具有与职责相适应的专门化知识、技能、工作方法、行为方式以及思维模式。在我国，新闻发言人的选任制度不科学、新闻发言人职业化程度不高、专业素质长期被忽视、上级领导不重视不支持等问题，影响了社会对该职业角色的认同。有人说，中国的发言人成了高危职业。“7.23”动车事故后，原铁道部新闻发言人王勇平因“反正我信”而下课。实际上，这不完全是其个人责任，因为按照国际惯例，发言人应与部门最高负责人一起到达事故现场，而王勇平临时从北京“空降”到事发地，打的是无准备之仗。

单纯的理论教育或是单纯的实践应用，都不能够达到培训新闻发言人的理想目标，新闻发言人的成长目标应包含新闻发言人专业化、精英化的含义。因此，无

① 骆正林：《美国新闻发言制度的起源与特征》，《城市党报研究》2006年第1期。

论是培养人员与被培养人员都应实现跨行和跨界的融合，新闻发言人的培训应“专中有博”，以职业化为前提，逐步走向专业化及精英化。具体来说，要利用专业的新闻发言人培训机构对新闻发言人进行定期培训，使职业新闻发言人立足于相应的学科，具备专业性的知识背景、职业素质、思维方式，结合中国国情按照规定的工作程序发布信息，从而让信息发布工作走向程序化和职业化。

我国的新闻发言人正逐步向职业化、专业化方向成长，在此过程中，社会应给予其更多的方向指导和力量支撑，不要让新闻发言人成为人人自危的角色。在充足的社会条件下，持续关注新闻发布工作的专业性，可以提高新闻发言人制度的高标准，推动其不断进行创新和完善。

〔作者郎劲松系中国传媒大学新闻学院教授、博士生导师；
张新越系中国传媒大学培训学院项目部副主任〕

论广播电视预防与应对发泄型群体性事件的舆论引导策略*

曾庆香　王超慧

根据原因、特征等因素，群体性事件分为发泄型与目标型群体性事件。[①]发泄型群体性事件是指具有突发性，但无具体抗争目标，由偶遇群体因情境性猝发因素所导致的打、砸、抢、烧等情绪发泄的群体性事件。笔者经过研究发现，发泄型群体性事件大致可以分为三个阶段：情景触发与群体磨合阶段——流言的框架建构与全通道式口耳传播；群体兴奋与群体共意阶段——谣言的盛行与怨恨的动员；社会感染与群体行为阶段——情绪的群体感染与行为的群体模仿。[②]其发生机制通常为：

怀有不满与怨恨人群（即怨恨场）⟶偶然事件的发生⟶基层相关部门处置⟶道德震撼与怨恨唤起⟶框架建构与怨恨动员⟶集群⟶群体共意与群情激愤⟶基层反应"体制性迟钝"⟶小规模怨恨发泄⟶情境动员⟶规模怨恨发泄

下面就各个阶段的特征具体论述广播电视应对发泄型群体性事件的舆论引导策略。

一、情景触发与群体磨合阶段：尽早建构事件框架抵达民众视听

发泄型群体性事件的触发事件通常发生在公开的、人群相对密集的空间环境之中。又由于群体偶遇和时间短促，其信息主要是以环式或全通道式的方式进行口耳传播。而这种口耳传播的信息回流现象，又导致信息在失真方面的恶性循环。于是流言就成了事件发生初期的主要信息形式，其主要功能是为触发事件建构一个令人信服的问题界定和责任归因框架。

因此这一阶段，广播电视的舆论引导策略主要是通过各种途径迅速建构一个真实可信的事件框架，且要顺利抵达民众视听：

1. 利用新媒体建立舆情监测中心：搜索新闻线索

由于新媒体日益发达与普及，"上访不如上网"的现象变得突出，当遭受愤愤不

---

* 本文为2011年度国家广电总局社科项目《广播电视应对群体性事件的舆论引导研究》（项目编号为GD1131）的前期成果。

① 曾庆香、李蔚：《群体性事件：信息传播与政府应对》，中国书籍出版社2010年版，第53页。

② 曾庆香、李蔚：《论发泄型群体事件的信息传播特征与媒体报道》，《现代传播》2011年第8期。

平事件时，人们会选择在微博或当地论坛上发布自己的不公之事。因此为了及时地报道当地能够引发群体性事件的触发事件，广播电视媒体应利用新媒体成立舆情监测中心，随时搜索并跟踪自己所处地域的民怨事件，随时发现新闻线索。

2. 新媒体报道：率先提供事件的解释框架

在互联网、自媒体高速发展的今天，尤其是博客、微博和微信等传播平台出现之后，可以说人人都是通讯社，个个都有麦克风。这种便利无疑满足了人们发布新消息的欲望，因此越来越多的网民选择将博客、微博、微信作为曝光事件的主要渠道。在这种没有审查、不必精心制作以及"我在现场"的产制语境下，网民对突发事件的播报具有了两大优势：一是时间上的无间隙；二是素材上的真实可信。

在这种情况下，广播电视媒体为了预防、应对群体性事件必须做到"以快制快"、"以网制网"。

所谓"以快制快"就是广播电视不能因为工作流程而牺牲抢占舆论制高点的机会，需要在正式进行声画合一的报道之前利用博客、微博等新媒体进行简要报道。

所谓"以网制网"是指广播电视媒体要建立机构微博，利用微博平台为舆论服务，及时发布新闻并与网民沟通交流。微博报道主要是针对那些经常上网的民众来说，至于不经常上网的民众，广播电视媒体正常及时的报道便可满足他们的信息需求。

3. 民生新闻：建构平民视角的事件框架

民生新闻，是关注人民生计、关心市民生活的新闻。民生新闻植根于普通百姓的日常生活，以平民的视角洞察百姓的生存状态与生活际遇，用平等的眼光报道老百姓的所思、所想、所感、所惑，具有民生视野、民生态度、民生情怀和民众利益等人性化特征。

除此之外，民生新闻一般都"去政治化"，即便是社会监督题材，民生新闻也采用平民化的视角，关注那些微观的社会问题，主要展现民事纠纷或市民不文明行为，评论也是点到为止。从这个角度来看，民生新闻类节目很好地转移了公众视线，起到了社会安全阀的功能。

4. 户外大屏幕电视和新媒体播放平台：方便新闻抵达民众视听

我们知道，群体性事件大多发生在人员集中的广场与闹市，有时在触发事件发生后的几小时之内群体性事件便会产生，此时围观的民众还没来得及收看广播、电视，发泄情绪就被流言所建构的事件框架唤起。为了与流言所建构的框架竞争，就需要通过户外大屏幕电视等途径使广播电视所建构的真实框架到达民众视听。

除此之外，充分利用新媒体平台，拓宽节目收视渠道也是真实报道广泛传播的重要方式。广播电视在守住原有受众与市场份额的同时，积极促进与新媒体的融合，使得民众能够通过平板电脑、智能手机等多种移动终端随时随地收听收看新闻节目。这一点我国中央级别的广播电视，甚至有些省级卫视都已做得不错，但地市级广播电视媒体却还有很大的差距，仍需做出努力。

二、群体兴奋与群体共意阶段：谣言的破除与怨恨的消解

在发泄型群体性事件中，如果说触发事件是火星，民众不满情绪是干柴的话，那么谣言就是撩拨熊熊大火的助燃剂。因此，澄清谣言自然成为预防群体性事件的重要策略。

谣言的澄清，需要政府、媒体和当事人三方的努力。仔细分析发现，各个群体性事件所盛行的谣言成因不一，因此它们的类型也各不相同，这就决定了澄清它们的路径各不相同。

1. 谣言的破除：依据谣言不同类型采纳不同的澄清路径

谣言根据不同的分类标准会有不同的类别划分。相对群体性事件中的谣言来说，主要有以下几种类型谣言：

第一，自发型(Spontaneous)谣言、预谋型(Premeditated)谣言。

自发型谣言多出现在有危机情况(如自然灾害等)或是环境压力较大的情况下，民众充满不安和困惑，对事情的解决没有把握。这些谣言在压力减小、事件解决后比较容易消失。而表现在群体性事件中，自发型谣言主要是由于口耳传播的以讹传讹而导致的，如万州事件、瓮安事件、池州事件等等。预谋型谣言则是有目的甚至有计划进行散布的，四川大竹事件所传“死者被3名高官轮奸致死”的谣言即属此类。

第二，事件型谣言(rumor of the event)、细节型谣言(rumor of the detail)。

事件型谣言是因为人们遇到立即需要解释的危机(如自然灾害、公共危机等)，但却因为正式渠道无法提供足够的信息和解释而产生。这大致与上述的自发型谣言类似，其解决途径也基本相同。细节型谣言是细节谬误所造成的谣言，此类谣言就需要针对细节重点解释。

针对上述不同的谣言类型，广播电视媒体可以采取下列三种方法辟谣：

(1)让谣言中的人物在电视节目中露面

如上所述，群体性事件中的不少自发型谣言和部分事件型谣言是以讹传讹所导致的，因此呈现事件真实情况或者说让谣言中的人物在电视节目中公开露面，谣言便不攻自破。如在万州事件中，“传到后来，故事有了新版本：胡权宗的身份成了‘国土局的副局长’，他因一个小的碰撞，竟然用棒棒打断了搬运工余继奎的腿……”[①]胡权宗是不是“国土局的副局长”，余继奎的腿有没有被打断，只要当地的电视台采访一下当事人即可真相大白。[②] 又如四川大竹事件，“当大竹全城风传刘持坤遭刑讯逼供被打断双腿时，电视台立即现场采访了刘，播放了他走动的画

① 文玉伯：《万州突发万人骚动事件》，《凤凰周刊》2004年第31期(总第164期)。

② 文玉伯：《万州突发万人骚动事件》，《凤凰周刊》2004年第31期(总第164期)。

面”①。

而在瓮安事件中，则有更多的谣言广播电视可以澄清：如“被害女生(指李树芬)爷爷、奶奶被打住院抢救，妈妈说话含糊，已失去理智，婶婶被剪去头发关押到派出所，叔叔在与公安人员的争执中被公安人员打死。”这些谣言的破除显然只要新闻记者采访一下当事人并在当地的电视节目中进行播报就可以了。然而遗憾的是，我们当地的广播电视媒体当时却未对此进行采访报道，从而使得谣言愈传愈烈，人们心底的仇恨愈来愈强烈。

(2)让造谣者在节目中公开动机

对于预谋型谣言，广播电视媒体应该与政府相关部门配合，一方面应迅速找出造谣者，让他们在节目上公开说明“造谣、传谣”的动机；另一方面还需媒体迅速地对事实真相进行披露，如四川大竹事件中的谣言“杨代莉是被三个高官在酒中下药后轮奸致死的”便是由一位张姓公司业主故意捏造的。

因此，在出现了各种流言之时，为弄清事件的真相，也为及时应对与处置事件，媒体应该与政府联手查清流言的来龙去脉，针对流言的发布者进行深入的采访，并让其在媒体上公开发布流言的依据与动机。如在石首事件中，关于“永隆酒店再现尸体”系谣言，经有关部门证实并组织部分群众代表到现场查看，未发现尸骸尸体。造谣者为一在外读书学生，在新闻媒体中主动承认造假，并表示悔过。② 这种公开的动机与其他发布的信息有助于民众修正已建构的事件框架，回归理性思考。

(3)让第三方机构或个人发布信息

如前所述，由于民众对政府信任度的降低，政府对事件信息的语焉不详、牵强附会等等原因，导致官方虽有时间解释框架，但民众仍不信任，如瓮安事件、四川大竹事件等等。为稳定和平息民众的情绪，为尽快应对和处置事件，当地媒体尤其是广播电视可与当地政府合谋邀请第三方机构或个人介入，因其与事件不存在利害关系，民众比较相信他们的观点。如在四川大竹事件中，政府邀请了 20 位来自全国、全省的知名法医病理和毒化专家及仪器检测专家复勘现场 5 次，复检尸体 3 次，出具相关检验鉴定结论报告 9 份。事后记者采访到的大竹居民都对专家们的鉴定表示信任，“他们跟案件没有利害关系，又是知识分子，其学术人格老百姓信得过”③。

2. 怨恨的消解：去除谣言的集体记忆与政治化思维

由于目前我国社会正处于急剧的转型期、矛盾的凸显期和多发期，这导致诸如劳资关系、农村征地、城市拆迁、企业改制重组、移民安置补偿等问题频频出现。2003 年，我国人均 GDP 突破 1 000 美元，根据国际经验，发展到这一阶段正是社会矛盾的集中爆发期，即经济领域不确定性增多，社会领域复杂性增强，外界影响力

---

① 贾云勇：《四川大竹群体事件追记：传言未澄清公众走向失控》，《南方都市报》，转引自 http://news.sina.com.cn/c/l/2007－02－04/094812224361.shtml。

② 石首“永隆大酒店又挖出尸体”造谣者被查获，荆楚网，2009 年 06 月 24 日 12:12，http://news.cnhubei.com/gdxw/200906/t720127.shtml。

③ 贾云勇：《四川大竹群体事件追记：传言未澄清公众走向失控》，《南方都市报》，转引自 http://news.sina.com.cn/c/l/2007－02－04/094812224361.shtml。

增大的高风险时期。群体性事件所传播的谣言通过“削平、磨尖、同化、添加”等技巧附着了太多的泛政治化思维和集体记忆。正是这种泛政治化思维和集体记忆使得谣言具有强大的怨恨动员功能。

具体说来，可采取下列办法破解谣言中的集体记忆与政治化思维：

(1)让谣言所涉公权力部门或人物出面消解

尽管引发群体性事件的触发事件与政府部门、政府官员没有一点瓜葛，但其中所散布的谣言往往涉及公权力。正是这种公权力部门和人员的牵涉，致使人们心中一直处于暗潮涌动状态的普遍情绪找到了释放、爆发的出口。如瓮安事件中“包括县委书记在内的瓮安党政官员逐一分析原因，当时就提到了‘三仇’问题，即仇富、仇警、仇官”。除此之外，官民之间的这种种矛盾与普遍情绪又唤起与印证着历史积淀于人们心底的集体无意识与集体记忆。这样，附着政治化思维与集体记忆的谣言便具备了经验上的可信度、经历上的可测量度和叙事的重要性，从而达到了“信念真实”的效果，并随之具有强大的动员作用。

因此，当有谣言涉及公权力时，广播电视等新闻媒体应该代表民众采访谣言所涉及的公权力部门和相关人员，破除相关的集体记忆，去除其中的政治化色彩。如在瓮安事件的谣言中，李树芬的冲动自杀被置换为“县长儿子/侄子奸杀”。就此，当地电视台可以通过采访县长本人、其儿子/侄子、其邻居便可破除其中的政治化思维与“官员仗势欺人”的集体记忆。

(2)邀请高层政府、领导或外地媒体出面消解

虽然我国民众普遍存在着公正失衡感、相对剥夺感，对基层公权力丧失了信任，但绝大多数的国民还是相信上级政府尤其是中央政府的公平公正，心底普遍存在着一个共同信念：“中央是恩人，省里是亲人，地方是仇人。”与此同时，由于我国长期延续着人治而非法治的传统，导致我国存在严重的崇官思想。

因此为尽快平息事态，当地广播电视媒体不妨好好利用民众对高层领导的信任，通过采访高层政府与官员，以及与外地广播电视合作，来唤醒民众心中良性的集体记忆，疏解民众的怨恨情绪，增强民众对政府的信心，去除谣言中政治化色彩与不良的集体记忆。

三、社会感染与群体行为阶段：坚守新闻专业主义理念

依据笔者所搜集材料发现，我国目前对发泄型群体性事件的报道，尤其是广播电视的报道基本都是在第三个阶段即社会感染与群体行为阶段才开始介入。而且相比报纸等纸质媒体，广播电视的报道趋于更为保守。这主要体现在纸质媒体对发泄型群体性事件报道已基本经历了由“蛊惑与教唆框架”到“去语境化的事件过程框架”再到“高度语境化的社会冲突与怨恨框架”的发展历程[①]，但广播电视媒体却依旧在采纳“蛊惑与教唆框架”，只从政府立场进行报道，使得报道“邀功多、通报

① 曾庆香、李蔚：《解析传统媒体与新媒体对群体性事件的传播框架》，《当代传播》2011 年第 1 期。

事实少”，“官话套话多、真话实话少”，“官员表态多、群众发言少”，极为不中立、不平衡、不全面。新闻专业主义是一种独立于任何权威之外的新闻从业理念，它要求记者以客观、真实、准确的态度去报道事实，挖掘事实的真相，把事实的原生状态展现在读者、观众、听众面前。具体而言，广播电视媒体可从以下三个方面坚守新闻专业主义理念：

1. 官方立场与民众立场并重

广播电视在群体性事件的报道中，其政府喉舌功能得到了充分发挥，而作为人民喉舌的工具却未得到体现。

“民众立场”意味着首先要报道触发事件的当事人，听听他们的声音，感受他们求告无门的痛苦；其次要采访无利益诉求的参与民众，听听他们的想法，感受他们遭受不公时的无助；最后还需追问为什么会有这么多的群众心怀不满情绪。

媒体报道尤其是拥有大量受众的电视报道只有进行了如此客观、公正、真实、全面的报道，民众的情绪才能得到疏解，媒体本身才能赢得民众的信任与尊重，不致丧失公信力。这一点在瓮安事件中可谓得到了前后正反两方面的印证。

2. 由贬义用语到中性用语

几乎在所有发泄型群体性事件的广播电视报道中，由于采纳政府的视角，往往在通报事件时采用大量的贬义词来界定民众及其行为，如“不明真相的群众”、“不法分子”、“黑恶势力”、“犯罪嫌疑人”、“暴力分子”、“打砸抢烧”、“煽动利用”。如瓮安事件中，基层党委政府将事件定性为“有组织、有预谋”，是黑恶势力煽动群众围攻政府，并在当地媒体大规模刊播“瓮安群众愤怒谴责不法分子”等新闻。因此，这种报道理念基本形成了报道发泄型群体性事件的套路，其导语一般为如下：

> X日，X地因X事，一(小)撮不明真相的群众被个别别有用心的人煽动，引发了一起严重的打砸抢烧事件。X市委、市政府积极采取有效措施，化解矛盾，此事件已基本平息。

然而这种“蛊惑与教唆”以及“污名化”的报道框架不但不利于事件的解决反而会加剧矛盾双方的冲突。因此，我们新闻工作者需要充分意识到这些贬义用语、刻板印象与报道八股文的偏激与主观，在新闻报道中减少贬义词汇的使用，多采用中性用语。

3. 深层原因追问与新闻舆论监督

发泄型群体性事件爆发的原因表面上看是一件细小的触发事件，实质上是社会上的公权力部门或强势集团与阶层长期地侵害民众的利益，从而导致社会上、民众间存在着一种看不见、摸不着的怨恨场。由于各个地方的民众利益侵害事件有别，因此各个群体性事件的深层原因相异。为了预防群体性事件的再次发生，媒体应该追踪事件发生的深层原因。在瓮安事件中，如果新闻媒体及时对瓮安县的各种黑暗现象、不公现象、腐败现象等进行揭露，在“一日之寒”时，便发出警报，给予“加温”，那么瓮安不至于“冰冻三尺”，也就不至于因为一位少女的投河自尽而引发震惊全国的打砸抢烧事件。

因此，作为“船头瞭望者”和“社会解压阀”的媒体应该深入社会、深入基层、深入群众及时发现和报告这些“急流险滩”，而不应该在社会表层浮光掠影，成为社会五光十色的“奇闻轶事”陈列馆。唯有如此，媒体才能发挥预防群体性事件的功效。

4. BBC 报道伦敦骚乱的可借鉴之处

在坚守新闻专业主义理念上，BBC 对 2011 年 8 月 6 日发生在伦敦的骚乱事件进行了深入细致的报道，这对我国广播电视媒体极具借鉴意义[①]：

(1)时效

BBC 对伦敦骚乱的第一则报道为 8 月 6 日 23 点，与骚乱事件发生的时间仅相差 3 小时，尽管与网络“以秒计算时间”、“即刻反应”相比仍有差距，但对于电视媒体来说，已经相当具有时效性。

(2)中性

BBC 的报道中并不直呼群众为“rioter”(骚乱者)，而称他们为“protester(抗议者)”、“people(人们)”、“worker”(工人)等不带感情色彩的词汇；即便通报官方的讯息，也是小心地称其为“他们所称的”，如 8 月 9 日的一则报道中，主持人称“伦敦警方正在对他们所称的‘大规模失控’采取措施”，尽量避免站在某一利益集团的立场对事件做出定性。

(3)平衡

BBC 不仅报道了政府对骚乱的应对与处置，对事件本身的描述也比较详实，如骚乱参与者劫掠商铺、焚烧警车、殴打路人等等，BBC 都给予了详细报道。

在版面编排上，BBC 也尽力追求报道的平衡，为各种有代表性的不同立场和不同观点提供意见表达的平台，而对于这些被采访者的观点，BBC 却很少置评，如记者采访骚乱的参与者，一名女孩对 BBC 说：“We can do whatever we want to do”(我们可以做任何我们想做的事)；采访黑人以及白人的代表，表达他们的看法，一位黑人牧师在采访中激动地支持抗议行动，并称这是“crying out for justice”(大声疾呼的正义)；邀请警界代表作为演播室的嘉宾，回答公众的质疑，探讨警力在公民社会中的权责界限；报道保守党和工党对这一事件的看法，英国第一部长卡恩琼斯指责骚乱参与者，称他们“lack of respect shown for communities by the rioters was tragic”(暴徒们对社区缺乏尊重)。

(4)深刻

BBC 对伦敦骚乱的报道没有仅仅停留在浅层叙述，而是力求探寻伦敦骚乱的深层社会原因。BBC 既报道了执政的保守党的“犯罪说”，认为这起事件中的冲出是犯罪，也报道了反对党工党的指责，即执政党的经济政策导致骚乱。BBC 在报道中分别展示了不同的声音，对执政党既不直接批评，又不将事件的原因简单归咎于骚乱者身上。

---

① 强德华：《广播电视对发泄型群体性事件的舆论引导研究》，中国传媒大学硕士论文，2013 年。

发泄型群体性事件的预防是一个复杂而艰难的任务，广播电视在进行舆论引导的过程中需要从事件发展的各个阶段入手，深入分析各阶段舆论的特点，采取有针对性的引导策略，从而在最大程度上预防发泄型群体事件的发生。

〔作者曾庆香系中国传媒大学新闻学院教授；
王超慧系中国传媒大学 2013 级舆论学专业硕士研究生〕

否认性报道的伦理问题*

刘海明

在当前世界范围内的新闻实践中，存在这样一个现象：甲媒体昨天的一则新闻报道，乙媒体今天就定性为“失实报道”。例如，据英国广播公司 2013 年 10 月 22 日报道，美国国家情报局局长詹姆斯·克莱珀尔说，有关美国收集法国公民电话交谈信息的报道“不实”。原来，法国《世界报》之前曾详细报道了美国情报机构在法国开展信息监控的情况，其中包括美国间谍入侵外国网络，在数以百万计的电脑内植入间谍软件。在我国，类似的否认性报道也具有一定普遍性。例如，新华社的消息称，2013 年 10 月 1 日 8 时 40 分左右，京藏高速宁夏吴忠市关马湖段发生“疑似”重大交通事故，34 台车辆连环相撞。[①]宁夏高速交警的官方微博则称，新华社消息是造谣。2013 年 10 月 2 日下午，“宁夏高速交警”在微博上发布消息，否认之前的说法，并称：“宁夏高速交警的评论属微博管理员擅自发布，已对高速交警支队相关责任人做出行政处分。”[②]否认性报道发布的速度过快、否认性证据的缺失、舆论对否认性报道的质疑，表明否认性报道缺乏应有的公信力。对于这种状况，有必要从伦理的角度进行讨论。

否认性报道有助于探寻新闻真实

在资讯发达的时代，由于媒体资源丰富，总有一些部门受到涉及自身利益的新闻“伤害”后，便积极利用其他媒体来给自己正名。这带来的后果是：原本并不复杂的新闻事实，变得扑朔迷离起来。造成新闻事实扑朔迷离的主要原因在于否认性报道的出现。否认性报道是通过某一方（部门或个人）的否定性言论作为“事实”，进而对先期出现的某个具体新闻进行否认。

当前，我国否认性报道呈现出以下三个特点：报道内容涉及民众利益、政府部门形象受损、否认速度过快。具体而言，不能引起公众关注的新闻，不具有否认的

* 本文系国家社科基金项目《微博语境下媒体应急管理研究》（13BXW041）和西南科技大学媒体应急管理科研团队的阶段性成果。

① 国际在线专稿：《美国国家情报局局长称美国窃听法国电话报道不实》，国际在线，2013 年 10 月 23 日 16：10：30，http：//gb.cri.cn/42071/2013/10/23/6011s4295178.htm。

② 郭明明：《否认之前“京藏高速吴忠市段 3 人受伤”说法 宁夏高速交警：新华社没有造谣》，《北京青年报》2013 年 10 月 3 日，第 A06 版。

价值。与公众联系紧密的新闻，如环保问题、物价问题、安全问题和计划生育政策变动，类似的新闻一经媒体披露，很快能引发舆论的热议，不少否认性报道多针对此类新闻报道而发。此外，像举报高官存在腐败嫌疑（如刘铁男事件）和知名官员（如王立军事件）的报道，官方的辟谣同样是典型的否认性报道。否认性报道为澄清舆论的议论而披露，因而此类报道与原发报道的时间差较短，一般不超过 24 小时。

反观当前的不少否认性报道，其所追求的新闻真实只是话语性真实，即涉事方的否认，这样，否认性报道所呈现的新闻真实，因属于单维度的真实，常常给人以一家之言的感觉。例如，2013 年 3 月 5 日，水利部部长陈雷针对网上关于山东地下水污染的情况表示："通过山东省环保部门与水利部门的排查，目前未发现污染方面的案例，网上情况与实际情况有相当大的出入。"虽然山东潍坊的水污染事件不属实，"但地下水污染已经引起了我们的高度重视"①。由于缺乏翔实的事实材料作为支撑，否认性报道则容易变成对事实结论的"定性"。定性容易，举证不易。没有可靠的事实说话，否认性报道的新闻真实度则成为新的问题。

新闻报道的意义在于传播真实信息，媒体发布否认性报道，首先必须自己信以为真。就新闻产品的"真"，尤其是让报道者自己信以为真，就必须建立在大量事实的基础之上。一则报道要做到这一点，记者首先要通过自己的采访见证事实，通过多个信源鉴别信息的真假。只有记者相信自己采集的信息没有任何掺假的成分，才可让受者信以为真。采写否认性报道的记者，要推翻媒体同行的报道，必须采访到更多的人，掌握更多的素材，进而让自己和单位新闻主管确信否认的内容确实站得住脚。例如，2013 年 10 月 2 日，四川九寨沟景区发生大规模游客滞留事件，上下山通道陷入瘫痪，甚至出现游客"攻陷"售票处的传闻。10 月 2 日下午，有游客在网上发帖反映九寨沟景区有数千游客滞留，现场情况混乱，游客情绪激动。② 但是，随后其他媒体援引九寨沟景区自己的说法否认游客"攻陷"售票处的消息，同时承认当天九寨沟景区入园人数超载，导致部分游客滞留山上。③ 新浪微博上流传的不少照片显示九寨沟景区售票处内玻璃渣遍地、游客聚集在售票处内。显然，上述否认性报道，如果其记者不是援引涉事单位的说法，而是深入现场采访，让自己相信报道真实无误，那么，公众才可能信以为真。

新闻真实既要反映事实的表象真实，更要探寻事实的本质真实。第一时间发布的新闻，即便只达到了事实表象的真实，也是符合新闻职业规范的。因为媒体可以用连续报道的形式，不断发掘事实本质的真实，直到这种表象和本质的双重真实被全部呈现出来为止。否认性报道是对某个特定报道的矫正，这也是新闻探寻事实本质的一个必由阶段。由于否认性报道客观上是对前期报道事实的纠错，因此，

---

① 刘子瑜：《"山东地下水污染"查无案例》，《新快报》2013 年 3 月 6 日，第 A10 版。

② 《假日办：防止大面积游客滞留》，《新京报》2013 年 10 月 4 日，第 A09 版。

③ 《全国假日办接到九寨沟等景区人数超载游客滞留投诉》，中国新闻网，2013 年 10 月 3 日 10:35，http://www.chinanews.com/gn/2013/10－03/5344033.shtml。

它必须遵循新闻的真实性法则，用充足的事实作为依据来否认先期报道的失真之处。2013年下半年，《新闻联播》为配合打击谣言活动，曾推出一个辟谣栏目，用事实来回应网络的不实传言。在这个栏目播出的新闻，观众可以看到先前的不实信息是什么，可以知道究竟不实在何处。这样的否认性报道，有当事人作为被采访对象，有当事人生活的画面，否认性报道的真实感才会凸显出来。

否认性报道有利于提升媒体公信力

否认性报道，不论是媒体对自己报道的否认还是对同行报道的否认，毫无例外都是对自我公信力的考验。应该承认，媒体公信力首先是个集合概念。现代社会对媒体的依赖，源于公众对传媒业的整体信任。这种信任的形成经历了一个较长的过程，因此，公信力对媒体而言是宝贵的财富。

然而，公信力并非不动产，而是动产，它自身也在发生变化。在否定性报道中，媒体如果过分信任政府机关及其发言人的话，无异于将媒体公信力作为赌注来押宝，一旦失策将祸及自身。故此，媒体在利用权威机构和权威人士作为信息源澄清某个事件时，尤其应有足够的心理准备。这方面的教训，并不少见。例如，2013年9月27日《经济参考报》引用某基层审计人员的话："这两年时间（地方政府）举债规模特别大！""这次审计出来的总的债务规模在2011年审计结果的总规模基础上几乎翻一番，增长速度确实很快了。"①当天，审计署相关人员表示，目前政府性债务审计工作还正在进行中，并未得出最后数据。②基层审计员在审计期间的感受，被审计署官员以最终数据尚未发布"否认"，这样的否认性报道，给人以原发媒体造假的感觉。

由于人们对世界的认知不可能一次完成，因此新闻采访报道和科学探索一样，在探索世界的过程中，需要反复检验。当科学探索对先前结论进行否认时，人们对科学的信仰不会降低，不会否认犯错科学家的有益探索。同样，公众并非不原谅报道存在失误的媒体和记者。在探求事实真相的过程中，纠错的媒体有义务告诉受众：原发报道错在哪里，并提供可信的失误证据。原发报道的媒体有义务解释被否认的报道是否确实如否认性报道所说的那样，如果认可同行的纠错，应解释记者在采访过程中没有注意到哪些关键性的因素导致错误，同时向因自己的失实报道造成的所有受害方表示歉意。敢于承认报道不足、勇于承担报道失实的责任、竭力弥补新闻受害者的损失，这样一来，失实报道和科学探索一样，不会因为一次失误而失去媒体的信任。相反，如果原发报道的媒体和记者不认为同行媒体的否认性报道站得住脚，那么就有必要用事实依据详尽还原报道事件的整体风貌和背景原因，相信受众对此有基本的真伪识别能力。由此，这也迫使刊发否认性报道的媒体，不得不用充分的证据证明某个报道确实存在失实之处。

---

① 《国家审计署摸底发现：地方债务较两年前几乎翻番》，《经济参考报》2013年9月27日，第2版。

② 赵鹏：《"地方债几乎翻番"审计署称报道不实》，《京华时报》2013年9月29日，第3版。

若我们的新闻竞争能进入这样一种境界，则基本可以视作进入了一种理想的境界。在这种理想境界中进行新闻活动的媒体，自然会赢得较高的荣誉，不至于因为一则报道失误或媒体丑闻而失去公众对它的信赖。在这方面，世界著名媒体的经历已经证明了这一点。譬如，《纽约时报》记者的新闻造假、BBC 主持人的性丑闻案，随着媒体的自我纠错，公众对其的信任并未出现明显滑坡。媒体长期积累起来的信用资本，媒体的自我纠错机制，使媒体享有其独特的公信力。可见，当媒体报道出错时，得体的纠错措施不仅可以弥补媒体的失误，而且可以增加自身的可信度。自我纠错和业界纠错的风尚一旦形成，即便公众对某家媒体持批评甚至抵制的态度，但对整个传媒业来说，则可能是一种福音，因为透过行业纠错(譬如，刊发否认性报道)可以获得公众的普遍认可，进而提升传媒业的公信力。

时至今日，对新闻报道有微词者不乏其人，但真正愿意放弃对新闻媒体信任的人，恐怕屈指可数。究其原因，媒体公信力是整个传媒业的共有资源，每家新闻单位都应该成为这个荣誉的股东，对行业性荣誉的损害也将是对自我利益的损害。基于这样的考虑，在原发报道媒体没有发现报道失误或者不愿意承认报道存在失误之时，其他媒体主动刊发否认性报道，也是传媒业自我纠错机制的具体体现。因为受益的是整个传媒业，所以否认性报道只会赢得同行的尊重而不是诋毁和排挤。相反，假设对于媒体同行的失实报道，没有媒体愿意指正，最终受损的将是整个传媒业的公信力。这是因为，任何失实报道的客观存在，将或多或少地对传媒业的声誉构成损害。相反，对于刊发否认性报道的媒体而言，选择报道同行的失误，源于对传媒业公信力的自觉维护。换句话说，否认性报道体现的是媒体的伦理精神。

否认性报道有益于形成媒体自律

失实报道，是事实方面的错误，是记者采访功课做得不足、编辑缺乏必要的核实、媒体把关不严所致。失实报道属于系列性失误，暴露出的是一家媒体新闻管理的问题。对失实报道的自我否认，应该视作更高层级的媒体自律。原发报道的媒体主动否认自己的新闻报道，是一种伦理美德，需要相当的勇气才能实现。现阶段，在我国的新闻媒体中一旦出现原发报道失实的情况，当事媒体在不受来自社会压力的情况下肯于主动自我纠错、刊发否认性报道者还很少。相反，原发媒体对失实报道保持缄默，甚至一些媒体处于自身考虑，对原本未必失实的同行报道以否认性报道的方式予以"揭露"，及至真相大白后自己失声，其他媒体也不澄清错误的现象，倒具有一定普遍性。缺乏自律的否认性报道，最终将降低媒体的品格。

在今天，自律已经成为各种职业伦理中最为普遍的伦理原则之一，没有哪个行业不强调自律对提升该行业整体的社会声誉的重要性。对于传媒业而言，因为大众传媒在现代社会中的特殊地位和特殊作用，自律对于媒体从业者来说，就显得更为重要。对自律重要性的认识，不妨放在整个社会的大环境下，更具有说服力。人类社会和自然界一样，是个有机的整体。伦理学中与"有机的整体"相对应的词叫"共同体"。社会是彼此联系的，任何一个行业都无法脱离其他行业而独立存在。

传媒业也不例外。

从宏观的角度讲，媒体自律关系到整个传媒行业良性的发展。媒体存在的价值在于传播社会变动的最新资讯。媒体要实现其自身价值，必须客观公正地采集信息，完整地披露信息，以此使整个社会受益。显然，这不是一家媒体可以独立完成的使命。即便在传媒业高度垄断的社会里，也不能由一家超级媒体负责报道全社会的最新变动。这样，媒体必须成为一个产业，多家共同将社会信息作为经营对象，共同服务于社会对新闻信息的客观需求。那么，传媒业就构成了社会共同体的分支共同体——“媒体共同体”。作为共同体的成员，媒体之间不仅要保持协作关系，而且还扮演着相互监督的角色。这里所说的“监督”，是指对传媒业问题的监督与纠正。

否认性报道，可以是原发报道的媒体主动对先前报道的自我否认，也可以是同行对自己某个报道的批评与否认。否认一个报道的真实性或准确性，不在于诋毁对方，而在于匡正谬误，以避免误导公众，进而影响他们对世界的正确认识。只有这样，传媒业的整体声誉才可以得到有效地维护。可见，媒体自律首先是本着维护媒体共同体的利益而不得已采取的一种自我纠错行为。

从微观的层面看，媒体自律对提升单个媒体的品牌效应具有特殊的意义。西方知名的媒体，以报纸为例，不少报纸有固定的纠错栏目，翌日的报纸刊登昨日报纸的各类差错，并向读者表示歉意。按说，没有读者强迫要求媒体刊登这样的信息，也没有法律强行规定媒体必须逐日澄清各自的差错。媒体选择以致歉的方式主动纠错，显然源于媒体的自律。这样的自律，显然包含着媒体的道德考虑，以致歉的方式惩罚自己的差错。这表明，自我的惩罚在于修己的需要，这样的“修己”既在于安人，也在于安己。一个敢于纠正小错，并且能够将纠正小错作为一项传统坚持下来的媒体，才可以主动纠正自我报道中的失实内容。

结　论

讨论否认性报道的伦理问题，在于唤醒新闻媒体的危机意识。微博时代，传媒业和其他行业一样，由或然性因素导致意外事件发生的概率在增加。这就要求传媒业树立必要的危机意识，正视新闻媒体随时可能出现的问题。如果这些问题不能及时发现并采取相应的补救措施，就可能危及一家媒体的声誉，进而损害整个传媒业的社会声誉，降低媒体的公信力。否认性报道的意义在于去伪存真。媒体及其从业者应清醒地认识到，去伪存真需要更多的责任心，需要相应的报道技巧。过分依赖权威机构和权威人士的言论，或者处于自利的考虑，有意否认一则并不真正失实的报道，由此所造成的危害可能超乎媒体及其从业者的想象。作为媒体，坚持事实本位的伦理原则，以媒体公信力为媒体生存的根本，以自律矫正媒体的自利倾向，以独立为原则不发布含有人情味或行政色彩的否认性报道，维护媒体共同体的利益，对今天的中国传媒业来说，具有较强的现实意义。

〔作者系西南科技大学新闻系主任、副教授、博士〕

《求是》杂志 2013 年理论宣传研究

闫永栋

《求是》杂志是中共中央主办的理论刊物，是党中央组织机构的重要组成部分。十八大以来，《求是》杂志如何扮好党中央机关刊物这个角色，切实担负起应有的职责，履行应尽的义务，做到让党放心，让人民满意？浏览 2013 年《求是》杂志，我们不难得出这样一个答案：把对上负责与对下负责有机地统一起来。

一、《求是》杂志为什么要追求对上负责与对下负责相统一

对《求是》杂志而言，所谓"上"，是指在我们党的组织机构中居于最高层次的中央机关以及党和国家、军队的领导同志；所谓"下"，是指党的各级地方组织以及政府部门中的广大干部、党员群众。《求是》杂志对上负责，就是坚持党性原则，与党中央保持高度一致，紧密团结在以习近平同志为总书记的党中央周围，围绕中心，服务大局，对中央和党、国家、军队领导同志负责；对下负责，就是坚持群众观点和群众路线，调动基层部门和群众积极性，反映群众心声，对基层和群众负责。

1. 对上负责是《求是》杂志坚持"政治家办刊"原则的应有之义

一般来说，一个机构创办刊物都有其办刊方针。成文办刊方针见诸杂志的发刊词，对机关刊物来说更是如此。没有成文办刊方针的杂志，对其一定时期的刊物内容进行分析，也可以看出背后隐藏的办刊方针。办刊方针对杂志编辑思想具有规定性。

1999 年 11 月 25 日，胡锦涛主持中央书记处会议听取《求是》杂志社工作汇报时，为其确定了"坚持政治家办刊原则，高举旗帜，贴近实际，提高质量，办出特色"的办刊方针。

2. 对下负责是《求是》杂志坚持群众路线的必然要求

在长期的革命斗争中，以毛泽东为代表的中国共产党人逐步形成了"一切为了群众，一切依靠群众，从群众中来，到群众中去"的群众路线。

1980 年 12 月 25 日，邓小平在中共中央工作会议上的讲话指出："群众路线和群众观点是我们的传家宝。"①

在群众观点上，江泽民提出三个"一致性"的观点，即"坚持尊重社会发展规律

---

① 邓小平：《贯彻调整方针，保证安定团结》，《邓小平文选》第 2 卷，人民出版社 1994 年版，第 368 页。

与尊重人民历史主体地位的一致性，坚持为崇高理想奋斗与为最广大人民谋利益的一致性，坚持完成党的各项工作与实现人民利益的一致性”。

1993年8月9日，胡锦涛同志在全国组织工作座谈会上的讲话指出：各级领导班子和领导干部一定要充分认识到，克服官僚主义、形式主义是加强领导班子思想作风建设的经常性的重要任务。全心全意为人民谋利益是我们党一切工作的根本出发点和落脚点，做各项工作都要想群众之所想，急群众之所急，办群众之所需，把对上负责与对下负责统一起来。①

2010年10月15日召开的党的十七届五中全会指出，“继续抓住和用好我国发展的战略机遇期，实现‘十二五’时期我国经济社会发展目标任务，必须紧紧依靠广大人民群众，必须加强和改进新形势下群众工作”②。党的十七届五中全会深刻阐述了群众观点、群众立场、群众工作方法等重大问题，丰富和发展了党的群众路线，对做好群众工作提出了新的更高要求。

2012年12月4日，以习近平为总书记的党中央审议通过了中央政治局关于改进工作作风、密切联系群众的八项规定。

党的历代领导核心关于群众路线的思想尽管具体表述不同、时代背景不同，但都强调党的利益与人民利益的一致性，并在实际工作中予以贯彻，把对上负责和对下负责统一起来。

3. 社会建设的新目标要求《求是》杂志必须把对上负责与对下负责相统一

十八大报告指出，根据我国经济社会发展实际，要在十六大、十七大确立的全面建设小康社会目标的基础上努力实现新的要求：经济持续健康发展，转变经济发展方式取得重大进展，在发展平衡性、协调性、可持续性明显增强的基础上，实现国内生产总值和城乡居民人均收入比2010年翻一番；人民民主不断扩大；文化软实力显著增强；人民生活水平全面提高；资源节约型、环境友好型社会建设取得重大进展。加强社会建设，是社会和谐稳定的重要保证。必须从维护最广大人民根本利益的高度，加快健全基本公共服务体系，加强和创新社会管理，推动社会主义和谐社会建设。提高人民物质文化生活水平，是改革开放和社会主义现代化建设的根本目的。要多谋民生之利，多解民生之忧，解决好人民最关心最直接最现实的利益问题，在学有所教、劳有所得、病有所医、老有所养、住有所居上持续取得新进展，努力让人民过上更好的生活。面对资源约束趋紧、环境污染严重、生态系统退化的严峻形势，必须树立尊重自然、顺应自然、保护自然的生态文明理念，把生态文明建设放在突出地位，融入经济建设、政治建设、文化建设、社会建设各方面和全过程，努力建设美丽中国，实现中华民族永续发展。

建设中国特色社会主义的新目标，要求党中央机关刊在理论宣传上必须对上

---

① 胡锦涛：《加强思想作风建设 把各级领导班子建设成为领导有中国特色社会主义事业的坚强集体》，《十四大以来重要文献选编》上，人民出版社1996年版，第396页。

② 郑青原：《切实做好新形势下的群众工作——五论牢牢抓住历史机遇、全面建设小康社会》，《人民日报》2010年11月2日，第1版。

负责，把中央建设社会主义和谐社会的创新理论宣传好、解释好，让人民知道党中央谋求社会和谐和人民幸福的决心和思路，为建设和谐社会营造良好的舆论氛围。另一方面，面对加强和创新社会管理的新任务，党中央机关刊必须对下负责，结合困扰基层干部群众的实际问题进行理论引导，为他们解疑释惑，才能使和谐社会理论宣传符合基层干部群众的切身感受，才能最大限度激发社会活力，增加和谐因素、减少不和谐因素，正确处理人民内部矛盾，切实维护社会和谐稳定。

4. 舆论格局的新变化要求《求是》杂志必须把对上负责与对下负责相统一

当前，不论是业界还是学界，只要直面现实，人们往往会察觉自己同时身处四个舆论场中，即国内官方媒体舆论场、国内非官方媒体舆论场、国内民间舆论场、境外媒体舆论场。在这样四个舆论场叠加的背景下，《求是》杂志如果不对下负责、通达社情民意，就很难坚持正确的舆论导向。已是老百姓街谈巷议的话题，或已为网络、手机短信焦点者，党刊如不予触及，就根本谈不上掌握舆论引导的主动权。换言之，党刊只有通达社情民意，在舆论引导中才能情况明、决心大、办法多，把读者往正确的方向引；要清醒地引导，而不能盲目地误导。2011 年初北非爆发的"茉莉花革命"，导致多国社会动荡，其中一个原因就是网络舆论失控。我们必须引以为戒。

二、《求是》杂志在理论宣传上如何体现对上负责与对下负责相统一

1. 围绕"上面的精神"与"下面的呼声"二者交叉或叠映来确定选题和角度

马克思和恩格斯在《〈新莱茵报・政治经济评论〉出版启事》中写道："杂志也有杂志的优点，它能够更广泛地探讨各种事件，并且只谈最主要的问题。杂志可以详细地、科学地研究作为整个政治运动的基础的经济关系。"①这启示我们，选题是杂志的一大优势。

选题对传播效果有重要影响。传播学研究发现，大众传播往往不能决定人们对某一事件或意见的具体看法，但可以通过提供信息和安排相关的议题来有效地左右人们关注哪些事实和意见及他们谈论的先后顺序。大众传播可能无法影响人们怎么想，却可以影响人们去想什么。这一发现被西方传播学家称为议程设置理论。在他们看来，议程设置是大众传媒影响社会的重要方式。理论宣传的效果主要是通过对"人们对某一事件和意见的具体看法"进行舆论引导来实现的，尽管议程设置理论有其具体语境，与理论宣传规律有很大区别，但是，议程设置理论仍为理论宣传的选题提供学理上的参照。

选题是编辑工作的第一步，创造性很强。理论文章的选题就是理论宣传议题的设置。党的十八大以来，习近平总书记围绕学习宣传贯彻十八大精神和十八届三中全会精神，发表了一系列重要讲话，提出实现中华民族伟大复兴中国梦的重要

---

① 马克思、恩格斯：《〈新莱茵报・政治经济评论〉出版启事》，《马克思恩格斯全集》第 10 卷，人民出版社 1998 年版，第 115 页。

思想，阐述了党和国家面临的一系列重大问题，展示了新一届中央领导集体的执政思路。这是中国特色社会主义理论的最新发展，是我们党在新的历史时期的重要指导思想和执政理念。在十八大开局之年，宣传党的十八大精神、十八届三中全会精神和习近平总书记中国梦的重要思想，必然成为党中央机关刊《求是》杂志的主要选题。

有了选题，如何破题？破题就是选角度，这也是创造性很强的工作。从某种程度上来说，角度就是高度，角度就是导向，角度就是观点，角度就是效果。理论宣传选题和角度的重要性，如同打仗要抢占制高点，争取主动权。那么，《求是》杂志如何争夺理论宣传的主动权呢？浏览 2013 年《求是》杂志，我们不难得出这样的结论：既坚持党性原则，无条件地宣传党的主张；又发挥主动性和创造性，把做好规定动作与做好自选动作结合起来。

仅以《求是》杂志 2013 年第 1 期为例，可以说篇篇都是围绕“上面的精神”与“下面的呼声”来确定选题和角度的。

第一组文章共 3 篇，都紧紧围绕十八大这个主题为选题，既有反映“上面的精神”的，即开篇的中共中央总书记习近平同志在党的十八届一中全会上的讲话节选《全面贯彻落实党的十八大精神要突出抓好六个方面工作》；也有传达“上面的精神”的《求是》杂志社论《新年要有新气象》和评论员文章《牢牢把握夺取中国特色社会主义新胜利的基本要求——认真学习贯彻党的十八大精神之三》。

时政专栏“高举中国特色社会主义伟大旗帜”选编了 4 篇文章，分别是中共中央组织部常务副部长沈跃跃的文章《努力建设更加坚强有力的高素质执政骨干队伍》，中共黑龙江省委书记吉炳轩的文章《在深化对外开放中发挥黑龙江地缘优势》，国家宗教事务局党组书记、局长王作安的文章《倡导“保护、管理、引导、服务”的宗教工作理念》和中国航空工业集团公司董事长、党组书记林左鸣的文章《忠诚于党、献身航空的时代楷模——学习罗阳同志的优秀品质和可贵精神》；分别以领导干部的培养、地方发展、宗教工作、时代楷模为主题，选题内容丰富，时代感强。

经济专栏“经济改革与发展”选编了 3 篇文章，分别是财政部副部长王保安的文章《埋头苦干 扎实开局 稳中求进》，中央财经大学副校长史建平的文章《金融创新要紧贴实体经济》，中共江苏省委副书记石泰峰的文章《农民增收与机制创新》；分别以我国经济的总体运行、发展情况，金融改革创新，农民增收为主题，深刻剖析当前我国经济领域的深层问题，有针对性地提出合理化意见和建议。

政治专栏“民主政治建设”选编了 2 篇文章，分别是国家行政学院党委书记、常委副院长李建华的文章《深化改革 加快建立中国特色社会主义行政体制》，中共工业和信息化部党组文章《大部制改革：科学发展的有力保障》，就深化行政体制改革和大部制改革问题建言献策。

文化专栏“文化发展与创新”刊发中共文化部党组文章《迈向文化强国》，就如何推进社会主义文化强国建设提出一系列对策。

另外，“生态文明建设”专栏刊发中共江西省委书记苏荣的文章《探索江西的绿色崛起之路》；“党的建设”专栏刊发全国人大常委、法律委员会副主任委员张柏林的文章《谈团结问题》;“依法治国”专栏刊发全国人大常委会法制工作委员会主任李适时的文章《尊崇宪法精神 维护宪法权威》;“中国外交”专栏刊发外交部部长杨洁篪的文章《稳中求进 开拓创新——国际风云激荡中的2012年中国外交》;“世界风云透视”专栏刊发郭纪署名文章《美国为什么热衷于向世界输出民主?》;“观察与思考”专栏刊发上海市中国特色社会主义理论体系研究中心的文章《对历史的自觉自信是抵制历史虚无主义的基石》;“红旗论坛”专栏刊发石平署名文章《网络信息保护:众望所归之举》;“绿野”专栏刊发中共黑龙江省委常委、宣传部长张效廉的文章《文化伟力的立体长卷——理论文献电视片〈文化伟力〉观感》;“百家言”专栏摘编郑必坚、吴建民、陈凤英、于建东、郑万通、季小江、龚维斌等人士的观点。

上述文章在选题和角度上无一例外地表明,《求是》杂志紧紧围绕“上面的精神”与“下面的呼声”二者交叉或叠映来确定选题和角度,把对上负责与对下负责有机地统一起来。

2. 既评析上面决策的正确性、重要性,又评析下面贯彻上面决策的自觉性、坚定性

传播学研究结果表明,读者对贴近自身实际的信息最感兴趣。“报纸的作用和力量,就在它能使党的纲领路线,方针政策,工作任务和工作方法,最迅速最广泛地同群众见面。”[①]重温毛泽东的这一名言,我们深刻地领会到:《求是》要增强理论宣传的实际效果,不仅要论述党中央决策的正确性、重要性,还要论述下面贯彻中央决策的自觉性、坚定性,这样才能增强理论宣传的贴近性和说服力。

2013年4月19日,中共中央政治局召开会议,决定从2013年下半年开始,用一年左右时间,在全党自上而下分批开展党的群众路线教育实践活动。为此,自2013年第13期开始,《求是》杂志开设新专栏“深入开展党的群众路线教育实践活动”,至2013年第24期,共发稿35篇,紧密配合党中央的工作部署。

这组文章有深入阐释中央精神的,如2013年第13期刊发的全国党的建设研究会会长虞云耀的文章《照镜子、正衣冠、洗洗澡、治治病——正确把握党的群众路线教育实践活动的总要求》,中央党校中国特色社会主义理论体系研究中心的文章《在群众路线教育实践中改进作风》,中共陕西省委副书记孙清云的文章《做自觉坚持党的群众路线的典范》;有具体介绍经验体会、典型人物事迹的,如第15期刊发的中央国家机关工委常务副书记李智勇的文章《中央国家机关如何严要求做表率?》,第23期刊发的中共四川省委组织部文章《用生命践行党的群众路线的好干部——学习兰辉同志先进事迹》;有《求是》杂志记者的调查,如第14期刊发总编室调研组文章《进村赶考:苏区干部好作风回来了》,第20期刊发袁立辉的文章《谱写新时期群众工作的“黄桥烧饼歌”—— 泰兴市“群众工作团”调查》。

这些文章既论述上面决策的正确性、重要性,又评析下面贯彻上面决策的自觉性、坚定性,体现了《求是》杂志对上负责与对下负责相统一的办刊思想。

---

① 毛泽东:《对晋绥日报编辑人员的谈话》,《毛泽东选集》第四卷,人民出版社1991年版,第1318页。

3. 既评析上面总结推广下面实践经验的科学性、前瞻性,又评析下面具体落实上面工作部署的主动性、创造性

列宁有一个著名观点——“群众生气勃勃的创造力是新社会的基本因素”。他认为“生气勃勃的创造性的社会主义是由人民群众自己创立的”①。从列宁的这个著名观点我们能够感悟出,党的领导作用与人民群众的主体作用是一致的。党的领导作用是为人民群众提出正确的主张,领导和支持人民群众当家作主,把他们动员、组织和凝聚起来,为实现自己的利益而奋斗。党的领导正确、有效,领导作用发挥得好,就能使人民群众认清自己的主人翁地位,发挥主体作用。反之,人民群众越能发挥主体作用,以极大的主动性和创造性去建设自己的新生活,就越有利于党的正确领导的实现。

我国改革开放以来的实践证明,群众的创造往往是对上面精神领会得深、把握得准的下面敢冒、敢闯、敢试的丰硕成果。他们先在点上实践,形成雏形,再经过稍大一些范围的检验、论证、总结,最后在面上推广。从群众中来,到群众中去,从而实现党的领导作用与人民群众主体作用的一致。《求是》杂志2013年第12期刊发的《求是》杂志总编室调研组文章《发展好干群关系:从群众中来,到群众中去——云南省“四群教育”调查》,就是一个最好的例证。

2008年,云南省普洱市孟连县曾因发生损害胶农利益问题引发一起群体事件。事件发生后,县各级领导干部痛定思改,着力贯彻党的群众路线,推进干群关系根本性好转,最终走出一条做好群众工作的新路子,从“孟连事件”转变为“孟连经验”,得到了中央的肯定。从2011年开始,云南省在全省干部中深入开展群众观点、群众路线、群众利益、群众工作“四群教育”活动,实行干部直接联系群众制度,着力解决人民群众反映强烈的突出问题,提高做好新形势下群众工作的能力,使全省干群关系有了良好发展。

综上所述,在2013十八大开局之年,《求是》杂志深刻领会中央精神,紧密配合党中央的决策部署,紧紧抓住党的十八大精神、十八届三中全会精神和习近平总书记中国梦的重要思想等重大主题,在党的理论宣传方面发挥导向和表率作用;把中央所倡导的和群众所需要的紧密结合起来,把对上负责与对下负责有机统一起来,紧紧围绕“上面的精神”与“下面的呼声”二者交叉或叠映来确定选题和角度。既评析上面决策的正确性、重要性,又评析下面贯彻上面决策的自觉性、坚定性;既评析上面总结推广下面实践经验的科学性、前瞻性,又评析下面具体落实上面工作部署的主动性、创造性;发挥党报党刊理论宣传和舆论引导的优势,着力破解改革进程、社会发展和人民生活中的热点、焦点问题,在及时为读者解惑释疑中达到引导的目的,彰显党中央机关刊政治性、理论性、权威性和指导性的特色,唱响时代最强音。

〔作者系中国传媒大学新闻学院党报党刊研究中心博士〕

① 列宁:《全俄中央执行委员会会议》,《列宁全集》第33卷,人民出版社1985年版,第52—53页。

新世纪环境新闻指导理念浅析

——以中国新闻奖 2004—2013 年获奖作品为例*

闫文明　刘婷婷

一、问题提出

进入新世纪以来，人们越来越多地受到雾霾、水污染、噪声污染等环境问题的影响。刚刚过去的 2013 年，雾霾共波及 25 个省，影响约 6 亿人口，成为 1961 年以来全国平均雾霾日数最多的年份，再次引起人们关于环境问题的大讨论。

人们对环境问题严峻性的认识，一方面来源于直接经验，如个人的切身感受；另一方面则来源于间接经验，如环境新闻。根据麦克尔·弗洛姆的定义，环境新闻是“在制定决定过程中，在调查研究的基础上，一种有目的、为公众而写的，以充分准确的材料为依托、反映环境问题的信息”①。四川大学王积龙教授在《抗争与绿化：环境新闻在西方的起源、理论与实践》一书中采用的正是这一定义。

环境新闻的发展经历了漫长的过程：它滥觞于 20 世纪 60 年代的美国，以《寂静的春天》一书的出版为标志；在 70 年代到 90 年代间不断发展，报道数量增加、视野拓宽、专业记者崛起；新世纪以后逐渐进入成熟阶段，报道题材多样、指导理念成熟。

环境问题往往涉及自然、社科、人文等多个领域，具有复杂性、长期性、风险性、艰巨性等特点。所以，环境新闻不同于其他新闻题材，它除了要客观报道环境问题，还要在报道中传播环境知识，传递风险意识，引导人们增强环保观念。环境新闻作品的优劣，从表面上看是知识水平、写作技巧的差异，实质上是指导理念的差异；我们不得不去思考，获得中国新闻奖的环境新闻作品，其指导理念是什么？进入新世纪以来发生了哪些变化？有没有不足之处？

为了探究以上问题，我们选取了中国新闻奖② 2004—2013 年 10 年间的环境新

---

* 本文系教育部人文社科基地重大项目“公共突发事件中的危机意识——危机传播与媒介素养研究”(11JJD860006)成果。

① 王积龙：《抗争与绿化——环境新闻在西方的起源、理论与实践》，中国社会科学出版社 2010 年版，第 10 页。

② 中国新闻奖是由中华全国新闻工作者协会主办的全国优秀新闻作品最高奖，是经中宣部批准设立的全国性常设新闻奖。其前身为 1980 年开评的全国好新闻奖，1991 年开始改名为中国新闻奖，每年评选一次，现在已经评选了 23 届(截至 2013 年 12 月底)。中国新闻奖获奖作品在一定程度上可以代表我国新闻作品整体的情况。

闻获奖作品，从数量、主题、报道视野等多个角度对其进行了分析，期待从中抽象出指导获得中国新闻奖的环境新闻的理念，从而指导环境新闻的采写实践，帮助受众树立正确的环境价值观，切实有效推进环境问题的解决。

二、环境报道的指导理念积极转变

1. 环境保护重于环境治理(保护比治理更重要)

环境新闻的报道，主要集中在环境污染、污染治理和环境保护三大领域：环境污染报道，是对“先发展后治理”思想主导下造成的恶果的揭露；污染治理报道，是对政府和企业“亡羊补牢”行为的反映；而环境保护的报道，则是“防患于未然”的预警，有助于从根本上解决环境问题。

中国新闻奖第14—23届共183篇环境新闻获奖作品，越来越多地体现出“环境保护比环境治理更重要”的理念。如《保护三江源生态 人与自然和谐发展》(2005)、《谁在掘子孙的根》(2006)、《呵护“中国清水”》(2007)、《为什么受伤的总是湿地》(2011)、《20万亩平原造林工程启动 北京打响空气质量“攻坚战”》(2013)等，都在文章中很好地体现出了“预防为主，防治结合”的报道理念。

下面以第23届中国新闻奖一等奖获奖作品中唯一的环境新闻《携手共建“美丽中国” 让候鸟飞》为例，详细进行分析。2012年11月11日，天津北大港湿地发现被投毒的国家一级保护动物东方白鹳，各大媒体都刊登了谴责投毒者的负面报道；在一片谴责声中，北方网另辟蹊径，把关注焦点锁定在来自四面八方的志愿者身上，组织了这场访谈。访谈从三个方面体现出其“注重环境保护”的理念：一是普及湿地重要性、候鸟迁徙及保护的知识，教授环境保护方法；二是深入分析了自然保护地、候鸟保护在立法方面的必要性，呼唤“环境保护”的制度保障；三是向全国网友发出倡议，点燃了环境保护的激情。

2. 生态效益优先于经济效益(生态效益优先)

环保部部长周生贤曾说，“离开经济发展讲环境保护，那是缘木求鱼；离开环境保护谈经济发展，那是竭泽而渔”，二者处理得当，才能实现“共生共存，互利共赢”的局面。但是从以往的经验来看，经济的发展总会在一定程度上破坏环境，而加大环境保护力度，经济效益又会受到影响，如何处理二者之间的矛盾，成为指导环境新闻理念的重要部分。

中国新闻奖第14—23届获奖的环境新闻作品，其指导理念为：倡导经济增长与环境保护双管齐下，同时实现两个效益；但是在经济增长与环境保护不可兼得时，就应“舍经济而取环保”。体现这一理念的典型代表，是第17届获奖作品《兖州封存两亿吨大煤田，留给子孙美好家园》和第19届获奖作品《双矿集团弃采42亿吨大煤田》。

以《双矿集团弃采42亿吨大煤田》为例，作品讲述的是一个矿业集团为了生态效益舍弃经济效益的故事。双鸭山矿业集团在濒临资源枯竭的关口，发现了一座42亿吨的特大煤田，煤田位于湿地下面，能够使煤矿再发展一百年。然而为了当地的全面协调可持续发展，双矿集团最终放弃了开采。报道充分运用了图表、字幕等电视手段，或明或暗揭示出企业在做出“采，还是不采”这一决定时的艰难、矛盾、纠结。故事最后，双鸭山矿业集团“舍经济而取环保”的决定，既是矿业集团的理念，也是中国新闻奖获奖作品的指导理念。

3. 全球视野高于国家思维(超越国界的大生态观)

随着全球经济一体化进程的加快，环境问题超越了省份甚至国家的行政区隔，成为全球性的问题。环境好，全人类收益；环境污染，全人类受害。因此，人们对待环境的态度，也逐渐从“人类中心主义”过渡至“生态中心主义”，从“保护我国环境”转变为“保护全球生态”。

从《外来入侵植物正在危害中国西南地区跨境生态安全》(2007)、《合全球之力化能源危机》(2008)、《全球首次亚洲象公众责任保险签约》(2010)、《东非野生动物大迁徙》(2013)、《中美科普国际连线之极端天气》(2013)等作品可以看出，中国新闻奖环境新闻获奖作品，已经越来越多地把报道视野投向了国外，报道全球范围内的环境新闻，倡导“超越国界的大生态观”。

其中，《东非野生动物大迁徙》播出后引发的社会反响最为强烈。《东非野生动物大迁徙》是中央电视台的一档直播特别节目，也是电视媒体首次在非洲对野生动物迁徙进行直播报道，意义重大。节目运用了直播连线、新闻资讯、现场解读、背景补充等多种方式，为观众呈现了一场马赛马拉原始自然生态下物种迁徙的视听盛宴。不仅让国内观众近距离地感受了被称为地球家园“最伟大的生命迁徙”，而且为全世界展示了独一无二的自然景观，体现了全球视野范围下的大生态观。

对比之前的野生动物报道，主要以国内的藏羚羊为主，如《让路藏羚羊》(2006)、《让路藏羚羊》(2012)、《近万只待产藏羚羊一夜集结卓乃湖》(2012)等，节目主要通过对藏羚羊的报道满足国内观众的新闻需求；而《东非野生动物大迁徙》直播特别节目集时效性、重要性、趣味性于一身，在前方邀请了野生动物保护专家和当地居民参与直播，在后方邀请了我国动物学会、动物生态相关专家以及我国驻肯尼亚大使做客演播室，解读了当地人文风情、环保情况，突出视角的延展性和报道的国际化。

4. “真实的负面”强于“牵强的正面”(坚持客观真实)

“负面新闻正面处理”，是我国新闻工作者曾经惯用的手法，指在负面新闻出现时，逆向寻找新闻切口，选择正面报道角度，弘扬正能量，增强舆论引导能力。环境新闻中，无论是正面的环境保护行为，还是负面的环境污染、环境破坏新闻，在进行报道时往往会选择较为正面的报道角度，如《九寨沟抑制无限扩张》(2007)，不写“扩张”写“抑制扩张”，《一个农民扳倒13家污染化工厂》(2007)，不提“污染”提“农民抗争污染”，《新疆“天宏纸业”终结50年白纸黑水历史》(2009)，不选“白纸黑水”，选“白纸黑水的终结”，《大小兴安岭林区全面停止主伐》(2012)，不报“多年主伐”，报“全面停止主伐”……这样的例子不一而足。

但是进入新世纪以来，中国新闻奖环境新闻获奖作品中的负面报道明显增多，如《耗水大户“水疗城”竞相出现在缺水边城乌鲁木齐》(2006)、《〈无极〉走了，香格里拉痛了》(2007)、《乐东海防林:问题严重 部门失职》(2007)、《村民铅超标,谁之过》(2007)、《问诊"阳宗海污染事件"》(2009)、《这里的污染没人管?》(2012)等,都是从负面切入,客观、真实地呈现环境污染问题,通过反思和追责,积极探索解决问题的方法。

如东方白鹳被投毒事件发生后,同时有两篇环境新闻作品获得中国新闻奖,除了前文提到的洋溢着正能量的网络访谈《携手共建"美丽中国" 让候鸟飞》,还有针砭当下弊病的电视评论《东方白鹳被毒杀——谁之责?》。后者以相关部门召开的"救助东方白鹳紧急会议"为切入点,以警方破案和救治东方白鹳为暗线,用事件进展推动论证,从湿地管理角度分析了该事件发生的原因,指出了中毒事件的"人祸"根源,同时也提出了湿地管理混乱、人们环保意识不高、捕杀盗猎产业链猖獗的现实问题,针对性强,效果明显。

三、环境报道指导理念仍有改进空间

中国新闻奖新世纪以来的环境新闻获奖作品,总体上表现出了可喜的进步,但是结合我国目前的环境现状,以及国外环境新闻的发展情况,指导环境新闻报道的理念尚存在较大的改进和提升空间。

1. 敏感事件报道缺位——理念有待开放

2004 年到 2013 年,是环境群体性事件频频爆发的 10 年:2005 年,浙江东阳发生了学界公认具有影响力的第一起环境群体性事件;2007 年,厦门 PX 事件爆发,《南方周末》一篇《谁制造了 PX 全民敏感词?》将舆论推向高潮;2008 年,漳浦 PX 事件爆发;2011 年,大连 PX 事件;2012 年,四川什邡抵制钼铜事件、江苏启东抵制日本王子纸业排污事件、浙江宁波 PX 事件;2013 年,九江 PX 事件、彭州 PX 事件……环境群体性事件频发,中国新闻奖环境新闻获奖作品却呈现空白。环境群体性事件新闻价值大、时效性强、影响广泛,对本地媒体而言还具有接近性,是环境新闻中不可或缺的一部分。但是通观新世纪以来的中国新闻奖环境新闻获奖作品,竟没有一篇与此相关的报道。

环境群体性事件的缺位,主要是因为它属于"敏感题材",往往牵涉到当地政府、企业、公众三者之间的利益博弈。民众通常会在表达诉求的过程中打砸斗殴,或者大肆传播不利于党和政府的"坦克出动""*死*伤"之类的谣言。但正是环境群体性事件的复杂性,决定了大众传媒在传播过程中要承担起传播科学知识、化解社会矛盾、促进问题解决的重要任务。媒体对它的报道良莠不一,而且代表中国新闻最高奖项的中国新闻奖,竟然连续 10 年都未遴选出与此主题相关的报道。相信随着舆论环境的好转和环境群体事件的逐渐"脱敏",以后的中国新闻奖获奖作品中会有一定比例的关于敏感题材的环境新闻。

2. 人文情怀缺失——理念有待深入

新世纪以来获得中国新闻奖的环境新闻,报道视野拓宽、报道题材丰富、选择形式多样,取得了较大的进步,有助于更客观、全面地描绘我国目前的环境状况。

但是在对人的诉求及价值方面，表现出“人本取向”薄弱，不重视作品中个人形象的塑造。

环境问题与我们的生活息息相关，恰当地选取环境新闻中的报道对象，往往能起到事半功倍的效果。在选取报道的核心人物时，一方面要围绕主题深入挖掘其在环境问题产生和治理过程中的地位和作用，另一方面要通过个人的故事表述和情感表达，引起共鸣，让受众一读倾心、再读难忘，进而增强环保意识，触发环保行动。

比如同样是积极植树造林以改善环境的报道，是否有鲜活的人物形象，传播效果差异很大：第 23 届获奖作品《20 万亩平原造林工程启动，北京打响空气质量“攻坚战”》，时效性强，立意较高，描摹出了“城区绿化千顷，周边绿意环城”的美好图景，但是由于通篇都在陈述，读者看完后印象不深，当时觉得挺有意义，读后立刻便忘了；第 16 届中国新闻奖获奖作品《沙漠里飞出绿色的歌》，运用广播特写的表现手法讲述了一对蒙古族青年男女在荒无人烟的沙漠植树种草、奋斗 15 年的感人故事，有听众来信说“我们在听节目时情不自禁留下了眼泪，一定向他们学习，参加义务植树活动……”，让人读后久久记在心上，传播效果更为持久。

环境新闻中对人物形象的塑造，在一定程度上可以借鉴上世纪 90 年代的中国新闻奖获奖作品中的经验，如《六老汉的头白了 八步沙的树绿了》(1991)、《马永顺：无愧于大森林》(1995)、《两代愚公：写在八步沙的诗行》(1997)。虽然进入新世纪以来，环境问题越来越复杂，早已经不局限于简单的植树造林和工厂排污问题，但无论怎么变，环境新闻都不应该忽视“人”本身的价值和能量，反而更应该在信息爆炸的背景下，用心去寻找新闻人物中的闪光点，来打动和感染读者。

3. 忽视环境新闻的“风险性”——理念有待更新

“风险”理论是环境新闻分析问题的重要坐标。风险性是环境新闻的核心价值，包括技术、人口、土地、水资源、气候、野生物和文化的风险性及其新闻价值。[①]但是纵观历届获得中国新闻奖的环境新闻作品，涉及“风险性”的报道主要集中在水资源、气候和野生物三个议题，土地议题较少，技术、人口和文化议题空缺。

风险性是环境新闻区别于其他新闻的特点，对“风险性”的报道，能让人们意识到环境问题的严峻，以及环境保护的重要性和紧迫性。以野生物议题的报道为例，中国新闻奖 2004—2013 年间获奖作品涉及白鲟、野生白天鹅、野象、白鳍豚、斑海豹、白海豚、东方白鹳、江豚、金钱豹 9 种野生物，如《抢救白鲟行动》(2004)、《山西运城：113 只野生白天鹅成功获救》(2006)、《远逝的白鳍豚》(2007)、《拯救“斑海豹”》(2010)、《广西钦州：大工业和白海豚的共存之道》(2011)、《洞庭江豚，你在哪里》(2012)、《东方白鹳被毒杀——谁之责?》(2013)。这种风险性的报道向大家呈现了野生物当下的生存状态，通过追责、呼吁等多种手段，号召人们进行环境保护。2007 年，《华尔街日报》获得普利策最佳国际报道奖的系列报道之一《别了，“长江女

---

① 王积龙：《抗争与绿化——环境新闻在西方的起源、理论与实践》，中国社会科学出版社 2010 年版，第 67 页。

神”》，呼吁人们拯救白鳍豚，也是野生物议题风险性报道的典范。

但是，随着经济尤其科技的高速发展，环境中隐藏的风险呈几何级数增长，种类越来越丰富，但是环境新闻中相应的风险议题却未得到拓宽和增长。在环境新闻风险性的 7 个议题中，最应该注意但往往被忽视的是技术及其风险的新闻价值，如 DDT、转基因技术等。

2013 年 12 月 8 日到 12 月 18 日，崔永元走访了美国洛杉矶、圣地亚哥、芝加哥等 6 个地区，对当地专家学者和普通民众进行了将近 30 场访问，最后推出了 69 分钟的纪录片，初步介绍了转基因食品在美国的情况，以及人们对转基因食品的态度。纪录片刚一播出，就在网上引起了热议，与之相关的报道也铺天盖地，掀起了又一轮转基因话题的讨论热。

其实早在 2008 年，人民网就曾在首页推出相关“特别策划”——《转基因破解中国“粮食危机”，是洪水猛兽还是安全可控?》，并推出了网上调查“你认为‘转基因’食品是否安全”。5 年过去了，转基因的相关讨论从未降低热度，但与之相关的新闻报道却从未在中国新闻奖中占得一席之地——不得不说我国环境新闻指导理念仍有待更新。

〔作者闫文明系中国传媒大学 2013 级博士研究生；
刘婷婷系中国传媒大学新闻学院 2013 级新闻学硕士研究生〕

关于国际话语权研究的思考

——国际话语权研究回顾与述评

张焕萍

对话语的研究兴起于20世纪60年代，它为语言和传播的研究带来了新的重要理念。但直到20世纪70年代晚期到80年代早期，专家学者们才开始系统地研究社会、历史和文化文本中的话语结构。将话语或知识与权力联系起来的重要人物是法国哲学家米歇尔·福柯(Michel Foucault)。福柯将人类知识的生成看作一种冲突机制。而话语作为表述真理的言语行为，就此成为权力争夺的工具——其中充满了压迫和控制、阴谋与暴力。1970年12月，福柯在《话语的秩序》中提出了"话语即权力"的著名命题，指出话语不仅仅是思维符号和交际工具，而且是人们斗争的手段和目的，"话语是权力，人通过话语赋予自己权力"。此后，"话语权"(discursive power)被用于语言学、社会学、传播学、国际关系等多个学科领域，并进一步引出"国际话语权"这一概念。话语权的概念传入我国后，不同专业的学者对话语权做出了不同的解读，尤其是近年来，随着中国话语权意识不断高涨，国际话语权成为一项热门研究。

一、理论溯源

"国际话语权"的概念源自于"话语权"，而最早提出"话语权"概念的是福柯。福柯深刻地阐述了权力与话语的关系，他的《知识考古学》旨在通过考古学及系谱学的方法，来揭示我们习惯接受的知识、常识、思想等的合法性和合理性。[①] 在《词与物》中，福柯专注于研究权力与知识的关系在不同的历史环境中的表现，强调历史是由一系列"认识"与"权力分布"构成的，"话语意味着对言说者地位和权力的隐蔽性认同"[②]。在《疯癫与文明》中，福柯探讨理性对非理性的霸权。在《规训与惩罚》中，福柯关注作为话语的知识如何与权力进行嫁接、互相助长，并被运用到现实实践中对某些特殊群体形成规训作用。对于普通大众来说，这种规训正是弗洛姆所说的"匿名的权威"。在《性史》中，福柯把中世纪的修道院也看成是权力机构，指出性话语与性科学也是权力的产物，并由此认为，教育学、法学等几乎所有的人文

① 〔法〕米歇尔·福柯著，谢强、马月译：《福柯·知识考古学》，三联书店1998年版。

② 阮建平：《话语权与国际秩序的建构》，《现代国际关系》2003年第5期。

科学都是权力制造的产物，而并不是客观知识的体现。福柯的话语权力观为理解国际社会现象提供的分析框架至今仍有重要参考价值。但应该看到，他只看重知识对社会的控制，认为人类成了知识力量、组织力量规训和引导的对象。福柯离世时，冷战尚未结束，互联网时代尚未降临，全球化的论述尚未成为主流，他也并未看到随着社会的进步，知识的广泛普及，反抗者对“真理”的认识日益清晰，“话语”的制定以及被普遍接受的难度日益提升。

安东尼奥·葛兰西(Antonio Gramsci)提出了“文化领导权”理论，有人称之为“话语霸权理论”。他认为知识分子组织起制度和社会关系，将其世界观转化成具有支配地位的思潮，通过政治社会的霸权使隐含的价值话语以教育、媒介和制度等方式渗透到公民社会来取得认同。[①]他指出“文化领导权”观念的关键不在于强迫大众违背自己的意愿和良知，屈从统治阶级的权力压迫，而是让每个人“心甘情愿”，积极参与，并被同化到统治集团的世界观中来。葛兰西的话语霸权理论的提出是在20世纪初期，用这种单纯的阶级观念来揭示当今社会并不合时宜，但是他的“领导权”观念仍然适用于当今的国际关系，用它来理解大国的国际话语权、国际领导力有重要价值。

爱德华·赛义德(Edward Said)吸收了福柯的话语权论以及葛兰西的文化霸权论，提出了“东方主义”后殖民理论思想，认为“东方帮助西方定义自己的形象、观念、个性与一切的经验”。[②] 他的“东方主义”深刻印证了福柯的“权力－话语”理论。虽然殖民统治30多年前就已经结束，随着东亚的崛起，世界经济的重心逐步从大西洋两岸转向亚洲和太平洋地区，新的权力格局正在形成，但是话语霸权和文化霸权并未退出历史舞台。

上述学者尽管详细阐述了话语和权力的关系，却仍未给出“话语权”的精确定义。几十年来，有不少学者对话语权概念进行了阐释。国内关于话语权比较流行的概念。例如，刘笑盈认为：“话语权的基础是由经济、军事、政治等硬实力所决定的，但是话语权本身则表现为一种相对独立的软实力，是靠传播来体现的，可以说是一种信息传播主体的潜在现实影响力。”[③]冯广艺认为：“话语权是人们为了充分地表达思想、进行语言交际而获得和拥有说话机会的权力，话语权是语言权力的一种具体表现形式。”[④]综合各位学者对话语权的定义，可以归纳出以下两点：1. 话语权是一种表达诉求和意愿的资格和权力，是影响他人政策决策的权力与手段。2. 话语权的取得与一国的经济实力、政治制度以及媒介的发展密切相关。

二、国际话语权的来源

关于“国际话语权”并没有专门的定义，它强调话语权的主体是国家行为体。

① 〔意〕安东尼奥·葛兰西：《狱中札记》，中国社会科学出版社2000年版，第7页。

② Leela Gandhi, *Postcolonial Theory: A Critical Introduction*, Colombia University Press, 1998, p. 73.

③ 刘笑盈：《再论一流媒体与中国的话语权时代》，《现代传播》2010年2月，第6—10页。

④ 冯广艺：《论话语权》，《福建师范大学学报》2008年第4期，第54页。

不同于传统权力，国际话语权来自于一切传统和非传统的硬权力和软权力衍生出来的信息表现力。这种力量需要一个国家在多个领域同时具有相当的实力，如经济增长、科学领先和军事优势等等，因此研究国际话语权，必须量度一国的综合实力及本身的国情。有学者指出，从国际话语权的实现要素来看，主要有三个："作为话语权基础的国家硬实力，表达话语的工具、渠道和方式，以及独特并被广泛理解和接受的话语体系。"①笔者认为，单从表层来看，一个国家的话语权主要来源于国家行为体的硬实力、软实力及传播力。

世界资源的分配不均决定了强国在国际关系中拥有较多的国际话语权。经济和军事力量强大的国家在国际社会上拥有优势地位，在表述立场、发表意见的时候，更容易发挥主导作用，它们可以通过强制、报偿和诱导等方法来控制其他国家表达意愿的机会，影响国际社会的舆论流向。国际话语权作为国家权力的外部延伸，要发挥其作用，不仅在于权力的运作，更要令人相信这个国家有行使权力的能力和意愿，所以国家的物质性权力，如军事和经济力量，是话语权力一项重要的变量。约瑟夫·奈亦强调，"当国家的经济实力和军事实力下降时，就会削弱其吸引力和议题设置的能力"，也是这个道理。

国际话语权与一国的"软实力"直接相关，它是引导别人按自己的意愿思考、行事的能力。随着全球化的推进，世界各国、各地区间的相互依存关系达到了一个前所未有的紧密程度。在新时代，单凭硬实力将很难改变世界，软实力也极具价值。不同于硬实力，软实力主要着眼于长远目标，如文化价值观的接纳、国家形象的塑造、国际制度的遵守等，这些都是无法通过硬实力短期完成的。同时，软实力一经发生作用，其影响是深远而长久的。

国际话语权与行为体的国际传播能力密不可分。福柯指出，历史的塑造是由拥有权力与知识者所掌握的，而所谓"真相"只不过是取得权力主流位置的群体所提出的解释版本。社会是由语言以"知识"的形式表达出来的"现实"。传播是话语流通体系的重要环节，也是话语权得以实现的必要条件，一个国家的国际传播能力是衡量该国国际话语权一个极其重要的指标。在赛义德看来，东方形象的稳固不仅是西方权力的作用，也是东方沉默甚至顺从的结果。在关于东方的讨论中，东方却失语了。梵·迪克通过对话语的研究推断出，"在国际上，人们接近强大的主流媒体几乎就意味着漠视在资金和技术资源上弱小的媒体。因此，国际上传播的往往是那些强大的媒体的声音。而这样的媒体，往往是来自于有钱、有权的国家。"②

所以，国际话语权自国际社会形成之时就产生了。在国际话语市场上，自始就是主流话语压制和支配边缘话语，从而为自身制造更多的话语权力，然后再制造更强势的话语，如此循环不止的过程。在今天"复合式相互依存"程度日益加深的时代，话语在建构国际关系上的作用日渐凸显。通过话语来维持合作和解决分歧，成为国际社会的共识，而争夺权力的斗争演变成争夺话语权力的斗争。传统观念认

---

① 刘笑盈：《再论一流媒体与中国的话语权时代》，《现代传播》2010 年 2 月，第 6—10 页。

② Teun A. Van Dijk, *Discourse and Power*, Palgrave Macmillan, 2008, p. 9.

为，军事力量最强的国家会获胜，但是在信息时代，拥有“最好故事”的国家才会胜出。①

三、国际话语权的架构

虽然说硬实力、软实力和传播力是国际话语权的三大来源，但一个国家的话语权的结构并非如此简单，它还有着内在的深层架构。正如福柯所说，权力领域内部的诸多力量关系复杂交织，由机构、建制、法律、行政管理、科学陈述、哲学、道德等所构成。相应地，国家可以提升自身在机制、媒介、学术、文化及民间话语文本中的力量，从而使不同领域的文本均有议程设置及信息运作的能力，进而驾驭本国及其他国家表达意愿的机会。

关于话语的架构，托伊恩・A. 梵・迪克将话语分为指令性话语（Directive Control，如规则、法律等）、制度性话语（Institutional，即说服形式的话语）叙事性话语（Narrative，即民间社会的文化话语）和规定性话语（Prescriptive，如学术话语）几种，②该分类可谓话语权力结构的研究雏形。此外，诺曼・费尔克劳（Norman Fairclough）在《语言及权力》一书中将建构全球化程序的话语分为政府机构（国际、国内组织）、非政府组织、国际媒体、学术分析和民间社会 5 个范畴。③ 可以说，梵・迪克和费尔克劳对话语的结构划分为我们研究国际话语权的架构提供了思路。

值得注意的是，不少国外学者强调大众媒体在国际话语权建构中的作用，并将其视为国际话语权架构的一部分。除了上文提到的费尔克劳之外，亚历山大・布兰德（Alexander Brand）提出，媒体的主要特征是其对话语权的建构能力，媒体能够塑造行为体的观念，并巩固话语文本所传递的意义。他用话语建构的方法，指出半岛电视台是一个话语斗争的场域，其中，美国与中东利用媒体建构反恐话语，这本是南北对抗关系的缩影。④ 梵・迪克在另一篇文章《话语，权力及接近权》中指出，权力的话语性再生产以及控制中最重要的因素正是对话语和传播性事件的使用权（或称接近权）。从这个方面说，话语跟其他有价值的社会资源一样成为权力的基础，而话语使用权的分布却是不平等的，并非每个人都有平等的接近媒介的机会。⑤

---

① Joseph S. Nye Jr. , *The Future of American Power——Dominance and Decline in Perspective*, Foreign Affairs, November/December 2010.

② Teun A. van Dijk, *Structures of discourse andstructures of power*, In J. A. Anderson ed. , Communication Yearbook 12, Newbury Park, Sage Publications, 1989. p. 18—59.

③ Norman, Fairclough, *Language and Power*, 1989, p. 17. Norman Fairclough, *Critical discourse analysis: The critical study of Language*, 1995. p. 91—110.

④ Brand, Alexander. *Contested Media Power Media in North—South Relations through the Prism of Discursive Constructivism*, Paper presented at the annual meeting of the International Studies Association, Town & Country Resort and Convention Center, San Diego, California, USA, March 22, 2006.

⑤ Carmen Rosa Caldas—Coulthard and Malcolm Coulthard, *Texts and Practices——Readings in Critical Discourse Analysis*, Routledge, 1996 (Chapter 5: Teun A. Van Dijk, *Discourse, Power and Access*), p. 85.

在这里，梵·迪克和布兰德讲到的媒体建构“现实”的权力，对我们有很大启示。不管是独立自由的媒体还是受控制的媒体，都在成为一种裹挟着庞大经济实力和意识形态塑造能力的新兴权力，成为不同于政治、经济、军事等传统权力的新的权力载体。因而对于大众而言，“制造现实”成为媒体最大的权力。此外，国内也有学者尝试探讨国际话语权的架构，基于自身的学术领域分别探讨了学术话语权、文化话语权、制度话语权等。

结合多位学者的看法，笔者认为国际话语权的架构主要包括：国际机制话语权、媒介话语权、学术话语权和文化话语权。国际机制话语权类似于约瑟夫·奈提出的“制度权力”，是一个国家塑造国际规则，使之与自己的利益和价值观念相吻合的能力；媒介话语权是一个国家的传播媒介传播话语或者说“制造现实”的能力；学术话语权是一个国家在学术领域中的说话权利和说话权力的统一，以及话语资格和话语权威的统一；而文化话语权强调一国的文化魅力及影响力。这几个方面结合在一起，形成国际话语权完整的权力架构。

四、提升中国国际话语权的路径思考

当前国内“国际话语权”研究者的研究目的几乎都聚焦于如何建构与提升中国国际话语权。对于提升国际话语权的现实路径，国内研究主要集中在提高国际传播能力、构建中国话语体系，尤其是构建社会主义核心价值观等方面。笔者认为，提升中国国际话语权应依照国际话语权的权力架构进行全方位努力：继续发展硬实力，并提升国际传播能力，让中国有说话的“底气”，并且有足够表达话语的工具，畅通的传播话语的渠道以及适当的传播话语的方式。

首先，增强国际机制话语权。现存的国际机制大多是第二次世界大战后不久由美国倡导建立的。美国在各个领域建立国际机制，掌握了“制定规则”的权力，强化了美国的国际话语权。在这方面，中国应突破现有的国际话语格局，探索创造自己的话语，并积极参与制定国际规制和标准，建构提升国际话语权的多种平台与渠道。

其次，提升文化话语权。再繁荣的物质文明，没有灵魂，都很难长久。我们看到，美国流行文化——从摇滚乐和米老鼠到巨无霸、可口可乐，提升了美国国外政策的全球影响力。这些文化标志、口号、品牌，就像 Matthew Fraster 所说的，是真正的“大规模杀伤性武器”①。费孝通先生提出的“文化自觉”的命题曾引起了中国学者的广泛认同。我们需要有自己的文化自主性，或者说文化自觉，抓住自我叙述的主动权，努力传播当代中国价值观念、展示中华文化的独特魅力。

再次，提升学术话语权。学术理论本身是一种较高级别的“话语”，而学术理论的建构是国际社会发展的一项重要任务。这里所谓的学术话语权，“就是在学术领

① Matthew Fraster, *Weapons of Mass Distraction: Soft Power and American Empire*, Baker and Taylor Books, March 1, 2005. p. 1.

域中的说话权利和说话权力的统一，以及话语资格和话语权威的统一”[①]。王绍光指出，“我们所用的概念、基本假设、分析框架、研究方法大都来自西方，甚至我们讨论的热门话题也往往是由西方人提出的。而西方主流政治学则不屑讨论我们提出的问题，更不会运用我们发展的概念、基本假设、分析框架和研究方法”[②]。中国需要创造自己的理论、自己的学术话语，为世界社会学增添中国社会学者自己的创造。

此外，我们需要建构一套完整的、“言之成理，持之有据”的话语体系，需要让自己的关于历史、关于世界、关于未来的叙述具有合法性、合理性和正当性，让世界尊重并乐于倾听我们的叙述。同时，还需注意，应让政府的、学者的、媒体的和民间的话语都释放出来，把一个开放、自信的中国展示给世界，而不是“政府包办”。

在经济全球化的背景下，需要用一种新的、综合的视角来理解国际话语权在社会、文化、政治、经济等方面细微的社会实践。中国学者对话语权的研究为我们提供了大量参考框架及案例，但其中也存在一些不足之处。如，关于国际话语权架构的研究有待深入挖掘，国际话语权与软实力的研究往往分开进行，关于国际话语权研究内容的广度、深度仍有待扩展。

〔作者系中国华侨华人历史研究所助理研究员〕

---

① 郑杭生：《学术话语权与中国社会学发展》，《中国社会科学》2011 年第 2 期。

② 王绍光：《祛魅与超越》，中信出版社 2010 年版。

·新闻传播实务·

关于马航 MH370 客机事件报道的分析

邓炘炘

在实际新闻报道运转中，新闻工作者如何观照和自省其新闻专业化建设以及社会服务表现呢？在一事当前或突发事故时，新闻行业作为一个整体，将为社会提供怎样的专业服务和迫切需要的事实信息呢？如果这种专业服务的质量和范围不能满足社会民众的需要，那么毛病又出在哪里呢？这些问题随时随地都有人问，但并不是随时随地都能得到来自新闻业的整体回答。2014 年 3 月发生的马来西亚 MH370 客机失联事件，给所有人提供了一个观察国内新闻和网络传播服务与表现的绝好机会。

一、观察的缘起

2014 年 3 月 8 日，马来西亚航空公司 MH370 航班执行由吉隆坡至北京的航班任务，起飞后不久与空管系统失去联系，无影无踪地消失在茫茫黑夜之中，此后触发了有 20 多个国家参与的持续海空大搜索。3 月 24 日，马来西亚总理纳吉布在吉隆坡举行的新闻发布会上宣布，该航班坠入印度洋南部海区，可能无人生还。这是事件发生后，马来西亚政府第一次为此失事客机所下的正式的阶段性结论。截至 2014 年 6 月，有关 MH370 客机的任何关键和确凿的物证仍未找到。失联事件发生后，包括中国在内的世界各国媒体从网下到网上展开了铺天盖地的报道。细心观察这些新闻报道，特别是中国传媒的整体表现，可以发现什么特点和问题呢？本文尝试做些粗略的梳理和讨论。

马航 MH370 班机失联是一个什么样的突发新闻事件？

第一，它引起广泛的关注，是一则重大突发性新闻事件。机上搭载着来自世界各国的 239 名乘客，他们统统下落不明。第二，它带有太多一时难于解释和理解的疑团悬问，在国际航空史上也极为罕见。第三，它发生在中国主权管辖区域之外，对该事件的调查和处理并不在中国政府的主持和掌控中。中国媒体搜寻事实和展开报道的难度都极大。第四，该事件又与中国关系极大，因为总共有 154 名中国公民搭乘该机。因此，中国新闻界无法回避。事情发生后，国内各大传统新闻机构和网络媒体的头条新闻，保持着持续的关注热度，网上民众的相关评论、跟帖及社交媒体转发数量也都达到了顶值水平。

关于马航失联客机报道的新闻漫画:"Who, What, When, Where, Why"①

图中文字说明:"我们休息片刻马上回来向大家继续报告,谁对此事一无所知,他们不知道什么,他们什么时候表示一无所知,他们在哪些地方没能找到飞机,以及他们为什么一无所知。"

二、情况分析

这一事件发生后的首要的和最核心的追问是:飞机到底在哪里?如果飞机失事坠毁,它的残骸和黑匣子在哪里?只有找到具体物证,人们才能推断当时发生了什么。然而,在相当长的时间内,尽管有关国家和各方面竭尽全力,截至6月初,对上述核心问题的真确回答始终缺位。于是,大量推测、猜想、虚报、误导的信息和表达,充斥弥散在网上和网下。海内外民众普遍对各国新闻业界此次报道的表现表示出相当的不满情绪。国内的情况也大抵如此。内地网民调侃媒体机构是:"上午忙发布,下午忙辟谣,晚上忙竞猜。"对此,如何看待和分析国内相关新闻报道的上述表现呢?

首先,我们发现,网络传播使得有关这次事件的各种信息传布和分享,呈现出无死角式的覆盖。但是,个体网民和个体网络发布节点在此次事件中的导向力和影响力明显偏弱。原因是,这是一个国际事件,这是一个复杂事件,这是一个一般人无力获取核心事实信息的新闻事件。结果,几乎所有过往长于分享信息的"大V"、新闻传播爱好者以及众多网络播报节点,在此情境中都失去了昔日轰动爆料的能量光环。相比之下,有关国家政府及高级官员、国际性机构组织、国际媒体机构

---

① 资料来源:http://gorrellart.com/index.asp? link=archive&id=1987,2014年3月21日。获取时间:2014年3月31日。作者:Bob Gorrell。

以及它们派往调查前沿的专业记者，则包揽了几乎所有的最核心、最具轰动性的新闻信息的初始发布。如此现象和特征提醒人们看清网络新闻信息的传播特点，认清真正有实力的专业新闻机构节点在关键时刻所具有的强大的源信息的采集、获取和发布能力。

其次，中国正规传媒机构此次主要依靠转播或转引境外权威发布或境外新闻机构的相关报道和最新进展消息。这说明，中国新闻机构整体上在境外的活动能力还相当有限，它们基本还是"国内媒体"。当出现复杂情况时，尚不具备强大的境外主动报道覆盖能力，其整体所拥有的信息资源和关系资源仍欠丰厚，应变执行能力也有待锻炼。惯于传布而弱于原采供应的国内网络新闻传媒机构，此次的整体表现同样不出色。为了抢新闻而在转播中出现以讹传讹或盗版掠美等操作问题，国内新闻机构此次也广受诟病，这里不展开讨论。

再次，这次突发事件中，国内传媒机构也想多提供事实性报道，但由于接触不到核心重要信息，于是不少机构转向其他方面的挖掘和渲染。这是一个报道重点和服务分寸的专业主义选择问题。围绕一个重要事件的相关报道，新闻事实的提供是分层级分主次的。其中有些事实是核心性和关键性的，有些则是边缘性和陪衬性的。有些新闻报道的规模宏大，气氛热烈，但一时催生出的热闹和关注，并不等于新闻服务的质量高或影响力大。因为，新闻媒体的实力、口碑和信度的积累，最终还要建立在对核心事实信息的可靠提供上面。面对此次新闻信息供应和需求之间所存在的巨大缺口，国内新闻传播基本在"转播"、"议论"和"抒发"等信息活动和领域方面下功夫。一些传媒机构还在此时祭出免责声明，为"热炒"活动披上保护服。国内某主流媒体网站 2014 年 3 月 24 日报道"马航一客机因故障降落香港，迫降前要求局部戒备"的消息时①，贴上"以上内容来源于网络转载，看看新闻网未证实其内容的真实性或赞同其观点"的"免责声明"。这种处理或态度在此次马航事件报道中也非个例，显出国内传媒在专业审慎和尽职尽责方面的态度欠妥。由此态度和指导思想而衍生出的种种失实、草率或偏颇，也就在所难免。

最后，专业新闻机构——不论是网上还是网下，首先要核实所获信息的真确性，才能展开报道和传播。这是新闻专业机构的第一职责要务。网络传媒机构在这一点上同样不能打折扣。任何建立在不确、不实、不明情况基础上的网上传播或议论，只有聚众、消遣或邀骗点击量的作用，负面后果是极大的。这不仅极大地损毁了新闻机构的信度积累，还为社会传播场域增加大量杂音噪音，混淆公众视听，大幅推高社会有效信息流转的集体成本。

三、问题讨论

总体而言，马航事件报道对国内传媒业界是一次考验也是一次检阅。马航事

① 资料来源："看看新闻网"，http://domestic.kankanews.com/c/2014－03－24/0044194803.shtml。获取时间：2014 年 3 月 28 日。"看看新闻网"(www.kankanews.com)是上海广播电视台旗下的网络新闻媒体。

首页 > 国内 > 报摘全国 > 图文

马航一客机因故障降落香港 迫降前要求局部戒备

发布：2014-03-24 13:33:46　作者：解放日报

【马航一客机因故障降落香港 迫降前要求局部戒备】据中新网，一架马航MH066航班23日因发电机无法正常供电,在香港降落，所幸机上271名乘客全都安全转移。这架空客A330-300原计划从吉隆坡飞至仁川。另本报记者致电香港机场确认，该航班现仍未起飞，飞机迫降前曾要求局部戒备。（中国新闻网）

以上内容来源于网络转载，看看新闻网未证实其内容的真实性或赞同其观点。　我要举报

tag：马航一客机因故障降落香港　去看看首页

要闻推荐　更多

习近平同法国总统奥朗德再次会谈
· 李克强：相信老百姓有无穷的创造力
· 联合国大会决议克里米亚公投无效 中国弃权
· 季莫申科再竞选乌克兰总统 称对国家最了解

江西被查副省长姚木根被曝有数千万存款
· 四川两男童被村妇拐下山 村民称其向来蛮横
· 市教委：今年非沪生源毕业生落户标准为72分
· 北京通州梨园一早餐店疑似燃气爆炸 1死11伤

件的真相虽然至今仍然没有定论，但整体报道已经趋于淡化和平静。反思和总结国内传媒业界此次操作和表现的欠缺与失当，现行行业体制要负上相当大的形塑责任。原因可以有下列几点。第一，从中央到地方，媒体行业是层级式金字塔架构；新闻报道方向、报道行为和报道重点受中央和各级宣传报道方针指令的行政式约束统管。媒体机构和从业人员长期形成向上求找议题、重点、角度和方案的工作习惯，缺少自主审时度势，自主统筹和践行报道方略的实际锻炼，结果难有培育和建立自有信息渠道和关系网络的长远考虑。当马航事件发生时，一时上上下下都不知该如何参与和展开这种国际性的新闻服务竞争，表现出很大的被动性和边缘化。第二，国内网络传媒业界长期以大规模转播为主流新闻导向的标准样态。这种传播策略鼓励内容复制和数量扩张，客观上严重地抑制了原采和自主新闻的生机。面对马航事件，包括国家级新闻机构在内的国内传媒单位皆表现出不同程度的"力不从心"。第三，内地传媒网媒机构在营造氛围和煽情方面颇有经验，但是在提供确实事实，以客观和冷静的态度，有序、扎实和平衡地展现和报道事实等方面，还需要更长期的专业作风培育和训练，特别是当新闻竞技地点在境外或全球范围内展开时。此次马航事件有助于国内网上网下传媒机构及管理部门，切实看到和认清我们行业现存的差距和问题，以便有针对性地改进和调整。

新闻机构面对核心事实缺位和信息真假难辨的局面，尤其需要把提供"信度服

务”放在首位。此次马航事件的后续搜索一直由外国方面主导和指挥，依赖国外先进设备进行探寻，国内传媒在抢报有关最新核心信息方面，显然难有很大作为。但是，即使做跟从性播报，国内媒体也完全可以展示出专业能力和专业水准。网络传媒还可以发挥独特优势，在信息不确不明而播报时效压力又很大的情况下，给所播报的信息的“可信度”分级和标示。例如，把已经确凿的事实、官方权威发布等，放入某一标志明确的栏目或区域；把有部分证据但还未确证的信息归入另外一栏目；把众人推测、分析和建议等信息，放到低信度标志栏目中，仅供受众参考。上述分类新闻和信息，还可以根据现场搜寻发现和后续事实的补充，做类别和信度的调整，从“信度认证”的角度给用户提供更周到和更可信的新闻服务。此次，国内许多网络传媒机构都开设了马航客机事件报道专题或专区，但极少对其播报的新闻信息做上述信度筛选和分类呈现。

马航事件发生在境外，但它与中国的关系极为紧密。因此，国内媒体在境外信息相对缺乏时，也可多关注中国在此事件中的各方表现和作为，特别是对整体事件可施加举足轻重的影响的方面，如中国政府和有关机构等。国际性事件需要从国际的视野和高度来把握和展开报道。所以，除了报道正规新闻发布会披露的情况之外，国内新闻机构应高度关注中国政府和有关官方机构近期还有什么特别的努力、计划、安排以及相关细节的操作？中国高层怎样从中马关系、地缘政治和亚太周边关系等高度来审视和处理此次意外灾难事件？中国在运用其国际影响力，在动员和促使有关国家、政府和国际组织参与和配合搜寻失联客机方面，做了哪些工作？中国协调本国外交、军方、搜救、民航、海事等各部门力量的临时应急指挥中枢及其运转情况如何？这些都是中国传媒机构可以也应该充分报道的。

除此之外，国内传媒的人文关怀报道，同样需要展开国际眼界和展现宽广胸怀。比如，中国媒体对马航 MH370 客机上中国乘客家属的密集报道几近琐碎的程度，而对同在此次航班上的其他国籍乘客的家属们的后续情况的关心和报道则非常之少。例如，有关国家（包括马来西亚）对乘客家属的事后接待、抚慰安排和协助情况如何呢？中国传媒群体在这方面的报道欠缺，不仅是处理失衡的技术问题，还暴露出视野狭窄和心态欠妥等问题。中国传媒机构未来如果真的想走向世界、面对世界，就必须认真克服上述这些毛病。

〔作者系中国传媒大学新闻学院教授、博士生导师〕

故事与话语:人物类特稿叙事技巧透视

方毅华　孙芙佳

《人物》杂志在20世纪八九十年代曾产生过重要影响,深受很多传记爱好者的喜爱。但随着时代变迁,《人物》变得越来越小众化,2012年订阅量只有2万份左右。[①] 2012年5月,原《南方周末》高级记者李海鹏率领特稿高手张捷和林天宏等对《人物》进行全面改版,以"人是万物的尺度"为口号,报道重要人物,与时代同步,最大限度满足读者需求,首期发行量高达40万份。[②]《人民日报》在《盘点2012年中国出版十件大事》一文中指出:《人物》等一批经改版而来的新"创"刊物呈现十足的活力,以更加适应新市场、新环境的发展态势扑面而来,成为2012年期刊市场的一大亮点。[③] 改版后的《人物》以特稿为主,将新闻真实性与文学艺术性有机结合,产生了广泛的社会影响力。

从学界来说,目前对人物类特稿的理论研究尚觉肤浅,缺少系统性;从业界来看,诸多媒体的特稿与新闻真实性、客观性原则背道而驰,可见从叙事学角度研究人物类特稿,寻求特稿写作在新闻性和文学性之间的平衡,具有十分重要的意义。

叙事学诞生于20世纪60年代的法国,有关叙事学的著述丰富繁多,但总体上围绕故事和话语两大层次展开,其中故事主要指所述作品的内容,而话语则偏重叙述行为。故事和话语为作品分析提供了一种全新思路,使我们在探索人物特稿叙事方法的跋涉中,比以往具备了更新的视域和维度。

一、人物类特稿的故事特色

故事中的人物究竟从属于行动,还是具有相对独立性?针对这一问题,"心理性"人物观与"功能性"人物观形成鲜明对比。但在人物特稿中,二者具有互补关系,"心理"和"功能"只是两种叙事手法,它们相互作用,缺一不可。

1. 人物心理表现:立体化

福斯特将作品中的人物划分为"圆形人物"和"扁平人物"两类,其中"扁平人

① 关军:《〈人物〉深度取胜独家至上》,《新商报》2012年9月3日,第34版。

② 熊梓屹、翁佳妍、张晓秋、王舒里:《〈人物〉杂志变脸记编辑部的故事》,《青春报》2013年5月28日,第1版。

③ 胜芳:《转企改制背景下老牌杂志改版研究——以〈人物〉杂志为例》,《出版发行研究》2013年7月,第78—80页。

物”的特质较为单一，而“圆形人物”则具有明显的多样性和复杂性。《人物》一直坚持进行真实客观的报道，因而特稿中的人物大多具有立体化的特征。

(1)人物性情的多维视角

人物心理的立体化首先表现为性格的多样性，在《人物》特稿中通常有两种情况：一是通过非对立性心理展现人性的复杂，一般而言，挖掘的性格特征越多，越能体现这种复杂性。如《搏命姐妹》从多角度展示了演员李冰冰的个性，她缺乏安全感、不自信、勤奋、追求完美、讨厌怯懦等等，性格的多样性也容易让读者从中找到自己的影子，缩短读者与人物的距离；二是抓住对立人格要素，展现性格冲突，但人物并非模棱两可，好与坏之间总有一方占主导，如在《永不消失的八卦》中，杨受成既纸醉金迷，又厌恶虚伪且意志坚韧，从全文看，依然肯定了他具有的精英品质，他是香港独一无二的标志。

(2)内心世界的深度解读

《人物》特稿十分注重对内心世界的渗透和解读，尤其善于利用小说手法，使人物的内心呈现出由浅入深的三个层次：

一是通过相关人士的评价侧面揭开人物的真实想法。如《名利场》一文中，出版商黎波这样形容郭敬明：

> “他太聪明了，非常明白要想自己赚钱，先让别人赚钱。”

二是选取报道对象自己的话语展示他此刻的内心，相比而言，这种揭示人物内心的方式更加直接和可信；

三是叙事者直接表述心理，避免了人物跳出情景给读者心理造成的断裂感。如《这场风波过后，他终于说“我怀疑这个时代”》一文提到，韩寒在一场晚宴中被别人怀疑文章造假，随后他看了场《大魔术师》：

> 他没想到，生活在这个当口给他变了个戏法……这个在他眼里漏洞百出的“戏法”，却让众人喝彩欢呼，让更多人冷眼旁观，韩寒搞不懂这是怎么了。

韩寒始终处于看《大魔术师》的情境中，仿佛他自己在向读者诉说，这段心理感受建立在对韩寒的深入采访之上，并非主观想象，让读者身临其境。

(3)流动中展示多样性格

随着年龄和阅历的增长，一些人的个性会随之改变，关注性格中的流动因素，关注人物积极向上的一面，也是人物特稿吸引读者的重要特质。如《蜕变》中高晓松曾被这样形容：

> “恃才傲物”是朋友对高晓松最具负面的评价，很多人对他的“贫嘴”多少有些厌恶和鄙夷。

但车祸事件后，他决定远离过往的张扬、膨胀和不靠谱，哥们都夸他“活明白了”。

"我年轻的时候飞扬跋扈,现在想想,自己都讨厌自己。"

高晓松抛弃了曾经的年少轻狂,变得更加成熟和有责任感,这种变化符合道德价值,也更能得到读者的认可。

2. 事件选择策略:注重新闻价值

法国叙事学家罗兰·巴特将叙述单位分为功能和迹象两类,其中功能又分为核心(即主要功能)和"卫星"(即次要功能,可以省略)。《人物》特稿的事件选择也体现了"核心"和"卫星"的共同作用。

首先,挖掘新闻热度,打造核心事件。一是针对热点人物,近期相关话题是核心事件,如2012年8月《人物》封面选取了《中国好声音》的四位导师,从他们在节目录制中的表现入手探寻他们各自的特点;二是挖掘高关注度人物的经历,以时间最近或最有影响的事件为核心;三是聚焦小人物,他们大多是某一热门话题的生活缩影或拥有不平凡的经历,如《凤凰男在想什么?》中5名普通男士从亲情、爱情和金钱等多角度诠释"凤凰男"这一标签。

其次,重视成长经历,构建"卫星"事件,增加报道深度;最后,以性格为驱动,拓展报道广度,此类事件致力于表现人物的不同个性,至于事件是充当"核心"还是"卫星"则取决于记者的报道意图。

3. 心理主导型占主体,互补手法灵活运用

纵观《人物》报道,心理主导型特稿仍占多数,虽然"叙事"但意在"品人"。人物特稿中的事件主要通过两种方式表现心理:第一,通过专有名称直接表达,如《真实合伙人》中,新东方创始人俞敏洪是这样的人:他"至今不懂得拒绝",他承认自己"软弱"、"优柔寡断";第二,通过重复、对比、相似和含蓄等手法间接表现,如《曹云金暗爽在厨房》中写道:"上饭馆吃年夜饭,绝对不行。连续两年上春晚说相声,一结束,马上开车直奔天津,妈妈做好了一大桌菜等着。"他两次做相同的事,足以说明他喜欢亲朋团聚的气氛,喜欢在家吃饭的感觉。又如《忧患的骆驼》结尾处写道,工作人员邀请王长田上《中国合伙人》庆功会的主席台,王拒绝了,"他是唯一坚持不上台的大佬"含蓄暗示了王长田为人的低调。

二、人物类特稿的叙事话语策略

1. 叙事者:身份跨越,凸显"我"之魅力

热奈特将叙事者分为四种类型:故事外一异故事叙事者(位于故事外层讲述与自己无关的事)、故事外一同故事叙事者(位于故事外层讲述自己的事)、故事内一异故事叙事者(位于故事内层讲述别人的事)、故事内一同故事叙事者(位于故事内层讲述自己的事)。《人物》特稿中主要包含三种身份:记者、主角和相关人,他们在故事内/外与同/异故事中不断变换身份,比较鲜明地突出了"我"这一人称价值。

(1)叙事者身份转换:从外到内

在一般新闻报道中记者通常充当故事外一异故事叙事者,但在人物特稿里,记者更多的是由幕后走向前台，在本文中公开发声。这一转变增强了叙事主体的交流和见证功能，让人物报道更具现场感。作为故事内－异故事叙事者，记者有两种“出场”方式：首先，以“记者”出境，将采访过程记录下来，这不但丰富了叙事层次，也从另一个角度再现人物个性；第二，以“我”表明身份，使读者“入戏”更快，产生与“我”合一的错觉。如：

> 歌迷中一个50多岁的阿姨看出了记者身份，把我拽到一边……一个小时后，我走出房间时，那位50多岁的歌迷还等在原地。她兴奋地要我讲述整个采访过程：春春说了什么？身体怎么样？……
>
> （《最后还是她被时代选中》2012年第07期）

读者透过“我”，能直接感受到歌迷阿姨对李宇春的喜爱，第一人称叙事方式更能增加报道的文学性和感染力。

（2）故事外－异故事中特殊叙事者：“我”

由于报道对象不能是记者自己，所以《人物》特稿不存在故事外－同故事叙事，但有一类报道表面上与这类叙事相似，全文只有唯一叙事者“我”，而实际上，这是一种故事外－异故事叙事，因为真正的叙事者是记者，记者以匿名身份整理主角话语，为其找到叙事逻辑，而主角则公开“讲话”。这类特殊叙事，一方面使人物特稿更加多元化，另一方面也满足了读者的“窥视欲”。如，韩寒在《那就谈谈文学》一文中，首次公开谈论了对文学的看法：

> 以前我不喜欢说自己是个作家，一方面，作家这个词用得比较臭了，就像现在的公知一样，但另一方面，这个称呼在我心中其实还是有神圣感。

这篇报道是对韩寒话语的整理，字里行间流露出他独特的个性，也满足了读者对他内心的窥探欲，使读者真正了解了他的文学观。

（3）故事内－同故事叙事的多变声音

故事内－同故事叙事者“我”主要指故事的主角，他们通常以直接引语的形式，向读者呈现“我”的价值观。除了直接引语，《人物》特稿还存在多种“我”的表述方式，如相关报道、博客、日记等。故事内－同故事叙事声音的多变性说明《人物》特稿在人物表现方面不拘一格，《人物》始终在“变”中寻求发展。

如《孔庆东谈天气》一文中，引用了《XX周报》对他的报道：

> 他在博客上贴出了与记者的对话，其中一段是回应“您对重庆模式如何看待”“……如果重庆领导人犯了什么错误，那就公布其错误，让人民批判……”

在孔庆东拒绝回应重庆问题的情况下，记者能够发掘以上素材，用多种形式表明他当时阴雨连绵的心境，这不失为一种明智的策略。

2. 叙事视角：流动中聚焦，变更视野权限

叙事视角，是"一部作品或一个文本，看世界的特殊眼光和角度"①。热奈特将叙事视角概括为：无聚焦或零聚焦叙事，即叙事者＞人物，他像上帝一般无所不知，甚至能看透人物内心；内聚焦叙事，即叙事者＝人物，他只说某个人物知道的情况；外聚焦叙事，即叙事者＜人物，只能反映人物外在的语言和行动。在《人物》特稿中，三种视角不仅相互转换，而且与小说和传统新闻相比，更存在叙事视野权限的限定与扩展，具体表现为以下三方面：

(1)零聚焦叙事在"限定"中展现真实

在零聚焦叙事中，记者能否深入人物内心一直备受争议。然而，毋庸置疑的是内心情感能增加报道的可读性，所以如何既呈现心理又不失真实成为《人物》关心的问题。笔者发现，《人物》特稿的零聚焦叙事并非绝对自由，通常采取心理概述＋人物话语/行动印证的方式，既直接表现内心又有确凿依据，可谓一举两得。如：

> 他一直很羡慕朗朗的口才，曾对记者说，朗朗技术挺好，口才也很好，他的口才就算上春晚演小品也不会差。
>
> (《地下室里的沈文裕》2013年11期)
>
> 郑钧只会帮助那些他认为值得帮助的人。他逛一个乐器店，正挑东西，一个店员过来，说录了张原创小样，想让郑钧听听，看能不能参加"最强音"。郑钧一听不错，立刻给导演组打电话，最后这人进了"大众演唱会"的北京站……
>
> (《该当毒舌，却似佛陀》2013年第05期)

沈文裕"羡慕朗朗"和郑钧只帮助值得的人，这一点分别通过话语和行动加以印证，这使得心理描写有理有据，真实可信。

(2)多重聚焦叙事中凸显记者视点功能

在内聚焦叙事中，《人物》特稿更青睐多重式聚焦，即通过多个人物的话语彼此印证，共同表现人物性格。除了相关人，在《人物》特稿中，记者也是多种聚焦叙事者。一方面，记者以"我"出现直接讲述情景；另一方面，记者也从见证人身份出发，本着客观原则对人物进行评价。如：

> 龚丽娜的眼眶开始变红，我坐在她对面，她眼神的一点点变化我都能看见。
>
> (《返璞归真》2013年第02期)

前文提到龚丽娜被《看见》的一个故事弄哭了，她讲述这个故事时的神情变化被记者记录下来，真实表现了她内心的伤感。

> 和那些更年轻的男孩相比，苏药的感性要隐藏得深一点，他喜欢说

① 杨义：《中国叙事学》，人民出版社1997年版，第191页。

> “追梦”类型的故事，比如一个百度出来的工程师……
>
> （《喝着咖啡 聊着天 把钱赚了》2013 年第 05 期）

“感性要隐藏得深一点”“他喜欢说‘追梦’故事”，这些都是记者在采访过程中感受到的，记者从一个侧面再现了苏药的个性。

(3)外聚焦叙事向文学化延伸

在《人物》特稿中，摄像式外聚焦的篇幅并不长，主要通过描写再现情景，但与传统新闻不同的是，这种描写更具文学色彩，虽然不像小说叙事一样常用形容词和副词辅助表达，但是往往营造一种氛围。与此同时，人物特稿的“镜头”并非一成不变，而是存在“推”、“拉”、“摇”、“移”等多种记录方式。如：

> 有人提前 5 小时在此排队，因为闷热，手里攥着的新书都被汗湿了大半本。长长的队伍从书店门口朝两个方向甩去，商场派出近 10 名工作人员维持秩序。店门已经关闭，可前面些微声响就会引起后方的喧哗："已经来了？已经来了？"
>
> （《柴静的旅行》2013 年第 01 期）

这里“摄像机”的镜头不断拉伸，先是特写：新书攥湿了大半本；然后俯拍：队伍朝两个方向甩去；最后近景：后方喧哗。有行动有声音，有细节有场景，短短几行字就营造了柴静签售会现场焦急的气氛，语言生动，让人身临其境。

3. 叙事结构：多路径交织，趋向纵深发展

叙事结构分为文章结构和文体结构，前者指“文本内部的叙事方式安排”①，而后者指“互文性的文本间的文体方式的安排”②。《人物》特稿的文章结构属于复合型，并不单一，而文体结构则向深度化发展。

(1)文章结构凸显嵌套式逻辑

何纯在《新闻叙事学》一书中指出，文章结构分为内结构和外结构，其中内结构是指事件的组接形式，包括并列式、结合式和包含式。在《人物》特稿中，一些事件并不存在直接关联，它们往往组成并列板块；而一些事件存在因果关系，如果用金字塔符号的塔尖代表原因，塔底代表结果，则能表示成结合式的四种情况；如果先概要说明一个大的序列，而后选取其中若干小序列进行详述，则形成包含式。此外，时间顺序也得到广泛运用。

《人物》特稿的文章结构，总体上表现出一种嵌套式逻辑，各个事件彼此映衬，不同结构互相作用，从而呈现出多重交织的局面。但在一篇人物特稿中，四种内结构仍然存在主次之分。如全文总体采用并列式，但局部采取时间顺序或结合式；又如文本前半部采取结合式，后半部分采取并列式，《丁磊宿命论》一文就体现了这种布局。

---

① 董小英：《叙述学》，中国社会科学出版社 2001 年版，第 275 页。

② 董小英：《叙述学》，中国社会科学出版社 2001 年版，第 275 页。

(2)文体结构向深度化推进

文本互渗是文体结构的重要表现形式,指文本之间的互同点关系。相比特稿的文学化表达和不同题材的同题组合,笔者认为《人物》特稿在文本互渗中的主题深化,更加引人注目,其主要表现在五个维度的深度递进上:

第一,情感维度。如《搏命姐妹》以亲情为连接点,将李冰冰和李雪组合在一起,这个维度的名人组合属于常规操作,但《人物》也特别注重挖掘主人公不为人知的内心。第二,价值维度。紧跟时代步伐,重视社会热点,但在操作中又有特别之处。如围绕"中国好声音"所做的专题中不仅涉及四位导师,也涉及主持人华少和制作方总裁,这在一定程度上扩展了专题广度。第三,时间维度。以特定时间和事件为节点,讲述"发展"和"变化",如《超女 7 年激流湍急》讲述了曾红极一时的超女们在 7 年里的命运变迁。第四,平民维度。关注被忽视的角落,更能引起读者心灵上的共鸣,也更能说明《人物》在价值取向上的转变:关注普通人,而不仅仅是精英。而从叙事接受上讲,这一维度的影响力也是上述三个维度所无法达到的。第五,思想维度。笔者认为思想维度最能体现《人物》选题的精深和高明。如柴静和刘瑜表面看并无联系,但她们却以"自由从何而来"为主题组合在一起,她们追求民主自由,都是女性,有公共话语权,外表柔弱内心刚强。这种在思想上的关联更加微妙,需要透过现象看本质,往往不是一般杂志能做到的。

4. 人物描写:间接呈现个性,追求印象冲击

雷蒙—凯南将叙事作品中的人物描写分为直接解说和间接表现两种,直接解说是指叙事主体通过形容词、副词及修饰性词语对人物性格的描述,而间接表现则通过行动、语言、外表和环境显示个性。由于受到新闻原则的限制,间接表现在《人物》特稿中运用得更加广泛,其在传达思想、展现个性的过程中,往往追求印象冲击,具体表现在以下三个方面:

(1)动作以点"代"面,闪现细节之美

行动即人物做了什么,一种特征可能包含在习惯性的行动之中,也可能包含在一时的行动之中。据笔者观察,《人物》特稿对动作的描摹笔墨甚少,且不会刻意强调动作的重复性,而是以一时性动作的"点"取代习惯性动作的"面"。如在《我想我将来会有政治影响力》一文最后提到,金星和一辆出租车司机曾在马路中间吵架,最后司机向金星道歉。我们从文中看到这是一时性动作,但就现实而言,金星应该不止一次和别人吵架,这里以一时性动作的形式表现人物个性,叙事更加直接,避免了拖沓、重复。

在一时性动作中,细节描写虽然非常少见,但十分引人注目,特别是对某些微小动作的细腻描摹,让人物特稿读起来更具生动性和真实感。如《搏命姐妹》中:

> 在助理的帮助下,李冰冰对着化妆镜在干燥的嘴唇上用棉签不断地擦拭唇油,她的身体在椅子上收成一团,穿着一双印满豹纹的 UGG,动作细小而急促。
>
> 李冰冰继续急促擦拭着唇油,来回来去,场面难堪,静默,持续 22 秒。

"唰"的一声，李冰冰抽出一张纸巾，擦拭唇油。

这段对李冰冰的动作描写细致入微，非常具有现场感，叙事者将自己看到、听到和感受到的完全融为一体，让读者身临其境，令叙事更具冲击力。

(2)话语贯穿全文，形式灵活多姿

通常，话语占据特稿80%的篇幅，而《人物》特稿吸引读者的地方不仅在于话语的内容和风格，更在于对话语形式的掌控。通常直接引语和间接引语是两种比较常见的形式，此外，《人物》特稿还采用了多种具有小说艺术效果的话语形式，增加了文本的故事性和生动性。

首先，特稿中经常使用被遮蔽的引语，即叙事者对人物话语的概括。如：

他注意到了深圳关口的邓小平画像，谈到了驻港的拼音 zg 和祖国一致……

(《正确先生》2012年09期)

第二，自由直接引语。这一形式原本记录人物话语，但不带引号和引述句，因而比直接引语自由。如《怎么那么万能也会这么无能》一文中：

一个朋友问他，你赌吗？赌。赌什么？德州扑克。

这段对话中两个人身份隐蔽，话语形式非常自由，读起来很有趣。

第三，对话式引语，即记者与人物一问一答。一是记者公开表明身份，如"我问他，……"或"记者：'……'"；二是记者隐蔽提问，如：

你焦虑吗？

崔永元说："我真没觉得啊……"

(《我有一事生死与之》2012年06期)

对话式引语形式多变，不拘一格。通过对话，记者与人物观点交锋，思想碰撞，倘若问题敏感，气氛将更加激烈。

第四，从间接引语"滑入"直接引语。这种话语形式十分微妙，使读者从观察者直接变为参与者，仿佛人物突然对读者诉说。如《没有修炼成狐狸的猫》一文写道：

雷炳侠惊了，她不在乎那个什么"原则"，可惜的是钱，好好的钱，撕了干什么？

前半句本质上转述了雷炳侠的话，但从"可惜"开始，视角转变，以雷炳侠的直接引语风格展现她的内心：她是一个爱钱的人。

(3)外表以衣着为重，描摹细致入微

相比容貌和身材，人物的衣着、表情等与性格关系更加密切。《人物》特稿十分注意观察主角的打扮和神态，并企图从这些外在标志中揣摩出人物的个性。通常，外表描写十分细腻，观察入微。如：

> 6月28日下午，出现在《人物》记者面前的周老板，浑身上下披披挂挂。五个文身，左肩胛下方、右侧腹部、左脚脚踝、左手中指指背、右手虎口，再加上耳环、几个潮流风格的硕大戒指、手腕上的红绳、右脚踝红绳，一身丫丫叉叉，仿佛少女哪吒。
>
> （《妥协到接受不了 我就去做我喜欢的》2012年07期）

不仅脚踝上的红绳，连全身的文身都知道位置在哪，观察细致可想而知。读者能从周笔畅的打扮中感觉出她很潮，而且有个性，正如后文所述"喜欢就做"，不喜欢"给钱甚至加钱，也不做"。

《人物》改版以来得到了许多读者的认可，其在故事和话语两个层次的叙事策略推动着《人物》为我们提供更精彩、更有深度和影响力的报道。但笔者认为，从读者的接受考虑，人物类特稿叙事还应该更加注重民间人物的多面价值，注意记者视点的冷静客观，重视细节描写的感染力，而事实上，《人物》也正在朝着这个方向努力。笔者希望本文的价值不仅局限于对改版后《人物》叙事方法的探讨，更能推动媒体报道朝着客观性与文学性的双向平衡上不断发展。

〔作者方毅华系中国传媒大学新闻学院教授；
孙芙佳系中国传媒大学新闻学硕士研究生〕

电视真人秀节目本土化刍议

——以湖南卫视《变形计》为例

赵冰洁　梁复珍

随着互联网技术的不断发展，新的媒介形态不断产生，人们认识社会、获取信息的方式更加多元。传统意义上的媒介机构与以个人为代表的自媒体之间的界限越发模糊，传受双方不再固定，彼此之间有着极高的互换与互动关系。正如荷兰传播学者丹尼斯·麦奎尔所说："所谓被动的收听者、消费者、接受者或目标对象，这些典型的受众角色将会终止，取而代之的将是下列各种角色中的任何一个：搜寻者(seeker)、咨询者(consultant)、浏览者(browser)、反馈者(respondent)、对话者(interlocutor)、交谈者(conversationalist)。"①这种传受双方的地位变化不仅仅只存在于理论上。自上世纪 90 年代起，在电视与广播中受众参与互动的节目越来越多，渐渐发展成为一种特定的节目形式。英国传播学者利萨·泰勒与安德鲁·威利斯就曾对此类现象做出描述："20 世纪末期，媒体节目策划中越来越多地使用受众参与作为资源。"②真人秀就是这类节目的典型代表。

国内真人秀节目出现于 2005 年，代表作是湖南卫视的《超级女声》。这次对于国外音乐选秀节目的借鉴既获得了成功，也让国内观众熟悉了真人秀节目。随后 2006 年，湖南卫视又推出了角色互换的真人秀节目《变形计》。虽然这个节目仍然是借鉴海外的真人秀节目《交换妻子》，但是湖南卫视根据我国国情对节目进行了本土化改造，一经播出就引起了巨大的社会反响。之后，《变形计》停播，随后的 2012、2013 年，湖南卫视相继推出《我是歌手》与《爸爸去哪儿》等不同类型的电视真人秀节目，都取得了巨大成功。担任《爸爸去哪儿》总导演的谢涤葵也曾表示他的加入正是因为"曾做过多年《变形计》"，锻炼出了一支团队，是"湖南台里有丰富户外真人秀经验的导演"。③ 所以，从某种意义上说，《变形计》为国内电视真人秀节目的发展奠定了坚实的基础。如今，湖南卫视已于 2014 年 1 月 6 日推出第七季《变形计》。本文通过分析《变形计》的本土化过程，展现其为我国真人秀节目带来的创新，同时进一步探究《变形计》存在的问题，并提出改进对策。

---

① 〔荷〕丹尼斯·麦奎尔著，刘燕南、李颖、杨振荣译：《受众分析》，中国人民大学出版社 2006 年版，第 158 页。

② 〔英〕利萨·泰勒、安德鲁·威利斯著，吴靖、黄佩译：《媒介研究：文本、机构与受众》，北京大学出版社 2005 年版，第 189 页。

③ 腾讯娱乐：《〈爸爸去哪儿〉制作全程大起底》，http://ent.qq.com/zt2013/crazyshow/babajiemi.htm。

一、《变形计》的本土化过程及创新之处

1. 国外的角色互换类真人秀

国外的角色互换类真人秀节目源于英国。2003 年 1 月，英国四频道（Channel 4）率先推出了一档真人秀节目《交换妻子》。节目中，两位拥有不同背景与文化的主妇分别到对方家中，与其他家庭成员度过 10 天朝夕相处的家庭生活。在这个过程中，两家人会因背景、文化的差异而产生矛盾冲突，十分刺激有趣。节目一经播出，“短短两周之内收视人数就从 390 万人上升到了 570 万人”①。

《交换妻子》在英国引发关注后，美国 ABC 以最快的速度买下了该节目的版权，在美国本土播出。凭借着极富争议的话题性，美版《交换妻子》在节目播出后的第一个周末，同样夺得收视冠军。正如 ABC 当时的节目制作人迈克尔·戴维斯所说：“该节目不包含任何色情的成分，妻子进入新家后，职责仅限于以女主人的身份照料孩子和做家务，并不包括和新丈夫同床共枕的义务。即便如此，这个节目还是大大满足了观众的窥私欲。”②

在《变形计》推出之前，国内就有模仿《交换妻子》的节目产生，如齐鲁电视台的《换妻》，但是由于这个话题不能为具有传统文化观念的国内观众所接受，所以并未取得良好的收视效果。

2.《变形计》的本土化过程

在《超级女声》获得空前成功后，湖南卫视发现“普通人”这一叙事元素通过电视的放大可获得惊人效果。同时，英美的生活互换类节目《交换妻子》也获得了良好的反响。种种因素的推动下，湖南卫视推出了大型生活互换节日《变形计》。在引进互换类节目的时候，湖南卫视并未全盘抄袭，而是进行了一系列的本土化改造。《变形计》自 2006 年 9 月诞生，中间经历了多次大幅度的改版。笔者将其划分为三个阶段。

（1）起步阶段

虽然《变形计》借鉴了《交换妻子》，但二者有很大差别。《交换妻子》节目时长一般为 1 小时，会全程顺叙双方家庭的交换情况。在 10 天的交换生活中，除去上厕所、睡觉等隐私时间，其他时间基本上全方位跟拍。其中会穿插对两个家庭中不同家庭成员的采访，实时推进节目进程。

主题方面，《变形计》并未确立如“交换主妇”这样明确的交换内容，而是定位于“大型生活互换节目”，主人公都是结合当下社会热点筛选的当局人物。比如第一季《老孔变村官》是将一位厅级干部变形为遭受洪灾的山村的村组长；《走、走、走》

① 百度百科：“美国广播公司”，http://baike.baidu.com/link? url=_gTsJmdZSdFg6wtEGFIDTs1cFYkaJ3cppoJBUBy8gyA5c0URTTEQmiCzPNGOzeAL。

② 百度百科：“美国广播公司”，http://baike.baidu.com/link? url=_gTsJmdZSdFg6wtEGFIDTs1cFYkaJ3cppoJBUBy8gyA5c0URTTEQmiCzPNGOzeAL。

中的美国人布来恩和纳比尔，则进入河北石家庄一所行走学校，变身为学校“教官”；第二季中《我是我儿子的“儿子”》讲述了父子互换的故事；第三季中的《爱，漫过灰色》，更创新性地让两个都有过吸毒史的男人互换生活。

节目形态方面，《变形计》将一期节目分为3集播出，每集45分钟。这样的时长给予《变形计》更大的空间去详尽地展示主人公的生活。同时，《变形计》还配备了演播室，设置了心理专家点评讨论的环节。这种形式被节目组称为“纪录片＋真人秀”。

(2)摸索阶段

拍至第二、第三季时，《变形计》进入了摸索阶段。虽然这两季的《变形计》仍然没有确立明确的交换主题，但是节目风格已经比第一季明确。比如从第二季开始的4期节目，分别关注的是城乡教育差异化、离异家庭的青少年成长、问题少年的转变以及家庭成员间不同教育观念碰撞沟通的话题。交换主题也开始向家庭教育、青少年成长、贫富差距等选题上倾斜。

从第三季开始，《变形计》的选题特点出现了一个小幅度的变化。从关注教育、青少年变为关注边缘化、差异化人物。比如第三季中的《春天有多远》、《爱，漫过灰色》、《山海呼唤》讲述了贫穷山里女娃和富裕城市孩子、不同生活境遇的吸毒者以及“带枪部落少年”等不同群体的互换故事。处于社会边缘地带，背景、性格、经历都差异极大的主人公是这些故事的共同点。也正是这种巨大的裂缝与差异，才产生了震撼人心的冲击力，这也是《变形计》在那段时间内获得高度关注的原因。

(3)稳定阶段

在经过前三季的探索，尝试了多种交换主题后，《变形计》第四季开始将交换的主人公锁定为城乡的青少年。归根结底，真人秀节目的特征是“由普通人而非扮演者，在规定情境中按照制定的游戏规则展现完整的表演过程，展示自我个性，并被记录或制作播出的节目。”①这其中，既有强调尊重并记录本真的“真”，还有能够展现不同人性特点的“人”，以及强调戏剧冲突、可通过电视这个媒介展现的“秀”。而青少年作为处于特殊成长阶段的群体，所具备的普遍特点与节目所需参与者的气质大相吻合：比如并不成熟的看世界的眼光、较感性的表达方式、对外界较少的防备……这些元素交织在一起，就有机会出现让人印象深刻的主人公，碰撞出能够吸引观众的故事。

观察前四季《变形计》，可以看到它根据节目进行的情况不断进行调整与创新。比如在《变形计》第一季曾出现被拍摄者的心理状态影响拍摄进程的情况。于是，《变形计》设置了主持人与心理专家，使节目进行得更顺畅、主线更清晰、观众也能够更好地了解主人公的内心世界。所以，初期的《变形计》在记录人物交换生活时是“纪录片”，切换至演播室时就变成了“真人秀”。

但是随着节目的深入，这种模式的弊端也越发显现——观众带入感差、节目被人为介入的痕迹重、真实性减弱等等。曾担任导演的梁书源说，“到第四季的时候，

① 胡智锋：《电视节目策划学(第二版)》，复旦大学出版社2012年版，第53页。

《变形计》开始反省，把互换角色的范围又回到了只专注做城市和山村孩子的互换。因为拍到后来就慢慢变味了。所以后来我们彻头彻尾地回到了第一季的拍摄流程，包括叙事方式、孩子的关系等，也不再用心理导师了。”①第五季的《变形计》删除了主持人与心理学家，全程只用摄像机记录主人公的日常生活，穿插旁白与人物采访推动事件进展、展现事件深度，减少外界对于真实的影响，让观众能够更投入地观看节目。把人们通过观看希望获得刺激、满足窥视欲的目的转换为能够伴随着主人公的喜怒哀乐，一同感受他们的交换生活，并对自身的生活进行反思。

3.《变形计》的创新之处

(1)记录主体从个人拓展到家庭与社会

在节目的记录主体表现上，从第五季开始《变形计》不再只关注一个人的“变形”，而是将广阔的视野投向与主人公有着亲密关系的人或事物的“变形”——他的家庭、朋友、老师、同学甚至是他所处的生活环境。因为一旦两个人交换了生活，连带效应所影响的绝不仅仅只是两个交换的人。这样的记录方式使《变形计》超越简单的记录，成为对以交换孩子为代表的一系列社会现象的深入探究。

(2)从积极干预到“消极”指引

之前的《变形计》中，人物的心理活动被心理学家解读，观众就会在不自觉中接受心理学家的权威看法，带着意见去观看节目。这有可能对事件产生某种程度的歪曲解读，属于对变形事件的积极干预。

但是如今的《变形计》，不到迫不得已，拍摄团队不会对变形过程进行任何人为干预。这些迫不得已的情况包括骄纵任性的城市孩子逃跑、砸机器，甚至殴打导演，或者农村孩子互相辱骂、大打出手等等。现如今这种“消极”指引只是为了让拍摄进行下去，减少拍摄意外的发生，不再是人为地对拍摄过程、人物进行干预和解读。

(3)增加节目附加活动——专项公益募捐基金与回访节目

在《变形计》获得的众多奖项中，2007 年综艺节目年度颁奖中的“年度公益节目奖”让《变形计》从真人秀节目中脱颖而出。② 所以，公益性已经成为《变形计》公认的不可替代的一个特点。

电视属于大众媒体，想要最大限度地吸引大众眼球，必须建立起与大众的互动关系与情感联系，而《变形计》正是通过公益性做到了这一点。湖南卫视在本台的“芒果 V 基金”公益募捐基金中，专门设立了“《变形计》励志帮扶金”，供自愿捐赠。例如：“芒果 V 基金”募款公示 2013 年 1 月第 1 期(2012 年 12 月 28 日到 2013 年 01 月 03 日)。③

---

① 腾讯视频新闻：《揭秘〈变形计〉：拍摄不止7 天 7 季做垮 10 个团队》，http://ent.qq.com/a/20140121/022016.htm。

② 百度百科：“《变形计》获奖情况”，http://baike.baidu.com/view/471358.htm#3。

③ “芒果 V 基金”募款公示 2013 年 1 月第 1 期，http://www.vfund.org/html/78/n—278.html 。

表 1—3—3 "V 基金"募款公示 2013 年 1 月第 1 期

V 基金募款项目	募集款数(元)	占据本期募捐总数的百分比
《变形计》励志帮扶金	2844.95	42%
爱阅读·金芒果图书室计划	570.00	8%
帮女郎励志金	97.00	1%
救助"甜"女孩	127.18	2%
快乐课桌计划	103.00	2%
快乐校车公益项目	100.00	1%
芒果 V 基金公益基金	385.96	6%
平江灾害援救行动	2583.60	38%
总计	6811.69	

从上表可以看出,《变形计》励志帮扶金在"芒果 V 基金"募款项目中占了近半数。这种设置无形中加强了节目的延续性,让观众为在节目中获得的感动与震撼找到一个与真实世界的对接口,得以延续。此外,通过这种方式,也实现了大众媒体对社会的媒体责任。同时,从第五季起,《变形计》还特别加强了回访环节,跟踪互换后青少年的生活成长状况,并通过"《变形计》励志帮扶金"扶持偏远地区孩子的生活学习。

4. 重视节目的网络推广

2013 年末湖南卫视的亲子真人秀节目《爸爸去哪儿》获得了巨大成功,除了优质的内容外,还有新颖的节目推广模式:"用不断地预热吸引观众、用优质的内容留住观众以及与优势社交媒体合作,打造优势内容矩阵。"①所以,在第七季《变形计》中,针对互联网形态展开节目的推广工作也被提上日程。比如与腾讯视频独家合作,与电视同步播出《变形计》,设置专题留住固定观众;在每一期《变形计》播出前,发布话题讨论以及内容预告,吸引观众关注等。

二、《变形计》的问题与改进对策

1.《变形计》现存问题

(1)交换模式单一,易导致审美疲劳

《变形计》目前稳定下来的交换模式大致是:从两个地理位置相距较远的地方选择两个 12—16 岁的青少年,分别来源于发达的城市与落后的农村。城市孩子多因为父母的教管不当而产生一系列的成长问题,即所谓的"问题少年";而农村孩子多半家庭贫困,但是善良好学,渴望体验城市生活。在交换过程中,农村孩子在城

① 李翔:《内容为本 渠道制胜——从〈爸爸去哪儿〉看电视真人秀节目的社交营销》,《新闻实践》2013 年第 12 期。

市中找到自信,树立未来的努力目标;而城市孩子则通过艰苦的农村生活,重新发现曾被忽视的真善美。

这个交换模式几乎覆盖了70%的《变形计》青少年交换案例,虽然人物不同,但是人物背景都较为相似。所以这种节目模式设置还需要进一步改良,否则极易导致观众审美疲劳。

(2)对城市孩子关注度较高,相对忽略农村孩子心理变化过程

在过往的交换案例中,虽然《变形计》尽力做到全方位展现城乡两个孩子的心路历程,但是由于城市孩子自身的特殊性——角色选择较极端,多为"问题少年",点滴进步都会很明显,同时城市孩子比较善于表达自身感受。所以,在最终呈现上,会让人认为节目对城市孩子的关注度较高,忽略农村孩子面对城市的心理变化过程。

同时,这种交换过程的设计给农村孩子造成的心理影响远远大过于城市孩子,而且这种影响很可能是负面的。虽然《变形计》希望通过短暂互换两个孩子的社会地位,改变他们的思考模式,但是这种改变会发生吗?能持续多久?最后会将两个孩子引向何处?这些并没有具体的评估结果。

(3)节目风格日趋煽情,偏离真实旁观记录原则

《爸爸去哪儿》的火爆让综艺类的节目形式流行起来,比如搞笑的"神字幕",催泪煽情的亲情互动环节等等。这些形式也对《变形计》造成了一些影响。比如在第七季的变形过程中也出现了"神字幕"。虽然字幕内容是对现实的客观说明,但是字幕本身始终带有一种娱乐效果,与《变形计》整体节目风格不符。同时也让人不禁担忧,这种趋势如果蔓延下去,就将产生与之前设置心理学家一样的弊端——对观众原本不设立场的观看形成一种议程设置,偏离真实记录的初衷。

2.《变形计》改进对策

(1)坚持真实记录、不煽情、不刻意吸引眼球

《变形计》需要明确性质界定:到底是真人秀还是所谓的纪录片?虽然《变形计》声称是对故事的忠实记录、24小时跟拍,但是这种拍摄是在被摄方知晓的情况下,被摄方表现出的态度的真实度是无法考量的。同时,拍摄中节目组会人为给定固定的任务,导演也会本能地期待获得一个精彩的故事。这些都是与客观记录相冲突的。

基于此,《变形计》还是应该将自己定位为真人秀节目,当然在制作过程中借鉴纪录片的手法是无可厚非的。将来《变形计》能够做到的应该是在节目制作方面力求技术上的客观公正真实,不刻意煽情,不设定吸引眼球的议程。

(2)坚持媒体责任,发掘真人秀故事中的社会价值

《变形计》让两位生活境遇完全不同的孩子互换角色的初衷,对于城市孩子而言,是希望他们能"忆苦思甜",在朴素的生活环境中沉淀浮躁的心境,重新认识自己;对于农村孩子则是希望起到激励作用,让他们感受比大山更辽阔的生活,鼓励他们有一天走出大山、实现梦想。

但是在这个过程中,电视台难免会为了收视率等商业收益,人为干涉或者引导

孩子们做一些并不是发自内心的行动，这就违背了媒体的社会责任。相反，媒体从业人员应该时刻牢记办一个节目的初衷是什么，用对社会、媒体负责的态度去发现故事本身的社会价值，传递正能量。

(3)尝试新的拍摄视角与编辑方式，突破模式化叙事

《变形计》拍摄至今，确立了以青少年互换为主体的节目形式，但是由于拍摄视角、故事选择、编辑方式等种种原因，《变形计》已经陷入了模式化运营。在这个叙事方式日新月异、受众掌握主动权的传播时代，模式化的叙事形式容易引起受众审美疲劳，进而遭受抛弃。

所以《变形计》应考虑除建立青少年互换外，像第一季、第二季一样，挖掘社会生活中同样需要关注并具有社会价值的互换事例。同时，在叙事方式方面，《变形计》也可以进行一些勇敢的尝试与突破，采用更多不一样的叙事方式。

〔作者赵冰洁系中国传媒大学2013级新闻与传播专业硕士；
梁复珍系中国传媒大学新闻学院副教授〕

从陈永洲案浅谈消息来源的核实

邓诗如　凌昊莹

一、新闻消息来源的重要性

2013 年 10 月 19 日,《新快报》记者陈永洲由于被指控发表虚假新闻抹黑中联重科,涉嫌损害企业商誉罪被拘留。数日后,陈永洲承认,先后发表的十余篇中联重科的报道中,只有"一篇半"是自己在他人安排采访下完成的,其余都是由他人提供现成文稿,有的甚至没看过。《新快报》随后表示,该报对稿件的审核把关不严,损害了媒体的公信力,向社会各界致歉。

在陈永洲从 2012 年 3 月到 2013 年 7 月期间发表于《新快报》的 12 篇关于中联重科的文章中,实名引用的消息源并不多见。涉及中联重科"利润虚增"、"利益输送"、"畸形营销"、"涉嫌造假"的内容都是通过援引"一位不愿具名的接近中联重科的人士"、"一位长期关注机械行业的分析师"、"三一重工某高层"等匿名消息源印证的。在报道过程中,陈永洲没有具体依据,也未向相关监管、审计部门和会计师事务所进行咨询。中联重科则表示,陈永洲"从未就报道事宜采访过中联重科的任何一个人"①。

没有迈入中联重科大门,没有进行一次采访,发表了 12 篇虚假报道,这暴露出我国媒体消息来源审查规范的不严谨,导致在防范虚假新闻上出现漏洞。

"真实是新闻的生命",而消息来源是保障新闻真实性的关键,消息来源在很大程度上决定着消息的真实性和准确性。西方记者有句格言,"没有一个记者能够超出他的消息来源,记者报道的质量取决于消息来源的质量"。② 对于一个记者来说,最为宝贵的资源就是拥有可靠准确的消息来源,这是保证新闻真实性的关键。如果媒体拥有广泛而强大的消息来源,无疑能在激烈的新闻竞争中拔得头筹。但如果对消息来源处理不当,则会造成虚假新闻的产生,从而影响媒体的公信力。

---

① 唐宏伟:《从陈永洲案看媒体自律》,《西部广播电视》2013 年第 18 期,第 15 页。

② 王军、栾絮洁:《从消息来源的核实看西方媒体如何防范虚假新闻》,《新闻与写作》2011 年第 4 期,第 22 页。

二、虚假新闻中消息来源的使用

一般来说，虚假新闻中存在的消息来源问题主要有编造消息源、匿名消息源、单一消息源、来源境外媒体、来源网络等5类①。而在故意造假的虚假新闻中，为了塑造真实感，作者往往还会使用一些手法增强虚假消息源的迷惑性。

通过对陈永洲12篇报道简单的内容分析，这些报道中的消息来源主要有企业管理层、业内人士、分析观察人士（包括分析人士、观察人士、公关人士、营销人士、法律专家等）、工作人员和客户等5类，共36人次（同一消息来源在同一篇文章中重复出现记为一人次），其中匿名消息源26人次，占72%。这些虚假新闻对消息来源的使用有如下特点：

1. 权威消息源营造错觉

卡尔·霍夫兰的说服研究曾经做过实验：让三组被实验者听同样关于少年犯的演说，实验者分别告知三组人他们听到的演说来自"法官"、"普通听众"和"品行低劣之人"，结果"法官"组导致最多人态度的改变②，这表明传播者越权威，对受传者的说服力越强。在新闻报道中也是一样，权威的消息来源能够增加新闻报道的可信度和说服力。

在陈永洲的12篇报道中，实名消息源共有10人次，其中有5名企业高管，分别是中联重科董事长助理刘鹏飞、高辉，中联重科高级总裁殷正富，中联重科副总裁孙昌军，三一重工总裁向文波；一名专家，为业界知名分析师邱世梁；还有一名官员，为湖南国资委主任吴志雄。这些具有专业、权威身份的消息源又称为强势消息源，容易让读者产生这些报道权威可信的错觉，接受文章的观点。

然而事实上，这些消息源并不能佐证文章观点。首先，报道中这些权威消息源的信息多是间接获得，或是当事人在其他场合的言论，或是网络发布的言论，并非记者的直接接触。信息的内容也并不是针对记者报道的事件作出的直接表态或回应。例如在《向文波微博影射中联重科私有化双方火药味前所未有》一文中，作者的消息来源是三一重工总裁向文波和中联重科董事长助理高辉的网络微博，作者进行了分析推理，将向文波对国有企业改革的评价说成是"影射中联重科"，又声称高辉的回复是"不打自招"，配上背景资料和两位匿名消息源的佐证，得出中联重科私有化已经遭受"多重质疑"、"不是空穴来风"的结论，整篇文章完全没有对当事人的直接采访。

2. 实名消息源与匿名消息源组合

在陈永洲发表的12篇报道中，有4篇采用了实名消息源与匿名消息源穿插使用的手法。由图1可以看出，除了在企业管理层中以实名居多，主要是中联重科高

① 许向东：《虚假新闻中消息来源的使用及其应对分析》，《国际新闻界》2008年7月，第54页。

② 〔美〕沃纳赛·佛林，小詹姆斯·坦卡德著，郭镇之等译：《传播理论：起源、方法与应用》，华夏出版社2000年版，第181页。

管的言论;其余大多是匿名消息源。其中,业内人士全部是匿名,而 9 人次分析观察人士中有 8 人次是匿名。

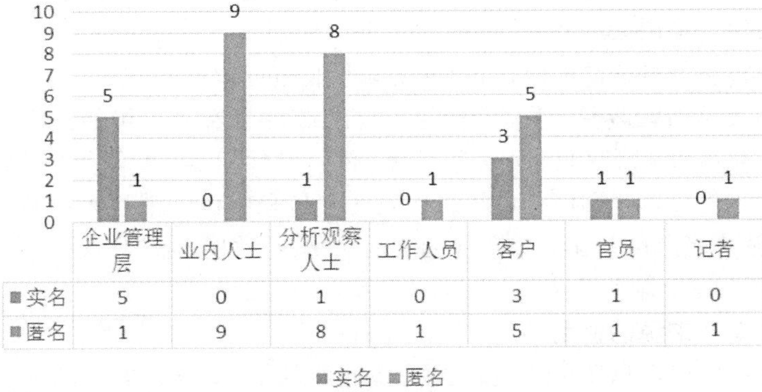

图 1　消息源分布

文中,“专业人士”“业内人士”“不愿具名的接近中联重科人士”“知情人士”等匿名消息源大量出现,占全部消息源的 72%,而这些消息源也是作者观点的主要佐证方。一些实名消息源虽然时有出现,但通常只是客观分析,没有作出评论和判断,不能推论出作者的观点。作者对数据进行个人解读,然后以匿名消息源佐证,得出负面的结论。

当然,匿名消息源在行业新闻和揭露新闻中起到了一定程度上保护信息源的作用,不能全盘否定。但如果疏于审查核实,任由记者滥用匿名消息源,就给了虚假报道可乘之机。

三、他山之石,可以为鉴

“真实是新闻的生命”是新闻界不变的准则,但新闻战线至今仍然在与层出不穷的虚假新闻作斗争。陈永洲案中,滥用匿名消息源成为了虚假消息的有力武器,消息来源在很大程度上决定着消息的真实性和准确性。因此,西方主流传媒机构大都对消息来源尤其是匿名消息来源的使用十分审慎,并制定了具体明确的操作规范,对我们具有一定的参考价值。

1. 实名消息来源的使用

许多西方主流媒体或媒体协会都有自己的新闻职业道德规范,以此作为管理、约束新闻工作者职业行为的自律准则,包括美国《职业新闻记者协会道德规范》、英国《新闻记者行为准则》、德国《新闻业准则》等。尽管只是自律准则,这些道德规范在西方却有很强的执行力,一旦出现虚假新闻,记者就要辞职或者被解雇,后果严重时,相关编辑、主编、总编都有引咎辞职的可能。①

① 张宸:《西方主流媒体防范虚假新闻的一些做法及教训》,《中国记者》2011 年 1 月,第 20 页。

这些职业道德规范中都提到新闻报道原则上要有清晰的消息来源，即原则上要使用实名消息来源。美国报纸编辑协会规定："保证为新闻来源保密是要花很大代价的，因此不应轻易承诺。除非有十分清楚和急切的要求为新闻来源保密，否则他们应该被明确指出来。"

不仅要标明消息来源的身份，西方新闻职业道德规范还规定，使用实名消息来源要遵守诚实原则和透明原则，即确保消息来源的真实并尽可能披露消息来源的相关信息。路透社规定："交代消息来源，必须确保可信、不偏不倚、在法律上安全。"美联社则规定，"我们应提供消息来源的全名和确认该消息来源身份所需要的信息，包括消息来源的年龄、头衔、所在公司组织或政府部门的名称、家乡，并解释为什么他(她)是可信的。"

2. 匿名消息来源的使用

西方保护匿名消息源的规则已经为我们所熟知，有的西方记者因为违反了保护消息源的承诺而被诉诸法律。但这并没有成为西方匿名消息泛滥的理由，相反，由于承诺保护消息源有可能要对抗法庭，甚至付出法律代价①，因此西方媒体在隐匿消息来源时格外谨慎，只有在万不得已时才会使用匿名消息来源。

首先，西方新闻职业道德规范普遍对使用匿名消息来源的情形作了明确的限定，并且都要经过编辑的严格把关。《纽约时报》规定："除非不使用该匿名消息时报就无法刊登它认为有新闻价值并且可靠的消息，否则不允许使用匿名消息来源。"不仅如此，新闻工作者还要进行多方核实，确保这个匿名消息是真实可靠的。美联社规定："想要使用匿名消息来源资料的记者，在发送报道给编辑之前，必须获得其新闻主管的批准。"路透社、《华盛顿邮报》、BBC 等多家媒体还要求记者至少向一名主编披露匿名消息来源的真实身份和动机，否则新闻将不能被刊登或播发，这个规定对防范虚假新闻十分关键。

其次，即使允许使用匿名消息来源，西方媒体也要求新闻工作者尽量提供一些信息，力求在一定程度上透明，向受众解释这个来源的可靠性以及要匿名报道的确切理由，求得受众的信任和谅解。路透社规定，"匿名消息来源应尽可能详细而明确，努力与消息来源协商使其同意对其做十分准确的描述，以使读者相信匿名消息来源的可靠性。"《纽约时报》规定，使用匿名消息源要"尽可能告诉读者关于消息来源的情况及其动机。应努力简洁地表述记者与消息来源达成了何种谅解，在能弄清消息来源匿名原因时，避免使用'消息来源坚持匿名'之类的机械语句。"

另外，路透社、法新社等媒体还规定，报道匿名消息来源所说的话由记者承担责任②。这样一来，为保护消息来源而可能付出的法律代价就落到记者及其所供职的媒体肩上，在这样的成本计算下，记者在选择匿名消息源时必定会审慎评估。

---

① 张宸：《西方主流媒体防范虚假新闻的一些做法及教训》，《中国记者》2011 年 1 月，第 20 页。

② 张宸：《外国传媒有关"消息来源"的使用规范》，《中国记者》2005 年 8 月，第 12 页。

四、取其精华，洋为中用

大量新闻实践证明，认真核实消息来源，是最大程度上保证新闻真实性的关键。与西方相比，我国的新闻法规和条例中对新闻来源使用方面的规定甚少，采编人员在新闻来源的使用上随意性更大，大量应该交代而没有交代消息来源的新闻见诸报端。我们应当借鉴西方核实消息来源、防范虚假新闻的有利经验，对新闻消息来源作出更明确的具有可操作性的规定，从新闻来源上入手，防范虚假新闻。

1. 限制使用匿名消息来源

陈永洲案中，匿名消息的滥用为虚假新闻开了绿灯。如果媒体在匿名消息来源的使用上建立更明确的标准和严格的把关，许多假新闻就可能在广泛传播引起负面效应之前被扼制。

首先，应当明确以实名消息来源为原则，匿名消息为例外，规定不得已时可以使用匿名消息的具体情形。匿名消息的滥用造成虚假报道，对媒体的公信力和声誉都是沉重的打击，因此，媒体应当积极承担起限制匿名消息、防范虚假新闻的责任，除非万不得已，不允许使用匿名消息。

另外，记者和编辑负有核实匿名消息源的职责，匿名消息源的言论引起的侵权应当由记者和编辑承担责任。当前，编造消息源、滥用消息源的违法成本低，造成记者肆无忌惮地利用匿名消息源造假。应当规定当记者使用匿名消息源时，有义务审慎评估，认真核实，对该言论引起的法律后果承担责任。

2. 发挥编辑把关作用

编辑是媒体的“把关人”，是防范虚假新闻的最后一道关卡。充分发挥编辑的把关作用，对于防范虚假新闻十分关键。许多虚假新闻的出现正是因为编辑失职，没有把好关。

在新闻报道前，记者有义务向编辑提供其消息来源真实可信的证据，并向至少一名编辑披露匿名消息源的真实身份和动机。编辑有义务判断消息来源及其提供的信息的可靠性和合法性，必要时进行核实和确认。发挥编辑的把关作用能够有效防范不当或滥用匿名消息来源导致新闻失实的情况。在新闻报道后，对该文章引起的法律后果，记者、编辑都要承担责任、受到处罚。

3. 提高虚假新闻违法成本

目前，我国防范虚假新闻主要依靠行业自律和相关的法律法规。

在行业规范方面，我国现行的《新闻职业道德规范》对新闻真实只有原则性的规定，缺乏操作性的规范，违反规定的成本也比较低，对新闻工作者的实际约束力不强。各媒体也少有具有影响力和操作性的规章制度。

在法律法规方面，我国《宪法》、《刑法》以及新闻管理部门的法规和规章中都对治理虚假新闻作出了规定，但仍然存在处罚力度不够，违法成本较低的问题，因而效果有限。再加上缺乏对虚假新闻进行调查、举报、查处的常规机制和程序，许多虚假新闻被掩盖。即便是虚假新闻被揭露，一般也是媒体内部惩处，甚至有个别媒体不了了之。由于虚假新闻违法成本低，就出现了一些新闻工作者怀着侥幸心理，为了利益而触碰底线。

因此，建立透明、规范的虚假新闻审查、举报、调查、处罚的常规制度是当务之急，一旦发现虚假新闻，就应酌情对有关记者、编辑甚至媒体作出处理。对蓄意造假者，应当严惩不贷；对职业能力欠佳造成的无心之过，则需加强引导教育。

新闻是对新闻事件的客观报道，它的生命力在于新闻工作者对事实真相的尊重和探究。陈永洲为了个人名利，采用未经核实的消息源甚至编造消息源，使得媒体的公信力遭受打击，给了我们一个沉重的教训。新闻工作者要以审慎的态度对待新闻的消息来源，以更严谨的制度规范消息来源的选择和使用，才能获得受众的信任。

〔作者邓诗如系中国传媒大学新闻学院 2013 级硕士研究生；
凌昊莹系中国传媒大学新闻学院教授〕

《11度青春》系列微电影的叙事学探究

刘珊　韩运荣

2010年由汽车品牌凯迪拉克制作播出的90秒微电影《一触即发》，带来了整个传媒产业的"一触即发"，开启了广告传播模式的新走向。这种低成本、影响力大的新营销传播方式，引来众多企业纷纷涉足这片蓝海，微电影的创作和营销也愈演愈烈。

从现实意义来看，由于微电影投资少，门槛低，近年来涌现出了大批微电影作品，但其中具有较高艺术价值的微电影则少之又少。因此，本文以《11度青春》系列电影作为研究对象，从叙事时间、叙事结构、叙事主题等方面进行分析，透视其背后所蕴含和折射的价值导向和文化现象，进而探索和总结这些微电影的可取之处和不足之处，以期对未来微电影的发展和创作提供一些参考和借鉴。

一、微电影的概念及其相关概念

1. 微电影的定义

微电影，即微型电影，又称微影，是指专门用于在各种新媒体平台上播放的、适合在移动状态和短时休闲状态下观看的、由完整策划和系统制作体系支持的、具有完整故事情节的短片，以"微时(30秒至30分播放时间)"、"微制作(制作周期短)"、"微投资(投资资金几千元至数十万元/部)"见长，内容包括伦理道德、情感生活、时尚潮流、公益教育、商业定制等多元化主题，可以单独成篇，也可系列成剧。

作为传统电影和网络视频短片结合的衍生物，微电影还没有一个明确的定义。但它作为新媒体时代下的产物，以其短小精悍、互动自由、时效性强、成本低廉等独有的特点得到广泛认可。

2.《11度青春》系列电影简介

《11度青春》系列电影是由中国电影集团联手优酷网共同出品，由汽车品牌雪佛兰科鲁兹支持制作的，以"青春，奋斗"为统一主题的系列电影。系列的10部电影分别为：《拳击手的秘密》、《哎》、《夕花朝拾》、《东奔西游》、《泡芙小姐的金鱼缸》、《江湖再见》、《李雷与韩梅梅》、《阿泽的夏天》、《L. I》、《老男孩》。其中《阿泽的夏天》、《老男孩》等影片还在新浪网举办的"2011首届微电影节金瞳奖"上获得了最佳视觉效果、最佳商业微电影等5个奖项的提名。

二、《11 度青春》系列电影的叙事艺术

法国著名电影理论家让米特里依据科学研究成果，对电影影像叙事含义做出了说明，他认为任何电影影像叙事包含三层含义：第一层是影像的知觉层，即影像呈现的光影音画层面，包括光影、色彩、构图等技术元素，是影像的基础部分；第二层是影像的叙事层，任何具有清晰知觉层次的影像均能够承载一定的叙事功能；第三层则是影像表达的思想层面，创作者借助于影像的构成逻辑传达着有关影像之外的话语。在影像的知觉、表意和叙事三个层次中，叙事层面跟观众保持最为亲近的关系，它具有强大的吸入作用，将观众牢牢地锁闭在故事中，完成影像叙事对人的占有。好莱坞电影正是把握了影像叙事的精髓，采用了一整套严密有效的影像叙事规则，通过讲述一个个虚幻的白日梦故事抓住全世界 80% 的观众，而观众也宁愿在影像叙述的虚幻故事中享受短暂的愉悦。① 在《11 度青春》系列微电影中，本文主要探讨了影像叙事艺术中的叙事时间、叙事结构以及叙事主题 3 个方面。

1. 叙事时间与叙事节奏的处理

就电影的放映时间而言，微电影的一个重要特征就是时间短，节奏快。《11 度青春》中的 10 部短片的放映时间都是从 10 分钟到 15 分钟左右不等，相比电影而言篇幅短小很多，但在故事的叙述和主题的表达上却具有一定的完整性和丰富性。如何在较短的时间内讲述一个内容完整而意蕴丰富的故事，就需要对叙事时间和叙事节奏进行独到的处理。电影由文学作品改编而来，而微电影与电影的关系就好像微型小说与小说的关系，本文借用微型小说独特的叙事时间和叙事节奏，试图分析微电影在叙事时间和节奏方面的特点，寻求叙事时间和节奏在微电影中发挥的作用。

(1)浓缩性的叙事时间

由于叙事时间的限制，微电影需要用最少的时间，产生最大的叙事功能，以满足读者的期待视野。从故事层面看，微电影关键在于提炼一个浓缩的故事时空，将一段很长的时间轴缩成片刻的画面，使人见微知著，一叶知秋，透视社会和人生。②

在《哎》中，男女主人公从相识相知到后来的两次相遇，前后经历了 5 年时间，影片却侧重表现两人初次相识以及之后两次相遇的场景，省略了两人各自单独生活和工作的时间，从而加快了叙事节奏，渲染了主题，突出了两人身份和状态的变化。同样，在《拳击手的秘密》中，电影用几个典型的生活片段表现了主人公几十年来学习、恋爱、工作的迷茫状态。《东奔西游》中，影片仅仅以孙悟空的内心独白“两年前，我们被创造出来，从此我们开始自谋生路”以及几个分切画面表现师徒四人两年来的生活和工作经历。《泡芙小姐的金鱼缸》也是以泡芙小姐和男子约会场地的切换，表现两人从陌生人到成为恋人所经历的一段时间。《江湖再见》末尾中男女

① 刘婷：《影视叙事》，中国传媒大学出版社 2006 年版，第 51 页。

② 李阳：《微型小说叙事时间研究》，中南大学硕士论文库，2010 年，第 14 页。

主人公多次在街头擦肩而过，表现了两人分手后“相忘于江湖”的很长一段时间。总之，这些浓缩性和概括性的镜头画面，容纳了丰富的信息与深刻的意蕴，可以迅速地表现叙事内容，引起观众丰富的联想，并产生出无限的审美空间。[①]

(2)以悬念为主的叙事节奏处理

电影的节奏作为一种审美形式，其构成方法灵活多样，包括悬念、重复、突转、对比等，《11 度青春》系列电影主要采用了悬念的方法。

悬念包括设悬和解悬两个部分，从接受心理来看，悬念的设置会引起观众探明缘由的欲望，造成某种期待和关切的心理，而悬念的解开，会让观众释然以及思考背后的意义。这样的设置会产生波澜与节奏，使得短小精悍的微电影错落有致，跌宕起伏，韵味深厚，激发兴趣。[②]

悬念有的设置在影片开头，有的随着故事发展而插入，有的则出现在结尾处，有时结局的缺失体现了生活的未知和未来的不确定性，具有后现代的意味。

《L. I》开头，男主人公以严重违反条约的罪名被来路不明的叫做“LICC”的机构抓走，此时观众不免产生疑问：“‘LICC’是什么”，“怎么和警察局一样有逮捕拘留的权力”，“男主人公为什么不予以反抗”等一系列疑问，继续观看影片，这些疑问便迎刃而解。原来男女主人公在结婚时，到一个名叫“LICC”(Love Insurance Company of China，即爱情契约)的机构签订了一份契约。在契约的约束下，两人不得做背叛对方的事，一旦有人出轨，LICC 就会检测到，并追捕出轨一方，对其做出惩罚，而且是强制性的。由于男主人公做出了不道德的事情，于是便出现了开头被抓捕的画面。

《东奔西游》中，唐僧师徒四人在现代社会失去了法术，变成了最普通的人，干着最底层的工作。此时观众不禁产生疑问：“他们是怎么来到现实社会的”，“在这里的目的是什么”，“何时回到属于他们自己的世界”等。直到影片末尾才揭示出了谜底：两年前，青年漫画家爱上了女孩小琦。在小琦人生受挫之际，漫画家将其创作的《西游记》漫画，每天发到小琦的邮箱中以鼓励她。可是一场车祸让漫画家陷入昏迷，漫画作品中断，而被他创作出来的唐僧师徒四人则意外来到了现实世界。至于漫画家何时醒来，师徒四人何时能返回属于自己的世界，影片直到结尾也没有告诉观众，留下了无限的想象空间。

《哎》的结尾处，男女主人公再次偶然相遇，男的刚搬新家，女的则打算回老家开餐馆，男主人公最后一个“哎”留下了两人爱情发展的悬念，从而侧面反映了年轻人在梦想和现实、爱情和利益之间的矛盾和取舍。《泡芙小姐的金鱼缸》在影片的结尾也没有给出泡芙小姐最终归宿的答案，而是留下一句“泡芙小姐的金鱼缸是等待爱情的空白”让观众去猜测和遐想。《李雷与韩梅梅》也是如此，李雷赶到火车站后有没有找到韩梅梅，两人未来如何发展，影片都没有直接告之，而是在李雷满头大汗、迷茫地独自等待中戛然而止。

---

① 李阳：《微型小说叙事时间研究》，中南大学硕士论文库，2010 年，第 15 页。

② 李阳：《微型小说叙事时间研究》，中南大学硕士论文库，2010 年，第 31 页。

2. 叙事结构与叙事技巧的运用

好莱坞式的商业电影创造了“开端、发展、高潮、结局”的情节逻辑关系来结构故事的特定模式，这种传统要求影片情节要有完整性。《11 度青春》系列电影基本上继承了电影惯常的叙事方式，一定程度上借鉴并采用了因果式线性、交织式对比、梦幻式复调等传统的叙事结构。除此之外，高潮的放大和开端、发展、结尾部分的压缩，成为《11 度青春》系列微电影显著的叙事技巧。

(1)高潮的放大和其他部分的压缩

为了在较短时间内吸引观众迅速进入叙事情节，在按照“开端—发展—高潮—结局”的经典情节模式进行叙事的微电影中，开端与结局被尽可能地压缩，过程甚至被省略，并以大篇幅展现高潮和其他重要的情节信息。①

《泡芙小姐的金鱼缸》中主要交代了泡芙小姐与男子相遇的过程和恋爱的波折，对于两人恋情的进展这一漫长的过程则是用几个短暂的分切镜头表现，至于两人爱情的结果也没有明确的答案。《江湖再见》一开头便切入要害表现男女主人公激烈的争吵，后半部分则利用将濒死的金鱼放归河水这一比喻为两人的分道扬镳做了充分的铺垫。影片充分展开这两个片段来表达主题，省去了两人分手后各自的情况。《L. I》也是开门见山地进入高潮，对男主人公被捕、女主人公前去办理手续这一事件展开叙述，其中插入了几段两人之间的往事。影片的结尾处则简单陈述了女主人公与由男主人公受到惩罚而变成的金鱼相伴终老的事实。《老男孩》前半部分通过学校的广播、简单的金属文具盒以及蓝色的中学校服等对主人公们少年时的生活背景做了简单交代，集中展现追求校花、打架斗殴、准备表演节目等关键情节；后半部分也仅仅通过广播和电视的新闻消息交代了中年主人公的时代背景，主要展开主人公们比赛前的准备过程和比赛时的精彩表演。影片最后简单交代了比赛的结果和主人公们未来的生活，暗示了现实的残酷和梦想的珍贵。

(2)传统的叙事结构

因果式线性结构，是指该结构模式主要以事件的因果关联或单一的线性时间为叙述动力来推动叙事进程，展开叙事线索，而很少打断连贯的时间进程。这种结构是最典型的“情节结构”模式，“故事性”是这种结构的核心动力。②

《11 度青春》系列电影中，《哎》、《李雷与韩梅梅》、《夕花朝拾》、《泡芙小姐的金鱼缸》这四部影片采用了因果式线性的叙事结构，事件之间的因果关联较密切，整部影片通过一个首尾相连、圆满完整的时间序列过程得到扩展和强化。③《哎》讲述了一个发生在 5 年时间里的关于爱情和理想的故事。《李雷与韩梅梅》情节环环相扣，按照时间和因果顺序叙述了一天时间内发生的改变几个小人物命运的不寻常的故事。《夕花朝拾》按照时间发展的顺序记录了一天时间里与未来的自己相遇的意味深长的故事。《泡芙小姐的金鱼缸》中情节虽然平淡无奇，但也按照时间的顺

---

① 张高伟：《论微电影的叙事艺术》，《美与时代》2011 年 7 月。

② 李显杰：《电影叙事学——理论和实例》，中国电影出版社 2000 年版，第 331 页。

③ 李显杰：《电影叙事学——理论和实例》，中国电影出版社 2000 年版，第 350 页。

序展开叙事，铺就了一段脆弱短暂的都市爱情故事。

交织式对比结构指的是该结构模式虽然也遵循情节发展的线性时间顺序，但却同时设置了两条或两条以上的叙述线索。各条线索之间，具有不同风格、不同取向的事件和人物构成一种复杂性对比关系。通过这种对比性张力的运动，推动影片的叙事进程，架构叙事主题。①

《11度青春》系列电影中，《江湖再见》、《阿泽的夏天》这两部微电影也采用了交织式对比的叙事结构，以一条主要线索和一条次要线索相互交叉和对比，两条线索之间产生冲突交叉或各自平行，进而完成丰富的叙事，烘托深刻的主题。《江湖再见》中一条主线索是面对残酷的现实问题恋人发生了激烈的争吵，最后选择了分手。另一条线索则是男子开车导致女子的金鱼缸被打破，两人之间关于"与其相濡以沫，不如相忘于江湖"的讨论。两条线索，两对人物，看似平行地出现在同一时空，其实是将分手多年后的恋人和曾经在一起的他们放在一起，通过两组人物言行举止、所思所想的对比，展现了当下爱情与现实压力之间的矛盾冲突，传达出恋人之间经历过失去才会收获幸福的主题思想。《阿泽的夏天》中两条线索则简单许多，一条主要线索是来自大山的贫困孩子阿泽到城市打工，和城里的打工者小伟在遭遇事业的不顺后，一起回乡创业的励志故事。另一条则是一位无所事事的大叔偶然因为两条金鱼而赚到了钱，于是购入大批金鱼出售，最后成就一番事业的励志故事。虽然第二条线索每次出现总是很短暂，但是两条线索的交叉对比丰富了叙事内容，调节了故事节奏，表达出"生命没有投机，平凡也能创造奇迹"的主题观念。

所谓梦幻式复调结构，指的就是以一系列梦幻段落为贯穿主线，构成影片对话关系的结构模式。其基本特征是强调心理活动与现实事件的内在联系，达到对某种人生价值、思想轨迹乃至心理结构的揭示和反思。②

《拳击手的秘密》采用了梦幻式复调的叙事结构，通过主人公的内心独白，讲述了青年拳击手李磊在纷繁复杂的社会中盲目地生活和工作，在幻想自己失明的过程中逐渐认清自我和周围的世界。他最后走出了幻想的世界，重回了现实生活。影片通过构筑现实与梦幻的交织与对话，披露和反思了当代年轻人普遍存在的矛盾和焦躁的心理及状态，从而传达出要摆脱盲目、正确认识自我的人生价值和主题思想。

3. 都市和爱情两大叙事主题

《11度青春》系列电影围绕着青春的主题，以年轻人为叙事客体，以他们的生活现状和精神世界为叙事线索，成长经历、情感事业、困惑迷茫、怀旧情绪等作为叙事内容，其中，爱情与都市是青春叙事中必不可少的两大元素。

(1)叙事元素之一：爱情

爱情是人类永恒的话题，也是青年人喜闻乐见和最受欢迎的叙事类型，作为最卖座最具吸引力的题材，爱情在《11度青春》系列电影中几乎都有涉及，其中有6部

---

① 李显杰：《电影叙事学——理论和实例》，中国电影出版社2000年版，第378页。

② 李显杰：《电影叙事学——理论和实例》，中国电影出版社2000年版，第391页。

是以爱情为主题的，而每一部关于爱情的话题和角度又有所不同。

《哎》讲的是现实和生存的压力下，爱情的脆弱和易逝；《东奔西游》是关于一个画家默默奉献后来被知晓的暗恋；《泡芙小姐的金鱼缸》强调的是对真爱的思考；《江湖再见》是关于恋人之间放开彼此，寻找下一个幸福的故事；《李雷与韩梅梅》讲述了一对单纯平凡的青年男女在复杂的社会中相逢又相散于天涯的故事；《L.I》是有关爱情的背叛和忠贞的永恒话题。

这些电影中的爱情不仅仅作为叙事内容，也成为反映当今社会中精神与物质、理想与现实之间矛盾的镜子，并试图引导一代青年人树立正确的爱情观、价值观和人生观，从而引起人们的情感共鸣和价值认可。

(2)叙事元素之二：都市

都市，尤其是高速发展、时尚繁华的一线城市，不仅聚集了成千上万的年轻人，而且都市与他们朝气蓬勃、积极奋斗的特质十分契合。[①] 因此，《11 度青春》选择了都市中的青年群体，大学生、企业白领、青年农民工等，还使用了都市特有的象征符号，比如高楼大厦、豪华轿车、休闲场所、地铁立交桥等，讲述了发生在都市的爱恨情仇、职场风云和生活百态，表现了人们繁忙的生活节奏和焦躁的精神状态。除了反映都市的繁华和年轻人的忙碌，也折射出对现代人生活态度和精神状态的思考和评判。

通过统计，10 部影片中的故事空间几乎都选择了北京。北京作为国际化的大都市，汇集了来自全国甚至世界各地的人们，融合了城乡、地区间的差异和矛盾。这里更是每个年轻人梦寐以求的地方，它已经成为青春和梦想的象征和载体。10 部微电影如实记录了这里众多小人物的喜怒哀乐与悲欢离合，引发观众对人物及自身命运的观照和思考。

三、微电影的叙事缺陷和前景展望

《11 度青春》系列电影作为微电影的新兴代表，其在叙事和内容上存在的问题也是众多微电影不可忽视和需要解决的。

1. 微电影的叙事缺陷

(1)时间短暂的硬伤难以修复

微电影以“微”见长，利用大量高潮片段取代完整详细的故事情节，对观众有强烈的吸引力和冲击感。但如果没有驾驭镜头和剧本的深厚功力，在短暂的时间内根本无法完成背景交代、氛围渲染、起承转合等部分，更难以表述那些情节复杂、主题深刻的故事，从而导致叙事缺乏完整性和张力，仅停留在浅显感性的内容和满足观众的娱乐消遣上，而难以在引发思考和启蒙舆论上有所突破。因此，时间短暂不仅是《11 度青春》系列的一大劣势，更是众多微电影难以回避的硬伤。

---

① 袁瑶：《网络电影叙事艺术研究》，安徽大学硕士论文库，2012 年，第 46—47 页。

(2)题材过于单一,质量参差不齐

微电影的题材包括很多,如爱情类、亲情类、励志类、都市类、现实类、记录类、公益类、友情类、悬疑恐怖类、动作类、科幻类等。从《11度青春》系列电影选取的题材看,爱情、励志、都市等题材占据主导地位,而诸如亲情、农村、公益等意义重大而又普遍存在的题材数量则很少,缺乏对这些题材的关注和挖掘。

另外,纵观整个微电影市场,由于制作周期短,投资成本低,微电影作品的质量和专业程度参差不齐,画面质量、镜头表现以及叙事表达都无法达到传统电影的水平,这也在一定程度上制约了受众的审美需求。①

(3)商业性和娱乐性倾向严重

微电影中大部分由视频网站、广告公司、专业影视公司独立或相互合作完成。因此,为迎合受众,谋取利润,插入商业娱乐性广告,突出浅薄低俗的内容就在所难免。《11度青春》系列电影中反复出现了打架斗殴、暴力血腥、潜规则等社会阴暗现象,在满足人们的窥视欲和好奇心、获得可观的广告收入和点击率的同时,也在一定程度上放大了社会的黑暗面,更缺乏对这些现象的理性思考和道德批判,深度的现实关注和人文关怀还远远不够。②

2. 微电影的前景展望

微电影现存的问题不可忽视,从电影艺术的角度来说,提高微电影的内容质量,提升制作的专业化水平,平衡内容质量和广告需求的关系,是改善微电影艺术水平、实现其繁荣发展的必要条件,也是值得我们持续关注的问题。

(1)提高微电影的内容质量

首先,微电影的内容要有创新性。在文化产品制作日益同质化的时期,作品本身的内容要拥有令人耳目一新的体验才能够有理想的传播效果与受众认可度。一方面在故事情节上,微电影要贴近实际生活,关注社会热点,注重人文思考,拓展思想深度;另一方面微电影要善于利用设置悬念、制造冲突、渲染情绪等表现手法,增加故事情节张力,吸引受众注意力。其次,微电影的类型也要有所拓展与丰富。目前影片的类型以爱情片、广告片、喜剧片等固有模式为主,要实现微电影积极长远的发展,就要对原有类型进行突破和多种尝试。《11度青春》系列中的《泡芙小姐的金鱼缸》这类动画片,还有诸如纪录片、公益片、音乐片等类型都可以作为微电影未来拓展的方向和思路。③

(2)提升微电影制作的专业化水平

专业化的制作公司在前期制作上有较多成熟的经验,后期剪辑和营销上也掌握着多种资源,因而专业化公司的加盟是现有微电影发展的趋势。《11度青春》系列电影便是由中国电影集团这支中国最具实力的电影公司负责制作和发行,其水平和实力可想而知。另外在中低端微电影定制市场中,也涌现出了一批影视工作

---

① 袁瑶:《网络电影叙事艺术研究》,安徽大学硕士论文库,2012年,第51页。

② 袁瑶:《网络电影叙事艺术研究》,安徽大学硕士论文库,2012年,第52页。

③ 郭倩:《微电影的传播解读及发展方向浅析》,《前沿》2012年11月。

室，由于草根色彩浓厚，取得了不俗的成绩，比如郑云工作室，推出了职场片、公益片、广告片等各类题材的微视频作品，在优酷网、新浪视频等大型视频网站中拥有较大的影响力。①

(3)努力控制和平衡微电影中的广告

植入式广告作为微电影创收的重要手段无可厚非，但是过于泛滥的植入式广告则会影响影片的质量和受众的观赏感受，进而影响到传播效果。在微电影的制作过程中，要努力掌握好广告、受众的接受程度和作品内容三者之间的平衡，并尽力让广告与作品内容更加有机、自然地融合在一起，从而实现网站受益、受众满意、广告商盈利的共赢效果。②

结　论

如果说传统电影属于“阳春白雪”，网络视频是“下里巴人”的话，那么，《11 度青春》这样的微电影则既非前者，亦非后者，而是介于二者之间的一种新的电影形态和传播方式。依托新兴技术和平台的革新，一方面它将电影从“神圣”的影院或剧场中解放了出来，消解了电影的权威性和固定性。另一方面，它又没有沦为庸俗的大众话语，而是保留了传统电影的专业性和艺术性。更重要的是，微电影作为一种新兴的叙事方式和文化现象，在后现代文化的浸染和新媒体技术的推动下，又呈现出自己独特的叙事特征，时长短小精悍，情节凝练新颖，主题轻松有趣，为广大受众喜闻乐见。③ 但微电影属于新生事物，其成熟的模式尚未形成，还存在着不少问题需要被发现和解决。因此，在其发展的过程中如何更深刻地感染受众，如何更有效地传播大众理念，如何更广泛地传递社会正能量，仍然是一个重要的课题。

〔作者刘珊系中国传媒大学新闻学院传播学 2009 级本科生；
韩运荣系中国传媒大学新闻学院副教授〕

---

① 郭倩：《微电影的传播解读及发展方向浅析》，《前沿》2012 年 11 月。

② 谭成才：《我国微电影的发展现状及趋势探析》，《内蒙古民族大学学报》2012 年 7 月。

③ 袁瑶：《网络电影叙事艺术研究》，安徽大学硕士论文库，2012 年，第 56 页。

打造有思想的广播

——浅析网络时代我国广播新闻评论的发展变化

成文胜 王云松

正像中国广播电视协会前副会长张振华说，当今信息的独家占有已越来越难，在这种情况下，评论就成了吸引受众的新的抓手。谁能提供先进的思想、观念，谁就能形成“思想品牌”、“理论品牌”，谁就能成为“意见领袖”，在新闻竞争中占领制高点。人们对广播新闻评论有了一个重新认识，“打造有思想的广播”，已成为国内广播界的共识。

事实上，近些年来，在“新闻立台、评论强台”的理念指导下，从中央到地方，许多电台对广播新闻评论从内容到形式都进行了可贵的创新实践。一直处于相对弱势的广播新闻评论日益受到重视，广播新闻评论作为广播新闻报道主要体裁的地位日益凸显。但在迎来广播新闻评论的春天之时，我们也应看到，其创新探索之路并不平坦，探析个中的成败得失，无疑将为广播新闻评论未来的发展提供有益的借鉴。

一、广播新闻评论当下的变化

传统的广播新闻评论，大多是新闻节目里的一个部分，围绕一篇稿件、一个主题，拎出要旨，配发评论。这类评论大多以代表官方权威的声音出现，具有非常强烈的主流意识形态在场的特点。

而在这个“人人都是麦克风”的网络时代，广播新闻评论开始不再拘泥于本台新闻引发的评论，也不再满足于仅仅处于新闻节目里的配角地位。各台在加强传统形式的本台评论、本台评论员文章、本台短评和编后语等广播新闻评论的同时，进一步向外拓展、分化，纷纷创办独立的评论类新闻节目。随之而来的是广播新闻评论的评述主体、评述的内容与形式等都发生了变化。

广播评论谁来说：多元化的广播新闻评论队伍

(1)主持人评说唱主角

区别于之前多是播音员播一播已经撰写好的新闻评论稿件，一些电台重点打造的品牌评论节目是以主持人直播方式出现的，由主持人来主持一档评论节目。如杭州西湖之声原创的《新闻八卦掌》节目，每期节目围绕数条焦点新闻和热门话题展开，主持人每天从众多资讯中筛选有可议性和普遍意义的新闻，从国内到国外、从时政到趣闻，纵览天下，随后秉持独立精神，进行深入的思考评析、解读时事、针砭时弊。

江苏新闻广播的《大林评论》、南京新闻广播的《马青时间》、山东济宁新闻广播的《林华时间》等更是直接用主持人来命名新闻评论类节目，主持人每天围绕当地或国内外发生的最新的、比较热门的新闻事件或新闻故事与听众互动展开讨论，关注不同角度的声音，传递最新的观点。

我们可以看到，此时的主持人以一个评论者的身份出现。他们不仅播评论，还是评论的作者或编辑，节目中对新闻、资讯、信息进行淘洗、筛选、解读，与听众交流分享观点、看法。他们或睿智，或理性，或辛辣，或幽默，成为各台一道独特的风景。

(2)评论员模式成常态

2009 年，中央人民广播电台《中国之声》节目改版，在新闻节目中引入了评论员模式，聘请专家、学者和媒体人，担任特约观察员和特约评论员。他们以敏锐的视角、独到的见解、风趣的谈吐在节目中就新闻事件即时点评，不仅具有一定的群众基础，更有相当的权威性，成为新闻节目不可或缺的组成部分。这被认为是开创了中国广播建立评论员队伍的先河。

现在《中国之声》每天在新闻解读评述方面，会有 30 多位专家，节目有 2 000 人的专家库，板块和轮盘里的解读点评累计时长达 4 小时左右，约占全天新闻总量的 1/5。

如今，评论员模式在各地新闻广播中已经被广泛借鉴，不仅是节目里经常邀请相关专家、学者、官员连线，更重要的是一些电台已经形成了相对稳定的专家评论队伍。如 FM89 杭州新闻广播的《连线快评》，邀请杭州乃至北京、上海等地的资深媒体人、大学教授、公务员、各领域专家、学者等，组建了“新闻 89 评论员专家智库”，全天早 8 点到晚 8 点的 12 个整点点位，用连线方式邀请不同的评论员对刚刚发生甚至正在发生的热点新闻事件作短小精悍、形式活泼的口播述评。

上广新闻频率和东方网联合打造的评论栏目《990 评论》也拥有一支稳固、阵容强大的评论员队伍。以东方网特约评论员为主体的近 20 名骨干作者，大多是上海市传统媒体资深评论员，又长期活跃在网络评论第一线，具有丰富的评论写作经验和很强的写作能力，而且在读者和听众中具有较高的知名度和影响力。

这些专家型的评论员让听众知道身边的新闻，为什么会发生，意味着什么，对生活会带来哪些影响，这样的解读和点评，其观点更主流，更客观，更专业，也更深刻。

(3)草根加盟频发声

为适应当今网络时代的媒介生态环境，各广播电台的新闻评论节目吸纳草根声音，努力为大众百姓提供说话的机会和说话的场所，让广大听众有一个阐释意见、发表观点的平台。

一方面，借助网络的力量，各地广播纷纷搭建新闻评论实时互动平台，让更多的受众通过微博、微信、论坛等传播平台参与到节目中来，发表多元意见。如南京新闻广播的《网罗天下》，挑选适合的网络言论在节目中播出，虽然有的网络评论有些偏激，但不乏幽默、犀利、新锐；虽然理论色彩不浓，但多为社会生活的感悟和经验，这无疑使得广播新闻评论的内容更加丰满，观点更加多元立体，更具可听性。

杭州新闻广播的《连线快评》节目则较早关注并开通微博，每一个将要评论的话题都会提前在FM89的官方微博上预告，并开放给参与评论者留言。这不仅拓展了节目的影响，也拓宽了内容的来源。

另一方面，有的电台在节目中设置了公众评论员板块，让草根群众直接参与节目，在电台发声。如河南电台的《657新闻眼》尝试在全省18个省辖市的热心听众中选聘了一批有见地、有思想、有素养的百姓观察员，在节目中根据每期内容，通过电话连线形式，让百姓表达自己对新闻事件的观点、看法和建议，一改往日新闻评论类节目的专家、精英话语权的形象，充分体现了普通公民对新闻评论的话语权，丰富了整个节目的观点层次①，是对打通官方民间两个舆论场、融合共建舆论发声平台的一个有效尝试。

二、广播评论说什么：多维视角的新闻关注

1. 传递不同声音

如果说在话语权较为单一的时代，新闻评论只掌握在少数人手里的话，那么多元化的广播新闻评论主体带来的必然是价值观念的多元、思想观点的多元、审美情趣的多元等，其具体体现不仅在于评论的话题题材愈加丰富，从关注党和国家的方针政策，到反映大众呼声，我们都可以去评说。更重要的是我们不再只听到单一声音、一个腔调。因此，今天的广播新闻评论与传统的相比，最大的不同就在于观点的立体化和话语的层次化，评论不再是一个声音说话，而是广开言路，努力打造一个意见汇总和沟通的平台。

正像《马青时间》节目中说的："我不同意你的观点，但我尊重你说话的权利。"节目不仅不强求声音统一，还在节目设置中特别安排不同声音。如在这个节目里的"交锋"环节，就会针对同一话题发表不同的观点。对立的双方各自旁征博引、引经据典发表自己的看法。这类评论通过传递不同观点信息，激发听众的思维，让听众自己去辨析。②

作为无锡新闻广播电台《1161早新闻》中常设的专栏《今日快评》，绝大多数评论都围绕现实生活中的问题、贴近百姓的事展开。这里不仅有主持人（记者编辑）的表述，更多的是各方人士从不同角度和不同层面对话题的探讨。既有群众的评说，又有领导的权威解释，还有专家的科学见解，其信息量超过一篇一般评论所包含的信息量，有着很强的客观性和权威性，使得听众听后觉得有理有据，大大增强了说服力。

---

① 程文杰：《用思想铸就品牌——关于打造广播新闻评论类节目的思考》，《中国广播电视学刊》2013年第3期。

② 王旭辉：《广播评论：谁来说，怎么说?》，《视听界》2013年7月。

2. 注重观点交锋

处于我们这个多元开放的社会时代，要办有思想的广播，舆论场不应该完全被单一的声音所控制，不应提前预设立场和价值观；相反，应尽量提供更为自由开放的平台，让不同观点在这里相互不断地撞击，碰出火花来。

为此，一些电台在选择广播新闻评论话题的时候，其着眼点，不仅是侧重评述热点新闻的实质及意义，更注重观点的"交锋"，大胆选择争议话题。如山东新闻广播的《热点评说》在节目选材上就注意选择那些对某一事件或现象意见相左、评价分歧的新闻主题进行评述。比如：范美忠当老师合适吗？如何看待小灵通退市？要不要取消奥数竞赛？小沈阳会火下去吗？清洁工捡拾巨额财产不还，算盗窃吗？穿日本和服照相，能容忍吗？《中国不高兴》的是与非等等。[①] 一方面，对一个问题往往有不同的理解，一条新闻会引发不同的观点，这些观点可能是完全对立的；另一方面，许多新闻事件本身就有着矛盾性，一些热点问题往往是争议比较大的，但也正是在对种种新闻事件、社会现象、政策法规的正反多种分析解说中，在你来我往、有根有据的辩论式评说中，让听众产生共鸣，让听众自己去辨析，真理最终会越辩越明。应该说，这里体现出的是一种高超的舆论引导水平。

3. 立足本土接地气

对于绝大部分国内地方电台来说，新闻评论不仅需要"高大上"的宏大叙事，更需要将地域性优势放大，注重覆盖范围内受众的收听需求，将关注的焦点对准本地，根据本地情况，立足本地、贴近百姓，这样的评论才接地气，才能为听众所喜闻乐听。如，结合无锡市有关部门评选出的市民十大陋习，《今日快评》策划推出了10篇"十大陋习点评"，就起到了很好的宣传效果。《连线快评》也是尽可能多地将关注的视角放在本地民生上，尽可能选择与受众日常生活息息相关的选题，如就业、社保、交通等领域，将信息的实用性贯穿于评论节目的始终。《半山道路改造，扯了5年的皮，什么时候松手？》《西湖边环湖建筑为何摇身变成高档会所》等快评，都受到了听众的欢迎。

三、广播评论怎么说：多频次的有声快评

1. 用音响来说理

打造有思想的广播，一个关键的问题就是，如何使过去那种生硬、干巴甚至有时咄咄逼人的广播新闻评论生动起来，能够入耳入心呢？毫无疑问，音响是最能体现广播特征、彰显广播优势的要素了。摒弃文字评论那种"我说你听"讲大道理、生硬说教的传播形式，将现场音响、专家评述、百姓看法都有机地融入到对事件的评论中，那些极富表现力的音响，使得一向严肃沉闷的广播评论一下子变得生动鲜活起来。

---

① 王见：《广播新闻评论的独特理念——以山东电台新闻频道〈热点评说〉为例》，《青年记者》2009年第21期。

用音响说话，用音响说理，已成为广播业界的共识，并付诸实践。今天已不再是用不用音响，而是怎样用音响的问题。音响在评论中不是可有可无的“佐料”，而是构成评论主体的“主料”。这是在对广播新闻评论的特征、功能、地位进行重新认识后所作出的选择。如广东人民广播电台播出的录音述评《政府“拍脑袋”决策，好事也难办好》（获得第21届中国新闻奖二等奖）就是将音响与语言结合运用，从而很好地完成了整个评论的论证过程。

这篇录音述评里，从开始的广州市交委主任冼伟雄的高调宣称，到最后广州市交委副主任颉亚林的公开向市民道歉，有官员的解释，有市民的看法，有政协委员的点评等等，都是原声录音。其最大的特点就是无需记者自己站到前台来评述，避免使用那些蕴含主观色彩的字眼，而是运用音响层层推进，评述事件，最后凸显主题。人物语言个性鲜明，录音精彩，语言中已然真实客观地反映了各方意见和态度。特别是述评中政府部门官员不得不亲口承认此前政策存在失误的录音，非常难得珍贵，更显真实，也更有说服力。

2. 第一时间传达观点

当今媒体竞争日益激烈，广播媒体要取得一席之地，谋求长远发展，就不能在“显示媒体话语权”的评论上懈怠或失声。在第一时间，充分利用广播媒体的快捷之便，先声夺人，成了广播新闻评论创新的发力点。广播新闻评论也在走向“现在的新闻现在评”。

一方面，用“快”来发出新闻观点的第一声。

快人快语的广播时评所评述的新闻事件大多为群众所关注的热点焦点事件，小到柴米油盐等日常小事，大到国际关系如中美关系、朝韩问题等。很多情况下新闻刚刚发生甚至正在进行当中，相关时评就已经在策划和组织中了。

如2012年全国政协开幕式后，中央人民广播电台《中国之声》的大会直播刚刚结束，就推出了首篇《两会时评》。评论员之一的赵九骁先是与一位教授共同对贾庆林主席的报告进行了解读，紧接着就由赵九骁即席发表评论，提炼了贾庆林主席的报告里的几大亮点，口语化的播报，生动自然，几乎是一气呵成。

另一方面，用“快”来抢占观点舆论的制高点。

再以《中国之声》连续几年在“两会”期间推出全新评论栏目——“两会时评”为例，这个节目借助于“全国新闻联播”与“新闻和报纸摘要”这样成熟的平台，在第一时间紧贴两会热点，邀请首都各大媒体的资深评论员连线评论，全力体现国家电台两会报道的舆论引领作用。比如2012年3月10日的“两会时评：以‘三项意识’清新政风”，便是凭借《人民日报》评论员较高的政策把握力，对“胡锦涛总书记告诫各级领导干部要增强‘忧患意识’‘公仆意识’‘节俭意识’三项意识”这条时政新闻，做出了快捷、权威、准确的反应，占据了舆论的制高点。随后，“三项意识”成为各大媒体的议论焦点。①

① 夏威：《创新广播评论：以“两会时评”为例》，《中国记者》2007年第5期。

3. 实时评论随时听

"快"是广播新闻的优势,但在当前全媒体环境下,单纯一个"快"已经不足以让广播取胜,还需注重播出的频次,凸显其"伴随性"强的特点。面对听众的收听需求这一变化,一些电台也努力将新闻评论滚动播出。例如,中央人民广播电台《中国之声》的《央广新闻》,除了按格式化模式全天滚动播出实时新闻资讯外,还加大了"评"的分量,增加整点、半点新闻观察员的实时连线。杭州新闻广播的《连线快评》逢整点播出,在全天节目中搭起了线性的骨架支撑,做到评论随时听,使广播"伴随性"强的特点得以在评论节目中体现。

四、广播评论未来如何说得更好

相对于之前传统的广播新闻评论来说,近年来,无论是质量上还是数量上,广播新闻评论都有了较大的提高,显示出不同于以前的一种独立的新闻评论意识。然而,从总体上来看,广播新闻评论的质量仍然不高,特别是技术操作上还没有形成像报刊评论那样的一种规范体系,这也反映出我们对广播新闻评论自身认识上的不足和评论文体与广播媒体结合上的种种不适应。这就需要我们正视现存的问题,在实践中规范操作,在规范化的基础上寻求健康完善的发展,使广播新闻评论逐步地走向成熟。

1. 平衡好"述"与"评"的限度

现在一些电台的新闻评论存在着"述多评少"的问题。由于新闻节目前后内容衔接上的问题,评论员往往重复引述了过多的事实,而挤占了有限的评论,造成"述"和"评"之间的失衡。这是应该坚决避免的状况。

就单次新闻评论来说,一个简单的操作就是可以让主持人来述,让评论员来评。就整体新闻评论节目来说,更深层次的是,我们应建立健全机制,对相关栏目的选题和相关评论实行更全面的审核和把握,通过加强稿件统筹、节目统筹,来强化选题在栏目间的有效衔接,确保同一事件在不同的节目形态中有衔接、有延伸、有后续、有拓展,避免不同栏目、不同风格的评论出现简单重复甚至是互唱反调。①

2. 把握好"评新闻"与"说新闻"的边界

相当一部分广播新闻评论节目,都有些有意或无意地说新闻之嫌。述评中的相当一部分内容,仍是围绕新闻事件在原地打转。没有从评的角度、运用评的方式、发挥评的优势去横切和纵剖。② 事实上,评论不能等同于说新闻,需要把握好二者的边界。如何让观点更加鲜明、点评更加精当的评论成为述评的主角,可能是很多电台应该深入思考的。

---

① 《浅淡市级广播评论类节目的可持续发展》,http://blog.sina.com.cn/s/blog_677c84ee0100of93.html。

② 《浅淡市级广播评论类节目的可持续发展》,http://blog.sina.com.cn/s/blog_677c84ee0100of93.html。

3. 拓展评论的广度与深度

虽然广播新闻评论在这些年的发展过程中，一直在探求适合其特性的表现形式，但是一些电台的新闻评论还延续着一套老的流程，由评论员写、经编辑编、最后由主持人去播，其节目结构也大多局限于提要、主要事实、结尾式评论的模式，这是很难延伸评论的广度和深度的。因为这样的评论从整体上被分割为多个环节完成，不能准确有力地传达评论者的观点，也不能灵活机动地发表评论者的见解，所以，多数情况下还是就事论事，未能触及问题实质，不能旁征博引地从类似现象中发现规律性，没法提出由个别上升至普遍的共性思考，带来的一个明显问题就是流于一般化的表述，缺少说理的深刻性，造成评论单薄，缺乏厚重感和纵深感。

所以，在信息获取渠道多样化、传播方式同质化的大环境下，广播评论要努力通过形式的变换来拓展其内容的广度和深度，构建起多角度、多层次、多段式的复合式评论结构，以顺应新媒体时代人们对信息从被动接受向主动参与转变的需求，使节目的内容更丰富厚实，说理更客观辩证，也使评论在节目中的力度和广度不断得到强化和扩大。

4. 警惕正能量与负能量传递的倒置

不少广播新闻评论把邻里纠纷、街头闹剧、社会阴暗面作为社会生活的全部内容，多以质疑和抨击为主调，一方面负面新闻的选题比例明显偏高，另一方面又较少给出建设性和有参考价值的建议，开不出"药方"，这就很容易误导民众对事物的认识和理解，使受众产生悲观和负面情绪。这种负能量高于正能量的传递，将使舆论环境趋于恶化，这种舆论导向把握上的偏颇，是值得警惕的问题。

在社会转型的关键时期，广播新闻评论理应自觉担当起媒体的责任，真正发挥广播新闻评论的舆论引导作用。应进一步优化评论题材的组成结构，对选题中涉及的某些社会矛盾和社会问题，不回避地进行揭露，但更要注重对受众的正确引导。做到既不为吸引眼球而"失态"，也不为消极回避、片面迎合而"失仪"，积极引导理性平和的社会情绪与国民心态，在找出问题根源和症结的同时，更要提出纠正的措施和建议，化消极因素为积极因素，传递正能量，将善意、理性、建设性的媒体意图传递给广大受众。

5. 摆正情感与理性的关系

新闻评论是有感而发，特别是广播新闻评论往往来源于主持人直播中的即时发挥，此时对情绪、情感的把控就显得尤为重要。有的电台主持人在缺乏对事件的全面判断，没有明确或成熟的论点论证的情况下，仅凭一腔热血一吐为快，情绪有余、逻辑不足，非但不能真正以理服人，相反还会给人一种偏激、轻薄、不成熟之感。

其实，情感与理性并不矛盾，新闻评论首先要体现的是理性的缜密与深刻，但这也绝不是说完全排斥情感的流露与宣泄。广播新闻评论节目如果恰当地运用煽情手段，往往能进一步加深与观众的理解与沟通。①

---

① 沈勤建、刘新敏：《论电视新闻评论节目的实施策略》，《视听纵横》2009 年第 5 期。

6. 把握好拼时效与炒冷饭的尺度

实际操作中,有的电台强调追求新闻评论的时效性,结果对"快"的尺度把握不够准确,往往在新闻事实尚没弄清楚的情况下,匆忙下结论,造成误判;而有的台个别选题的时效性又不够强,三四天前甚至更早发生的新闻亦偶有选用,这两种情况都需要尽可能地避免。

应该说,评论比拼的重点从来都不是时效,而是更加公允的解释、更加深入的解析和更具影响力的引导。① 所以选题要把握好评论的恰当时机。要讲求一定的适宜性,既不拼时效,但也要避免明显地炒冷饭,要在合适的时机,选择合适的内容,进行恰当的评论。在充分掌握各方面的报道、评论后,精心选题,精选角度发出自己的声音来形成主流舆论,从而引导社会舆论健康、有序地发展。

当今,媒体的竞争正从独家报道之争变为独家评论之争。评论竞争将是媒体新一轮竞争的焦点,也是媒体赢得受众的一个重要因素。② 虽然近年来我国广播新闻评论有了长足的发展,但总体上,现在评论仍是广播节目中的"短板"。从这个角度来看,恰恰表明广播新闻评论的发展探索具有很大空间。

只是这条路应该说还很长,还需做艰苦的努力。

〔作者成文胜系中国传媒大学新闻学院副教授;
王云松系安徽广播电视总台新闻综合频率总监〕

---

① 《从选题入手 提高广播评论质量》,http://blog.sina.com.cn/s/blog_677c84ee0100qnc3.html。

② 郭家健、康乐群:《新闻立台 评论强台——全国广播新闻评论节目研讨会综述》,《中国广播电视学刊》2009 年第 8 期。

论电视广告声音艺术的作用*

李飞雪

电视广告是通过电视这一传播媒介传播产品相关信息(包括产品特性、适用人群、产品作用等),传播企业形象及理念,传播相关思想政策等。作为视听艺术的电视广告,不仅画面要美,声音更要动听,这样才能给受众以视听享受,也才能达到广告宣传的目的。

随着经济的逐渐繁荣和电视广告业的进一步发展,人们越来越认识到广告对企业形象、产品相关信息宣传的重要性,电视广告也逐渐成为一种大众文化艺术形式。作为视听艺术的电视广告,已经随着传媒业的发展走进了千家万户。我们每个人几乎每天都被各种媒介的广告充斥耳目。电视广告这样一种特殊的节目类型如何在非常有限的时间内让受众认同并接受其内容,或者起码能给受众留下一定印象,吸引受众眼球,这应该是值得相关专家学者探讨的。

广告业在欧美等发达国家早就已经形成了一个完整的体系,对于广告声音层面的制作也逐渐被人们所重视,甚至有专职的广告音乐作曲家。而在中国,广告业尚处于未完善阶段,尤其是电视广告,大家对于画面的策划、制作较之于声音的策划、制作更加重视,广告投放者及广告从业人员会花很多人力、财力用于广告画面的设计与拍摄,而对声音的关注度不够,认为只要画面做好就可以抓人眼球,就可以达到广告的目的。殊不知一段优美的音乐,一句经典的台词,一个恰当的音响效果,会让广告给受众留下永久的记忆。

一个成功的广告最本质、最核心的因素是什么呢?绝大多数的广告人几乎都给出了同样的回答——创意。扬·罗必凯公司的创作口号是:“抗拒平凡的创意。”李奥贝纳公司的创办人李奥·贝纳认为:每一种广告都有潜在的戏剧性,都可以启发出一个大创意。杜利·丹·伯恩贝克公司创办人伯恩贝克极力主张广告必须有新颖的创造力,他提出:“我认为广告上最为主要的东西就是要有独创性与新奇性。”“我们没有时间和金钱,不断重复广告的内容,我们呼唤我们的战友——创意。”詹姆斯·韦伯·杨认为:“广告本质上是发挥创意,运用一组设备与技术,去从事传播的一种艺术。”大卫·奥格威在他著名的“神灯”法则里,对广告业的新手提出了最重要的11条戒律,其中第二条就是:“若你的广告的基础不是上乘的创意,它

* 本文系作者主持的中国传媒大学科研培育项目《视听艺术传播》的阶段性成果,项目编号:CUC14D04。

必遭失败。”①

电视广告创意，绝不仅是广告画面语言的创意，必然要包括广告声音语言的创意。声画和谐，共谱华章。只有对声音语言与画面语言都加以充分重视，才能创作出有一定广告效果的电视广告作品。本文主要论述电视广告声音艺术的作用。

一、吸引受众耳目

广告是说服的艺术，广告的目的就是吸引受众、广告产品、树立形象，刺激、变更或增强消费者的态度、想法和行为。

在现代传媒迅猛发展的时代，众多电视节目更是绞尽脑汁争抢受众的眼球，作为电视广告重要组成部分的广告声音，更要注重其特色性，因只有有特色的东西才会让人眼前一亮、耳目一新。独特的电视广告声音能够让广告更加引人关注，让人记忆犹新。有人曾经做过研究，电视广告的声音总要比正常播出的电视节目的声音音量要大，这可能是为了能够更加吸引人们的注意力，所以在制作时故意把音量加大，以提高人们的关注度。

电视节目的收看方式是在家里伴随式收看，不像在影院、剧场里观看电影、戏剧，可以聚精会神地全身心投入，受众可以边干家务、边和家人聊天观看电视节目，所以在平常的电视节目间突然出现一段非同寻常的声音，便会引起受众注意，大大加强受众的关注度。受众在看电视时有的是注意收看，有的是不注意收看，这两种观看状态产生的传播效果会大不相同，关注度的不同会直接影响到广告传播效果。对于只有短短几秒、十几秒的广告来说，增加受众的关注度，就会在极为有限、极为珍贵的时间内产生较为理想的广告效果。

优美跳跃的音乐旋律，精彩绝伦的人物对白，撼人心扉的音响效果，让电视广告锦上添花、流光溢彩，给受众留下永久记忆。有时广告的画面我们可能已记不清晰，但是其中的音乐、对白、音响会久久停留在耳畔，记忆犹新，挥之不去。

二、增强 CI 声音标志

CI 是 corporate identity 的缩写，中文译为“企业形象”。现代社会的市场竞争已越来越激烈，企业也越来越认识到，使企业立于不败之地，不仅需要先进的技术和高质量的产品，更需要一种该企业所独有的文化特征。也就是说，企业要有自己独特的文化标志。

企业标志包括标志图形与标志文字，同时也包括企业标志声音。对于企业标志声音我们并不陌生，像麦当劳、肯德基、英特尔等电视广告中的标志性声音，早已让我们耳熟能详。宣传企业标志就是直接传达企业的理念、经营、历史、传统，乃至企业文化。因此可以说，企业标志是直接利用视觉语言和听觉语言有效地传播企

---

① 王健:《广告创意教程》，北京大学出版社 2004 年版，第 6 页。

业想要传达的信息，从而成为企业与受众之间有效的沟通工具，使企业在受众中树立更好、更持久的优良企业形象。

企业形象的核心概念即企业的关系者对企业的整体感觉、印象和认知。企业的关系者包括所有与企业直接发生或间接发生关系的人，如消费者、股东、企业内部员工、金融机构、原材料供应者、传媒记者等。企业要树立完美的社会形象，就需要向这些关系者通过各种方式传播企业的理念。

很多企业都提倡自己的企业歌曲，这是因为可以借助企业歌曲增强企业凝聚力，美国、日本、中国等许多公司都有各自宣传自己企业形象和精神的企业歌曲。我们经常会在电视上看到我国五粮液集团的歌曲 MV，唯美的画面，动听的歌曲，让受众在美妙的歌声中感受着企业的文化和精神，树立了良好的企业形象。音乐不仅有审美价值，还有社会传播价值。因此，许多企业为了树立、传播自身形象，把企业理念谱写为歌曲，起到很好的传播效应。

富有文化创意的企业歌曲对员工有巨大的感召力和鼓舞力，它能增强员工的凝聚力，激发员工的热情。我国的太阳神集团公司邀请著名歌手毛阿敏演唱反映企业理念的歌曲，借助明星效应，很好地传达了企业理念和形象，增强了企业的竞争力。

著名的日本松下公司也有宣传其企业精神的企业歌曲《松下进行曲》，此歌曲起到传播松下公司的服务理念和积极进取的精神，凝聚全体松下员工，让大家团结一致，荣辱与共，共同奋斗的目的。这样充满活力和正能量的企业歌曲让受众感受到其是充满活力和凝聚力的团体，彰显了公司开拓进取、服务公众的积极形象。

除了企业有自己的 CI 声音标志，有的电视频道、电视栏目也设计了符合自身节目风格特点的标志声音，成为代表他们的符号性声音。中央电视台音乐频道就是运用家喻户晓的《茉莉花》音乐作为背景音乐，制作了频道的宣传片。歌曲《茉莉花》广为传唱且具有中国民间音乐特色，用它的主题改编的音乐作为音乐频道的标志音乐，可以获得更广泛的传播和认知度。用此标志音乐制作的频道宣传片有多个版本，分别运用不同的主奏乐器，配合不同的画面，宣传音乐频道。主要有钢琴独奏版、小提琴独奏版、小号独奏版、合唱版等多种版本。使用不同乐器的音色来演奏茉莉花的主题变奏，配以浪漫、曼妙的画面，抒情而浪漫，把受众带入神秘的音乐殿堂，让其享受视听盛宴。《茉莉花》的旋律已成为音乐频道的代言，经常看音乐频道的受众只要一听到《茉莉花》的旋律，就立刻会联想起中央电视台的音乐频道，这就是标志声音的联觉效应。

三、揭示广告主题

每个电视广告声音的设计与运用都要与所传播的主题相一致，都要反映所要广告的企业、产品、频道、栏目等的风格特色。无论广告对象是古典的、流行的，还是大众的，都能运用相应声音来体现。如果产品、频道、栏目是面向青年受众的，自然在声音表现上就要选择与之相适应的动感强的、节奏欢快的、旋律跳跃激昂的、能体现青春活力和力量的声音。如果面向的是中老年受众，就要设计选择舒缓的、平稳的、节奏律动性不太强的声音。对于大众化的广告对象，声音设计则应选择朗朗上口、流行性强的，这样才容易被广大受众接受和认可。

在揭示主题方面，广告歌曲的表现一般比单纯的广告器乐旋律更加明确，因为毕竟它有歌词可以帮助受众去理解歌曲的主题。麦当劳的"我就喜欢"广告歌，虽然很简单，但是主题明确，具有口号一样的号召力，受众可能就会随着歌曲的传唱，去探究"我就喜欢"的真正内涵，从而能够直接引导受众去接受、喜欢这种快餐品牌。麦当劳的"我就喜欢"广告歌曲旋律流畅、短小精练，对于品牌的宣传做得比较到位。肯德基的广告歌："有了肯德基，生活好滋味。"从歌词上受众就能了解到广告的主旨，那就是肯德基是一种能带给人们美味又好吃的快餐食品，这个歌词可能是针对有人认为煎炸类食品对人体是不健康的这种观点而专门设计的。歌词的明确表达，配上欢快、律动感强的旋律，自然可以达到理想的广告效果。

如果不是广告歌曲，而是选用纯器乐曲作为广告配乐的话，这就要考虑如何运用适当风格的器乐曲来很好地体现广告主题。不同的音乐类型具有不同的音乐风格，可以运用不同风格的音乐直接揭示广告主题。一般选用古典音乐表现高贵与典雅，选用电子音乐表现流行与时尚，选用民族音乐表现通俗与大众。中央电视台音乐频道的一些有关古典音乐的栏目，如《经典》等，一般选用古典音乐作为栏目版头音乐；有关流行音乐文化的栏目，一般选用流行音乐作为配乐；有关民族音乐的栏目，如《民歌》等，一般选用的是具有极强地域性、民族性的民族音乐。有些面向白领阶层的外国名酒、高级化妆品、高档服装等广告，一般选用古典音乐表现产品的高贵典雅、气度不凡。有些时装、运动品牌、首饰等具有时尚元素的产品广告，一般较多选用律动感强、节奏欢快的富有流行音乐元素的音乐，表现产品的时尚与流行。

在音响效果运用方面，如果运用得好也可以起到揭示主题的作用。例如一些汽车广告，经常运用汽车刹车声、关车门声、撞击声等音响效果来表现汽车的性能优势。此时，如果声效运用恰当，一样能引起受众共鸣，起到很好的广告效果。

在人声设计方面，请名人代言的广告产品，一般选用代言人的原声，这样更具号召力。这种名人效应产生的声音魅力，是任何后期配音都达不到的。有时我们会遇到这种情况，就是广告商可能因为某代言名人的普通话不太标准，而改用普通话标准的其他人来配音，结果事倍功半，应有的名人效应因为后期的配音荡然无存，没有达到理想的广告效果。

四、引起受众共鸣

优秀的电视广告，能给人们带来舒心的视听享受，感染人们的情绪，激发人们的购买欲。广告声音的有效运用，能引起相应受众群的情绪共鸣。用声音特别是运用音乐来塑造产品形象，是通过受众对音乐的感受而引起对产品形象的联想来完成的。人们对音乐的感知、理解与欣赏是通过一系列心理活动来完成的，而音乐的社会功能也主要是以潜移默化的方式，通过欣赏者的心理活动得以发挥。因此，所设计的广告声音应该与相对应的目标受众群的受众心理相吻合，才能获得他们的关注，引起他们的共鸣。有的受众可能因为喜欢某产品的广告歌就会渐渐喜欢某产品，当然有的受众可能也会因为讨厌某产品广告歌而对产品产生反感。因此，如何设计运用好广告声音的表达，吸引目标受众，是广告商和广告策划者应该多加注意和研究的。

电视广告“贵州神奇牌脚癣一次净”，选用了一段南美踢踏舞音乐，把受众的注意力吸引到舞者的脚部，同时也暗示着脚部健康的重要性，预示脚部健康可以给人带来无尽欢乐。不断发出的紧凑节奏声，同时也意味着脚癣给人带来的无尽烦恼，让人躁动不安、心神不定。在此广告的踢踏舞音乐最后，配以鞋底摩擦地板发出的清亮音响效果和打击乐器敲击出的清脆声响，暗喻受众用“贵州神奇牌脚癣一次净”，能够带来健康和欢乐。

很多儿童产品的广告采用儿歌、童谣等孩子们喜闻乐见的声音艺术形式，对于充满童真的孩子来说，可能一首他们喜欢的儿歌广告，就能诱惑他们去喜欢和选择相应的产品。对于喜欢流行与时尚的年轻受众，一些电声乐器演奏的快节奏、富有流行元素的声音设计，自然会与他们产生共鸣，吸引这部分年轻受众认可和消费企业的产品。

五、延伸画面时空

电视广告与其他电视艺术节目形式相比是比较受时间限制的电视视听艺术。而声音艺术的有效策划和运用，可以很好地解决电视画面受时间限制的缺陷，能够无限延伸电视画面的时空。

在短至 5 秒的时间限制内，要想完全诠释广告主旨是要精心策划的。5 秒的画面语言非常有限，在这 100 多帧画面里要想诠释主题，难度可想而知。声音艺术具有无限延伸时间和空间的作用，这就需要借助声音艺术语言来补充和延展画面内容，从而更加深刻的诠释广告内容，表现广告主题。

在“大宝 SOD 蜜”电视广告中，采用记者、学生、妇女等不同身份的角色分别介绍大宝化妆品，通过这些不同角色的独白声音，不断改变着广告时空，在短时间内向人们阐释了此品牌化妆品可以适用于不同年龄、不同身份、不同领域的各种人群，表明了这是一种面向广大受众的化妆品。

六、增加感染力

音乐与人们的情绪紧密相连，一段优美动听的音乐会增强广告的无限感染力。受众有时会随着一首旋律优美的广告歌情不自禁地哼唱，有时会伴着一段激情奔放的广告音乐而忘情地舞动，这都是广告音乐的力量，它会感染受众的情绪，让受众在愉快的氛围中认可和接受广告的内涵，这比一些忽视广告声音设计的广告具有更好的传播效果。

曾在法国戛纳国际广告节上获奖的“麦当劳”电视广告《摇篮篇》，所表现的是伴随着优美的钢琴曲，一位小朋友坐在摇篮里上下摇动，其表情却是反复地一会儿哭、一会儿笑，带给观众很多悬念。当画面以孩子的视角转向远处时，画面上出现了一个明显的“麦当劳”的广告牌。受众此时明白了原来是在摇篮摇动过程中，当孩子看到“麦当劳”广告时就笑，看不见广告时便哭。该广告创意非常有新意，从一个孩子的面部表情的变化入手，使宣传品牌深得小朋友的喜爱。此时的钢琴曲与画面相得益彰，动感而富有韵律，具有较强的艺术感染力。

七、连接画面

由于电视广告的时间受限性，要想在短时间内诠释较多内容，就必然要用到很多场景的切换镜头，为了让这些镜头有连续性，此时声音就可以起到连接画面、承上启下的作用。

这些起连接作用的声音，可以统一广告作品的风格，表述统一情绪，让看似毫无关系的画面语言富有同一表现力，让画面更加生动、自然，阐释更深的寓意。有的广告中，利用声音的巧妙转场，让不同场景的衔接更为自然、流畅。

以上主要从吸引受众耳目、增强传播标志性、揭示广告主题、引起受众共鸣等几个方面论述了电视广告声音艺术的作用，电视广告声音艺术的创意关乎电视广告传播的成败。电视广告声音艺术在电视广告中所起的作用还有很多，限于篇幅，在此不作赘述。

〔作者系中国传媒大学新闻学院副教授〕

从"决定性瞬间"到"普通时刻"

——新媒体语境下摄影形态的转变

罗琳

新媒体技术的出现对摄影产生了巨大冲击,作为这种冲击的结果,一部分摄影与新媒体技术相结合,形成了一种崭新的艺术/传播形态。最早介入这一领域的麻省理工学院教授威廉·米切尔将新媒体技术出现后的摄影时代定义为"后摄影时代"。早在1992年,他就对"后摄影时代"的特征,从技术到美学进行了详细的分析。时隔20多年后,新媒体技术的发展已经超出了米切尔的想象,其对摄影的冲击也不只是技术与美学上的,更是本质的。如果说数码相机在一定程度上还在延续传统摄影的程序,那么基于新媒体技术获得的照片,几乎挑战了业界和学界对摄影定义的底线。2011年世界新闻摄影大赛把"日常生活类"的"荣誉奖"颁给了德国摄影师迈克尔·沃尔夫所拍摄的《一系列的不幸事件》,结果遭到很多人的反对。因为这组照片是沃尔夫以谷歌街景的数据库为原材料,截取巴黎的街景,后经电脑处理得到的,而不是拿着相机在街头上寻找拍摄对象。这次事件使"什么是摄影"的讨论得以激化。

一、决定性瞬间

同样将镜头对准巴黎的街景,早于迈克尔·沃尔夫的半个多世纪之久的亨利·卡蒂埃—布列松,采取的方式更为传统。他每天带着相机,穿梭于巴黎的大街小巷、酒吧咖啡馆,通过镜头搜寻他心目中的"决定性瞬间"。布列松的"决定性瞬间"被誉为摄影史上影响最深的理论,收入了美国学者玛丽·华纳·玛瑞恩所撰写的《100个改变摄影的伟大观念》一书中:"在一段时间内,决定性瞬间是布列松的一切,身为画家、文学家、政治活动家多重身份的布列松,最终却成为20世纪最有影响力的摄影师,布列松赋予决定性瞬间的概念更深的内涵,使之成为构成视觉体验最常模仿的方式,特别是在新闻摄影行业。"①

"决定性瞬间"这个词最初是作为布列松的一本影集的书名而出现的。1952年,在摄影界摸爬滚打了20年的布列松出版了他称之为"真正严谨"的第一本作品

① 〔美〕玛丽·华纳·玛瑞恩著,唐小佳译:《100个改变摄影的伟大观念》,中国摄影出版社2013年版,第133页。

集，法国的出版商让他在书的前言写一点摄影心得，迫不得已的布列松将17世纪大主教雷兹自传里的一句话放在了卷首，这句话就是："天下之事莫不各有其决定性瞬间"。后来，这本书在美国出版时，出版商索性就将这个词作为书名。[①] 在这本书中，布列松对"决定性瞬间"进行了简单阐释："生活中发生的每一个事件里，都有一个决定性时刻，这个时刻来临时，环境中的元素会排列成最具意义的几何形态，而这个形态也最能显示这桩事件的完整面貌。有时候，这种形态瞬间即逝。因此，当进行的事件中，所有元素都是平衡状态时，摄影家必须抓住这一时刻。"[②]可见，布列松并不是先提出"决定性瞬间"的理念，然后再在摄影创作中来实践它，恰恰相反，这个理念是他20年摄影实践的总结。

图1　马丁·慕卡西《利比里亚》

"决定性瞬间"并不是布列松凭空造出来的，而是受到了匈牙利摄影师马丁·慕卡西的影响。布列松的家中，挂着一幅慕卡西的摄影作品《利比里亚》，画面上三个小孩奔向大海，白色海浪为背景，三个黑色的身影，挥舞着胳膊，欢快地跳跃着。"这是我第一次看到时就一直深受其影响的影像，它使我决心走入摄影。"[③]从慕卡西的这张摄影作品中，可以领略到"决定性瞬间"的关键点，即空间和时间的完美统一。画面里三个小孩呈"之"字形排列，奔向画面深处，充满了动感，由透视而产生的大小关系让画面有了纵深感。即便三个小孩的身影重叠在一起，画面也不是平面化，这是对空间的控制。尤其引人注意的是小孩的胳膊，依次有节奏地摆动着，这是对快门精确的把握，是对时间的控制。这幅照片的魅力就在于对时间和空间的调控，这恰恰是"决定性瞬间"的关键。另外，需要指出的是，画面中有三个人，摄影师在按快门的那一瞬间要同时把握三个人物的时间和空间，才能得到如此完美的照片，难度可想而知，所以才打动了布列松。

从布列松的作品中，观众也可以体验到这种由"时间与空间完美统一"而产生

① 龙熹祖：《卡迪尔·布列松》，四川美术出版社1988年版，第51－52页。

② 阮义忠：《当代摄影大师》，中国摄影出版社1988年版，第152页。

③ 阮义忠：《当代摄影大师》，中国摄影出版社1988年版，第151页。

的“决定性瞬间”。《巴黎圣拉萨车站后方》是布列松最有名的一幅摄影作品，曾多次作为不同版本的布列松影集的封面而被人熟知。照片中观众可以感受到跳过水塘的人脚尖轻触水面的那个“决定性瞬间”。在另外一幅为他的好友雕塑家贾科梅蒂拍摄的照片中，布列松似乎在向影响了他一生的那幅《伊比利亚》致敬。画面中，贾科梅蒂在忙着布置自己的展览，他抱着一个雕塑作品正要穿过另外两个雕塑作品时，布列松按下了快门。这幅作品的关键点同样是时间与空间的绝妙组合。所以，“决定性瞬间”犹如“在显微镜下观察生物细胞活动那样，时间上以瞬间为单位，把客体进行分解，从而表现出瞬间的时间和空间，把平时肉眼不可视的、意识中难以想象的、日常观念中无法预料的某种视觉效果表现出来，这就是其威力所在。”①

图 2　布列松《贾科梅蒂》

二、普通时刻

然而，时隔半个多世纪后，这种“决定性瞬间”的照片在如今的网络和社交媒体中却难觅踪影，充斥其中的大部分都是各种琐碎的日常生活的记录，这些普通人的“普通时刻”成了社交媒体图片的主流。当然，拿布列松这样的摄影大师和如今社交媒体上的普通人做比较，似乎有些不公正。然而，即便在一些摄影主题的社交媒体上，比如 Instagram，或者在那些相对来说比较专业的摄影网站，诸如 flickr、网易 Lofter 上，“决定性瞬间”的画面也日渐稀少，取而代之的，是大量的“普通时刻”。总之，新媒体时代摄影的一个不容忽视的特征就是，“普通时刻”逐渐取代了“决定性瞬间”。其中原因，离不开技术的发展。摄影的每一次革命，都与技术息息相关，相机的数码化以及手机相机的普及化使得影像变得容易获得且无处不在。

① 〔日〕重森弘淹著，吕琳、陶新中译：《西方摄影艺术流派及其大师们》，中国摄影出版社 1994 年版，第 129 页。

相机的数码化是“普通时刻”产生的根源。胶片时代，拍摄照片的成本很高，使得摄影师在按快门时必须三思而行。他们不会在每次吃饭前都把桌上的饭菜拍一遍。每按一次快门，他们都想得到一张完美的照片，无意之中，就已经筛掉了一些“普通时刻”。如今数码相机里容量越来越大的储存卡使得摄影师可以毫无节制地拍下所有他们看到的一切，无论这值不值得他们去拍。有时，本来不打算拍照，但是看到别人拿起相机来拍，你也会不自觉地按下快门。新媒体时代让拍照变成了一种礼仪，一种交流行为，按下快门，分享之后，沟通的目的便达到了，照片马上便“过时”了。拍照变得像语言交流一样，当年，符号学家们曾苦苦去证明图像也应该是一种语言，现在无需证明，它们已经变成了语言。

另一方面，“普通时刻”得以泛滥最终要归因于手机相机和互联网的推波助澜。严格意义上讲，数码相机取消了“照片”，因为大多数的数码照片都存在电脑和手机里，很少有人将它们洗印出来。照片的虚拟化有利于在网络上传播，“普通时刻”的泛滥便可想而知。最近几年，“共景监狱”的概念在学界悄悄兴起，“我们今天所面对的一个最为重要的事实是，传统社会建立在信息资源垄断基础上的社会治理模式发生了从‘全景监狱’到‘共景监狱’的根本性转换”①。这一概念是基于边沁提出的“全景监狱”发展而来，后经法国哲学家福柯的阐释，来隐喻社会权利，即小部分人通过权利来掌控大部分人。这个比喻用在摄影上也照样可行，“全景监狱”就像大街小巷里的监控器，几个人就可以监控整条街上的人，而“共景监狱”则像大街小巷里每个人手中的相机和手机，他们互相拍摄，甚至彼此都没有意识到对方在拍自己。“共景监狱”的提出者认为“共景”使信息分配更加对等，有利于互相监督，这一点在“普通时刻”的摄影中，体现的不是很明显。虽然有少数人偶尔会充当着“公民摄影记者”的角色，但大部分“普通时刻”的摄影作品只起着社交媒介的作用。摄影成了人际交往的润滑剂，成了一种体验，而不是传统意义上，为了得到一张完美的照片。拍照—发布—评论—删除，几乎成了大部分“普通时刻”照片存在的公式。至于照片本身是否是“决定性瞬间”，已不再重要。

当然，这可以说是艺术进入到后现代时期的整体特征，即审美的通俗化，消费化以及体验化。当年，布列松提出的“决定性瞬间”理念其实和现代艺术中超现实流派的观念不谋而合，“亨利·卡蒂埃—布列松‘决定性瞬间’的概念部分的来源于超现实主义艺术家对感知能力的强调和每天都在发生的观点……暗示的含义通常不得不代替完整的理解”②。“决定性瞬间”之所以是决定性的，是因为它是一种暗示，而不是真正的现实，是现实的一种象征，从某种意义上说，它是超现实的，它不是人们每时每刻都能遇到的。相比之下，那些“普通时刻”才是真正现实的，是人们每天都可以遇到的，它没有美学上的震撼意义，却充当了生活的调味剂。

---

① 喻国明：《媒体变革：从“全景监狱”到“共景监狱”》，《人民论坛》2009 年第 16 期。

② 〔美〕玛丽·华纳·玛瑞恩著，唐小佳译：《100 个改变摄影的伟大观念》，中国摄影出版社 2013 年版，第 173 页。

三、双重曝光

单从字面来理解，“决定性瞬间”只与时间有关，因为“瞬间”是时间性的，实际上却有着双重含义：它涉及了“时”与“空”两个维度。在形式上，一幅完美的“决定性瞬间”的作品，必须是空间与时间的完美统一。然而，在“普通时刻”中，时间变成了空间，泛滥的照片让每一刻的时间，无论它是不是决定性的，最终都变成了“图像”，这所有的图像组合起来，形成了网络空间里的“图像库”，最终，时间得以空间化。这一结果不幸言中了后现代哲学的一个转向，时间的空间化。“形象这一现象带来的是一种新的时间体验，那种从过去通向未来的连续性感觉已经崩溃了。新时间体验只集中在现时上，除了现时以外，什么也没有。”①时间本来是线性的，后现代哲学取消了时间，让时间碎片化，每一块碎片都是有意义的，同时也是没有意义的，因为“一次性”、“当下性”最终成为了每一块时间碎片存在的意义。这同时也验证了“普通时刻”的存在意义，那些遍布于社交媒体中的照片，大多都是一次性的，贴出来被好友赞一番后，很快便被淹没于图像的海洋中，而不像“决定性瞬间”那样的作品，会被人们拿来反复玩味，成为永恒的瞬间。“决定性瞬间”仿佛是哲学史上早已被后现代瓦解的体无完肤的“逻各斯”，在摄影史这张底片上投射下来的显影，理应也被“普通时刻”瓦解。在新媒体时代，摄影似乎不再是时间的问题，而只是一个空间的问题。截取哪一部分的空间来与别人分享，是一个人在按快门时首先考虑的问题。

1979年，法国学者罗兰·巴特提出了“照片二元性”的观念，他认为照片中通常会有“STUDIUM”和“PUNCTUM”两种元素。所谓“STUDIUM”就是“专注于一件事，是对某个人的兴趣，是某种一般的精力投入，当然有热情，但不特别剧烈”②；而照片上的“PUNCTUM”是一种偶然的东西，正是这种偶然的东西刺痛了我”③。巴特所说的这两个元素，是以看照片人的视角来分析，而“决定性瞬间”和“普通时刻”则是从摄影师创作的角度来分析，二者尽管不同，却不妨碍我们把它们以比喻的方式进行比较。“STUDIUM”类似于“普通时刻”，而“决定性瞬间”则类似于“PUNCTUM”。人们用手机拍下那些“普通时刻”，至少是因为他们专注于那件事，或者对它有兴趣，这种时刻不必是偶然的，更无需刺痛观者，但是“决定性瞬间”则必须是“偶然的东西”，并且它“刺痛了”观者。所以，巴特才认为并不是每一张照片里都有“STUDIUM”和“PUNCTUM”这两种元素的，只有好的照片里才有“PUNCTUM”，而大部分照片则仅仅流于“STUDIUM”。

一张优秀的照片，必须兼具“STUDIUM”和“PUNCTUM”，在“普通时刻”里发现“决定性瞬间”，在泛滥的图像空间里，找到最佳的“时间碎片”，这是一种象征意

---

① 王炎：《论詹姆逊后现代文化理论中的时空概念》，转引自文化研究网，http://www.culstudies.com。

② 〔法〕罗兰·巴特著，赵克非译：《明室》，文化艺术出版社2003年版，第40页。

③ 〔法〕罗兰·巴特著，赵克非译：《明室》，文化艺术出版社2003年版，第41页。

义上的双重曝光。回到文章开头提到的那位德国摄影师迈克尔·沃尔夫，在得知自己用“谷歌街景”拍摄的作品竟然获奖时，沃尔夫也大为吃惊：“虽然在 2005 年和 2010 年的荷赛中我曾经两次获得一等奖，但都远远比不上这个荣誉奖对我的意义。荷赛评委会选择授予这组作品奖项，可以说是一次摄影概念的飞跃。”①

谷歌街景（Google Street View）是谷歌公司开发的，应用于旗下“谷歌地图”及“谷歌地球”内的其中一项功能，提供水平方向 360°及垂直方向 180°的街道全景，让使用者能检视所选城市地面上街道不同位置及其两旁的景物。② 沃尔夫所拍摄的“这个系列的照片，用的都是谷歌街景里的图像数据作为原始素材，并从中拍下自己所需要的画面”③。画面中有愤怒的孩子向镜头比划着手势，有几个人在殴打一个人，有一辆着火的汽车。由于是翻拍自电脑屏幕，再加上“谷歌街景”在有些城市并未提供高清晰的街景画面，使得这组照片的画质较差，细节难以辨认，甚至导致了观者在理解画面故事时产生了歧义。其中有幅照片，一个老人躺在路边，画面深处有个人跪在一辆自行车前，他是一个小偷，趁机偷取自行车上的东西？还是在从自行车里拿东西来准备救人？模糊的画面让观者无法判断，但这并不影响这组照片所隐含的深刻意义。

图 3　迈克尔·沃尔夫《一系列的不幸事件》

“谷歌街景”中的照片，纯粹是从地理学或物理学的角度来阐释摄影，从这层意义上讲，它是实实在在的“图像库”，正如街上那些千千万万手持相机和手机的人拍下并发布在社交媒体上的图片组成的“图像库”一样，是真正的“普通时刻”。然而，沃尔夫从这些“图像库”的“STUDIUM”中找到了刺痛观者的“PUNCTUM”，并诠释为“一系列的不幸事件”。沃尔夫无疑在用这种举动，试图从泛滥的“普通时刻”中挽救“决定性瞬间”，“用谷歌街景地图作为导航，他将目光聚焦在了法国的首都，剪裁并放大了那些孤独的时刻，这些时刻曾激发了上个世纪 50 年代的摄影师”④。上个世纪 50 年代，正是布列松提出“决定性瞬间”，并拿着相机穿梭于巴黎街头践行这一理念的时代，沃尔夫用这组照片向他钟爱的那个年代致敬。他的挽救不是亲自走到现实生活中，而是借助谷歌街景，与其说这是实实在在的翻拍，不如说这是另一种意义上的“双重曝光”。

作为上世纪末最重要的一次技术革命，新媒体的诞生，重新定义了摄影的形

---

① 《荷赛幕后故事：“个体户”受宠，评委们释疑》，http://www.cpanet.cn/cms/html/zixun/yejie/20110218/51656.html。

② http://zh.wikipedia.org/zh－cn/，谷歌街景。

③ 迈克尔·沃尔夫的个人网站，http://photomichaelwolf.com/#introduction。

④ 迈克尔·沃尔夫的个人网站，http://photomichaelwolf.com/#introduction。

态，从“决定性瞬间”到“普通时刻”的转变，是其中最明显也是最深刻的变化。当然，对于这种转变，不能简单的归结为摄影的庸俗化，甚至是堕落。从美学意义上看，“普通时刻”不如“决定性瞬间”那么具有震撼力，但“普通时刻”所具有的人际传播的力量，让摄影的功能得到了拓展。其实，这种功能一直潜藏在摄影的历史中，从家庭相册到主题影集再到摄影俱乐部，照片和相机一直以一种隐秘的方式充当着社交媒介的角色，直到数码相机、手机相机以及互联网和社交媒体的出现，才将摄影的这一潜藏角色大曝于天下，并立刻发挥到了极致。然而，对于一名专业摄影师来说，还是应该对“普通时刻”有所警惕，毕竟过多的专注于这样的照片，肯定会影响创作的敏感力。今年“世界新闻摄影比赛”的结果出来后，有业内人士表达了对获奖作品质量下降的担忧，其中部分原因归结为社交媒体的影响：“总的来说，这届荷赛很明显受到过去一年新闻行业大萧条的影响，在社交媒体和各种成本缩减的情况下，摄影师实力下降，好的摄影作品也减少了。”[①]总之，面对现实，摄影师应该用自己的相机去诠释，而不是简单的截取。这或许就是迈克尔·沃尔夫从谷歌街景里得到的启示：“这种方式并不是简单的电脑截屏，它已不是真正的谷歌街景，因为我恰当地运用并重新诠释了这些街景。”[②]

〔作者系中国传媒大学新闻学院讲师〕

---

① 《常河：荷赛获奖作品直接体现出新闻行业的萧条》，http://news.163.com/14/0215/00/9L38RQLL0001125G.html。

② 《荷赛幕后故事：“个体户”受宠，评委们释疑》，http://www.cpanet.cn/cms/html/zixun/yejie/20110218/51656.html。

《南方周末》头版报道叙事策略研究

刘耕　孙倩

《南方周末》是一份独一无二的时政类周报，它记录着中国的时代进程，同时也在一定程度上影响着中国的时代进程。自1984年创刊至今，《南方周末》已经走过了30个年头，《南方周末》的发展不仅浓缩了中国报业的发展进程，更折射出中国改革开放以来的历史图景。《南方周末》以调查性报道为主，以深度报道和新闻评论著称，内容涉及社会、法治、时政、文化等方方面面，通过深度报道的不断探索和实践，成功地赢得了公众的信任，同时也让这份报纸在众多报纸中突出重围，独树一帜。①

叙事是一种普遍的存在，它是伴随着人类历史的产生而产生的。新闻报道作为人类传播信息的重要手段和对客观事实的记录和报道，无疑也是一种叙事作品。深度报道既然可以被视作一种叙事作品，那么它就可以用叙事学的理论进行分析。接下来笔者将深入到《南方周末》报道的一词一句，结合中西方叙事学前沿理论对其写作特色和叙事规律进行探讨。

一、多重叙事者相辅相成

一般来讲，叙事者主要指的是作者虚构出来的人物或者叙事修辞中的主语，通过叙事者讲述故事、引导读者，最终决定叙事文本的风格和指向。根据《南方周末》头版深度报道文本的特点，以及叙事学界一般的提法，笔者选择了胡亚敏在《叙事学》一书中对叙事者的分类方法。即按照叙事者对叙事文本的干预程度分为缺席的叙事者、隐蔽的叙事者和公开的叙事者三大类。② 在2012—2014年的50篇头版报道样本当中，有30篇报道使用了公开的叙事者进行叙事，占60%，其余20篇报道采用的是隐蔽的叙事者或缺席的叙事者进行叙事。

1. 公开的叙事者：记者走出幕后直接“发声”

公开的叙事者即能够在文本中明显地感觉到叙述者的存在，清晰地听到叙事声音，新闻叙事中常见的情形是描写和评论。③ 公开的叙事者给读者的感受是记者

---

① 张英杰：《新闻深度报道内容分析—以〈南方周末〉为例》，《活力》2011年第2期。

② 胡亚敏：《叙事学》，华中师范大学出版社2004年版，第40—41页。

③ 罗钢：《叙事学导论》，云南人民出版社1994年版，第225—226页。

从幕后走向前台，相比隐蔽的叙事者和缺席的叙事者而言，对新闻事件的干预程度更加深入。公开的叙事者突出了记者在新闻当中的地位，将叙事者的声音和意图公开地传达，这种叙事方法感染力强，充满了对感情的呼吁。

如 2012 年 1 月 13 日《南方周末》头版报道《吃公家的饭，喝领导的酒》中，《南方周末》记者自曝身份，以一个见证者和知情人的角色向读者讲述了萧县某些领导干部公款吃喝的腐化现象，展现出《南方周末》大胆敢言和贴近百姓的平民化形象。在公开的叙事者叙事过程中，记者介入新闻事件中，成了新闻事实的有机组成部分。公开的叙事者主要起到"说服"的功能，增强了新闻的可信度，同时对传播效果起到了干预的作用。

2. 隐蔽的叙事者：难以察觉叙事声音

缺席的叙事者这种类型的叙述者在新闻作品当中可被感知程度是最小的，受众在阅听过程当中几乎感觉不到叙述者的存在，难以察觉到叙事声音。[①] 这种叙事手法可以让新闻事件客观地理性地呈现在读者面前，然而叙事者本身就像一架无声的摄影机一样不置一词。如《南方周末》2012 年 7 月 31 的头版报道《敢再"考"一次吗？——暑期文科综合自测题》这篇报道中，整篇新闻以一张语文试卷的形式出现，文章通过"考试大纲"、"简答题"、"材料分析题"、"作文题"划分成四个段落，常规新闻报道的时间地点等六要素全被省略，只是单纯地将内容呈现。叙事者以缺席的姿态和读者保持距离，让读者独立地对新闻文本进行解读和思考。隐蔽的叙事者通过叙事节奏、时间、结构等手段将叙事者隐蔽化，让读者仿佛感知不到叙事者的声音，其隐蔽程度越深，就越接近缺席的叙事者这种叙事手法。

需要提及的是，《南方周末》头版报道中没有一篇新闻作品的叙事者是单一存在的，只有多个叙事者相辅相成才能够完成一篇深度报道的叙事任务，从而为读者提供较为立体鲜明的视点。

二、复合视角灵活转变

叙事视角决定了叙事文本的情感与态度，决定了对事实的价值判断。对于新闻写作叙事来说，新闻叙事视角是指记者对某一新闻事件进行叙述时选定的口吻、身份，它体现了记者和所叙述事件的一种表述关系。[②] 对于同一个新闻事件，不同媒体所发布的新闻却内容迥异，其根源就在于视角的不同。

据笔者粗略统计，50 篇报道样本中有 37 篇采用了全知全能的叙事视角；融合了几种叙事功能的复合视角叙事占 14%；内焦点叙事和外焦点叙事所占的比例较小，接下来笔者将结合叙事视角的理论和《南方周末》头版报道的特点进行分析。

1. 零度焦点叙事：俯瞰事件全貌

零度焦点叙事又被称为全知视角或上帝视角，是指叙事者像上帝一样俯瞰整

---

① 陈霖、陈一：《事实的魔方》，中国书籍出版社 2011 年版，第 81—82 页。

② 杨先硕：《试论新闻写作的叙事角度》，《新闻大学》2011 年 6 月。

个事件，无所不知、无所不在。叙事者不仅知道人物的所思所想，还可以发表自己对事件的观点和看法。零度焦点叙事能够将新闻事件中复杂的人物关系、因果关系和兴衰存亡全方位立体地呈现出来，不仅可以通过背景资料的介绍来回顾历史，同时也可以深入到新闻人物的内心深处，将更深层次的人物情感挖掘出来。零度焦点叙事因其灵活度较高，尤其适合《南方周末》头版报道这种类型的深度报道，叙事者可以一会儿跳进事件漩涡的中心，一会儿又化作旁观者一样冷眼观看，不受任何视阈的限制。

2. 内焦点叙事：关注人物内心

内焦点叙事是以作品中的人物为叙事者的一种叙事角度。在新闻报道当中，经常运用内焦点叙事的情况有记者视角、当事人视角等方式。所谓的记者视角又可以通过两种方式展开，一种是记者化身为一个参与故事的叙事者，以第一人称"我"、"我们"的口吻来讲故事，将我或我们的所见所闻所感抒发和描述出来。例如《南方周末》2012 年 1 月 27 日头版报道《"文化入世"与"文化航母"》，通篇叙述都采用了"我"或"我们"的第一人称视角，讲述了叙述者对中国文化不能走出去的省思。在整篇文章当中，读者和叙述者的距离很近，读者能够通过文字进入叙述者的内心世界，甚至产生感同身受的效果。

需要指出的是，每一种叙事视角都不是完美的，它们各有各的优点，也各有各的局限。选择了某种叙事视角，也就选择了特定的聚焦手法，因此对于很多叙事文本来说，仅仅采用单一的视角有的时候不足以完成叙事任务。在这种情况下，采用复合视角叙事，在叙事中安排合理的视角转换就能达到叙事的目的。

三、叙事时间错综有序

和叙事文本的时序一样，深度报道的叙事时序按照其表现方式可以分为顺叙、倒叙和预叙三种。在 50 篇报道样本当中，没有一篇报道使用顺叙的手法，所抽取的文章或选择用预叙或选择用倒叙的手法来讲述新闻事实，预叙的比例高达 66％，倒叙的比例为 34％。由于深度报道的篇幅较长，如果采用顺叙来叙事，就得把事情的起因、经过、结果按照实际时间的前后顺序告诉读者，会让报道索然无味，缺乏可读性。接下来笔者将对预叙和倒叙手法的运用进行解读。

1. 预叙：巧妙设置悬念

预叙是指事先讲述或提及以后事件的一切叙述活动，它是对未来事件的暗示或预期。[①] 在深度报道当中，倒金字塔式预叙和评论式预叙比较常见。

首先，倒金字塔式预叙就是把重要的结局或者材料放在篇首进行预先叙述。[②] 笔者认为倒金字塔式预叙也是悬念叙事的一种。《南方周末》头版报道当中最常用的叙事手法就是预叙，通过把新闻事件的结局或者最吸引人的部分放在文章的开

---

① 欧阳照：《电视新闻的叙事学研究》，重庆大学出版社 2010 年版，第 55－56 页。

② 吴闻莺：《深度报道的叙事研究》，四川大学硕士学位论文库，2005 年，第 23－24 页。

头，能够勾起读者的阅读欲望。例如2013年12月6日的《南方周末》头版报道《“二马”怒争移动之槽 腾讯阿里两巨头激战移动互联网》[①]，报道的开头就将二马（马云和马化腾）争论的焦点显露出来，同时还通过“虎视眈眈”、“谁是老大”等语句来渲染二马争论的激烈氛围，使读者好奇二马争论的过程。欲知详情如何，请看下文详解。这就是预叙创造出来的悬念叙事效果，把最精彩的部分先告诉读者，刺激读者产生阅读兴趣，之后再从容地讲故事。

其次，评论式预叙就是将叙事者对新闻事件的评论在文章的开头预先叙述。《南方周末》比较常用的评论式预叙手法是编者按。所谓编者按是指编辑人员对一篇文章或一条消息所加的意见、评论等，常常放在文章或消息的前面。[②] 在笔者抽取的50篇《南方周末》头版报道样本当中，有11篇报道中都使用了编者按。

2. 倒叙：交代事件背景

“倒叙之为倒叙，不仅仅是简单的时间顺序错综的问题，而是通过时间顺序的错综，表达某种内在的曲折情感，表达某种对世界的感觉形式。[③] 倒叙有两种情况，一种是全文整体的倒叙，另一种是文中局部的倒叙（修辞学上又称之为插叙），在深度报道中整体倒叙的情况并不常见，而局部倒叙却是比比皆是。对于深度报道来讲，开头是重中之重，新闻事件发生的背景，对事件本身的追本溯源，都和倒叙的特征非常契合。

四、布局谋篇引人入胜

《南方周末》头版深度报道多聚焦在最新发生的、有重大价值的社会问题，因此从题材方面看，调查性报道居多。在《南方周末》调查性深度报道当中，常以悬念、推理或者“调查＋推理”三种结构进行叙事。

1. 悬念叙事：延缓披露底细

悬念就是突出不同寻常的情境并延缓披露底细，使其呈现明显的悬而未决的状态。[④] 在《南方周末》头版深度报道当中，叙事者一开始不告诉观众事件的结局，只是告诉观众有一个什么样的现象或者事件，之后叙事者一边延缓提供事件的结果，一边又不断地呈现与结局相关的情境，刺激观众的兴趣点，使其保持对事件的好奇心，然后随着叙述的进行，事件的结局越来越明晰，从而加深叙事效果。《南方周末》2013年11月15日头版报道《学生举报导师 披露院士评选内幕 “我怎样帮导师评上中科院院士”》[⑤]就采用了悬念叙事结构。

悬念的设置一般包括两个要素即不同寻常的情境和延缓披露底细。“不同寻

① 王谦秋、谢鹏：《“二马”怒争移动之槽 腾讯阿里两巨头激战移动互联网》，《南方周末》2013年12月6日。

② 百度百科：http://baike.baidu.com/view/658279.htm? fr=wordsearch。

③ 杨义：《中国叙事学》，人民出版社2009年版，第155—156页。

④ 金莹洁：《信息传递的艺术：深度报道的叙事学分析》，《新闻界》2003年5月。

⑤ 雷磊、习宜豪：《学生举报导师 披露院士评选内幕 “我怎样帮导师评上中科院院士”》，《南方周末》2013年11月15日。

常"和"延缓披露底细"两个因素同时具备，就成功地设置了悬念，使得读者对事件的发展以及人物的结局都产生了好奇心理。

2. 推理叙事：预知事件结果

推理式结构指的是调查者在调查之前已经知晓事件的最后结果，这种结构也被称之为结果已知型叙事结构。[①] 在推理式结构当中，往往一开始叙事者就把事件的结果告诉受众，然后带领读者一起探寻事情的原因。2013 年 4 月 12 日《南方周末》头版报道《捕捉 H7N9 发现新型禽流感病毒的 30 天》[②]采用的就是推理叙事结构。报道的一开始就把事件的最终结果告诉了受众，将事件结果放在开头，可以加深读者的印象，增加对新型病毒"捕捉"过程的好奇心，从而增强了叙事效果。对于推理叙事结构而言，最具魅力的往往不是事件的结果，而是引起事件结果的原因。

3. "悬念＋推理"叙事：把控叙事节奏

"悬念＋推理"叙事结构很显然是将上述两种叙事结构混合在一起进行叙述，在深度报道当中，往往只采用悬念或者推理的手法显得比较单一，而在这种混合叙事结构当中，结果未知型叙事和结果已知型叙事被混合在一起运用。悬念叙事和推理叙事两种结构的结合，使得新闻报道更加具有可读性，同时也巧妙地把控了叙事节奏，使得叙事扣人心弦，跌宕起伏。

五、结构技法增添亮点

杨义先生认为，一个真正的艺术品，它叙事的每一点都是一个完整的结构中蕴含着具有特殊意味的一点，它所蕴含的意味、意义或者哲学，都最终在结构的完整性中获得说明。[③] 除了上文提到的三种常用的叙事结构当中，《南方周末》头版报道还有几个值得其他媒体借鉴的叙事策略，接下来笔者将进行分析和总结。

1. 两极共构 情感冲突

中国传统文化从不孤立地观察和思考宇宙人间的基本问题，总是以各种方式贯通宇宙和人间，对之进行整体性的把握。中国人的思维方式不是单项的，而是双构的，比如："东西"、"吉凶"、"祸福"、"盛衰"等等这样两极共构的词语比比皆是。[④]《南方周末》深度报道大多关注社会民生，很多报道都是揭露调查式的，那么其内容本身也就蕴含了善与恶，美与丑，对与错，高尚与丑陋等等二元对立叙事元素，为二元对立共构叙事提供了前提条件。所谓的二元对立共构叙事就是依据两极对立共构的原理，只要写了其中的一极，你就是不写另一极，人们心中已经隐隐地有另一极存在。[⑤] 2013 年 1 月 11 日《南方周末》头版《那么多的爱，那么少的钱 兰考大火

---

① 李德刚：《电视新闻调查性报道的叙事策略》，《声屏世界》2004 年 7 月。

② 叶飙、赵一海、何谦、郭琛、张雪彦：《捕捉 H7N9 发现新型禽流感病毒的 30 天》，《南方周末》2013 年 4 月 12 日。

③ 杨义：《中国叙事学》，人民出版社 2009 年版，第 45—46 页。

④ 杨义：《中国叙事学》，人民出版社 2009 年版，第 51—52 页。

⑤ 杨义：《中国叙事学》，人民出版社 2009 年版，第 51—52 页。

之前的"弃婴王国"》就采用了二元对立共构的叙事策略，让叙事过程充满了饱和的情理冲突，这个新闻事件本身就是充满着矛盾和冲突的，通过二元对立叙事更加让读者感受到这是"一场胜负难卜的对抗性游戏"。

2. 蘑菇战术 夹杂周旋

行文采取"蘑菇战术"，弯弯曲曲，翻来覆去，夹杂周旋，把许多诙谐意味，反讽情调和人间针砭都渗透到字里行间了。这种"蘑菇战术"也渗透于全文的结构，从而深刻地化解了叙事情节，使情节随便地散落在夹叙夹议之间。① 对于《南方周末》深度报道而言，它的优势在于过程，即新闻事实是如何发生的，而受众的关注度和快感也主要聚集在过程当中。叙事过程迂回曲折，夹杂周旋可以让受众不断地处在兴奋和期待当中，使其保持对事件发展进程的关注。《李某某涉嫌强奸案 8 小时案情全程还原 夜半酒吧里发生了什么》这篇报道当中，事件对立双方的矛盾冲突迟迟得不到解决，事实的真相始终处在扑朔迷离的状态，所以受众始终对真相保持期待并且随着疑点的破解好奇心逐渐得到满足。

3. 平衡报道 不偏不倚

在叙事结构中，任何一个人物和事件被安置在何等位置，具有深刻的意义。所谓平衡策略，就是指在叙事过程中对事件涉及的各方当事人都给以均衡的报道。《南方周末》头版报道的选题多是社会热点问题或者是关乎国计民生的重大事件，在报道过程当中难免涉及社会不同群体和阶层的利益，因而叙事必须力求平衡。为了求得叙事的平衡，首先要将宏观的视角和微观视角相结合，不偏不倚地看问题。其次要将历史和当下相结合，看待任何一个新闻事件，都需要把它放在一个合适的背景环境中，结合当时的情况进行具体适时的分析。再次要把肯定和否定相结合。"兼听则明，偏信则暗"讲的就是平衡的道理，作为新闻记者更应该学会多角度看问题，多方面收集观点和态度，才能将新闻事件客观立体地呈现给读者。

4. 数字叙事 突出顺序

数字在日常生活中具有排列顺序和数量组合的作用，因而一些数字的采用，又具有强化叙事顺序之感，或强化叙事单元的组合力度和功能，由此又使它们和结构之技巧结下不解之缘。《南方周末》头版报道的标题当中就有很多数字叙事的例子。《退休检察官 7 年追"真凶""铁案"疑藏"沪版佘祥林"》的"7 年"道出了检察官追拿真凶的艰辛历程；《南方周末记者爆炸前一小时目睹大雾中拥挤的义昌大桥——断裂的归途》中的"一小时"既突出了时间的紧迫感，又展示出记者报道的及时性；《捕捉 H7N9 发现新型禽流感病毒的 30 天》中的"30 天"记录了一个新型病毒从被发现到确认"身份"再到被成功"捕捉"的过程的复杂和艰难。这些数字就像《西游记》中大家熟知的"九九八十一难"一样，它们是有强化叙事力度的功能的，通过数字的恰当运用强化了阅读效果和记忆效果。

① 杨义：《中国叙事学》，人民出版社 2009 年版，第 47—48 页。

六、结语

《南方周末》深度报道属于长篇幅叙事，对于一篇几千余字的新闻报道来说，叙事角度、分寸的拿捏都折射出记者对文字和新闻事件的驾驭能力。杨义先生在《中国叙事学》一书中曾提到过叙事的最高境界即叙事要有尺寸、有斤两、有位置、有精神。因此如何能够恰到好处、点到为止地把新闻事件说清楚讲明白是新闻记者需要努力学习的地方。

在眼球经济和信息爆炸的时代，新兴媒体如繁星般兴起，受众的诉求渠道、言论尺度、互动频率都发生了前所未有的变革，纸媒的生态环境已经改变。"纸媒衰落论"已不再是新鲜的话题，被称为"第一周报"的《南方周末》也陷入了新的困境之中。面对新的媒介生态环境，《南方周末》将如何生存发展，笔者有以下几点建议：

第一，走中国特色的品牌化周报路线。媒介的发展要走品牌化路线是媒介研究者所公认的观点。品高才能位高，才能名重，才能受到读者的青睐。[①] 中国报业竞争的无序性决定了其报业生态环境的特殊性，在借鉴国外成功经验的同时，更重要的是回归我国国情，打造适合我国政治、经济和文化发展的富有文化含量的新闻周刊。

第二，以人为本，以正确的舆论引导受众。既要保证新闻内容的生动活泼，又要防止过度追求可读性而引起的内容庸俗化。在选题和内容方面要有独特的观点和立场，贴近社会、贴近民众，这是时政类新闻周报生命力增长的源泉。

第三，加强产业运作，创新经营模式。我国时政类新闻周报目前仍显稚嫩，远没有达到国外新闻周报的影响力。究其原因，新闻市场机制不够健全，缺乏资金投入，地方区域限制等因素都在一定程度上制约了新闻周报的发展。在市场运作方面，国内媒体应该学习西方媒体的做法，建立大型集团化合作，即以市场为纽带打破行业、区域限制，形成大型的传媒集团。这样不仅可以保证资金的合理运作，又可以整合多方资源，增强报业的整体实力。

贝索斯在致《华盛顿邮报》员工的信中说，报纸的未来"没有现成的道路摆在面前，我们必须创新，必须大胆尝试"[②]。对于《南方周末》的未来发展而言，既不能沿袭旧的不符合时代的新闻作品，也不能一味崇拜国外的新闻作品，而是要开辟中国特色的深度报道，既不学古人，也不学洋人，力图展现独具魅力的东方智慧，沿着具有中国特色的叙事道路前行。

〔作者刘耕系中国传媒大学新闻学院研究生；孙倩系中国传媒大学新闻学院教师〕

---

① 胡忠青：《时政新闻类周刊的发展走向》，《中国出版》2006 年 6 月。

② 于江邶：《纸媒的"王牌"是什么？》，《人民日报》2013 年 8 月 22 日。

·实证研究·

大学生微博的自我表露与自我期望形象研究

——基于印象管理的SEM实证研究

易红发　肖明　周楠

微博是典型的自媒体，连接着个人与大众，形成新兴的舆论场，场中的每个人都在进行着印象管理。在微博的印象管理中，最直接的现象就是发布与自己相关的信息，与大家进行互动，从而经意或不经意地展现出自我形象。这种自我表露现象很值得我们关注：人们自我表露的动机是什么？都表露了哪些内容？想以此来塑造怎样的自我形象？自我形象和自我表露之间又有怎样的关联性？本文以大学生为研究对象，通过实证研究，建立了结构方程模型，从而探讨了这些问题。

一、印象管理与拟剧理论

对印象管理的研究可以追溯到早期符号互动论者。① 1950年代末社会学家Erving Goffman借用对戏剧表演的观察而获得的灵感，提出了拟剧理论。他把社会中的人看作舞台上表演的演员，利用各种道具—符号（语言、文字、非语言肢体或者表情等等）预先设计或者展示自己的形象，来进行表演，并努力获取好的效果。拟剧理论，也被称为自我呈现（self-presentation）或印象管理（impression management）。

国外学者在1960年代和1970年代对印象管理进行了大量的实证研究。1980年代以后，随着印象管理概念的发展，研究者开始把印象管理或自我呈现观点应用于理解攻击、助人、服从、归因、资源分配、群体决策过程、任务完成、投票、锻炼行为、领导行为等方面，用来解释情绪和行为问题（如社会焦虑、害羞、压抑、疑病、学业不良）。②

互联网兴起后，网络也被纳入印象管理研究中。比如Boyd（2004）发现SNS作为一个社交网络的公共场所，用户既可以进行自我呈现，又可以通过这个社交网

---

① Schlenker, B. R. & Weigold, M. F., Interpersonal processes involving impression regulation and management, *Annual Review of Psychology*, 1992, 43: 133－168.

② Leary, M. R., *Self－presentation impression management and interpersonal behavior*, Madison Wis. Brown & Benchmark Publishers, 1995.

站，与他人相互间了解彼此的状况。① 网络毕竟与传统人际环境存在较大差异，与人交流的场所不再是具体的物理空间，面对面的互动被打破，自我表露的方式不再包括肢体语言、表情姿态等，而简化为文字和图形等符号。从早期的论坛、即时通讯，到SNS以及本文所述的微博，都是以文字和图形作为最主要的符号进行表达、呈现自我形象。经典的印象管理理论遭受挑战。本文的另一目的就是验证印象管理理论在微博平台上的适用性。

二、概念操作化

基于印象管理理论，我们提出本文研究的两个核心概念：自我表露和自我形象，并按照逻辑关系，假定自我表露影响自我形象。

1. 自我表露

自我表露（self-disclosure）最先是由美国的人本主义心理学家 Jourard 提出，并将其定义为“使自我被他人了解的过程”，是指个人将有关自己的信息表露给目标人（将个人信息与其进行交流的人）。② 本文将自我表露细化为自我表露的动机以及自我表露的内容。由于本研究对象是微博，则更具体化为微博自我表露的动机和微博自我表露的内容。

（1）自我表露动机

考虑到网络与微博的特点，以及构建结构方程模型的需要，本文将动机划分为两个维度：“记录”和“表达”。“记录”更多是向内的，以满足自我需要为主，但微博上的记录不可避免地会成为自我表露的一部分；“表达”更多是外向的，比如评价某个公共事件、暴露个人隐私等。

（2）自我表露内容

Delerga 和 Margulis（1983）把自我表露分为两种类型：描述性（descriptive）自我表露和评价性（evaluative）自我表露③。描述性自我表露主要指对事实性信息的表露，包括有关个人的思想、经历等；评价性自我表露指个人对自己的感受、评价或判断的表露，包括自我评价、内心感受等。

本文对于自我表露内容的测量是基于 Jourard（1971）的 Self-Disclosure Questionnaire（JSDQ）④而进行的。JSDQ 基本上包含了描述性自我表露和评价性自我表露两方面，并且该问卷评价性自我表露测量的比例偏多，因此，我们进一步将评价

① Boyd, D. , *Friendster and publicly articulated social networks*, Proceedings of ACM Conference on Human Factors in Computing Systems, New York: ACM Pres, 2004.

② Jourard SM. & Lasakow P. , Some factors in self－disclosure, *Journal of Abnormal and Social Psychology*, 1958, 56 : 91－98.

③ Howe N, Assee J A. & Bukowaki W M. , Self－disclosure and the sibling relationship: what did Romulus tell Remus? InRotenberg K J(ed.). *Disclosure Processes in Children and Adolescents*, New York: Cambridge University Press, 1994 : 78－99.

④ Cozby, P. C. , Self－disclosure: A literature review, *Psychological Bulletin*, 1973, 79(2): 73－91.

性自我表露分为理性评价和感性情绪两个维度，由此构成了自我表露内容的三个维度：客观描述、理性评价和感性情绪。

2. 自我形象

自我形象（self-image），是指个体自身根据他人对自己所展现的形象的反应，来了解自己，加深对自身的认识（指个体所期望的自身形象，是自我塑造的），又称为“镜中的自我”。

在自我形象构成上，有学者认为应该从内外两个层次上理解，外在的包括谈吐举止、仪表风度等；内在的包括性格、道德品质等。[①] 本文将自我形象具体划分为两个维度：自身能力和道德品质。

表 1　概念操作化

潜变量	显变量（观测变量）	显变量简称	信度系数
记录	我会在微博上记下我产生的新想法、遇到的新知识 即使没人看，我也坚持写微博 我觉得微博可以记录一些稍纵即逝的念头 我希望能够在微博上塑造出理想的自我形象 我很看重我的微博看起来怎么样	新事物 坚持写 记录念头 理想自我 微博外观	0.873
表达	我连最亲近的人都不会告诉的事，我却会把它写进微博 我能在微博中表达深刻的感情 我能很自在地在微博中表达任何事情 我可以在微博中暴露我的弱点 我是为了倾诉才写微博	告知更多 表达感情 表达任何 暴露弱点 为了倾诉	0.866
客观描述	我在学习工作中的规划和目标 我在学习工作中的优势和条件 我爱好的读物 我爱好的电影和电视节目 我如何预算我的钱 我是否有健康问题	规划 优势 读物 节目 预算 健康	0.810
理性评价	我对公共事件、新闻事件的看法 我对现在的政府的看法 我对酗酒、吸烟的看法 我对同性恋的看法 我对父母应该如何与孩子相处的看法	新闻事件 政府 酗酒吸烟 同性恋 代际相处	0.830

① 秦启文、周永康：《形象学导论》，社会科学文献出版社 2004 年版，第 50—51 页。

续表

潜变量	显变量(观测变量)	显变量简称	信度系数
感性情绪	我感到羞耻或罪恶的事 使我狂怒的事 使我感到后悔、遗憾的事 使我感到非常烦恼、焦虑和害怕的事 使我自己感到骄傲、兴奋的事	羞耻罪恶 狂怒 后悔遗憾 焦虑害怕 骄傲兴奋	0.881
自身能力	有才智—才智不足 善于表达—不善于表达 条理清楚—条理不清 强壮—弱小 知识广博—知识面狭窄 有领导力—无领导力	有才智 善于表达 条理清楚 强壮 知识广博 有领导力	0.846
道德品质	真诚—不真诚 亲切—冷漠 诚实—不诚实 友好—不友好	真诚 亲切 诚实 友好	0.877

表1是7个潜变量所对应的概念操作化之后的显变量,即可测变量,在实际测量时,"自身能力"和"道德品质"采用的是7级语义差异量表(7为非常符合,1为非常不符合),其他的均为5级李克特量表(5为非常符合,1为非常不符合)。利用SPSS 18.0(PASW 18.0)对7个潜在变量所对应的测量量表分别进行信效度检验,7个潜在变量对应的观测变量的信度系数(Cronbach's)均大于0.8,表示量表信度较高,潜在变量的提取合适。

三、模型与假设

印象管理理论的核心是自我表露显著影响了自我形象。本文将自我表露划分为自我表露的动机与自我表露的内容,并依照逻辑关系,认为自我表露动机是自我表露内容的原因。并且进一步将自我表露的动机细化为记录和表达两种类型;将自我表露的内容细化为客观描述、理性评价和感性情绪三种类型。将自我形象具体化为自身能力和道德品质两个维度。据此,我们提出以下假设:

H1:记录的动机显著正向影响客观描述和感性情绪的内容。即,微博表露的记录动机越强烈,则客观描述和感性情绪类的表露内容越多。

H2:表达的动机显著正向影响理性评价和感性情绪的内容。即,微博表露的表达动机越强烈,则理性评价和感性情绪类的表露内容越多。

H3:客观描述类的表露内容显著正向影响自身能力形象。即,客观描述类的微博内容越多,自身能力方面的自我形象越好。

H4:理性评价类的表露内容显著正向影响道德品质形象。即,理性评价类的微博内容越多，则道德品质方面的自我形象越好。

H5：感性情绪类的表露内容显著负向影响自身能力形象，并且显著正向影响道德品质形象。即，感性情绪表露越多，自身能力得分越低，而道德品质得分越高。

H6：微博表露越多客观描述类的内容，也越容易表露更多理性评价类的内容。

四、研究方法

本研究以大学生为研究对象，采用自填式问卷法收集数据。问卷发放时间是2013年3月份，在中国传媒大学和北京邮电大学本科生及研究生中发放纸质问卷98份，回收有效问卷95份；发放网络问卷123份，回收有效问卷119份；有效问卷共计214份。样本具体分布情况如表2。

表2　样本分布情况

性别	百分比	学历	百分比	专业类别	百分比
男	46.7%	本科	16.8%	理工科	47.2%
女	51.4%	研究生	81.8%	人文社科	51.4%
未注明	1.9%	未注明	1.4%	未注明	1.4%

五、研究结果

结构方程模型(SEM)涵盖了多元回归、验证性因子分析、路径分析和方差分析等传统多元分析技术，理论上是利用联立方程组求解，并且允许自变量和因变量存在误差，适合于同时验证多个假设的情形，本文所研究内容适合于用SEM来建模。

本研究利用AMOS 18.0软件包进行结构方程模型分析，以GLS法(广义最小二乘估计法)计算出各变量之间的参数，进而获得了各变量之间的关系，检验其是否支持本文所提出的假设，结构方程的结果如图1。

1. 模型拟合与参数检验

最常用的评价结构方程模型的整体拟合程度的指标是拟合优度的卡方值与自由度的比值CMIN/DF。一般来说，如果这个比值在[1,3]这个区间内，则认为模型拟合较好。本研究得到的模型的CMIN/DF=1.31，可认为本模型拟合得比较好。另外两个评价SEM拟合程度的指标，GFI=0.801，RMSEA=0.038，也都表明本模型整体上比较好地拟合了数据。

结构方程模型中的各个假设(H1—H6)能否被接受或是拒绝，需要参考非标准化解的结果，具体如表3。

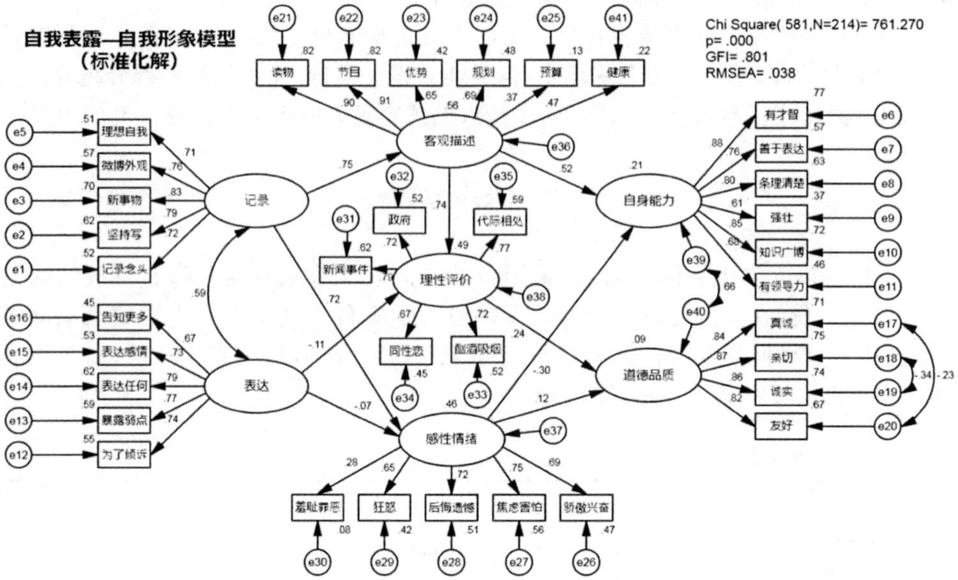

图 1　自我表露—自我形象模型(标准化解)

表 3　自我表露—自我形象模型非标准化回归权重

				Estimate	S. E.	C. R.	P	结果
H1	客观描述	<———	记录	1.215	0.215	5.642	0.000 *	接受
	感性情绪	<———	记录	0.707	0.245	2.883	0.004 *	接受
H2	感性情绪	<———	表达	−0.079	0.161	−0.491	0.623	拒绝
	理性评价	<———	表达	−0.131	0.134	−0.975	0.329	拒绝
H3	自身能力	<———	客观描述	0.532	0.122	4.343	0.000 *	接受
H4	道德品质	<———	理性评价	0.342	0.139	2.468	0.014 *	接受
H5	自身能力	<———	感性情绪	−0.502	0.217	−2.315	0.021 *	接受
	道德品质	<———	感性情绪	0.190	0.209	0.910	0.363	拒绝
H6	理性评价	<———	客观描述	0.522	0.115	4.531	0.000 *	接受

* 表示概率值小于 5%,结果显著,对应的研究假设可以被接受。

H1:"记录"与"客观描述"的非标准化回归权重的估计值为 1.215,即"记录"对"客观描述"有正向影响;$p<0.001$,一般我们认为 $p<0.05$ 的情况下,我们的研究假设就是可被接受的。同时,"记录"与"感性情绪"的非标准化权重估计值为 0.707,$p=0.004<0.05$。也就说 H1 是可被接受的。

同理,所有六个假设中,四个假设 H1、H3、H4、H6 得到验证,H2 遭到拒绝,H5

比较复杂,"感性情绪"的表露确实显著负向影响了"自身能力"形象(估计值为-0.502,$p=0.021<0.05$),却没有显著影响"道德品质"形象($p=0.363>0.05$),H5只得到部分验证。

2. 结果的阐释

从逻辑上看,"记录"作为一种较为私人化的自我表露动机,倾向于记录动机的受访者,比较容易以两种形式不经意地表露内容:一种是流水账式地记下随时发生的事情,而这种"记录"是倾向于客观的、无意的,近似于"客观描述";另一种是对心路历程的记录,这种记录不可避免地会夹杂着情绪化的内容。而研究假设H1的被接受也从事实上证明了这一点。

另一种动机"表达"则更为公开化,且夹杂着或多或少的目的性。逻辑上,"表达"更容易产生价值判断性的内容,评价和情绪都带有程度不同的价值判断性内容,从这点上看,"表达"应该对"理性评价"和"感性情绪"有显著的正向影响。然而,经验数据表明,"表达"对后两者的影响是负向的,且未达显著。这造成了逻辑与经验数据的不符,这应该与本研究的样本人群有关,本研究的数据来源于本科生和研究生,文化水平与媒介素养水平较高,在自我表露时比较克制,从而造成了有"表达"的动机,而没有产生相对应的自我表露内容。

"自身能力"是自我形象较为内在的一部分;而"道德品质"的多数内容是更为外显的。较为内在的"自身能力",更多是靠"客观描述"类的自我表露内容来体现,H3也证明了这一点。较为外在的部分则需要引起他人注意,明显地,价值判断性的内容相对于客观性的描述更容易引起他人的注意,因此"理性评价"和"感性情绪"均应该对"道德品质"有显著的正向影响,前者由H4得到证明,后者却被拒绝。这可能与受访者情绪表达方向有关,受访者除了表达正面情绪,也有可能表达负面情绪,抵消了一部分正面情绪的作用,甚至有可能负面情绪的表达多于正面情绪的表达;"感性情绪"对"自身能力"的显著负面影响从侧面说明了这一点。

还有一点值得注意,"记录"与"表达"这两种表露动机并不是二元的,我们只是说某个受访者更倾向于哪种动机,表现在内容上即是受访者可能同时表露客观描述类的内容也可能表露评价与情绪,而"客观描述"与"理性评价"的关联程度更大,H6的验证说明了这点。

六、讨论

本研究的初始目的是为了验证自我表露和自我形象之间的关系,或是自我表露动机、自我表露内容以及自我形象之间的关系。在研究中对7个潜变量之间的关系提出了6种假设,通过结构方程模型的拟合与检验,我们基本上可以验证其中的因果关系。以下是我们的一些主要发现:

1. 大学生的微博自我表露动机越倾向于"记录"(也可以理解为不如"表达"那么刻意),那么将会表露更多的"客观描述"和"感性情绪"类内容;

2. 大学生在微博上表露越多"客观描述"类的内容,将有助于塑造更好的"自身能力”形象；而在微博上表露越多“感性情绪”类的内容，对于塑造“自身能力”形象有负面影响；

3. 大学生在微博上表露越多“理性评价”类的内容，将有助于塑造更好的“道德品质”形象；

4. 大学生在微博表露越多“客观描述”类的内容，也将表露越多“理性评价”类的内容。

本研究验证了微博上自我表露和自我形象的因果关系，这也是对印象管理理论的一种验证，说明印象管理理论除了适用于人际交流的环境，也适用于微博环境，微博同样可以被比喻成一个剧场，有前台的表演和后台的自我，人们同样在进行着印象管理。

〔作者易红发系中国传媒大学新闻学院 2012 级硕士生；
肖明系中国传媒大学新闻学院副教授；
周楠系中国传媒大学新闻学院 2011 级硕士〕

基于移动终端的大学生思想政治教育创新研究*

裴鸣　武楠　阎玺

近年来，不断发展的智能化手机终端设备使得手机网络成为传播知识和信息的宽广平台，尤其是随着3G时代的来临，以手机、iPad等移动终端为载体的移动互联方式引发人们生活的巨大变革——手机上网开始逐步影响和改变着原先电脑一族的生活方式、行为方式和思维方式。

中国互联网信息中心(CNNIC)发布的《中国互联网络发展状况统计报告》指出：截至2013年6月底，我国手机网民人数达4.64亿，网民中使用手机上网的人群占比提升至78.5%，手机网络各项指标增长速度全面超越传统网络。[①]从年龄结构来看，手机网民用户更加集中在20—29岁人群。这个年龄段一般是青年大学生手机用户，占据了很高的比例并呈现出高速率的增长态势。追求技术的革新和个性化的发展使大学生群体成为3G手机媒体的引领者和移动互联网的主要受众群体。他们更倾向于接受并习惯于使用手机、iPad等移动终端来浏览网站、收发邮件、交流信息和游戏娱乐；他们也是以微信、微博为代表的app的主要用户。然而，大学生还处于世界观、人生观、价值观的形成阶段，缺乏对信息的鉴别力、判断力以及对不良信息的抵抗力。互联网世界各种信息良莠不齐，很容易对学生群体产生不良影响。

一、利用移动终端开展大学生思想政治教育工作迫在眉睫

移动终端，或者叫移动通信终端，是指可以在移动中使用的计算机设备，大部分情况下指手机和平板电脑。对大学生而言，使用移动终端对他们既有积极影响也有消极影响，尤其是西方敌对势力从未放弃过使用各种手段开展对中国青年的文化渗透及意识形态侵袭；低俗信息、反动信息等各种不良信息已经开始通过移动互联网新媒体技术进行传播，危害青少年学生的身心健康甚至社会的稳定。因此，研究如何利用移动终端创新性地开展大学生思想政治教育，强化移动终端载体对大学生的积极作用迫在眉睫。

就大学生思想政治教育内容而言，由于移动终端具有便携性、开放性的特点，为思想政治教育提供了大量的信息资源，极大地丰富了大学生思想政治教育的内

* 本论文为中共北京市委教育工作委员会“2013年度首都大学生思想政治教育课题”支持项目结题论文，项目编号：BJSZ2013ZC031。

① 中国互联网络信息中心：《中国互联网络发展状况统计报告》。

容；就大学生思想政治教育的方式方法而言，由于移动终端具有交互性、平等性等特点，有利于思想教育工作者与大学生之间的双向互动，拓宽了思想政治教育的方式和手段，提高了思想政治教育工作者的工作效率和科学性。因此，利用移动终端开展大学生思想政治教育实乃大势所趋。

此外，利用移动终端开展大学生思想政治教育工作具有可行性。首先，3G 背景下以手机媒体、iPad 等为代表的移动终端具有信息丰富性以及形式多样性的突出特点，这决定了移动终端能够承载包括大学生思想政治教育信息在内的巨大信息。其次，3G 背景下的移动终端具有强大的交互性和细致的分众性，为大学生思想政治教育主体与客体的交流互动提供了条件。另外，3G 背景下移动终端的便携性、普及性和信息阅读的强制性，既提高了手机媒体作为大学生思想政治教育载体的信息传递效率，又降低了信息传播的成本，具有其他载体所无法比拟的优越性。

二、关于大学生使用移动终端接受思政教育的调查分析

1. 研究方法及过程

我们就当前大学生对于移动终端的使用现状，及其使用移动终端进行思政教育的接受程度开展问卷调查，对两所学校近 200 名学生进行了样本分析。问卷分为两个部分，前半部分是对于大学生使用移动终端的情况调查，后半部分是对于使用移动终端进行思政教育的可能性和接受度的调查。前半部分基本以闭合式的单项选择题为主，在调查使用频率、活动频率等题目上采用了 5 级李克特量表（Likert scale）[①]：经常、一般、偶尔、很少、从不。后半部分除了部分 5 级量表选题，还增加了一些多选题和一道开放式选题，并加入基本资料题目。

基于学生的多样性和调查实施的可行性。我们对北京第二外国语学院和中国传媒大学的学生进行了街头随机采访式调查，发放问卷 200 份，最终回收问卷 189 份，其中有效样本 159 份，绝大多数样本以本科生为主（98.11％），比较符合本调查的对象范围。样本中也涵盖了工科、理科、文科、艺术类、外语类等学科。由于两所学校的性质，文科类学生相对占比例较大，占到 55.97％；来自城市的学生也相对较多，其中大城市占到 30.19％，中小城市占到 50.31％。因此本研究得出的结论相较更符合文科专业、来自城市、有一定的移动终端购买能力的学生。

2. 样本分析及研究结论

（1）大学生们最常使用的移动终端前三位为手机、笔记本电脑以及平板电脑，并且普遍对移动终端设备的“黏性”较高。

从图 1 看出，现今大学生使用手机的百分比已经超过笔记本电脑，跃居首位。并且“经常”使用手机的人数占样本的 93.71％，远远超过“经常”使用笔记本电脑的

① 李克特量表（Likert scale）是属评分加总式量表最常用的一种，属同一构念的这些项目是用加总方式来计分，单独或个别项目是无意义的。它是由美国社会心理学家李克特于 1932 年在原有的总加量表基础上改进而成的。通常为 5 级，也有学者主张用 7 级或 9 级。

75.47%。没有学生很少用手机或者不用手机。而位列第三的“平板电脑”使用量也达 68.55%。

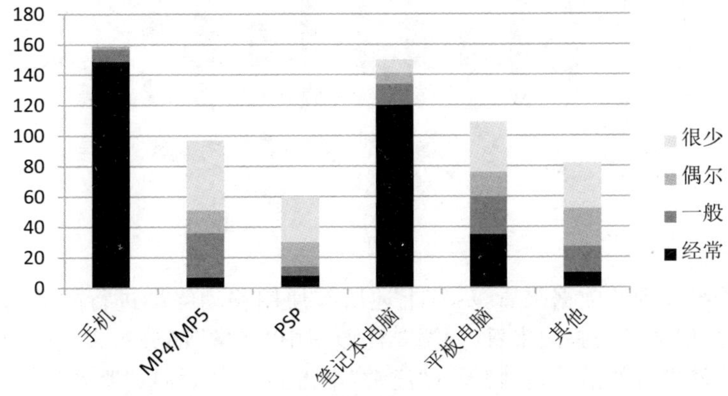

图 1

从对移动终端设备的依赖程度调查来看，大学生群体普遍对移动终端设备依赖程度即“黏性”较高，有不少学生对于移动终端设备“极其依赖”，“一会不用就会觉得很异样”。在对部分学生的访谈调查中，有学生指出，自己使用手机已经达到了“依赖症”和“强迫症”的程度，因此基于移动终端创新大学生思想政治教育势在必行。

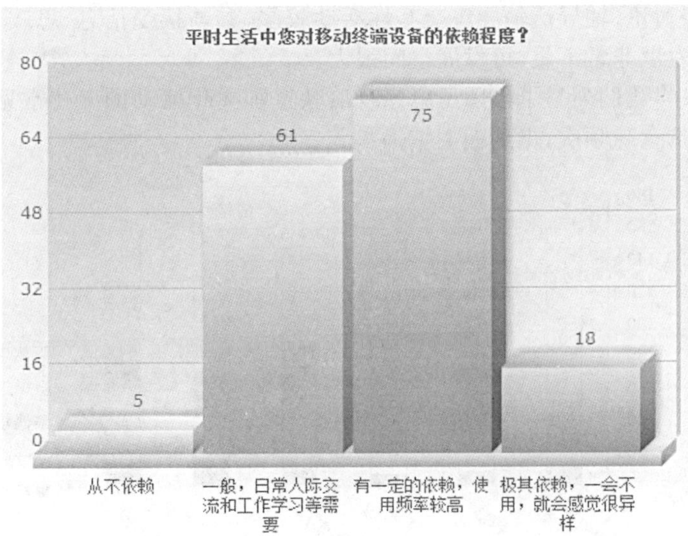

图 2

(2)目前大学生们在使用移动终端时，最频繁进行的活动仍然以社交、娱乐为主。浏览新闻、获取学习资讯发展势头也很迅猛。因此基于移动终端创新大学生思政教育时要注重“交互性”、“娱乐性”和“有用信息量”。

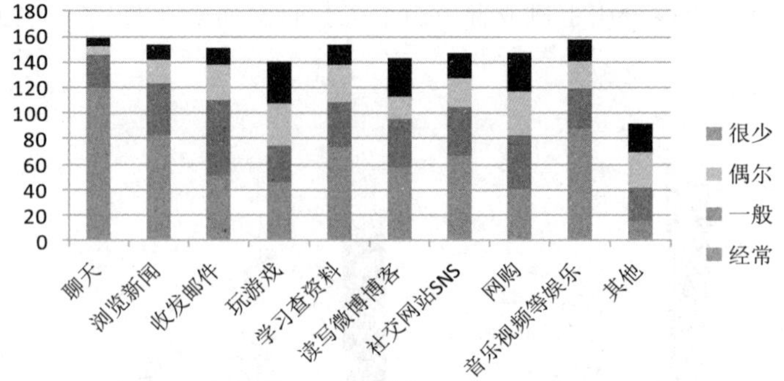

图 3

从调查统计到的数据来看，尽管上述所有使用移动终端进行的活动大学生们基本都参与，但从参与频次来看(如图 3 柱形图中“经常”部分)，大学生们使用移动终端时最频繁进行的活动是“聊天”(“经常”率占到 74.84%)、“听音乐、看视频等娱乐活动”(“经常”率占到 55.35%)。“浏览新闻”和“学习查资料”分列第三、第四位，以上四项的“经常率”都超过了 50%。

基于以上调查的数据结果，大学生在使用移动终端时，非常注重聊天社交的“交互性”、音乐视频的“娱乐性”以及查阅“有用信息”。因此在基于移动终端创新大学生思想政治教育时，一定要注意以上几点，多使用微信等交互平台，注重图像视频等多媒体形式，注重加大有关学生学习、自我提高的信息和便捷的生活资讯等信息量。

(3)目前大学生使用移动终端参与思想政治文化教育活动的情况：参与社会实践活动、班级讨论、辅导员辅导等交互性活动较多，参与接受信息、思政主题的校园活动较少。发展非常不足，可发展空间很大。

在调查中，我们列举了校园里思想政治教育和文化活动的一些常见的活动，请大学生们勾选参与频次，得到如下结果：

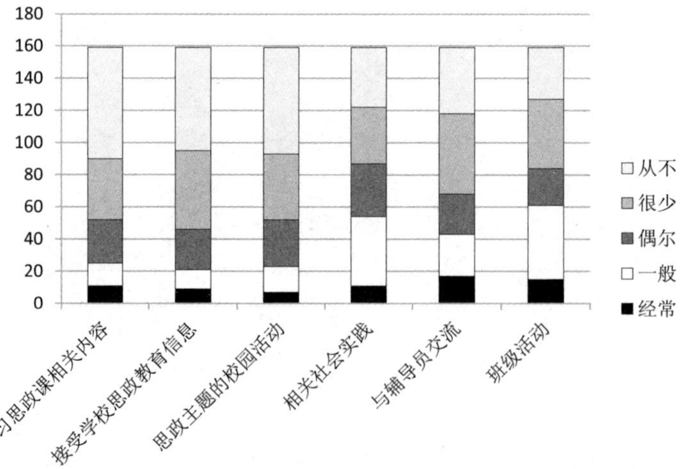

图 4

由图 4 看出，大学生们使用移动终端参与上述活动的频次是非常低的，然而更深入地分析参与活动(这里包括了“经常”、“一般”、“偶尔”参加)的比例，我们发现，具有一定交互性的活动，如与辅导员交流、组织和参加班级活动等的参与程度相对较高，被动接受学习或者单方面互动性较少的活动参与率较低。这不仅体现出移动终端的交互性给师生们开展活动带来了极大便利，也说明我们的思想政治教育活动应该从先前的“教课式、被动接受式、在学校领导下开展活动”等方式向着“交互式、社会化、把活动的主动权交给学生”等方式转变。

(4)目前大多数学生对于使用移动终端参与思想政治文化教育活动不了解，认为其只能用于辅助作用，但对于其未来的发展呈积极和可接受态度。

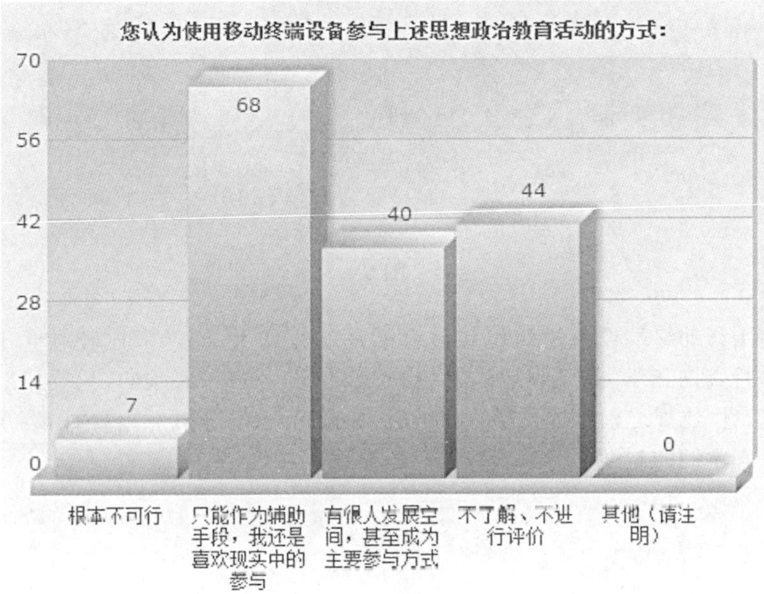

图 5

由图 5 看出，绝大多数同学并不认为使用移动终端参与思政文化活动是“根本不可行”的，相当多(68 人，占比例 42.77%)的同学认为其只能作为辅助手段，更接受现实中的活动，27.67%的同学对此不置可否，因为对其“并不了解”，也有 25.16%的同学认为通过移动终端进行思政教育活动“有很大的发展空间”。

对于使用移动终端进行思政教育文化活动是否有其优势，同学们对于使用移动终端设备参与思政教育活动的“方便程度”和“自主选择性”评价较高，也有不少同学认为使用移动终端设备能给思政教育活动带来更多的互动性和趣味性。

(5)大多数学生愿意利用“碎片化”时间使用移动终端参与思政教育文化活动。

从数据分析来看，部分同学比较愿意在课堂上引入移动终端进行学习。但更多同学愿意使用一些“碎片化”的时间段，比如“课间”、“交通工具上或等人时”、“睡前”。因此，除了在课堂上和实地活动中引入移动终端外，要注意使用一些短小的、碎片式、重点突出的内容，从而符合学生们对于移动终端的使用习惯。

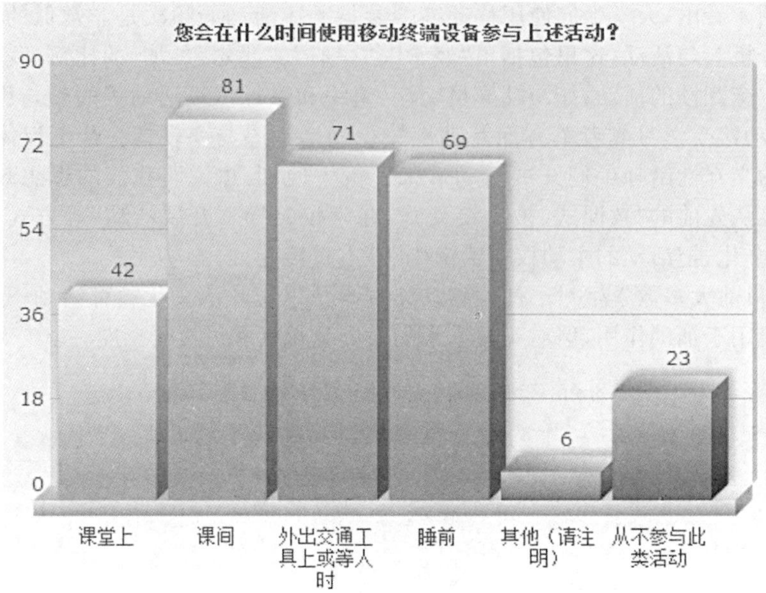

图 6

在使用移动终端设备进行思政教育活动的方式上，同学们比较倾向于自主地对资料进行查询和学习。“收取通知”也仍然是学生的一大倾向，只要是“有趣的、有用的”信息，比如之前中国传媒大学党委做的“iparty”手机党报，因内容形式活泼多样很受同学们的欢迎。

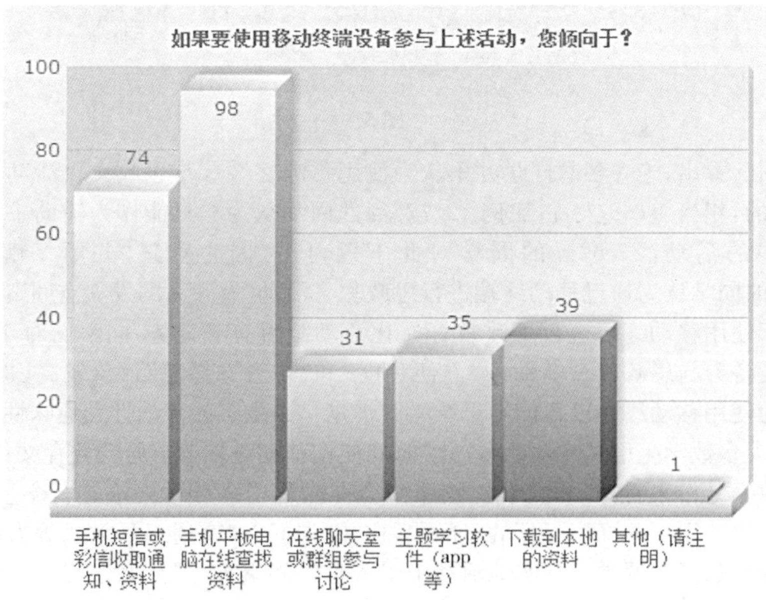

图 7

在开放性问题回答中，同学们对如何有效使用移动终端设备创新思政教育活动提出了很好的意见，比如：设计 app，完善其灵活性和可用性，增强同学们的兴趣和参与度；提高趣味性的同时加大宣传力度，让同学们通过各种各样的活动参与进来；建立网上“小组”，以组为单位开展活动的讨论、策划，增强同学们的自主能动性，从而更好地开展活动；利用微信这个强大的平台，加强互动性，及时地回复同学们的反馈和意见等。

三、基于移动终端的大学生思想政治教育创新策略

1. 思想政治教育内容创新

(1)利用新媒体技术进行思想政治教育课堂内容的创新

高校思想政治理论课是对大学生进行马克思主义理论与思想政治教育的主渠道。因此，高校应当加强提升教师与时俱进的能力，运用新媒体技术(如多媒体课堂、网络课堂等)提升思想政治课堂教育的效果。学校应加强对思想政治教师的多媒体技能培训，并且充分探索网络课堂技术，投入资金、人员为师生搭建网络平台，并将经典的思想政治教育理论课制作成视频发布到网络平台，有能力的高校可以搭建具有学生考试、作业批改功能的网络平台。为保持充分的师生互动，可开设专门网络互动平台如 QQ 群、微信群等。

(2)充分发挥移动终端在开展学生社会实践方面的作用

做好高校大学生思想政治教育，必须面向社会，与社会实践有机结合。在制订社会实践的主题时，高校应当考虑具有思想政治教育意义、与学生专业学习结合的主题。为充分发挥移动终端的作用，高校可以建设官方网站和网络互动平台，不定期向学生推送不同小组的社会实践情况，鼓励大学生在移动平台进行社会实践的交流讨论、经验学习，从而推动更多的大学生以正确的服务意识奉献社会、了解国情和民情。

(3)积极利用移动终端加强校园文化建设

良好的校园文化与大学生的思想品德和心理素质息息相关，是高校渗透思想政治教育的重要途径。校园文化建设就内容而言，主要由学校的物质文化、精神文化和制度文化构成。[①] 在校园精神文化方面，高校可以通过建立网站、开设官方微博等方式，进行校训宣传、新生校情校史教育，并与时俱进地围绕校训核心价值观念对学生进行爱国爱校的教育。

在校园制度文化建设方面，学校应当及时通过移动终端进行公示和公告，增强文化建设制度的公开性、透明性和学生参与度。还要加强学生会、班级和社团等组织的建设，结合移动终端的使用组织开展生动有效的思想政治教育活动，充分发挥它们在学生思想教育中的积极作用。

此外，还要结合传统节日、重要纪念日、重大事件等，利用移动终端开展形式多

① 樊洪奎：《大学生思想政治教育方法创新研究》，山东师范大学硕士论文，2007 年。

样的特色鲜明的主题教育活动,如微博平台上的微故事大赛、口号征集等线上活动,PPT 制作大赛,网站设计大赛等线下活动,并利用 QQ、微博等增进同学们的交流学习,使其潜移默化地接受思想政治教育。

2. 转变思想政治教育方式方法

(1)教育与自我教育相结合

各高校既要发挥学校教师、党团组织的教育引导作用,又要充分调动大学生的积极性和主动性,引导他们自我教育、自我管理、自我服务。

高校应当结合高校大学生思想政治教育特点,进一步优化教学目标,利用移动终端,放眼社会发展和时代进步要求,利用新媒体平台满足广大学生需求,实现解决学生思想问题与解决其实际问题的有机结合,开展线上自我教育活动,向学生灌输自主意识,组建微信、QQ 学习小组,促进自我精神塑造。学生可以通过手机上网自主学习,自主选择,优化思想政治课的学习效果。

(2)开辟思想政治教育新渠道

①把学生宿舍作为思想政治教育的基地

高校应组建公寓楼学生管理委员会,并建立相应的移动终端社群(如 QQ 群、微信群等),充分发挥学生主体作用,在宿舍生活中进行思想政治教育。还可以通过新媒体方式,把学生党团工作做到学生公寓。高校也可以采取公寓文化节的形式,有效地凝聚人心、陶冶情操。

②加强对网络的监督管理和利用

高校应当掌握网上思想政治教育工作的主动权,一定要夺取网上学生的注意力。加强思想政治教育主题网站和网页建设,弘扬主旋律,坚固主阵地。结合当代大学生遇到的思想问题,利用好网络平台,对学生进行引导,并加强大学生网络道德和法制教育。

(3)建立思想政治教育多维体系

高校应当综合运用多种教学方法,线上与线下结合,移动终端学习与课堂学习结合,形成思想教育方法的时空模式、动态模式和分层模式,运用中外教育学、心理学等相关学科的方法和研究成果丰富大学生思想政治教育的具体方法体系,运用计算机学科知识扩展移动终端思想政治教育领域,最大限度地实现教育主体和大学生群体之间的有效沟通。

3. 加强思想政治教育队伍建设

(1)促进各类教育队伍资源的整合

高校应在原有辅导员、共青团干部和思想政治理论课教师队伍的基础上,构建由专职思想政治教育队伍、专业教师队伍、学校管理队伍和后勤服务人员组成的对移动终端具有一定知识和技能的多维队伍体系。高校还要促进校内和校外大学生思想政治教育队伍的整合,通过建设新媒体平台、共享思想政治教育经验,使大学生思想政治教育队伍专业化、职业化、现代化。

(2)建立专门化、综合性思想政治教育队伍

思想政治教育必须依靠集体的力量,因此,要建立一支综合素质过硬、善于运

用微博、微信等新媒体的思想政治教育队伍。高校应当不断提升其政治理论修养，使之具备较强的政治责任感、政治敏锐性和鉴别力，并不断强化思想政治教育的网络文化意识，使之善于研究和把握网络环境下大学生思想政治教育的特点和规律。

4. 适当调整思想政治教育领域

大学生群体的演变和发展，移动终端的推广与应用，推动了大学生思想政治教育领域的拓展，向外呈现为宏观领域、未来领域、微观领域、虚拟领域的发展，向内呈现为学习领域、政治领域、日常生活领域的发展。① 因此，高校应由传统学习领域向大学生日常生活领域拓展，如心理健康教育、社团建设、高校社区建设等，并对大学生思想政治教育的具体领域进行专门研究。另一方面，由单一领域向多元领域发展，推动大学生思想政治教育的生活化，并利用生活化内容将思想政治教育拓展到以移动终端为代表的虚拟领域、未来领域，通过多媒体新技术的使用增强思想政治教育内容的传播效果，提高思想政治理论的吸引力和大学生的积极性、参与性，从而有效提升新时代思想政治教育效果。

〔作者单位：中国传媒大学宣传部〕

① 郑永廷、张彦：《德育发展研究：面向 21 世纪中国高校德育探索》，人民出版社 2006 年版。

老年电视节目功能提升策略研究

韩怀军

对象性老年电视节目是根据老年人特定的收视需求，为老年人量身定做的电视节目类型。毫无疑问，老年人是老龄化社会的重要主体，因此，老年电视节目在构建积极老龄化社会方面的作用举足轻重。要想使老年节目办出特色、办出成效，就要充分了解老年人有别于其他年龄群体的特殊需求，使节目定位准确，内容适宜，形式为老年人喜闻乐见。

一、把握老年群体的收视需求

老年人闲暇时间里接触频率最高的媒体就是电视媒体，它是老年人了解世界和获取外界信息的主要通道。因此，研究老年人的收视习惯及老年人的个人背景与其收视习惯的相关性，有助于媒体更好地了解老年人的收视需求和收视心理，帮助电视媒体制作出更多适合老年人的电视节目。结合笔者开展的"老年人媒介接触情况问卷调查"的数据，对老年人收看电视节目的需求做出分析。

1. 电视接触动机

数据结果显示，老人每天看电视的原因主要集中在了解国内外大事、形势政策及娱乐休闲方面。极少的老人会以寻医问药或增加谈资为目的观看电视，但是老年人对养生保健知识方面的兴趣比较大，其关注比例为寻医问药的近 16 倍。（见表 1）

表 1　老年人收看电视的目的

看电视主要目的	百分比
寻医问药	1.10%
养生保健	16.10%
了解国内外大事及形势政策	29.20%
娱乐休闲	20.80%
打发时间	16.40%
增长知识、获取生活资讯	14.30%
增加聊天话题	1.70%
其他	0.50%
总计	100.00%

2. 收看电视的时间段

老年人观看电视的时间段具有明显的分布集中的特点，其中，在晚上18—20点有32.44%的老人在观看电视，而晚上20—22点有27.77%的老人会观看电视，其他时间段的分布比较分散。上午8点以前和晚上22点以后观看电视的比例比较低。（见表2）

表2 老年人收看电视的时间段

每天什么时间观看电视	百分比
早上6—8点	7.34%
上午8—12点	7.74%
中午12—14点	12.15%
下午14—18点	8.41%
晚上18—20点	32.44%
晚上20—22点	27.77%
晚上22点以后	4.14%
总计	100.00%

3. 对电视节目类型的偏好

数据显示，老人喜欢的电视节目类型中，排名前三的依次是新闻类、电视剧类以及养生保健类。老年人对广告节目的喜好程度最低。（见表3）

表3 老年人对电视节目类型的偏好

一般选择观看的电视节目类型	百分比
新闻类	30.70%
养生保健类	15.30%
寻医问药类	2.30%
文艺类	10.70%
电视剧	24.10%
电影	1.90%
生活类	7.30%
教育讲座	0.90%
经济类	1.00%
科技知识	2.10%
体育节目	1.80%
广告	0.50%
其他	1.20%
总计	100.00%

对于养生保健类节目，只有 11.84％的老人表示自己非常喜欢，而 34.2％的老人持喜欢态度，30.98％的老人认为节目一般，14.86％的老人不喜欢该类节目。（见图 1）

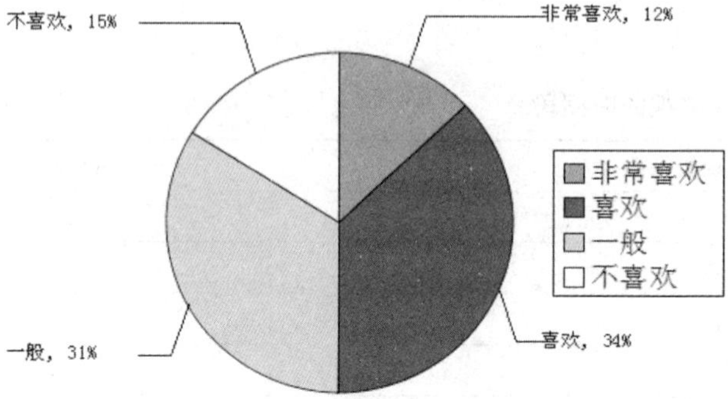

图 1　老年人对养生保健类节目的喜爱程度

在电视剧题材方面，历史剧的喜爱者最多，占到了 24.4％，其次是家庭伦理剧，有 24.2％的老人选择了该项。老人们最不喜欢的是青春偶像剧。（见表 4）

表 4　老年人喜欢收看的电视剧题材

喜欢收看的电视剧题材类型	百分比
家庭伦理剧	24.20％
乡村生活剧	20.80％
历史剧	24.40％
古装剧	8.70％
谍战剧	15.70％
青春偶像剧	2.40％
其他	3.80％
总计	100.00％

4. 对专题节目内容的喜好

在节目设置的内容方面，将近一半的老人认为应该设置生活服务类节目，说明此类节目是老人们喜欢观看的，也是现在节目类型中缺少的（见图 2）。

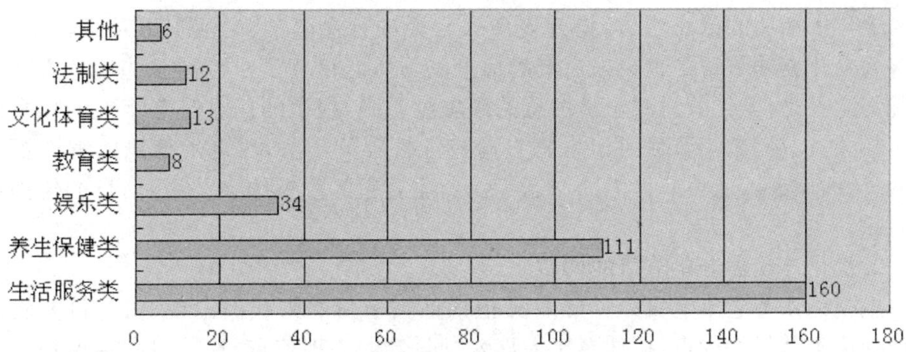

图 2　老年人对专题节目的需求

二、全方位挖掘节目内容

虽然，老年节目是满足老年人特殊需求的节目。但是，随着时代的变化，社会的更新，老年群体特殊的收视需求也越来越多样化。特别是，现在的老年电视观众有着丰富的人生阅历和相当的知识积累，他们对电视节目的要求带有很强的多元性。老年电视节目要顺应这一趋势，丰富节目内容，让老年受众可以轻易找到自己喜爱的节目。

1. 增加新闻方面的节目内容

现代老年人接触与参与社会活动的愿望越来越强烈，他们想通过新闻节目了解社会。而在所有社会信息中，涉老方面的信息又是他们关注的重点。笔者开展的"老年人媒介接触情况问卷调查"结果显示，受访老年人中，使用电视作为获取新闻的主要渠道的人群最广泛，而且超过了半数，其次是报纸，较少使用的是网络途径，使用人数最少的是杂志（见图 3）。因此，做好老年题材的新闻节目将是今后吸引老年电视观众和提升节目质量很重要的一环。

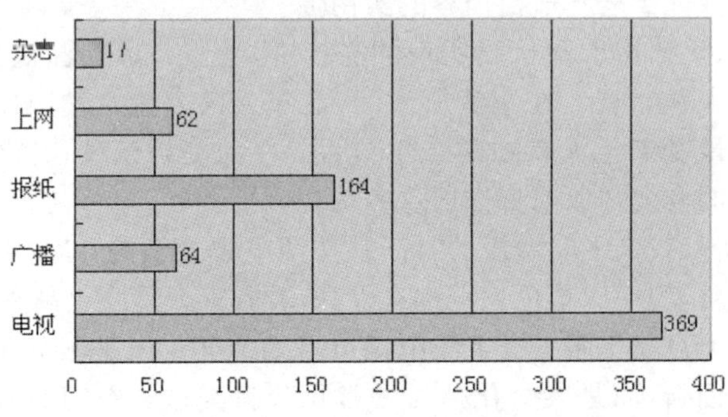

图 3　老年人获取新闻的主要方式

老年电视节目应设置信息量大、与老年观众沟通密切的新闻节目板块，着力报道与老年人相关的讯息内容，搭建老年人喜爱的社会政治、生活资讯及维权平台。虽然大众化新闻节目中也会报道老龄信息，但是，老年节目在传播这些信息方面更具优势。一是，老年节目对老龄信息的聚焦度更高，报道的信息与老年人的切身利益更相关；二是，老年节目可以发挥自身专业性强的优势，对老龄信息的解读更为深入、全面；三是，老年节目借助与老年受众建立起的收视约会关系，信息的传播更为有效。

2. 优化访谈类老年节目的内容

电视访谈类老年节目是伴随着其他谈话类节目的兴起而出现的，节目要吸取其他谈话类节目的优点，抓住老年人喜爱“回忆”的心理特点，在节目中多展现老年人青年时代的美好故事，引起老年人的共鸣，吸引老年人参与其中。节目也可以选择当前老年人关注的热点社会话题，邀请老年受众走进直播室参与讨论，在主持人和专业嘉宾的引领下，加强双向交流，形成一个探讨式的节目氛围。还可以邀请年轻人、中年人一起参与节目，就诸如家庭邻里和睦、儿女情感和代际交流等话题展开讨论。在笔者开展的“老年人媒介接触情况问卷调查”的深度访谈中，许多老年人表示喜欢谈话类节目，因为它有类似老人聚在一起聊天的感觉。将平时老年朋友生活中的片段搬到荧屏中，使得节目更加贴近老年人的生活实际，以取得良好的互动效果。

2011 年改版后的《夕阳红》，在周日设置了一档访谈类节目《欢聚夕阳红》，这档全新的大型演播室互动节目，突出知识性、参与性和娱乐性。每期一个新鲜话题，贯以“仁爱，孝为先”的思想主线，邀请特色老人参与节目，通过访谈、体验、互动等多种形式，全方位展示老年多彩生活。这档节目创新实践“动感深度访谈秀”的演播室互动模式，通过主持人、民间老人与明星嘉宾的深度对话、倾情体验和活力互动，突出节目的时代感、故事感、参与感与欢乐感，生动展现当代老年人健康、智慧、时尚的生活状态，流畅传播积极、乐观、豁达的人生态度。虽然这档节目在 2013《夕阳红》再次改版时停播，但是它在选择新鲜话题、访谈互动体验、营造欢乐轻松氛围等方面的有益探索值得以后的老年访谈节目借鉴。

3. 注重养生保健类老年节目内容的实用性

在健康需求、生活需求和自我实现的需求中，老年人最关注健康，因此养生保健类栏目对老年人很重要。在笔者所做的“老年人媒介接触情况问卷调查”中，养生保健类节目是最受老年人喜欢的老年节目。在深度访谈中，有老年人用事例表达了对这类节目的喜爱：“以前哪知道这些知识，就是看了电视之后，才知道了吃什么有什么好处，所以我们平时做饭的时候就按照电视上教的，营养搭配比较好。而且看了做菜的节目，现在做菜色香味都有提高，看着家人爱吃也高兴。”

养生保健类节目属于服务类老年电视节目的范畴。但是服务类节目并非是对象性电视节目的创新，而是大众化节目的常见节目类型。专门面向老年受众的服务类节目似乎还不多，大量题材、形式、内容以及资源等尚待开掘。养生保健类节目作为老年生活服务类节目的主力军，要下大力气办好。

举办养生保健类节目体现了电视媒体对老年观众的关怀。办好这类节目要切实了解老年受众的养生保健需求，突出节目内容的实用性。在笔者所做的“老年人媒介接触情况问卷调查”的深度访谈中，很多老人认为，会收看关于养生保健的节目，尤其关注和自身慢性病（比如糖尿病、肩周炎）相关的；很关注电视台邀请的专家学者给的建议，希望电视台能办好这些节目。

4. 拓宽休闲娱乐类老年节目的内容

休闲娱乐是老年人接触电视媒体的主要目的之一。电视媒体在娱乐类老年节目举办的实践中，往往将老年观众的休闲娱乐范围局限于听戏、养鸟、种花、烹饪和家居生活。随着老年观众的不断更替，知识水平的不断提高，需要有更多种类的娱乐类节目出现。电视媒体可以努力探索更加丰富的节目形式，比如设置老年模特、歌舞、特长绝技展示大会，多举办各种迎合老年人兴趣爱好的展示大赛，调动老年观众的参与热情，同时提高节目的收视率。

旅游是一项高层次的休闲方式，忙了大半生的老年人到处走走，游历祖国和世界的大好河山既能愉悦身心，又能锻炼身体。在老年节目中加入旅游类信息，可以为老年人的出游提供资讯和服务，也可以让不便出门旅游的老年人在电视里进行一次赏心悦目的旅行。

《花样爷爷》是韩国目前最大的娱乐媒体公司 CJE&M 开发的一档明星户外旅行真人秀节目，每集节目都会邀请四位明星“爷爷”展开一段奇幻之旅。该节目 2013 年在韩国首播，最高收视率达 9.99%，最高占有率达 59.01%，打破了有线频道收视率纪录，创下每集收视率排名第一的神话。

根据中国观众的收视习惯及制作环境做出本土化调整的中国版《花样爷爷》，于 2014 年 6 月在东方卫视播出。本土化的《花样爷爷》的定位是大型代际沟通旅行真人秀节目。节目中除了四位“爷爷”外，还有一位被称作“挑夫”的年轻演员。节目看点是，除了爷爷们在国外旅行时的种种状况、年轻演员与爷爷们的相处之外，还有很重要的一点就是节目反映了社会横截面。节目总导演李文好表示：“现在子女陪伴老年人的时间越来越少，由此产生了很多的‘代沟’问题。我们希望通过这个节目展现中国人可以有另外一种生活方式，加强老人和子女之间的代际沟通。”

5. 提升教育类老年节目内容的质量

随着“终身教育”理念的日益普及，教育类老年节目内容越来越受到老年观众的欢迎。从宽泛的意义来看，养生保健等社交节目内容都属于教育类老年节目的范畴。中央电视台的《夕阳红》节目虽然几经变迁，但是，服务教育的功能一直没有变。随着时代的发展、生活环境的变化和老年人知识面的总体提升，现代老年人对教育类老年节目的内容需求也发生了相应的改变。老年电视节目应该顺应这一变化，制作出更多符合老年人需求的节目内容。

在笔者开展的“老年人媒介接触情况问卷调查”的深度访谈中，很多老年人表示，他们在使用网络方面不是那么得心应手，他们还想多了解有关预防诈骗等法制方面的知识。因此，老年节目教育类内容的策划应适当向这些方面倾斜，如为老年人传播计算机、互联网知识等等。其他的诸如教授生活知识、烹饪技巧、理财方法、手工制作、预防诈骗等各方面知识的内容，也应该是这类节目播出的重点。教育类老年节目还要注重改变以往的说教方式，将知识性与趣味性融为一体，不断在节目内容的选取上有所创新，努力使这类节目成为老年观众生活中的帮手，引导老年群体不断参与社会的沟通和交流。

三、创新节目的传播方式

2010 年 12 月，有着 18 年历史的老节目《夕阳红》告别中央电视台荧屏。《夕阳红》制片人姜文当时在接受采访时坦言，虽然 18 年来《夕阳红》的品牌影响力相当稳固，但是由于如今观众的需求日益变化，原有的模式逐渐老化，所以近几年来《夕阳红》的收视率不太理想。姜文同时认为，如今的老年人和 10 年前的老年人已经不一样了，所以做节目的思路必须要更新换代。[①] 因此，不论是随后替代《夕阳红》的《生活早参考》，还是再次改版后恢复播出的《夕阳红》，节目的传播方式一直在发生改变，总体上看，节目形式更为活泼，并强调互动性。对于所有的老年节目而言，创新节目表现形式和加强与受众的互动都是节目传播方式创新的重点。

1. 创新节目表现形式

现代老年人更喜欢活泼生动的电视节目，因此，老年电视节目应该在彰显节目活力上下功夫。从栏目名称到主持风格，从节目包装到内容结构，都需要进行适当的创新，以迎合老年观众新的收视需求。

2010 年 12 月 6 日，全新的生活服务类栏目《生活早参考》替代《夕阳红》播出。这档栏目在创办初期还是以老年受众为主，节目的主创人员也大多来自《夕阳红》栏目组，但是，在节目内容和形式方面都做了很大的改变。

首先，《生活早参考》着力打造主持群概念，每期会有三位或多位主持人同时出现，他们呈现各自不同的角色定位，犹如生活中的场景，他们对同一生活困境的关注和解读，呈现出价值观念的多元互动。

其次，《生活早参考》突破了原有的现场表达方式。比如在一期关于"老年人防骗"的节目中，现场通过"测谎仪"对主持人张绍刚进行实时的心理测试，用这种"新闻"现场发生的形式，形象生动地告诉老年朋友们一个浅显的道理，"防骗"最重要的手段是学会观察，如果是"骗子"就一定会露出破绽。营造"新闻事件"的现场感，形象生动地解读生活困境与生活新知的关系，是《生活早参考》在栏目初创时期的创新点。这些创新值得其他老年电视节目借鉴。

2. 增强老人与节目的互动

电视媒体要注重培养老年人积极的参与意识，针对老年人的节目应该更多地引入人际传播的手段，营造主持人与观众平等交流的气氛，创造机会让老年观众参与到节目中来。在笔者所做的"老年人媒介接触情况问卷调查"的深度访谈中，很

① 《18 载老节目〈夕阳红〉因收视率下滑停播》，中国网络电视台：http://news.cntv.cn/20101210/100353.shtml。

多老人表达了类似的想法。一位受访老人说,“现在很多电视节目请的人都是年轻人,我觉得一些电视节目也可以请老年人参加,可以请一些退休的营养、健康方面的老专家分享生活养生和健康医疗经验,我们老人喜欢看。也可以让老年人讲讲生活的经验,我们这些老同志活了大半辈子,总是有一些个人的经验,也比较有意思,跟大家讲讲我觉得也挺好。”

如同这位受访者所言,创造机会让老人参与到节目中,是增强节目与观众互动的最有效方式。2012 年,湖南卫视的知名婚恋服务类节目《称心如意》曾推出 5 期专为单身父母相亲的特别节目,一反过去的父母为子女相亲,变成由子女替单身父母相亲的形式。对于节目的创新尝试,《称心如意》制片人刘蕾说:“社会上对黄昏恋阻力重重,而一些素质较高、观念开放的孝顺儿女,很想为单身父母的黄昏恋牵线,在母亲节、父亲节来临之际,《称心如意》老年版特别节目也就应运而生。这也是我们纪念母亲节的一个活动,以后还会做一些这样的特别节目。现在有不少的嘉宾报名参加,多数是子女为他们的父母报名。”老年人的参与让这档老年版特别节目获得成功,一对曾在《称心如意》中找女友的双胞胎侯氏兄弟再次来到《称心如意》特别节目,但这次来相亲的是他们的老爸。侯老对自己能找到另一半也颇有信心,“我儿子能找着,我相信我也能找到一个称心如意的,到时候说不定我和我儿子还会一起结婚呢!”①

此外,还可以尝试把老年节目从室内向外界场景转变,充分调动各种宣传和推广方式,联合社会各界涉老部门、老年文艺团体进行户外直播或举办各种各样丰富多彩的老年活动等,进行自我宣传。地方性老年节目可以将直播车开到县城或农村,真正走到老年朋友中间,扩大节目的影响,从而使老年节目真正走进社会,走进老年人的心里。

〔作者系无锡九如城养老产业发展有限公司行政总监、博士;
江苏九如养老养生研究中心副主任〕

---

① 李南夏:《子女替单身父母相亲》,中国网络电视台:http://news.cntv.cn/20120416/120747.shtml。

媒介心理学视阈下微博平台负面信息特点及传播效果探析

——以新浪微博 2013 年 12 月份热门话题为例

中国传媒大学新闻学院传播心理研究小组[①]

一、研究综述和问题的提出

新媒体时代更加凸显公民的社会责任和公众的道德操守，无论是官方微博还是个人用户，都应该在法律法规和伦理道德的框架下进行传播活动，而现实是，微博平台上散播谣言，攻击、诋毁他人，恶意评价他人的现象时有发生。本文拟就微博平台上的负面信息进行研究，了解负面信息的特点及其传播效果。根据 Haskins 文章中对负面新闻的定义，本文的负面信息被界定为“是关于通常被认为是不愉快的或有伤害的事件和对象的信息”（Haskins，1981）。

近几年来，微博以其分享信息、表达情感、发表观点、影响舆论的独特性而成为学界关注的热点问题，与微博相关的研究话题广泛，研究结果较为丰富。文献梳理发现，研究从微博本身的介质特点到深入性地探讨微博的延伸功能及社会意义，凸显其公共性、应用性、使用者身份及舆论引导性，主要集中在以下几个方面：1. 微博用户探讨；2. 微博传播特点说明；3. 微博的应用性；4. 微博的社会影响力研究。本文是在媒介心理学视阈下，探究微博平台负面信息所产生的心理层面的效果，激起受传者怎样的情绪情感体验，不仅为考察舆情提供科学有效的实证数据，而且是为了更好地进行正面的微博舆论引导，从而发挥微博平台更正向的、更积极的力量。

二、研究方法及理论基础

本文运用内容分析和问卷调查两种方法进行研究。经验观察发现，年底微博的负面话题特点突出，内容较为丰富，具有典型性，因此选择 12 月份为分析时间段。因微博信息量很大，为研究取样，每天选取两个差异时间段，监测 2013 年 12 月份新浪微博“热门话题”榜全天 24 小时所有话题，其中有 60 个负面话题，对它们进行内

---

① 研究小组成员：张晓辉（博士，中国传媒大学新闻学院副教授），谢琳、田欣怡、林鹭茜（中国传媒大学传播心理专业 2013 级硕士研究生，排名不分先后）。

容分析。从微博话题针对的对象、微博话题的语言风格、微博话题的负面程度、微博话题涉及的层面以及特殊话题(标题负面,内容正面)等方面建构类目,进行编码,并依照负面程度(研究者将负面程度界定为情绪反应的激烈程度,词语表达的否定性程度以及负面影响程度)的级别,从 60 个负面话题中选择第一级别即负面程度最高级别的 3 个话题,第二级别的 3 个话题以及第三级别的 3 个话题(详见表 1)为典型案例,放在问卷中作为考察对象,通过问卷调查了解受传者对这些话题中的负面信息所产生的情绪情感体验。问卷调查具体实施采用网上自答问卷和滚雪球抽样填答问卷两种方式进行,回收有效问卷 202 份,并对问卷进行整理和分析。

表 1　作为典型案例的 9 个负面话题

负面程度级别及表现	话题
第一级别 言辞激烈,道德评价明显,出现“滚”、“贱”等情绪词语	1. 人至贱则李云迪
	2. 陶晶莹滚出大陆
	3. 贴吧虐狗女侠
第二级别 出现“恶魔”、“垃圾”、“无耻”等定性词语	4. 严惩魔女李依芮
	5. 北京台无耻
	6. 杜海涛下跪权志龙
第三级别 炮轰、攻击、贬低对方	7. 除夕慰问公务员
	8. 香港失踪女婴
	9. 冯小刚炮轰影评人

本文采用媒介心理学的理论传统,在媒介心理学视阈下研究微博负面信息的特点及传播效果。起源于媒介效果研究的媒介心理学创立于 20 世纪 90 年代初,按媒介类型划分研究领域,传统的研究主要探讨不同媒介形式对人的影响,包括态度、认知和行为,强调媒介的负面影响,集中讨论媒介暴力、性以及了解媒介负面影响后受众态度的转变,现在的研究除了认知和行为效果之外,非常重视受众的情感体验和神经生理反应,而且强调媒介信息影响的积极的、有意义的方面。

本文借鉴媒介心理学目前的研究思路,结合微博负面信息传播现状,试图了解在看到微博上的负面信息时,是否会激起人们负面的情绪情感体验,由此得出理论假设 1:受传者接触负面程度越高的微博负面信息,其内心负向的情绪情感体验就越强烈;根据脱敏效应的原理,当人们习惯了负向信息时,对负面信息的负面评价程度会变轻,因此有理论假设 2:接触微博负面信息频率越高,对微博负面信息的负面评价程度越轻。

三、微博平台负面信息的特点

通过对 2013 年 12 月份新浪微博热门话题中 60 条负面话题内容分析所得结果,总结出微博平台负面信息具有如下特点:

1. 微博负面话题主要集中在娱乐领域

微博话题中针对“明星”的话题数量最多，所针对的个人对象共有 46 条，其中明星身份有 23 条，占 50%。

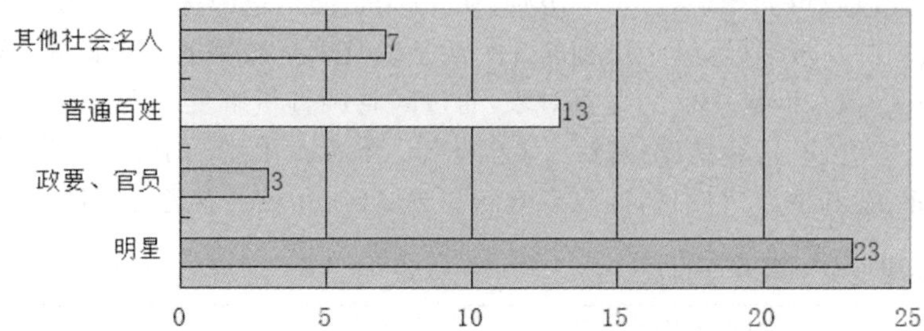

图 1 针对不同身份对象的话题数量

此外，在负面话题所针对的非个人对象中，“单位、机构”数量最多，占非个人对象总体的 39%，而其中 54.5%是与娱乐节目有关的电视台等媒体或节目组。

这一现象与微博用户中年轻人居多有关，明星是青少年的兴趣点之一，而明星与娱乐圈，作为大众文化的代表，迎合了青少年追求刺激、新潮、个性化的心理特点。同时，十一二岁至十七八岁青少年看问题容易片面化和表面化，有时好走极端（林崇德，李庆安，2005），这也使得他们在使用微博，尤其是关注娱乐领域以及明星时，容易因某些刺激而发表较为情绪化或极端化的言论。

2. 话题的负面程度较高，语言带有极端性

负面程度的评定标准是情绪反应的激烈程度，否定性程度以及负面影响程度。在全部话题中，“炮轰、攻击、贬低对方”（第三级别的负面程度）的话题最多，“出现恶魔、垃圾、无耻等定性词语”（第二等级负面程度）的话题次之。最低级别负面程度即“话题内容有不认同倾向”的话题最少，最高级别负面程度即“言辞激烈，道德评价明显，出现‘滚’、‘贱’等情绪词语”的话题也相对较少。总体呈现“中间多，两头少”的分布状态。

但如果把负面程度第一级别即最高级别、第二级别和第三级别的话题相加，达到 44 条，占总体的 73%，所以说，总体上话题的负面程度还是相对较高的，并且语言表达经常出现使用极端词汇的情况。

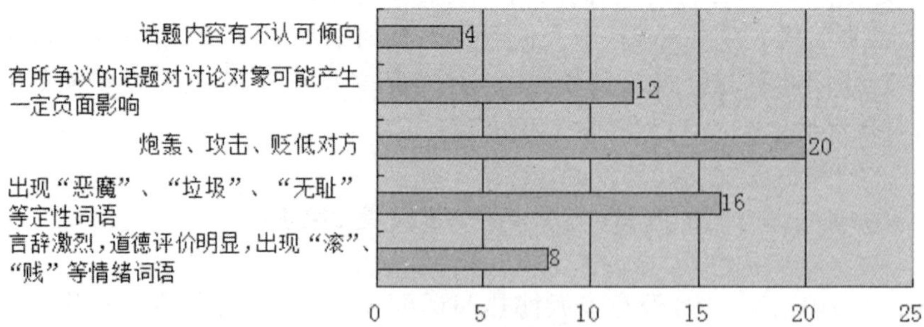

图 2 不同负面程度的话题数量

其中部分微博的攻击与谩骂之恶毒，在线下的公开场合一般人都难以启齿，然而在微博上却大量存在，甚至获得不少点赞。微博的这种言论生态与其匿名性分不开。微博中除了加V用户之外，绝大多数用户均是网络匿名，匿名意味着去个性化，约束个人的道德和社会规范会失去效力，从而成为人们宣泄负面情绪的理想途径。因此在微博负面话题的互动中，用户可以无所顾忌。

3.“直接表达型”的语言风格居多

直接表达型，是指话题发布者用文字直接表达自己的情绪和观点，区别于调侃型、讽刺型及混合型。在全部负面话题中，“直接表达型”的话题有48条，占总体的80%。鉴于微博的使用特点，微博用户倾向于直接宣泄负面情绪。

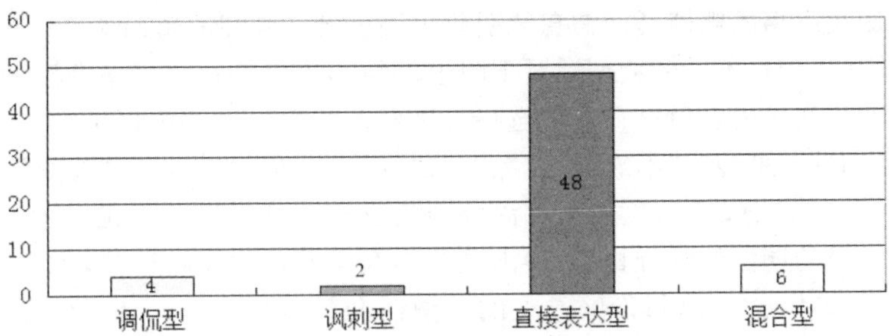

图3　不同语言风格的话题数量

4. 负面话题公共性强

从负面话题涉及“个人”和“社会公共”两个层面来看，负面话题涉及个人层面的有27条，占全部负面话题的45%，社会公共层面的有33条，占总体的55%，相比之下，以社会公共层面居多。所涉及的领域，比例排前三位的依次是“社会领域”(30%)、“文化领域”(21%)和“政治领域”(18%)。

这体现出了微博平台的公共性特质，它不仅仅是一个自媒体平台，更是一个网络公共领域。公共层面的负面话题，往往针对的是来自政治、社会领域的个人或群体，说明微博用户将微博作为了关注社会普遍利益，监督公权力的平台。

5. 特殊话题：名贬实褒博出位

微博中还存在这样一类特殊话题：话题名明显属于负面信息，甚至耸人听闻，但实际讨论的内容却是正面的。所研究的微博话题中，“找个男朋友，不如养条狗!”看似贬低男性，但实际上讨论的却是宠物的可爱；“一起来黑林志颖”看似攻击林志颖，其实是林的粉丝在讽刺方舟子等攻击林的人。

这类特殊话题正是利用了负面效应的原理，即人们具有对他人的否定信息比肯定信息更加关注的倾向(刘京林等，2009年)。因此大量负面话题能够在微博上引起网民高度的关注。特殊话题以耸人听闻的语句为名，从而达到吸引眼球，提高讨论量的目的。这一方面满足了话题发起者认同感和归属感的需要，另一方面也满足了网站编辑提高流量的需要。

四、微博平台负面信息的传播效果

这里的传播效果是心理层面的效果，我们采用了问卷调查法，测试被调查者看到 9 则典型负面话题后内心的情绪情感体验。具体情况如下：

1. 问卷调查对象的基本信息

女性人数居多，占 75%。在年龄分布方面，21—30 岁年龄群体人数占 81%，15—20 岁的占 12%。职业群体中，学生群体占 73%，公司职员占 11%，其余职业人数均在 5%以下。使用微博情况，经常使用微博的人最多，占到 59%，偶尔使用的人占 38%，从不使用的人占 3%。

2. 负面程度高的微博负面信息能引起被调查者更强烈的负面情绪

问卷中，我们在不同的典型话题下附上一组形容内心负面情绪情感的词汇，由被调查者看过话题内容后进行多项选择。这些情绪情感词语根据负面程度由浅到深排列，分别是："平静"、"不舒服"、"无聊"、"可笑"、"难过、伤心"、"悲哀"、"厌恶"、"生气、愤怒"。按照负面程度由浅到深分别赋予这些词语 1—8 分的分值，将每个被调查者所选择的词汇的赋分相加，得出该被调查者的负面情绪得分，此时的总观测值为 202(被试人数)×9(每份问卷上的微博话题数量)＝1818。由此，我们得以对被调查者被引发的负面情绪的强烈程度进行量化，得分越高，负面情绪越强烈。

为了检验本研究的第一个理论假设：受传者接触负面程度越高的微博负面信息，其内心负面的情绪情感体验就越强烈，我们首先算出不同负面程度水平下的微博信息所引起的负面情绪得分的平均值，从表 2 可以看出，3 个级别负面程度下信息所引起的负面情绪得分的均值存在差异。再进行方差检验，检验 3 个均值之间的差异是出于偶然性的波动，还是具有统计上的显著性，得到结果如表 3 所示。

表 2　不同微博负面程度与负面情绪得分的描述性统计量

	N	Mean
第一级别负面程度的微博	606	5.86
第二级别负面程度的微博	606	5.62
第三级别负面程度的微博	606	4.11
Total	1818	5.20

表 3　不同微博负面程度与负面情绪得分的方差分析表

	Sum of Squares	df	Mean Square	F	Sig.
Between Groups	1091.938	2	545.969	20.705	.000
Within Groups	47860.170	1815	26.369		
Total	48952.108	1817			

根据表 3 可知，$F(2,1815)=20.705$，$p=0.000<0.05$，我们可以拒绝“不同负面程度水平下的微博引起的负面情绪得分之间没有差异”的原假设，证实 3 个均值之间的差异具有统计上的显著性，微博信息的不同负面程度会引起受传者的负面情绪反应的不同强烈程度。

从表 2 可看出，微博信息的负面程度为最高时，引起的负面情绪强烈程度的平均值也最高(5.86)，随着微博内容负面程度降低，负面情绪强烈程度的平均值也是降低的(5.86>5.62>4.11)。由此就验证了理论假设：受传者接触负面程度越高的微博负面信息，其负面情绪情感体验确实更加强烈。

3. 频繁接触微博负面信息不影响受传者对微博负面信息的总体负面评价

根据系统脱敏的原理，我们提出了“接触微博负面信息频率越高，对微博负面信息的总体负面评价程度越轻”的假设。

问卷中，我们将对负面微博的接触频率分为四级：“天天都看到”、“偶尔，几天看到一次”、“很少看到”和“我不用微博”。对微博负面信息的总体负面评价设置了 6 个语句的描述，供被试选择。同样，我们根据总体评价语句的负面程度由弱到强，赋予其 1—6 分的分值，列表如下：

表 4　对负面微博信息的总体评价赋分情况

评价语句	分值
无所谓	1
有些能接受，有些不能接受，要看具体事情	2
有些评论让人感到不舒服	3
无聊，有些人吃饱了没事干	4
厌烦，觉得这些人太没素质	5
言辞太激烈，接受不了	6

将每个被调查者所选的评价语句相对应的分值相加，即为该被调查者对微博负面信息的总体负面评价的量化得分，得分越高，负面评价越强。

为了检验理论假设，我们也首先计算不同接触频率下总体负面评价得分的平均值，如表 5 所示。4 个均值之间也并不相等。

表 5　不同接触频率与负面评价得分的描述性统计量

	N	Mean
天天都看到	55	6.64
偶尔，几天看到一次	89	7.28
很少看到	47	6.45
我不用微博	11	6.00
Total	202	6.84

表 6　不同接触频率与负面评价得分的方差分析表

	Sum of Squares	df	Mean Square	F	Sig.
Between Groups	34.609	3	11.536	.416	.742
Within Groups	5496.322	198	27.759		
Total	5530.931	201			

进一步做方差检验，得到表 6。根据表 6，F(3，198)＝0.416，p＝0.742＞0.05，不能拒绝"不同接触频率下负面总体评价得分没有差异"的原假设，4 个均值之间的差异只是出于偶然性的波动，因此我们原本的理论假设不能得到验证，根据本次问卷调查的数据，接触微博负面信息的频率不会影响受传者对微博负面信息的总体负面评价。我们还需要通过进一步的研究来探究其原因。

五、研究思考

通过数据分析，我们验证了理论假设 1，即受传者接触负面程度越高的微博负面信息，其内心负向的情绪情感体验就越强烈；而理论假设 2，即接触微博负面信息频率越高，对微博负面信息的负面评价程度越轻，没有得到验证。

除此之外，在微博负面话题的内容分析中也发现了攻击对象扩大化与"贴标签"的现象。由处于话题中心的一方或双方，扩散到次中心的其他个人或群体上。例如"老外撞人"这个话题，先前的攻击火力集中在撞人的老外及炮制假新闻的媒体记者群体身上，后又出现了带有偏见性标签语言的微博，即对被撞大妈落井下石的人被炮轰为"洋奴才"。又如"香港女婴失踪"这一话题中，攻击对象是害死女婴却谎称女婴被大陆人拐走的香港女子，很快，香港人也成为攻击目标。

这种给攻击对象"贴标签"的言论，渗透着社会刻板印象和类化原则的认知偏差，甚至塑造出新的刻板印象并为之推波助澜。一方面，一些针对地域、性别、年龄群体的负面话题，就是因社会刻板印象而起。如"最小气的男人"这一话题针对的就是无锡男人这个地域＋性别群体，包括"男人不大方就不像男人"和"无锡男人很小气"这两个社会刻板印象。另一方面，攻击对象扩大化的过程往往就包括由一个当事人，扩大至其所属的群体，将其个人的道德品质、性格特征与其所属的整个群体的品质和特征联系起来。

对微博平台负面信息特点及传播效果的研究也引起这样的思考：

1. 如何更负责任地使用微博平台。微博作为一个新兴的公共信息平台，在为社会的话语表达带来变革的同时，也成了宣泄负面情绪，发表极端攻击言论的场所。这不仅令观者感到不适，更会对话题所针对的对象造成伤害。如何审慎地、负责任地利用微博这一公共平台进行信息传播，如何更好地使用新技术，使其发挥更好的影响值得反思和探讨。

2. 微博用户需要培养与新媒体技术发展相适应的媒介素养。正因为微博能够帮助你酣畅淋漓地、毫不隐讳地直接表达内心的情绪情感,所以更要顾及他人的感受。提高社会责任感,传播有价值的、积极的、正向的信息是重要的方向。

〔作者传播心理研究小组成员张晓辉系中国传媒大学新闻学院副教授;谢琳、田欣怡、林鹭茜系中国传媒大学传播心理专业硕士研究生〕

马克思主义在电视传播中的现状分析与未来发展探讨

陈锐

一、研究缘起

马克思主义是中国的主流意识形态，马克思主义的传播是舆论宣传工作的重中之重；电视是中国当前普及率最高的媒介形态，电视新闻也是中国意识形态领域的重要宣传工具，那么在电视新闻报道领域，马克思主义传播的现状到底如何，我们需要对此有清醒的认识。

更重要的是，传统新闻学更重视传播者的采编和制作，而传播学更注重传播效果的分析，以往的马克思主义传播只重视内容播出，如今我们更需要关注播出后取得了什么样的效果。特别是在网络等新媒体的冲击下，我们更应该着眼于未来，探讨马克思主义传播在电视和网络新媒体环境下应该如何创新和发展。

有鉴于此，本文以央视网所代表的官方舆论场，和以 360 影视搜索为代表的民间舆论场中与马克思主义相关的电视新闻（网络视频）为研究对象，分析了两者各自的特色及相互之间的差异，并由此提出马克思主义传播应该注意的问题，以及未来的发展思路。

二、官方舆论场中的马克思主义新闻报道

央视网（www. cntv. cn）是中央重点新闻网站，由中央电视台主办，2009 年 12 月正式开播中国网络电视台（CNTV），其业务定位于国家网络视听公共服务平台，是国家级网络广播电视播出平台，被誉为视频网站中的“国家队”，据央视网自己公布的资料显示，该视频网站（CNTV）每天有 750 小时的中央电视台节目资源。从其视频节目资源来看，除了央视自己的新闻节目以外，各省重点电视新闻栏目的视频也会出现在该网站，所以对于电视新闻而言，央视网无疑是最合适的研究对象。

我们在央视网的视频搜索中以“马克思”为关键词，共搜索到视频内容 1917 条，若将时间限定在最近一年，则共有视频 683 条，但是经过查看发现，其中有些搜索内容是因为个别栏目在其栏目介绍中提到要用“马克思主义的观点和方法”去做节目，而其具体播出内容并不是直接与马克思主义的传播有关，剔除这些内容之后，

最近一年直接与马克思主义相关的新闻视频共 46 条,这 46 条新闻视频是本文的主要分析研究对象。

需要说明的是:采用视频搜索这种方式简单易行,但是以“马克思”为关键词搜索基于文本匹配,而多数视频资料仅有声音和图像,并无相应的文本内容,所以并非是在近一年的视频新闻中仅有 46 条与马克思主义相关,而是说在配有文本显示的视频新闻中,共有 46 条与马克思主义相关。但是这 46 条的确是直接与马克思主义传播相关,与我们的研究目的最为契合,所以本文将对这 46 条新闻进行详细分析,以此管窥马克思主义在电视新闻中的传播现状。

在所有视频新闻中,除央视自己播出的新闻外(共计 6 条),其余视频来自于 21 个省、直辖市、自治区,具体分布如图 1 所示:

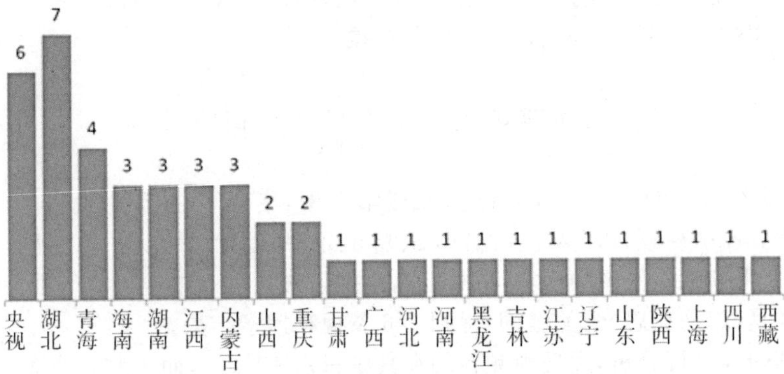

图 1

从数据分析可以看出:首先,与马克思主义相关的视频新闻在全国分布极广,但不管总体水平还是各省、直辖市、自治区数量均不算高,超过一半的地区都仅有 1 条相关新闻;其次,经济发展水平中等或偏下的省区播出量稍多,而发达地区诸如上海、江苏都属于播出量较少者,另外诸如广东、浙江、福建、北京等则未能成功命中(注:由于我们不清楚央视网视频节目的上传流程和规则,所以不能确定是这些省区视频数量的确少,抑或是其数量并不少,只是没有能够上传到央视网)。

从节目形态来看,新闻联播类电视节目(有些直接冠以“新闻联播”之名,诸如《海南新闻联播》等,有些虽未冠名但是性质相同,诸如《甘肃新闻》、《湖北新闻》等)是马克思主义传播的主阵地(87.0%)。其他提及马克思主义的电视新闻节目(13.0%),可能稍微偏向社会民生或轻松娱乐的内容形态,诸如《第一时间》、《晨光新视界》等。

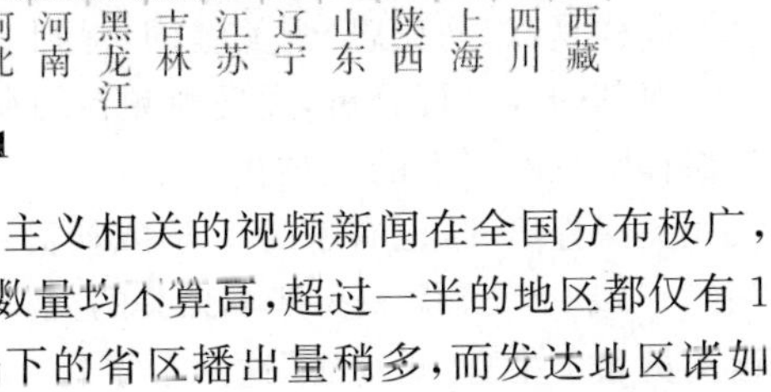

图 2

从节目时长来看,除了两个特殊的节目外(重庆卫视播放的《共产党宣言》时长 900 秒,江西卫视的《红色故事汇》时长 1800 秒),其他节目时长分布比较均匀,从 21 秒的短新闻到 215 秒的长新闻均有涉及。

从内容分布来看，各地开展的马克思主义学习培训活动是视频新闻报道的重点，此类培训在2013年主要有两大主题：一是新闻战线开展的马克思主义新闻观培训，二是各地开展的马克思主义群众观教育（群众路线）。传统电视新闻中经常出现的会议新闻、工作动态和进展的报道也屡屡提及马克思主义，比如一些关于马克思主义的研讨会，或者领导在会议上或视察时提到马克思主义。与之相关的是，还有些电视新闻就直接以人物访谈的形式出现，一般是对领导干部进行访谈。

值得注意的是，在"其他"主题中，除了前面提到的《红色故事汇》和《共产党宣言》外，有一些偏社会民生新闻的内容中涉及马克思，比如马克思当选历史上最有影响力的学者等，还有些则并不与马克思主义直接相关，比如《广州动物园招聘饲养员 要考马克思主义理论》、《德国醉汉偷马克思雕像 欲装点餐厅》，这些对于正确传播马克思主义可能并不契合，需要引起警惕。

三、民间舆论中的马克思主义视频传播

360影视搜索网（v. 360. cn）作为元搜索引擎，集合了包括优酷、土豆、搜狐视频、爱奇艺、凤凰视频、PPTV、56网、PPS、酷6、乐视、爱拍、爆米花、电影网、风行、糖豆等16家视频网站的视频内容可供搜索，该搜索最长可以限定追溯历史为一个月。我们同样是以"马克思"为关键词，得到246条视频搜索结果。

对其内容进行分析，发现视频新闻在其中只占10.2%，而一些马克思主义的视频课程则是网络上的主要内容（48.4%），其中主要是研究生入学考试中马克思主义相关课程培训，也有部分大学或初高中的马克思主义课程。网友自行上传的视频约有4.1%，其他一些基本无关的视频约占37.3%（比如一些国外的体育比赛中运动员名字中有"马克思"这几个字）。

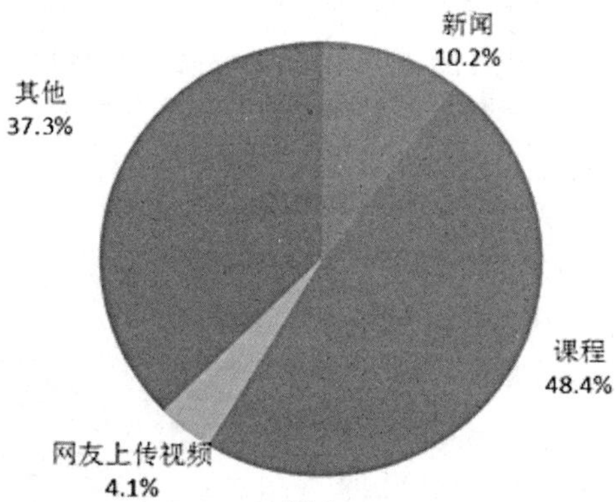

图3

虽然其中的新闻视频不多，但这10.2%的视频却在以草根为基础的视频网站上出现，说明其有一定的受众基础，应该值得我们关注。所以我们对这些视频内容做进一步分析，发现结果不容乐观，其中有9篇内容重复，均是报道"某单位招聘动

物饲养员要考马克思主义哲学”，仅此就占据了新闻内容的三分之一强，而央视播出的“贯彻习总书记讲话高层访谈系列”也不过 6 篇，另有 2 篇是“刘云山强调要深入实施马克思主义理论研究和建设”等内容，其余各地马克思主义新闻观的教育活动零星出现。

网友上传的视频可以一定程度上代表草根网民的态度，所以我们对 4.1％的网友上传视频做进一步分析，发现这些内容大致可以分为两方面内容：一是各地高等院校中马克思主义学院或马克思主义哲学专业的各种校园活动（举办迎新晚会、参加运动会、参与辩论赛等）；第二类网友上传视频比较有意思，有学生自拍的微电影《探索马克思主义道路》，有高校马克思主义学会拍的《中国梦宣传视频》，有学生拍的《马克思主义实践调研活动纪实》等。

由此可见，由于视频网站中网友的主动选择权更大，所以电视新闻在视频网站并没有能够占领主流阵地，而仅有的视频新闻中，传统的电视新闻对马克思主义的报道也不占主流，反倒是具有社会性和娱乐性的“招聘动物饲养员要考马克思主义”的内容出现频率最高，这种现象值得我们认真反思。但令人欣慰的是，一些高校学生自拍的视频、制作的微电影让我们有些意外和惊喜，也给我们以启发，或许这正是我们未来可以加以引导的方向。

四、结论与建议

综合上述分析，就马克思主义在电视新闻中的传播，我们可以得出以下结论与建议：

1. 有高度但与群众不够接近

马克思主义作为中国主流意识形态和新闻媒体大力倡导的价值观，不论在内容还是在形式上都有足够的高度，但遗憾的是总高高在上而未能走向民众，未走进普通观众的日常生活，更没有走进观众的心灵里。提起马克思主义，好像每个人都觉得自己知道些什么，但真正问起来，其实什么都不太清楚。这与电视新闻中马克思主义相关报道总是关注政府高层领导人有一定关系，让普通观众看不到马克思主义与自己的关系到底体现在哪，仿佛一说马克思主义就是领导的事、就是政府的事，与普通公民无关。

从新闻规律来看，目前这种马克思主义在电视新闻中的传播模式，不符合与受众心理的接近性原则，观众从中感受不到共鸣，反而有可能会排斥此类新闻。马克思主义要求我们深入群众，但恰恰是在马克思主义的电视新闻报道中，我们还没有做到这一点。

2. 有广度但表现形式较单调

虽然马克思主义相关的电视新闻报道看似遍地开花，全国几乎所有的省级卫视都在播放相关的新闻报道，但从表现形式上来看，87％都是出现在《新闻联播》类的节目中；而且即便在此类节目中出现，报道的主题也是比较单一的，多是会议新闻、工作动态和高层访谈。这种过于单调的表现形式，显然不适合当前蓬勃发展的传媒实践环境，也不符合传媒领域的创新发展要求，仿佛其他电视节目形态（影视、娱乐、民生新闻等）都在创新与发展中，但与马克思主义相关的新闻报道却未能看到任何变化。

纵观近年来电视传媒的发展，创新是永恒话题。每年涌现的形态各异的电视节目层出不穷，各家电视台也都在比拼创新能力，即便是新闻节目都在不断创新和发展中，然而马克思主义的新闻报道却一直未有人触碰。中国的传统文化、历史、文学都曾经在电视中沉寂过，但近年来也都重新找到了适合它们的表现形式，重新成为社会关注的热点（比如《百家讲坛》掀起的“论语热”、“三国热”、“红楼热”等），马克思主义在电视荧屏上的传播也应在内容和形式上找到新的出路。

3. 马克思主义庸俗化需警惕

值得注意的是，马克思主义在电视传播领域尚未占领阵地，一些马克思主义庸俗化的不良趋势也在抬头，一则“招聘动物饲养员需要考马克思主义”的新闻，不管在电视新闻中，还是在视频网站里，居然都获得了很高的关注，而且相关视频的源头也是我们的电视新闻报道。这条新闻的采编人员可能只是考虑到新闻的趣味性和传播价值，但并没有意识到，这是在以一种特殊的方式解析和消解马克思主义的意义和内涵，把马克思主义变成一个庸俗的符号。

马克思主义传播的大众化与庸俗化完全是两码事，大众化是以民众喜闻乐见的、能够理解的方式去传播马克思主义，其内涵保持不变；庸俗化则不顾其内涵，只追求其中的娱乐性。马克思主义的传播在当前、今后都需要对此保持高度的警惕。

4. 需主动占领网络视频阵地

虽然电视媒体仍旧是当前中国舆论生态中普及率最高的媒介形式，但开机率、收视率等指标日渐下降也是不争的事实，马克思主义在电视新闻中的传播不仅要立足现实，更应着眼于未来。对于电视媒体来说，未来很可能就是视频网站、手机视频等。马克思主义的传播在电视新闻的基础上，应该积极主动拓展至视频网站和手机视频等新媒体领域。

然而新媒体的主动性和互动性，对马克思主义在新媒体上的传播提出了更高也更为严峻的要求，在电视上播放相关新闻总还有人被动地收看，如果只是把视频搬上网络，而没有考虑网络新媒体的特性，那么搬上去的新闻就永远是零点击，完全是一种无效传播。所以，如何创新马克思主义在新媒体上的传播方式，应该是今后一段时期内的重点任务。

5. 发挥网民积极性进行创新

视频网站上零星出现的网友自创内容为马克思主义在网络上的传播提供了启示。在现实生活中、在普通人的身边，与马克思主义实践相关的新闻线索并不少，这些内容可能在“高度”上还不够资格，但是却是我们触之可及的，也是我们所熟悉的生活，此种类型的报道可能登不上电视屏幕这种“大雅之堂”，但在网络空间却可以有自己的一席之地，所以网络拓展了马克思主义传播的渠道和空间。

而作为当代大学生，青年人的积极性、探索性、创造性，特别是对网络新媒体技术的熟悉程度，使得他们成为网络上传播马克思主义的重要力量，再加上高校党团工作的组织性，也使得他们的相关实践可以在正确的组织指导下实施，不至于偏离马克思主义传播的要求。相关部门如果能够从多个层面予以支持，比如组织一些全国性的以马克思主义为主题的微电影、自拍视频大赛，或者对优秀网络作品予以奖励或加以宣传推广，必然会激发起他们更强的积极性。而网络视频中马克思主义传播的内容和形式创新，也可能会反过来影响到传统电视新闻报道中相关内容的变革，从而形成良性互动，共同推动马克思主义的有效传播。

〔作者系中国传媒大学新闻学院讲师、博士〕

青年大学生对主流媒体认知图式的调查与分析*

——以中央电视台新闻频道为例

邹欣　侯健　朱方

一、引言

人的社会化是通过社会教化和个体内化实现的，两者相辅相成，而大众传媒是青年大学生实现社会教化过程的主要工具之一。大学生是青年知识群体中颇具代表性、特征性的群体，他们文化素养较高，善于接受新鲜事物，心智单纯，善于利用媒体来寻找群体的归属、寻找观点的印证、寻找精神的落脚点。大学生对媒体形成的认知图式会影响其选择某类媒体进行偏好性接触，而偏好性接触的媒体则容易持续不断地影响该群体对外界的认知、态度、情感和心理，进而影响该群体的信念系统和意识形态。

新媒体技术的飞速发展以及媒体格局的巨大变革，使得担负重要社会责任、传播社会主流声音的主流媒体的舆论引导功能越来越受到挑战。青年大学生对主流媒体的偏好性接触日益下降，对传统主流媒体信息传播公信力和影响力开始质疑，对主流媒体的认知图式亦发生了巨大的变化，而这种认知图式又会直接影响主流媒体在信息传播过程中对大学生群体进行舆论引导的效果。比如，当下一些“非主流”言论、行为乃至意识形态在大学生群体中颇受欢迎，甚至被认为“非主流”才是真正的“主流”。因而在媒介融合的大背景下，研究主流媒体与当代青年大学生之间的传受关系是有现实意义的。本文主要是针对当代青年大学生(18－24 岁的在校本科大学生，博士、研究生群体除外)对主流媒体的认知图式进行研究，因为这种认知图式会直接影响到青年大学生对主流媒体的接触选择及传统主流媒体对该群体的传播效果。

---

* 本文此处探讨主流媒体的意图不是要为主流媒体提供一个概念，而旨在对本文研究媒体对象做一个限定。因此，笔者在新华社“舆论引导有效性和影响力研究”课题组的研究成果的基础上，限定本文研究的主流媒体主要研究对象是中央电视台新闻频道。

本文为 2012 年北京市财政专项“北京城市学院人文社科类专业群综合改革”(项目代码：PXM2012_014202_000198)的阶段性成果。

二、研究依据与方法

所谓图式是指个体对世界的知觉、理解和思考的方式,也可以看作是心理活动的框架或组织结构。① 20 世纪 30 年代,社会心理学的先驱、英国心理学家巴特利特认为:"认知图式是过去反应或过去经验的一种积极组织。"②瑞士著名心理学家皮亚杰则认为:"认知图式是动作的结构或组织。"③。现代认知心理学家 J. R. 安德森认为:"人们对于有关客观事物属性组合的知识贮存方式称为图式,图式根据客体的一组属性组合表征一类客体的结构。"④在上述观点的基础上,笔者认为青年大学生对主流媒体的认知图式,主要是指大学生在接触、使用主流媒体的过程中逐渐对其形成的一种使用习惯、相对固定的印象与判断,也从客观层面上折射出青年大学生与主流媒体之间的关系。

笔者于 2013 年 9 月至 2013 年 12 月期间,通过随机抽样的方式,抽取了 12 所位于北京的高校,而后通过网上问卷调查的方式来调研大学生对传统主流媒体的认知图式,最后共回收问卷 2396 份,其中有效问卷 2204 份,占 92%。按照问题设计的逻辑结构,将调查结果分为青年大学生对主流媒体的使用习惯、青年大学生对主流媒体印象认知描述、青年大学生对主流媒体新闻报道内容的可信度判断及信息处理。

三、研究结果与分析

1. 青年大学生对主流媒体的使用习惯

(1)主要通过电脑终端收看中央电视台新闻频道

通过调研得知,49%的大学生习惯于通过电脑终端收看中央电视台新闻频道,33%的大学生习惯于通过手机终端收看中央电视台新闻频道,18%的大学生习惯于通过电视终端收看中央电视台新闻频道。由于高校给学生宿舍电视配备率较低,电视设备的不易移动性,以及电视终端节目收看的单向线性,导致大部分大学生不习惯于通过电视终端收看中央电视台新闻频道。大学生群体中通过手机终端收看新闻频道的比例低于通过电脑终端收看的原因主要在于通过手机收看视频所需要的流量较多、收看成本较高。

---

① 李升科、肖春斌:《电视媒介对青少年成长"图像建构"的失衡现象分析》,《中国广播电视学刊》2011 年第 1 期,第 23 页。

② Anderson, J. R.. *Congnitive Pschology and its Implications*. San Freeman, 1980.

③ 车文博:《西方心理学史》,浙江教育出版社 1998 年版,第 510 页。

④ 邵瑞珍:《教育心理学》,上海教育出版社 1997 年版,第 70 页。

(2)单次收看中央电视台新闻频道时间较短,习惯于“瞥一眼”

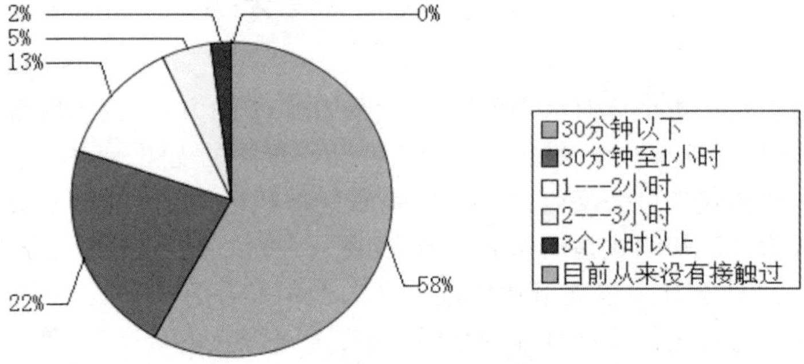

图 1　单次收看中央电视台新闻频道最长时间

由图 1 可知,样本中,大学生单次收看中央电视台新闻频道新闻节目最长时间达到 30 分钟以下的占 58%,超过半数,收看习惯是通过“瞥一眼”的方式找寻自己感兴趣的信息或话题;收看中央电视台新闻频道时间维持在 30 分钟—1 小时的收看状态所占的比例为 22%,也即是大学生群体中大多数人单次收看时间在 1 小时以下。

(3)使用目的趋于随机化、验证化

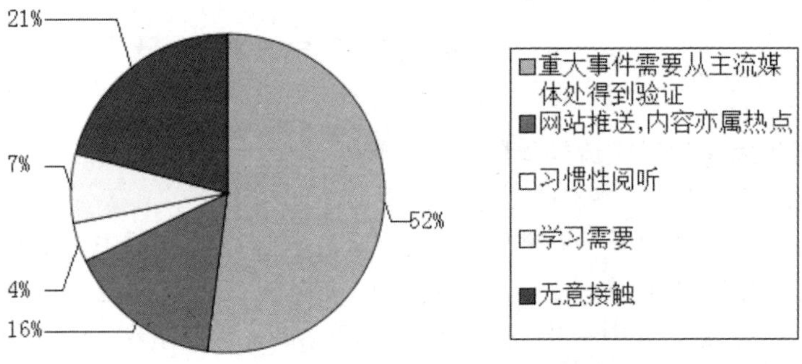

图 2　使用中央电视台新闻频道的目的

由图 2 可知,样本中有 52%的青年大学生接触中央电视台新闻频道主要目的是由于重大突发性事件发生了,需要从中央电视台新闻频道得到印证及权威解读。由此可见,当重大事件发生时,高校大学生对于中央电视台新闻频道新闻信息报道的信任较为显著,即便在网络上获得消息,也时常会关注来自于以中央电视台新闻频道为代表的主流媒体信息,以对网络信息的真伪进行验证;上网时网站自动推送,大学生发现内容属于当下热点,方才予以关注并接触,出于这种目的而接触中央电视台新闻频道的大学生比例占 16%,由此可见,高校大学生通过中央电视台新闻频道来对社会热点信息进行关注的比例不高;出于习惯性阅听这一目的而接触中央电视台新闻频道的大学生比例是4%，由于学习需要而接触中央电视台新闻频道的大学生比例是7%，由此可见，虽然中央电视台新闻频道在大学生群体中的知晓程度很高，但主动接触中央电视台新闻频道的比例在大学生群体中较低；由于无意中接触中央电视台新闻频道的大学生比例占21%，由此可见，偶然状态下随机接触中央电视台新闻频道的学生比例不低。

(4)中央电视台新闻频道的新媒体平台未形成品牌效应

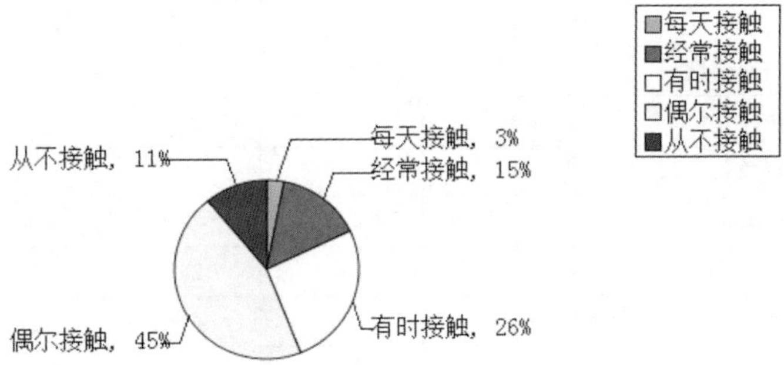

图3　大学生接触中央电视台新闻频道新媒体平台的比例

由图3可知，大学生整体对于中央电视台新闻频道的新媒体平台(中央电视台新闻频道网站、微博、微信、手机客户端等)接触率不高，每天接触的占3%，经常接触的占15%，有时接触的占26%，偶尔接触的占71%，从不接触的占11%，由此可见，中央电视台对新媒体的运用并没有有效地增加大学生对于中央电视台新闻频道的接触和延长大学生对其的黏性，中央电视台新闻频道只是与新媒体达到一种技术融合，但是内容层面和受众层面并没有达到有效融合，而且中央电视台新闻频道的新媒体拓展还没有形成品牌效应，在大学生中还缺乏号召力。

2. 青年大学生对主流媒体印象认知描述

调查问卷中有一个量表设计是针对“青年大学生对中央电视台新闻频道的印象”来进行测量的，之所以对这个问题进行测量，是因为受众对媒体形成的固化印象是影响受众对媒体接触、黏性的重要因素。笔者把大学生对传统主流媒体印象认知的调研主要分成以下四个方面：新闻产品形象，主要从报道真实准确、报道迅速及时、报道公正平衡(反映正反双方观点)、评论客观公正、敢于报道负面信息这几个因素进行考量；主流媒体的服务形象，主要从爱护国家形象、是人民的“喉舌”、是党的“喉舌”这几个因素进行考量；媒体职业人员形象，主要从记者、编辑、主持人等的个人魅力进行考量；媒体生产环境形象，主要从商业气息、实行新闻内容审查这两个因素进行考量。

表 1　青年大学生对中央电视台新闻频道的印象

	不同意	不太同意	中立	比较同意	同意
报道真实准确	5%	6%	9%	44%	36%
报道迅速及时	4%	10%	31%	42%	13%
报道公正平衡（反映正反双方观点）	3%	6%	59%	21%	11%
评论客观公正	4%	2%	42%	39%	13%
敢于报道负面信息	3%	39%	15%	40%	3%
商业气息浓	8%	49%	20%	18%	5%
爱护国家形象	0%	0%	0%	63%	37%
实行新闻内容审查	9%	11%	20%	38%	22%
记者、编辑等有个人魅力	6%	15%	24%	42%	13%
是人民的“喉舌”	6%	12%	61%	17%	4%
是党的“喉舌”	2%	3%	29%	51%	15%

由表 1 可知，青年大学生整体样本对中央电视台新闻频道的印象是：报纸整体商业气息较弱，新闻报道真实准确性高。这正是由于青年大学生从小受到耳濡目染式的对中央电视台认知的影响；大学生普遍认为中央电视台不会报道虚假新闻，但是大学生在信任中央电视台报道内容的同时，又对某些报道内容持选择性过滤状态，比如宣传性、拔高性的榜样式报道，多数大学生持排斥态度；报道迅速、相对及时，但某些题材的新闻报道速度缓慢，报道基本客观、公正，有时偏向性也较为显著，新闻报道不是以负面报道为主；报道过程需要经受内容审查，维护国家整体形象，普遍认同中央电视台新闻频道的“喉舌”功能，但是人民的“喉舌”功能还有待观察；有一批极具魅力的主持人、记者，造成这种现象主要有两种原因：一是得益于电视媒体组织对主持人、记者明星化的运作策略；二是充分利用电视媒介的优势特征，主持人、记者报道既能满足大学生视觉感官上的需求，又能满足大学生思想上的需求。

3. 青年大学生对传统主流媒体新闻报道的可信度判断与信息处理态度

（1）青年大学生对中央电视台新闻频道报道可信度较高

由图 4 可知，对于上文提到的 8 种类型的新闻信息，青年大学生对中央电视台新闻频道的新闻信息报道的相信程度都比较高，整体分值处于 7—9 分之间，较之非主流媒体而言，中央电视台新闻频道新闻报道的可信度、权威性是占据着绝对优势的，这种优势虽不能直接影响其收视率、点击率，但是它是公众对其长期积累的一种价值判断。一些学者的实证研究还证实，媒介公信力与政治权力呈正相关关系，即媒介与政治权力近的国家或地区，媒介公信力高；媒介与政治权力远的国家或地区,公信力低。① 由此可推测,青年大学生对中央电视台新闻频道新闻报道持比较相信态度,主要是由中国政府与媒介之间的关系决定的,对于中央电视台新闻频道报道的信任主要是源于对主流媒体政治身份的信任——与其隶属于权威部门、具有较高的行政级别相关,也与其拥有强大的自身资源、政府资源及社会资源密切相关,还与央视新闻频道对其自身品牌可信度的积累、维护与打造密不可分。

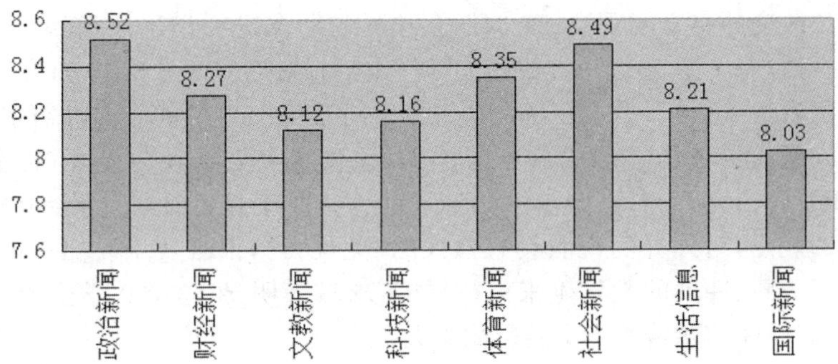

1=可信度最低,10=可信度最高②

图4　大学生对中央电视台新闻频道新闻报道可信度的平均分值

2. 青年大学生对中央电视台新闻频道新闻报道信息的处理态度

阅读或收看中央电视台新闻频道的新闻报道时,有时会思考报道背后含义的占45%,时常会思考报道背后含义的占18%,不会思考报道背后含义的占37%;时常会有疑问产生的占21%,有时会有疑问产生的占53%,不会有疑问产生的占26%。大学生群体中认为中央电视台新闻频道的报道观点会较大影响青年大学生对某一新闻事件的看法并使得青年大学生观点偏向主流媒体的比例占25%,对青年大学生影响较小且只做部分参考的比例占48%,对青年大学生的观点没有丝毫影响的比例占27%。由此不难看出,虽然以中央电视台新闻频道为代表的主流媒体传播的信息在当代青年大学生观点形成的过程中或多或少的能对大学生产生影响的比例占73%,但是大学生们对于以中央电视台新闻频道为代表的主流媒体传播的新闻信息也不仅是盲目接受,而且还会主动思考、批判性质疑,在质疑后往往会找寻不同的渠道来对信息的正确与否进行验证。大多数大学生处理媒介信息的能力日趋成熟,他们善于自主搜索信息,调动早已贮备的知识积累,对媒体新闻事件的解读进行思考、选择性相信。

---

① 张洪忠:《大众媒介公信力理论研究》,人民出版社2006年版,第68—75页。

② 笔者把电视上的新闻题材粗略分为政治新闻、财经新闻、文教新闻、科技新闻、体育新闻、社会新闻、生活信息、国际新闻这8大类。调查的目的是统计青年大学生对以中央电视台新闻频道为代表的主流媒体所报道的新闻信息类别的相信程度(数字越大,表示可信度越高,即:1=可信度最低,10=可信度最高)。

在当今各类媒体共存的情况下，大学生对于以中央电视台新闻频道为代表的主流媒体传播的信息也不是全盘接受，反而时常会产生思考、质疑，并找寻渠道进行验证与解读。问卷调查显示，当青年大学生发现以中央电视台新闻频道为代表的主流媒体新闻报道倾向与自己的看法相悖时，他们中有 39％会倾向于找寻其他媒体的报道来进行验证，而且容易偏向于相信和传播那些与自己的既有立场、观点、态度接近或是一致的报道，这种印证的结果，更有可能会加强原有的立场观点，而不是导致改变原有立场观点；有 34％会选择与朋友进行讨论，一起解读、分析主流媒体的报道；有 15％会选择查找相关资料进行相对翔实的分析思考；有约 12％会坚持自己的看法，这类大学生往往是因为自己对于某一事件的导向性需求较弱，对某事件和问题的看法已经形成自己的认识，预设观点立场较为显著，自主意识较强，知识积累较为完善，对媒介信息的处理能力极具个性特征，因而会十分坚定地坚持自己的观点，对外界的说服具有强大的“免疫力”，很难发生改变。相反，对于那些心智不成熟、冲动的大学生来说，引导需求较为明显，这类大学生越早接触主流媒体，主流媒体信息传播产生的影响越大。

四、研究局限与不足

人脑对信息客体的认识方式就是认知图式，或者说，人脑对信息客体的选择、整合和理解的方式就是认知图式。① 笔者结合心理学专家对认知图式的概念进行界定，把青年大学生对主流媒体的认知图式细分为：青年大学生对主流媒体的使用习惯、青年大学生对主流媒体印象认知描述、青年大学生对主流媒体新闻报道内容的可信度判断及信息处理，随后针对其进行了问卷调研，并做了初步的分析与讨论。在调研的过程中，笔者发现青年大学生对媒体的认知图式会较大地影响到大学生的信息接受、知识结构、价值观念以及思维方式，因而研究青年大学生对媒体的认知图式是极具现实意义的，但由于人力、财力以及时间的关系，本次调研的样本量不够大，缺乏不同地域、学科背景的对比分析，未来会在此基础上进行更为纵向、深入的分析。

〔作者邹欣系中国传媒大学新闻学院讲师；
侯健、朱方分别系北京城市学院传播系副教授、讲师〕

① 将永福、刘敬茹：《认知图式与信息接收》，《图书馆建设》1993 年 3 月，第 3 页。

·传媒文化与传媒教育·

新媒体人文精神的异化与救赎

宫承波　田园　王维砚

20世纪90年代，市场经济的社会洪流曾裹挟着商业逻辑与市场利益给人们的精神世界带来了强力侵袭，不断冲击着人们的行为方式，影响着人们的审美取向。人文精神在与多股力量博弈的过程中，其失落的危机从未解除。而在当今数字化、网络化、信息化逐步深入的所谓"后媒体时代"，媒介生态的变革也日益由技术领域、产业领域渗透到文化领域，媒介话语权力下放、公民新闻蓬勃发展、微博公益风生水起……新媒体的强势崛起在让人们为人文精神的未来重生希望的同时，也依稀感到了其失落的隐忧。

一、新媒体人文精神的异化

关于人文精神，自古至今、从国内到国外，学者们取自各个视角的诠释都莫不包含这样一种核心价值诉求——人文关怀。人文关怀意味着关照人的存在，对人的价值实现、人的命运变迁、人的生命意义等有关人生存的根本问题予以关注。这使人文精神得以成为跨越国界、文化、历史屏障的普适性价值命题，并随着时代的更迭不断增添新的内涵。

当新媒体凭借其技术力量逐渐扩张影响时，它也与人文精神产生了不可割断的联系。在新媒体技术的影响下，"人们突然成为游徙不定的知识采集者，这一游徙性前所未有，人的博学多识也亘古未有，从割裂的专门化程序中解放出来的自由也空前未有……"①新媒体构筑起的"传播主体多元化、传播客体交互化、传播载体多样化、传播语境开放化、传播方式移动化"②的新型传播环境，以及它对于信息知识和传播机制的巨大变革，都从技术上为人文精神的培育提供了全新场域。

而若超越技术联系的层面对新媒体进行文化上的审视，也可发现这样的精神内核："强调互动，追求平权；回归本我，崇尚自由；标榜草根，抗拒精英；高扬感性，尊重个性。"③新媒体对个体价值的尊重与彰显不仅代表了当代文化的潮流与方向，

---

① 〔加〕马歇尔·麦克卢汉著，何道宽译：《理解媒介——论人的延伸》，商务印书馆2004年版，第438—439页。

② 王维砚：《新媒体环境下电视新闻频道的生存空间》，《青年记者》2012年8月下。

③ 宫承波：《新媒体文化精神论析》，《山东社会科学》2010年第5期。

也在一定程度上与人文精神所标榜的解放、个性、人本等价值取向不谋而合。

由此，精神内涵的吻合、技术发展的契合，使得新媒体成为培育人文精神的重要场域。然而，由于新媒体在发展过程中存在着不同程度的失范，且新媒体空间尚未形成自身的伦理规范与文化，新媒体场域中的人文精神也难免在某种程度上发生着异化，泛化、简单化的人文关怀在新媒体空间中呈现出人文精神繁荣的虚假表象。新媒体在将人文精神带入一个“美丽新世界”的同时，也正引领着其步入一轮全新的探进与冒险。

1. 内容传播失范与媒介接触浅层化

正如亨利·詹金斯在其《融合文化：新媒体和旧媒体的冲突地带》一书中所论述的：新媒体时代，我们每个人都是借助于零碎的，从媒体信息流中获取的信息片段来构建个人神话，并把它转换成我们赖以理解日常生活的资源。新媒体时代，固定时间、地点收看电视的行为被随时随地点击网络视频的行为取代；深度新闻报道被超链接和网页导航分割成信息碎片；微博的字数限制在 140 字之内，微信的语音长度限制在 60 秒之内……“微”传播策略在最大程度上迎合了新媒体环境下受众的信息需求和媒介接触习惯，也有效地提升了信息的传播效率，但“碎片化”的传播方式也在一定程度上稀释了新媒体空间内容传播的精神深度，冲击了受众的媒介接触行为。伴随着新媒体微内容、极速性而来的是用户媒介接触行为的浅层化，主要表现为浅文字、浅阅读和浅思考。“碎片化”的内容传播在凸显人性化表征的同时，也使得人文精神在其传播场域中发生了异化，甚至对受众的人格发展产生了消极影响。

随着新媒体使用的普及，图片、表情和语音代替传统文字成为人们表情达意的重要符号。新媒体符号在提升信息传播速度、丰富信息内容含量、优化信息传播方式的同时，也不断冲击着用户的文字使用规范。在不影响传播效果的前提下，新媒体空间中的人际传播所重视的是传播速度的“即刻性”，却忽视了信息编码的准确性。在特定的情境之下，错误的编码方式甚至成为诞生网络流行语的重要路径。特别是新媒体独有的话语建构方式，促使以解构、拼贴、恶搞、反讽等后现代语素为特征的新媒体语言成为一种特有的亚文化现象。类似“十动然拒”、“不明觉厉”、“喜大普奔”、“人艰不拆”等的自创网络语言，虽然身披“四字成语”外衣，却完全不符合汉语言文字规范，所以只能作为网民语言狂欢的短暂产物，而无法在文化发展的历史长河中存留。

相对于传统纸质阅读的深入性，新媒体阅读也呈现出鲜明的浅层化特征。随着社会发展节奏的加快，碎片化的电子阅读方式适应了人们移动化的生存状态，跳跃性的浏览带给受众的是快速、快感的阅读体验。新媒体语境下的浅层化阅读，不仅“浅”在了微博、微小说等新媒体文本篇幅上的短小，也暗合了其内容的肤浅及阅读沉浸感的降低。正如尼尔·波兹曼在其《娱乐至死》一书中所预言的，一切公众话语日渐以娱乐的方式出现，并成为一种文化精神。随进随出、有限时间的“浅阅读”方式使新媒体阅读成为主要基于受众兴趣的趣味性阅读，人们在娱乐化的媒介接触体验中获得了一种被操纵的快乐。

新媒体的搜索引擎和知识共享功能在为用户带来便捷的同时，也在不断瓦解着用户的思考力。信息过载、信息迷航导致受众缺少时间对信息内容进行深度加工，海量信息导致受众无法对信息内容进行系统化吸收。人们对信息产生恐惧，同时也越来越依赖"外脑"信息，"内事问百度，外事问谷歌"虽是网友们的戏谑，但也从一个侧面折射出人们对网络的依赖。新媒体内容传播在提高人们生活与学习效率的同时，也慢慢让人们丧失了情感的细腻性与思想的深刻性、创新性。托马斯·弗里德曼认为，21 世纪的世界是平的。事实上，在新媒体语境下，人也存在着由立体变为扁平的倾向——"平面人格"成为当今人们共同的隐忧。

2. 意见表达失范与公共空间建构困境

应当看到，新媒体的内容呈现方式解放了受众的话语权，在草根话语与精英话语的博弈过程中，受众的主体意识空前觉醒。一方面，受众以个体视角洞察自我，确认自身本质、生命意义及其在社会生活中的地位；另一方面，受众从个体立场出发审视外部世界，并对其进行富有个性色彩的解读与把控。公民记者的不断涌现与公民新闻的蓬勃发展成为这种主体意识崛起的突出表现。在参与建构集体记忆的过程中，传统媒介的话语权威性被消解，以往被宏大叙事忽视的细节和角落得以展现，以往被媒介强大舆论攻势淹没的声音与观点有机会呈现。

从论坛到微博再到微信，新媒体空间看似为人们营造出平等对话的公共空间，普通公民能够在更广阔的话语空间里参与新闻叙事和意见表达，然而藏匿于新媒体环境中的非理性情绪却将这种自由异化为随心所欲甚至放纵恣肆。而一旦这种"随心所欲"形成气候，那么勒庞在其《乌合之众》中所论述的"集体非理性"就无疑成为新媒体环境下的常态了。

"由于网络与现实的差距，大多数社会人群在网络世界中是'缺位'的，一些理性、真实、有价值的声音由于此起彼伏的网络话语冲击，被陷于谷底。"[①]在新媒体传播环境下，由于个体化作为思想意识的社会形塑作用，由于其所具有的"反集体"意味对整个社会运转结构理论的渗透，维系社会整合的共识体认在某种程度上已经出现了被架空的可能。[②] 人们积攒于心中而无法纾解的大量负面情绪借助开放、匿名的网络空间得以发泄，尤其是草根阶层利用新媒体工具对特权阶层发起猛烈攻击，悲情诉求与情绪化谩骂相互交织，形成非理性的话语场域。这种情绪的释放与话语的喧嚣在某种程度上确实有利于公共空间的构建，但是在更多情况下，网络话语暴力、网络意见表达失范等现象都增加了新媒体公共空间构建的难度。

3. 媒介审美失范与快感审美

法国思想家居伊·德波曾在其著作《景观社会》一书中阐述到，我们每个个体都可以被看作一种景观，都有观看和被观看的需求，在消费主义和后现代主义的合谋下，新媒体空间中的传播审美呈现出鲍德里亚所说的"审美泛化"或"审美价值的

---

① 王丹娜、刘鹏飞：《网评：引导网络舆论导向的正向标——对网络评论如何传达权威真实观点、引导舆论的思考》，《新闻与写作》2013 年第 2 期。

② 杨状振：《"后传媒时代"的信息文化与人文精神》，《新闻界》2012 年第 6 期。

扩散”。新媒体制造出不同于以往的富有创造力和新鲜感的审美意境，极大地拓展了人们的审美视阈。

然而，新媒体空间中商业文化主导的感性主义导致受众的媒介审美向度呈现出平面化趋向，瞬时性审美成为商业逻辑下受众审美的主要诉求。“在直线组合式的意义生产系统和循序渐进的认知逻辑被超链接跨媒体的传播符号所代替时，历史经验不再是沉实厚重的时间和空间体认，而是时空的随意布排和感知方式的捣乱组接。”①一方面，多向度的媒介审美心理催生出“审丑”、“暴走”等另类的审美奇观，不断冲击着受众原有的审美价值体系；另一方面，新媒体多元化的视听语言对视觉空间与听觉空间进行了重构与再造，感性而直观的表达方式不断强化着受众对新媒体符号的感性需求，传统审美的人文内涵被瞬时性审美的快感、戏谑、对抗、荒诞所颠覆。

不论是围观、评论，还是转发、原创，信息消费的瞬时性都是新媒体受众的核心诉求。在信息、事件、受众、新媒体构成的特殊审美关系中，以恶搞、吐槽为特征的审美内容受到了广泛欢迎。这类内容运用无奈与自嘲的方式建构话语体系，用自嘲消解正统、崇高，用解构张扬个性、自由，其感性主义体验让受众的负面情绪迅速找到释放口。然而，尽管瞬时性审美迎合了受众快速审美的诉求，却致使其失去了在审美活动中进行自我提升与精神升华的机缘，“悬浮的一代”成为新媒体打在当今青年一代身上的标志性烙印。

二、新媒体人文精神的救赎

以技术为先导、又以技术为发展动因的新媒体凭借其工具理性开创了一个精确、纷繁的传播世界，并悄无声息地带动了人们从交流习惯到生活方式、心理状态、社会机制的改变。当手机、电脑成为人类身体器官的一部分，当刷微博、发微信成为全体社会成员最习以为常的生活场景，新媒体便已经在某种程度上具备了建构甚至统驭这个世界的力量。

在这样一个技术力量如此强大的世界中，如何重新认识人文精神在其中的重要作用，适应新生秩序对原有规则的转构，诊治好因技术制导而产生的思想流行病，重拾新媒体运行机制中的人文因素，突破新媒体技术发展所造就的人文困局，促进人文精神与科技精神相融并重，既是新媒体发展也是人类社会发展所必须直面的问题。

1. 培育受众媒介素养

媒介素养是指人们面对媒体中各种信息时所表现出的信息选择能力、理解能力、评估能力、质疑思辨能力以及生产创造能力等。② 新媒体出现后，这个范围又进一步扩展到图像处理能力、导航能力、信息的组织和联通能力、专注能力、多任务处

---

① 杨状振：《偏执的神话与迷离的景观：新媒体人文精神批评论纲》，《新闻与传播评论》2009 年卷。

② 何芝莹：《浅谈新媒体时代媒介素养研究的转向》，《现代交际》2012 年第 6 期。

理的能力、怀疑精神以及道德素养等。概括地说,媒介素养集中表现为受众媒介接触、媒介解读和媒介利用的能力。它不再仅仅是一种简单的媒介素质,更是一种社会技能、社会素质。面对新媒体的飞速发展,培育受众的媒介素养除了要教会其对文本进行批判性解读外,还要帮助其掌握提出关乎社会权力和行动建构问题的能力,不但要使其懂得如何使用媒介,还要让其理解媒介是如何凭借自己的力量来影响公众和社会的,这是未来每个公民实现个人与媒介、个人与社会等外部环境良性交流和互动,从而获得自我提升的前提。

对广大受众新媒体媒介素养的培育不仅是规制新媒体受众失范行为、促使其正确使用新媒体的需要,也是现代社会公民素质建设的重要组成部分。如今,存在于新媒体空间的信息过载、信息迷航、信息失实等失范现象迫切需要提升受众的新媒体素养,人们应该"能够对技术进行理性选择,能够精化技术、指引技术,使之按照适合我们感知和需要的道路发挥作用"①,从而实现向人文精神的主动回归,防止成为技术工具的奴仆。

2. 建构理性公共空间

20 世纪 60 年代,哈贝马斯提出了"公共领域"这一概念,成为解释公共性的重要工具。哈贝马斯的"公共领域"凸显了"独立于政治建构之外的公共交往和公众舆论,它们对于政治权力是具有批判性的,同时又是政治合法性的基础"②。在今天的新媒体空间中,并不缺少喧哗的声音和围观的狂欢,缺少的是建设性批评和参与性人格,缺少的是推己及人的公共理性。"只有守住言论底线,才能拥有言论空间的真正自由,才能拥有理性平和的公共讨论与交流,才能拥有在百家争鸣中缔结意见共同体的可能,才不会用舆情撕裂民情,以舆论冲突加剧现实冲突。"③理性公共空间的构建对于中国人精神世界的塑造、中国社会的转型升级都具有十分深远的意义。

人文精神是"一种人之所以为人的精神,一种对于人类发展前景的真诚和关怀,一种作为知识分子对自身所能承担的社会责任与专业岗位如何结合的总体思考。"④知识分子作为新媒体空间的"意见领袖",在公共领域建构过程中应充当引领角色,发挥引领作用。构建新媒体发展中的人文精神,也理当从知识分子入手。长期以来,知识分子都是一个社会思想文化和精神文明的旗帜,他们独立于政治体系、商业体系之外,怀着一种悲悯意识、忧患情怀去关注国家、社会和人生,去完成对自我价值意义的追寻。"知识分子话语背后体现的理性思考、权利意识和匹夫责任等公共性成分"⑤能够有效地缓解新媒体受众意见表达失范所造成的舆论偏颇,还原民间话语力量,释放社会正能量。

---

① 〔美〕保罗·莱文森著、何道宽译:《数字麦克卢汉》,社会科学文献出版社 2001 年版,第 287 页。

② 许纪霖:《启蒙如何起死回生:现代中国知识分子的思想困境》,北京大学出版社 2011 年版,第 78 页。

③ 人民网:《珍惜网络"意见共同体"》,http://www.chinadaily.com.cn/hqgj/jryw/2013—08—13/content_9834917.html。

④ 陈思和:《关于"人文精神"讨论的两封信——致坂井洋史》,《大潮文丛》第四辑,1992 年 12 月。

⑤ 宫承波、范松楠:《网络文化公共性建设中的知识分子作为》,《山东社会科学》2012 年第 8 期。

3. 回归主流美学话语

在商业逻辑、消费主义的影响下，新媒体空间中的感性审美取向恐怕是难以避免的。在这一背景下，重建审美现代性就成为对抗资本的商业逻辑和消费主义，从而实现人文精神在媒介审美领域的救赎的重要途径。当下，新媒体人文精神的重建面临的是行为主体在商业利益与消费符号操纵下自律性的集体沦陷，而事实上，泛审美时代人们的精神世界与心灵空间仍然渴求诗性超越与升华洗礼。这种超越既非西方传统美学所强调的超越，也有别于片面张扬主体性的外在超越，而更重视内在自我的超越，即“内在心灵世界对外在物质世界的超越，自由之境对物化之境的超越，把人带入澄明和诗化的生存体验之境，以寻求和重建人类生存所需要的情感、价值和信仰的新的实现与生长点。”[①]在新媒体发展中提出和建构人文精神，并不是要否定现代商业体系的价值测度，也不必抗拒经济社会运行的基本法则，而只是试图建立新媒体空间中的另一种意义标准，寻找两种力量博弈中的可贵平衡。我们相信，瞬时性审美的狂欢只是新媒体发展过程中带来的短暂效应，片刻的狂欢之后，人们仍然期待主流美学话语的回归，仍会热心审美永恒性脚步的追寻。

〔作者宫承波系中国传媒大学新闻学院教授；田园系中国传媒大学传播研究院博士生；王维砚系中国传媒大学新闻学院硕士生〕

---

① 张汝山：《泛审美时代人文精神的失落与救赎》，《山东省青年管理干部学院学报》2005年第4期。

从淘璞网的实践看传媒教育移动学习的未来

李建刚　陈斯

现代大学具有教学、科研与社会服务三种基本功能。对学生而言，教师是帮助学生进入专业领域的引路人、朋友和导师。在传统教学中，教师提供专业知识最直接、最有效的方式是课堂与教材，教师科研与社会服务的成果也应尽量转化为面向学生、立足课程的教育和训练，将知识价值最大化。

为了探索数字媒体技能在线教育的可行性并评估其效果，笔者与其团队创建了淘璞网（www. topress. org）。淘璞网的准备工作近三年时间，2013 年 12 月正式上线。淘璞网是一个全新的在线数字媒体技能训练平台，使用开源网站技术，借助音视频数据分布式系统及云存储架构，为学习者提供随时随地的、自适应的学习方式。不论用户使用智能手机、平板电脑、计算机或者其他移动终端，web 站点都能够根据用户终端的特性，例如屏幕大小，进行响应式页面显示（responsive design），对于 iPhone 和 iPad 则做了特别优化。

上线近一年以来，淘璞网已经发展成为国内小有名气、技术领先的新型数字媒体传播平台。通过与院校课程、专业媒体的项目融合，进行多种信息服务模式的探索，得到了人民网、中央人民广播电台音乐之声、《制播视界》杂志等有广泛影响力的专业合作伙伴的认可。同时，我们对于传播技能在线教育的利弊，也获得更多了解。

本文以淘璞网的发展为研究的切入点，对传媒教育新的学习路径进行观察与思考，同时结合中国传媒大学新闻学院目前网络新闻与新媒体方向研究生在淘璞网的训练实践进行分析，以便为更多的传媒教育机构、新闻媒介和个人提供发展参考。

一、知识形态的变化加速学习方式的转换

社交媒体的快速发展创造出一个与以往不同的学习环境，当基于无线电波技术的电视、电台被网络包围之后，传媒院校的专业教育也同样面临来自网络的挑战。教师、课程、学生的关系，在社交媒体环境中正在发生巨大的变化，其典型特征是知识的传播与对话成为学习的内核。发达国家的大学通过免费发布优质的网络公开课，直接进入发展中国家不同年龄段学习者的“第二课堂”，商业公司与非营利机构则以各种方式快速进行课程推广。全球大学教育正处于从传统课堂教育到现

代电子教育的关键时期，充满了竞争与探索。

传媒院校为新媒体与传统媒体培养了无数的从业者，但是却容易忽视自身教育科技的发展与创新。在线教育是我们面向未来竞争无法回避的重要问题，其教育效果也依旧存在争议。作为探索，淘璞网的创建基于媒介融合背景下三个重要的过渡：

1. 专业学习平台向网络在线教育过渡

从 2012 下半年开始，MOOC（Massive Open Online Courses，大规模线上公开课程）开始从美国快速蔓延到全球，关于大学的未来，学术界也开始出现悲观的论调。国内网络门户网易公司最早推出公益性质的公开课，视频主要来自国外一流大学发布的在线公开课程，国内许多志愿者无偿为课程提供字幕翻译与合成。

网易公开课广受大学生欢迎，这让国内教育管理机构开始反思。在教育部的推动下，全国高校开始有计划地推出一系列自己开发的公开课视频，这一般称为视频精品课或共享课。国内大学开始通过视频公开课进入在线教育的竞争。优质的教师和课程毕竟是少数，学生只会选择那些在本学科领域内最优秀的教师和课程，这无疑对一部分学校形成巨大的压力。同时，国际上在线的大学课程和商业模式纷纷出现，如 edX、Canvas 等。不过如果没有得到专业教育机构的资格认证，此类在线教育暂时不可能取代真正的线下教育。

MOOC 网络开放课程成为传统远程教育的一个补充。多年来，许多高校已经提供部分或大部分在线学习的内容。网络开放课程已经提供了计算机科学、工程或力学等学科课程。以英国开放大学（The Open University）为例，成立于 1969 年，其宗旨是：开放教育对象，开放教学时空，开放教学方法，开放教育观念。主管教学的副校长阿兰·贝森代尔说："英国开放大学目前是英国规模最大的大学。2012 年英国人口有 6230 万，英国开放大学的学生有 26 万，它的 7 个院系提供大约 570 门课程。超过 71%的学生是在职人员，英国前 100 名的上市公司中有 84 家公司赞助它的员工前来英国开放大学学习。在 23 个国家建立了 15 门课程的合作关系。学生遍及 100 多个国家。"①

无论是发达国家还是发展中国家，在线教育都在一定程度上满足了更多学习者接受高水平教育的海量需求。在线教育具有改变个人生活的能力，也具有改变社会的能力。英国开放大学仅仅是全球开放教育的一个缩影，越来越多的政府和专家已经意识到在线教育的重要性。

2. 传统新闻传播媒介向新型数字媒体过渡

如今利用手机和平板等移动设备的新闻消费不断提升，许多新闻机构都在尝试创新的新闻传播方式。BBC 新闻自 2013 年 9 月起就已开始涉足 Instagram 视频，通过该平台分享视频新闻，强化其报道方式。其视频的每个部分都添加了关于新闻报道的一段文字，且附有一个完整报道的链接，使读者群大大提升。

苹果公司的史蒂夫·乔布斯曾说，"很多时候人们不知道他们想要什么，直到

---

① 〔英〕阿兰·贝森代尔：《英国开放大学品牌的塑造》，《北京广播电视大学学报》2012 年第 6 期。

展示给他们”。新闻传播亦是如此。很多人不知道新闻传播的意义，也可能不关心有价值的新闻报道，甚至不知道他们需要何种信息。新闻工作者的职责，并不是机械地向大众展示新闻，而是要引导性地告诉人们需要什么样的内容，并使他们知道自己为什么需要它。

汤森路透研究中心 2013 年也发布了最新的数字新闻报道年度报告，传统新闻正在向数字媒体过渡，手机和平板电脑等移动设备逐渐成为人们搜索新闻、获取信息的主要平台。新闻变得更加移动化、社会化，数据与信息的获得越来越容易。这对新闻传播事业与新闻传播教育都提出了更高的要求。新闻专业学生不能仅局限于传统媒体“称霸”时期的知识技能，要在熟练应用移动媒体的基础上，深挖新闻背后的信息，变为“数据的解释者”，使新闻传播更具影响力。并且，专业的院校教育应该为学生提供尽可能多的实践与尝试。

3. 用户信息终端向平板电脑与智能手机过渡

手机已经普及，它提供了一个用户能够在任意地点、任意时间学习的学习环境。

今天的教育离不开技术的发展，我们希望能做到教育与技术的融合。同时，教师不能在技术上离学生太远，比如学生有一个简单的 PC，或者一个平板电脑，教师使用了非常复杂的、先进的技术，其效果意义就会因为脱离学生实际而难以达到。事实上，目前教师在课堂上所使用的大部分技术都无法直接与学生分享，那些技术是为教室设计的，而不是为移动的学习个体而设计。

教师首先应该为学生提供高品质的教材，这些教材具有比阅读文本和写作论文更丰富的组合方式。如果大学优秀的教育与研究成果能够与手机传播紧密结合，将从远离社会的象牙塔进入社会生活的中心和前沿，成为现代社会运转的核心部分。

数字化的、在线的、便携式的学习平台，这将是传统大学教育路径的重要延伸，其造就的是人们移动学习、终身学习的媒介环境。移动学习的需求是广阔的，人们更多的质疑是对其效果而非学习方式，家长会担心智能终端的娱乐功能分散学生的注意力，冲淡学习的氛围。毕竟 20 世纪 70 年代，西方发展传播学的实践者们在亚洲所遭遇的教育实验的失败，依旧被清晰地记录在新闻传播的教科书上。

二、如何认识移动学习的需求与效果

移动学习并非仅仅在于将最前沿的传播技术与通信技术引入教育领域，它在于对今天教育所面临的巨大危机提供了一种令人振奋的解决方案。

教育面临的危机起源自 21 世纪，全球最先进的社会都已步入信息化，在这样的社会中，知识成为一种战略性资源。今天的城市与工业时代有别，后者基于水资源和自然资源而形成，而前者建立于知识资源的基石上，以大学和金融资本为中心，基于媒体通讯网络构筑而成。

1. 移动学习适应人们在信息化社会开放式知识应用的发展

社会结构的巨大变迁带来了教育目标和学习方式的改变。今天，人们既不可能全部掌握所有历史上产生的知识，也不可能全部掌握在成长和生活中所产生的新知识。他们面对工作，解决问题所需要的知识，经常是他们没有学习过的，解决问题还会需要自己创造的新知识。这是传统教育系统不可能承担的任务，而移动学习恰恰为解决这一危机带来曙光。

我们讨论一个人的学习能力，不可能把眼镜、纸、笔这类媒体工具和人的学习能力进行分离。作为知识媒体的一种，手机等移动设备提供了前所未有的、大大扩展人类知识存储和信息传播的技术能力。未来的教育系统必将是基于移动设备的系统，人们无需把全部知识背诵记忆在大脑中，而是存储在移动设备或是通过移动设备随时获取；人们无需自己完成全部工作，而是能够随时通过移动设备连接专家，通过专家协助解决问题。

在今天的知识社会中，人们必须终身学习。学习已经不再是封闭空间内的目标达成，而是某种开放的社会协商形式的终身经验。传媒从业者的教育和学习形态也将基于人们的生活实态发生变革。因此，我们围绕淘璞网移动学习这一话题及实践的讨论，不仅是在讨论某种新技术的开发和应用，实质上是在思考媒介教育系统的未来模型。

2. 移动学习框架能够提高学习者成绩，增加信任关系

日本学者处于移动学习研究的前沿。山内祐平副教授是东京大学教育技术领域领军人物，他于 2005 年曾经负责过一个项目："Oyako de Science"项目（意为：亲子学科学），研究如何使用手机帮助家长和儿童开展科学教育。

今天很多日本小学生都使用手机，调查问卷显示，相当一部分的小学生不仅通过教科书，也使用手机来学习。实证研究设计希望完全不使用教科书、笔记和纸笔，只使用手机来辅助学习，观察效果如何，在手机教材中大量使用卡通插图和视频。日本有所谓单身赴任的父亲，平时在外工作，只有周末才回家，很少有机会和儿童一起学习。这项实践中，当儿童做科学实验时，家长可以在异地同时观看同一个手机教材，并能接收儿童实验进度的手机邮件报告。家长确认学习进度形成反馈，形成与孩子交流沟通的桥梁。

手机最大特性是随身携带。山内祐平的研究小组不仅把儿童，也把父母置于这个移动学习的框架内。儿童实验进行的程度会对家长形成一个反馈环，并通过反馈环间接促进儿童学习。手机内置教材解说、视频、测验等，也能构成学习回路。研究显示，儿童成绩提高了 1.5 倍，证明通过手机进行的亲子对话具有学习效果。此外家长的成绩也得到提高。虽然不如儿童成绩提高那么多，但也能达到 50%—60%的正确率。这个项目还产生了一个附加效应，亲子之间的信任关系得到提高，这也得到研究小组问卷量表结果的支持。

手机还特别适合学习英语，山内祐平说，"我们都知道日本人特别害怕学英语，使用英语的时候不安感就会增加。经过手机学习后，我们的研究显示其不安感大大降低，接近完全消失的状态。”①

3. 艺术与人文学科在线学习的争议

在线课程在艺术、人文等学科上能有所作为吗？2012 年，VOA 电台组织记者就 MOOC 的教育效果采访了多位专家与教师。斯科特・安德森(Scott Anderson)在加拿大不列颠哥伦比亚大学教授哲学，他认为网络开放课程既有好的方面，也有坏的方面。安德森说：“网络开放课程的一部分是好的，在多数情况下，学生听一场报告时，并没有让他们必须亲自到现场听的特殊理由，当然也没有让他们必须亲自到现场获得阅读材料并思考它的理由。”安德森认为，网络开放课程学生人数的持续增加意味着他们与老师之间沟通的减少。他说解决这点有两种途径：增加师资和开设网上讨论小组。

丽莎・贾德文(Lisa Jadwin)在纽约圣约翰费舍尔学院教英语、美国文学和写作。她说，网络教育在她这门学科上存在一些弱点。“网络教育中缺少面对面互动。文学教学就是一种面对面学习，这种传统方式不会被计算机辅助教学所取代。”

贾德文教授说，一些学生通过对话、课外阅读作业、博客以及讨论组就能学得很好。但她认为综合课程的效果更好。她所说的综合是指把面对面课程元素同计算机辅助教学和写作项目结合起来。

比尔・波格(Bill Pogue)在休斯敦大学城中校区教传播学。他说，在主导了 30 多年课程之后，他不会尝试教授网络开放课程。然而，波格先生认为网络教育具有良好价值。他指出曾经参加过的一个网络课程有强烈归属感。他说，学生们在一个项目上合作，而他们分别居住在四大洲。“我认为这是非常激动人心的，它在单一的传统课堂或面对面模式下是很难复制的。”

随着技术的发展，艺术与人文学科的在线学习也会有更好的模式被创造出来，这只是一个时间问题。

三、淘璞网在传播技能职业化教育领域内的尝试

目前涌现的多种类型学习平台中，专业技能类的网络课程，如 Lynda 上提供的专业软件编程培训，在一定程度上撼动了现在的线下职业技能培训产业。他们提供的课程内容与职业挂钩，内容以细分技能为主，非常实用。“教育”和“职业”在现有的社会观念中几乎是绑定的。单纯的技能训练可以帮助学生掌握媒体工具与技能，如果能够与专业人才的培养目标结合，效果会更理想。

国内许多新闻传播专业的学生在当前快速变化的媒介格局中显得无所适从，他们过于追求微信、微博这一类建构在 web 基础上的中间层应用，忽略了网络基本特性的探寻，忽略甚至否定从专业本身久负盛名的职业技能方面去打好根基。学生知识水平毕竟受到年龄的限制，若没有开阔的视野，社会上多种喧嚣的言论与思

---

① 张海、李馨：《日本移动学习实践研究前沿 ——对话东京大学教育技术首席专家山内祐平副教授》，《中国电化教育》第 272 期，2009 年第 9 期。

潮对学生的成长影响巨大。

淘璞网目前的内容主要是由新闻专业研究生和在职媒体工作者共同完成。对于获取作者资格,淘璞网有着严格的评估。作者可以直接使用编辑后台的绝大多数功能,包括图文与音视频功能。这对于研究生是一种良好的、系统的专业训练,内容上的协同创作在统一的网站体验中容易产生共鸣与认同。新媒体的发展只会推进传媒院校更加重视理论与实践的结合。在接下来的开发中,淘璞网会推出针对技能训练的数字媒体课程并与媒体合作,将训练向线下延伸。

为什么淘璞网如此强化传媒教育的技能训练?那是因为一个灵活而强大的网络平台,即便是小微企业,也能够对于学生职业化水平提升起到重要的促进作用。美国的新闻传播教育,从诞生之日至今,一直走在全世界新闻教育的前列。职业化(professionalization)是美国新闻教育最为明显的特征,它就是在培养人才的过程中注重实务技能训练,使培养出来的人才尽快满足实践工作需要。职业化是一个从职业(occupation)发展到职业主义或者专业主义(professionalism)的动态过程。

以创建于1908年的美国密苏里大学新闻学院(Missouri School of Journalism)为例,成立的初衷是促进新闻职业化(journalism professionalism)。建院伊始,创建人沃尔特·威廉姆斯院长提出了两个新闻学教育理念:一是学习新闻最好的方式是动手实践;二是新闻工作是一个世界化职业。如今,密苏里新闻学院已拥有九大媒体实践基地,涵盖报纸、杂志、网络、电视、广播、广告、公关、多媒体等领域,全部面向社会。密苏里新闻学院有全美最丰富的新闻软、硬件教学资源。学院拥有五栋教学楼与各种实验室,学院有550余台苹果电脑供学生和教职人员使用,其新闻图书馆藏书量达5万册。

职业化的新闻训练将使媒体从业者受益终身。国内新闻学院受到诸多条件的限制,在实习方面,北京、上海等一线城市的传媒院校一般会安排学生参加影响力大、规章制度完善、从业者素质良好的大中型国有媒体实习。但是对比密苏里大学,国内没有任何一所大学拥有自主的、面向社会的新闻媒体。美国密苏里大学新闻学院自办的面向社会的新闻媒体,其创办宗旨、读者对象、采编流程、广告吸纳、资金运作等,皆由学校师生自主决定和修正完善。与商业媒体或国有媒体相比较,师生才华的施展和创新空间要广阔和灵活得多,学分与评价也更容易与学期课程结合。

淘璞网鼓励作者完成高水平的采访与写作训练,国内的学生在这方面大多充满惰性。前《纽约时报》研究助理顾卉妮曾在博客中这样描绘她在哥伦比亚大学新闻学院的研究生学习经历:

"第一学期的核心课程与国内很多新闻学院一样,叫做'新闻采访与写作'。每周2—3次课,从最基本的新闻导语开始讲起,再到故事结构,再到文本分析。课堂上10多名同学,一个主导教授,一个助理教授。但与其他学科不同的是,新闻学院的师生关系更像是编辑与记者的关系。课堂授课只是非常小的一部分。大多数的收获都来自于每周最少一次的采访实践。而且教授们(或者编辑们)会要求你尽可能地选择没那么容易够得着的事件——在这个前提下，是没有谁会胆敢提出去报道学校内的校园招聘会的。你只能跳上长途大巴奔赴两小时开外的康州，跟百无聊赖的新移民在金沙滩赌场待上一天，在零下十度的半夜里跑出去跟拾荒者拣一宿的垃圾，或者在性派对中瞠目结舌之后偷偷跑到厕所写笔记。”

在新媒体领域，例如网站媒体，笔者从新闻学院本科学生的网站实习以及外校考生在研究生面试时的考察了解到，虽然网络媒体数量多、社会影响力巨大，但是学生网站实习一般就是做普通的文字编辑，“复制＋粘贴”居多，少数能涉及专题制作，但极少基于网络媒体的工作守则去开展一个完整的采访报道，包括音视频制作，直到最终发布的完整流程。这个阶段的实习是谈不上许多复杂的新闻判断与编排训练的。

淘璞网能够弥补这种不足，为合作伙伴创建文字、图片、声音、视频多种信息元素融合的训练平台，具有极大的灵活性。在这样的过程中，职业技能的训练、职业精神的培养和学术性的形成，将融为一体。技能训练不是职业化的唯一涵义。职业化还应该具备相应的职业精神与职业道德，在美国，这种职业精神或道德被提升到“新闻专业主义”的高度。新闻专业主义的精神从个体角度来看，就是一系列内化了的专业信念、价值观、职业道德和从业行为的标准规范。这些在新媒体环境下同样应该得到尊重和坚守。

结　语

数据的传输受到载体和带宽的限制。国际电信组织(ITU)的 IMT－2000 标准规定，3G 手机需要高速移动时实现 144Kbps 数据传输率，低速移动时达到 384Kbps，静止时达到 2Mbps 的数据传输水平。当网速达到 64Kbps 时，用户可以实现基本网页浏览；当达到 500Kbps 时，可以顺畅浏览静止图像和音乐；当达到 1.5Mbps 时，可以实现动画视频和视频会议；当达到 6Mbps 就可以传输通常效果下的电视画面；达到 22Mbps，就能观看高清晰度电视。

就目前国内宽带的现状来看，在有线宽带和 Wi-Fi 环境下，手机可以实现 500Kbps—1.5Mbps 的带宽，支持实现文字、图片、视频、音频的正常播放。压力主要来自用户几乎没有付费使用在线内容的习惯，内容运营者必须承受较长一段时间内海量数据的存储与下载压力。

新闻传播教育将越来越多的采用移动教学与课程设计，不管使用何种学习平台，都应当坚持高标准的专业规范、价值、工具、标准和惯例，这是将学生培养成新闻从业人员的核心，涉及学生的认知方法与思维方式。新闻从业者需要高标准的职业道德、严格的准确性以及娴熟的沟通技巧，这是与其他信息传播工作者的重要区别。

淘璞网在移动传媒教育中的探索，重在考量和训练学生掌握从事新闻工作必需的语言能力和技术应用能力，使学生做好适应新闻媒体变革的准备。特别是现在处于社交媒体时代，用户生成内容通过社交媒体成为新闻素材。一方面，大量信息可以通过浏览社交媒体(如微博、微信等)轻松获取。另一方面,需要注意的是:在一个报道有可能被操纵,互联网传播大量错误信息的时代,对信息真实性的核实变得愈发困难。

〔作者李建刚系中国传媒大学新闻学院副教授、新媒体教研室主任;陈斯系中国传媒大学新闻学院网络新闻与新媒体方向 2013 级硕士研究生〕

试论教育理念与教育电视传播功能的对位

王启祥

教育电视是教育和电视的结合体，具有教育和电视的双重属性。从教育的属性来讲，教育电视必须遵循教育的基本规律、传播教育的正确理念、营造教育的良好氛围，否则就会云山雾罩、不知所云；从电视的属性来讲，教育电视必须遵循电视的传播规律、发挥电视的传播优势，避免电视的传播劣势，找到最佳的传播方式，否则就会偏离方向、行而不远。只有将教育的理念和电视传播的规律结合起来，找准教育理念与电视传播功能的对位，我们才能够准确把握教育电视的发展方向，更好地实现其传播功能，为提高国民素质和国家的软实力贡献力量。

一、中外教育理念扫描与聚焦

教育是随同人类社会的产生而发生的社会现象。伴随着教育的产生，人们对教育问题的思考与论述也随之出现。随着教育规模的扩大、学校教育体系的形成以及其他各种教育形式的出现，人们对教育的思考进一步深入，逐渐形成了各种促进教育发展的理念，并最终形成了系统化的教育学及其理论体系，成为教育实践的指导，而教育理念也在实践中得以深化和发展。

从古至今、从外到中，教育理念的表述五花八门，不过在笔者看来，这些教育理念大致可以归纳为三个方面，即教育的核心理念是以人为本，教育的实现方式是“四位一体”的生态教育理念（主要包括学校教育、社会教育、家庭教育和自我教育），教育的动态走向是国际教育新理念（主要指终身教育理念和学习化社会理念）。如果把这三个方面教育理念比作一个不断发展的动态系统的话，那么，以人为本就是这个系统的核心和目标，“四位一体”的生态教育理念就

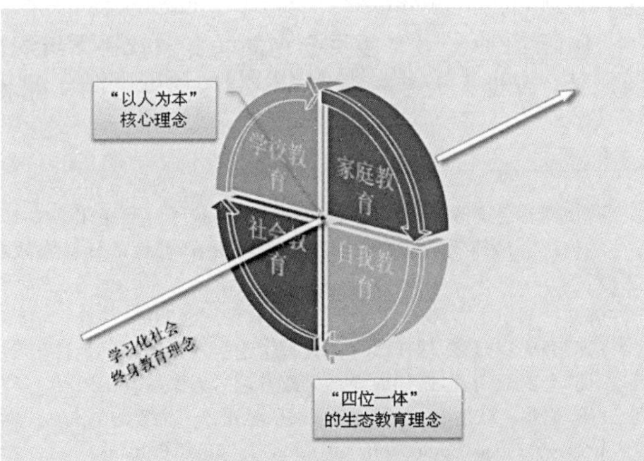

图 1　教育理念构成关系示意图

是它的横断面，而国际教育新理念则是它的动态发展方向。三者的关系如图 1 所示。

1. "以人为本"——教育的核心理念

从古至今，教育在人类生活中都占有举足轻重的地位。中外大教育家或教育理论家往往也是大哲学家、思想家，他们的教育理念中包含着深邃的哲学思想，而无论是从人的角度看教育，还是从教育的角度来看人，"以人为本"的教育理念都是他们始终坚持的核心教育理念。

被并称为"希腊三杰"的古希腊哲学家和教育家苏格拉底、柏拉图、亚里士多德，在很早的时候就对教育对人的作用有着深刻的论述。苏格拉底说："禀赋最优良的、精力最旺盛的、最可能有所成就的人，如果经过教育而学会了他们应该怎样做人的话，就能成为最优良、最有用的人。"①柏拉图在教育目的论上坚持社会本位的思想，但他同样重视教育对人的作用，他说："人若是受过真正的教育，他就是最温良、最神圣的生物；但他如果没受到过教育，或者受了错误的教育，他就是一个世间最难驾驭的家伙。"②亚里士多德根据人是由身体（肉体）和心灵两个不可分割的部分所组成的理论，在西方教育史上第一个从理论上论证了身心和谐发展教育的问题。他认为，要使人的灵魂得到健康的完善的发展，必须在不同阶段施于人相应的恰当教育。③

捷克 17 世纪著名的教育实践家、教育理论家、西方近代教育理论的奠基者扬·阿姆斯·夸美纽斯（Comenius，Johann Amos）说："假如要形成一个人，那便必须由教育去形成"④，"只有受过一种合适的教育之后，人才能成为一个人。"⑤法国思想家、教育家卢梭说："植物通过耕耘获得改善，而人类则是通过教育获得进步。"⑥他认为要做好教育，就必须遵循人的自然法则，把儿童天性中的美好潜质都激发出来。美国哲学家、教育家杜威发展了卢梭的教育理念，提出"教育即生长"，言简意赅地道出了教育的本义，就是要使每个人的天性和与生俱来的能力得到健康生长，而不是把外面的东西例如知识灌输进一个容器。⑦ 德国哲学家康德说："人是唯一受教育的被造物。我们所理解的教育，指的是保育（养育、维系）、规训（训诫）以及连同塑造在内的教导。"⑧

国际 21 世纪教育委员会在向联合国教科文组织提交的报告中给教育下了这样的定义："保证人人享有他们为充分发挥自己的才能和尽可能掌握自己的命运而需

① 〔古希腊〕色诺芬著，吴永泉译：《回忆苏格拉底》，商务印书馆 1984 年版，第 139 页。

② 柏拉图：《法律论》，转引自〔捷〕夸美纽斯著，傅任敢译：《大教学论》，教育科学出版社 2000 年版，第 27 页。

③ 郭强：《亚里士多德的教育观与自由教育理念的形成》，《大学教育》2012 年第 9 期，第 5 页。

④ 〔捷〕夸美纽斯著，傅任敢译：《大教学论》，人民教育出版社 1957 年版，第 176 页。

⑤ 〔捷〕夸美纽斯著，傅任敢译：《大教学论》，人民教育出版社 1957 年版，第 35—36 页。

⑥ 〔美〕尼尔·波兹曼著，章艳译：《娱乐至死——童年的消失》，广西师范大学出版社 2009 年版，第 22 页。

⑦ http://zhidao.baidu.com/question/383602856.html。

⑧ 〔德〕康德著，赵鹏等译：《论教育学》，上海世纪出版集团 2005 年版，第 3 页。

要的思想、判断、感情和想象方面的自由。”①这里强调了教育的公平和自由的思想，同样也反映了“以人为本”的教育理念。

在我国古代思想家、教育家关于教育的论述中，“以人为本”的教育理念也是贯穿其中一条主线。孔子说：“性相近也，习相远也。”(《论语·阳货》)他认为人的本性是相近的，每个正常的人都具有接受教育的可能性，人与人之间的差别乃是由于不同环境和教育的影响所致。以这种中国式的最古老的天赋平等的人性论为理论依据，孔子提出了“有教无类”的主张。孔子还提出“因材施教”的教育理念，实际上也反映了以人的不同个性为出发点进行教育活动的人本思想。孟子说：“仁者爱人，有礼者敬人，爱人者人恒爱之，敬人者人恒敬之。”②他把“人”作为教育的核心，他的名言“天将降大任于斯人也，必先苦其心志，劳其筋骨，饿其体肤，空乏其身”，也是从人的身心锻炼的角度来谈教育，这一点与亚里士多德的教育理念有着异曲同工之处。荀子也说“水火有气而无生，草木有生而无知，禽兽有知而无义，人有气有生有知，亦且有义，故最为天下贵。”(荀子·王制)③《中庸》认为：“天命之谓性，率性之谓道，修道之谓教。”④就是说教育要从人的天性出发，顺势而为，这一理念与西方的“教育即生长”的理念有着相似之处。

我国近现代教育家进一步发展了中外教育思想中“以人为本”的教育理念。梁启超在教育领域曾提出“新民”的教育目标，他认为：“新民者，非欲吾民尽弃其旧已从人也。新之义有二：一曰，淬厉其所本有而新之；二曰，采补其所本无而新之，二者缺一，时乃无功。”⑤梁启超一方面强调对那些能够体现民族风貌的传统文化中的精华进行更新、改造，赋予其新的内容，以适应新时代的需要和应付外来文化的挑战；另一方面强调要以西方文化作为参照系，找出中国传统国民性中的缺陷、薄弱之处，然后一一勘之、鉴之、改之、补之。蔡元培认为：“教育是帮助被教育的人，给他能发展自我的能力，完成他的人格，于人类文化上尽一分子的责任；不是把被教育的人，造成一种特别的器具，给抱有他种目的的人去应用的。所以，教育事业当完全交于教育家，保有独立的资格，毫不受各派政党或各派教会的影响。”⑥可以看出，蔡元培的教育理念与杜威的教育理念也有一脉相承之处。

从以上分析中我们可以看出，“以人为本”的教育理念反映了教育的本质和规律，以此为核心延展开来的“生命教育”、“爱的教育”、“素质教育”、“人的全面发展”、“大学教育”等等一系列教育理念，就有了理论的依归和深远的意义。继承和借鉴中外教育思想的精华，坚持“以人为本”的教育理念，是开展一切教育工作的圭臬。

---

① 《中国教育广播电视报》2010年3月22日，第11期，第1版。

② 丁钢主编：《历史与现实之间：中国教育传统的理论探索》，广西师范大学出版社2009年版，第64页。

③ 丁钢主编：《历史与现实之间：中国教育传统的理论探索》，广西师范大学出版社2009年版，第143页。

④ 贾馥茗：《教育的本质——什么是真正的教育》，世界图书出版公司2006年版，第120页。

⑤ 梁启超：《饮冰室合集》，卷四，中华书局1989年版。

⑥ 蔡元培：《教育独立议》，转引自教育部新闻办公室、中央教育科学研究所编：《对话教育热点2010》，教育科学出版社2011年版，第83页。

2."四位一体"——教育的生态理念

一般认为,教育是个系统工程,家庭教育、学校教育和社会教育是整个教育系统的子系统,构成了教育的三种形式。后来有人加上了"自我教育",认为每个个体都要接受家庭教育、学校教育、社会教育、自我教育,四种教育相互影响、相互促进和互补。①

家庭教育是由家长亲自实施,内容、方法都具有强大的灵活性、连续性和广泛性。家长和子女之间易于沟通,针对性强,可以有效地进行因材施教,遇物而诲,在儿童智力发展初期起到了决定性的作用。所以,家庭教育是一切教育的基础,对人的一生发展有着重要的影响。在整个教育体系中处于基础地位,是一切教育的根。具有显著的启智、育德、培养儿童兴趣爱好的功能。

学校教育时期是人一生成长当中最关键、最重要的阶段,人的很多种品格都形成于此。因此,学校教育在整个教育体系当中处于主导地位。学校教育具有明确的培养目标、教学计划及周密的课程安排,教学进度快慢适宜,保证了教学的科学性,使学生的智力发展按照从感性到理性、从形象到抽象的轨迹向前运动。学校教育的另一个优势还在于系统性强。这不仅仅是指教学内容,更大程度是说教育程度逐渐提高。因此,学校教育的重要程度是任何一种教育形式都无法比拟的。

随着人与社会联系的逐渐加深,社会教育对人的影响逐渐由弱变强,它是家庭教育和学校教育的扩大和补充,是一种持续时间长、影响广泛的终身教育形式。它与这两种教育共同构成整个教育体系,同时它也是这两种教育体系中最综合、最全面的一个。它既可以弥补学校教育在知识教学方面存在的不足,又可以广泛地开展道德品质、价值观教育,使人在自身能力、感情道德的发展中愈加成熟完善。②

在家庭教育、学校教育和社会教育进行的过程中,从早期的无意识学习到后来的有意识学习,个人自我教育始终伴随其间,并不断走向成熟。就学生而言,随着年龄的增长、知识的增多、心理的成熟,学生个体具有了一定的分析问题和解决问题的能力,一些学生开始规划自己的人生,制定自己的学习计划和人生奋斗目标。这时,自我教育明确而清晰。

学校教育、家庭教育、社会教育、自我教育尽管在社会生活中处于不同的社会地位,但彼此之间有着十分密切的联系。一方面,前面的三大教育在发挥主导作用的时间上,有着明显的顺序性,先是家庭教育,然后是学校教育、社会教育,层次清楚、脉络清晰。另一方面,学生的身心发展又是在同一时间共同作用的。既体现了教育的互融性和共通性,又反映了教育的干扰性、排他性。因此,为了进行正确、积极、全面的教育,学校、社会、家庭一定要通力合作发挥教育的有利因素,消除不良因素,同时强化自我教育的意识和力度,从而使教育更好地促进人的发展。

---

① 段宏君、张九换:《四种教育形式之关系研究》,《科教文汇》2010 年 4 月(下旬刊),第 1 页。

② 李中亮、刘宁:《家庭教育、学校教育及社会教育的整合发展趋势——兼议人的发展的内涵》,《现代教育科学》2009 年第 2 期,第 59 页。

3. "终身教育"[①]——教育的发展理念

终身教育是当今世界一种重要的国际性教育思潮，对世界各国的教育，无论是正规教育还是非正规教育，都产生了深远的影响。而学习化社会，则是作为当今世界的一种重要的社会理想，在世界各国未来发展蓝图的规划中占据着十分重要的地位和作用。终身教育是从人类个体纵向的时间拓展角度出发加以建构，而学习化社会则是以人类整体的横向空间延展为标准的一种目标和理想。正是在这种纵横的时空交错中，终身教育和学习化社会之间产生了联系，由此也表明，终身教育和学习化社会之间并非相互割裂，而是紧密相关的。这种联系的建立是通过终身学习的中介作用而形成的。从终身教育本身的含义出发，就要求作为个体的人必须要进行终身学习，而终身学习则有赖于社会提供相应的条件和空间。在此基础上，学习化社会的提出就成为了必然。至此，终身教育和学习化社会二者建立起了联系。在二者的关系上，富尔在《学会生存——教育世界的今天和明天》中指出："每个人必须终生连续不断地学习。终生教育是学习化社会的基石。"[②]

学习化社会和终身教育既有联系，也存在着相应的区别。在联系方面，终身教育是学习化社会的基础，因此，学习化社会的产生是受终身教育影响的结果；同时，学习化社会形成的社会因素与终身教育的社会因素是相同的。二者的区别主要存在于以下几个方面：如果说终身教育更多的是从时间角度强调教育的话，那么，学习化社会则是从空间角度出发进行的教育探讨；在指向对象方面，终身教育解决的是教育终身化和教育社会化的问题，而学习化社会则力图解决社会教育化问题；在教育主体角度方面，终身教育更多的是从个体的角度出发进行教育思想的建构，而学习化社会则多从社会即人类整体角度进行教育的研究和整体建构。终身教育与学习化社会的这种联系和区别既显示出二者不可分割的特点，同时也表明二者各自都有自身的独特性，因此，终身教育和学习化社会的融合，就形成了一种新的教育观念，即终身学习思潮。终身学习在很大程度上就是终身教育和学习化社会二者综合的产物，也是对终身教育和学习化社会的发展。

在我国，终身教育、终身学习、学习化社会的理念正在被越来越多的人所接受，正是在这样的背景下，中国教育电视台确立了"致力于服务学习型社会、服务人力资源能力建设、服务办好人民满意的教育，创建全球最大学习型平台"的媒体定位。

二、教育理念与教育电视传播功能的对位

以人为本的核心教育理念、"四位一体"的生态教育理念以及学习化社会的国际教育新理念，是整个教育理论中既相互联系又相互区别的基本理念，也是进行一

---

① 按照《现代汉语词典》的解释，"终身"和"终生"都有"一生"的意思，前者多就切身的事而言，后者多就事业而言。"终身教育"和"终生教育"，都指的是"终其一生的教育"，因此，二者没有根本的区别，为表述的统一起见，除了直接引文外，笔者采用"终身教育"的表述。

② 顾明远、孟繁华主编：《国际教育新理念》，海南出版社 2001 年版，第 1 页。

切教育实践活动的思想指南，对这些理念丰富内涵的认识和理解直接影响着进行教育工作的水平和成效。教育电视是以教育为出发点和根本目的的电视媒体，从这些基本教育理念出发，找准它们与教育电视传播功能的对位，才能进行有效的传播。

电视传播无论是从宏观的整体传播效果而言，还是微观的具体节目影响而言，蕴含在节目之中的基本理念和价值取向，都起着决定性的作用。在满足受众的精神文化需求的过程中，整个电视界都应该坚持相对和谐统一的核心价值理念。如果说综合电视的教育理念往往是隐形的、潜在的，那么教育电视的教育理念就是应该显性的、确定的，甚至是高调的，以至于形成品牌效应。教育电视的主要传播功能包括传播知识、传递教育信息、传承优秀文化、传扬教育理念以及传送教化育人诉求等，概括起来说，就是通过不同的节目形态最终达到教育的目的，而要达到教育的目的，就必须坚持正确的教育理念。以"以人为本"的核心教育为中心，以"四位一体"的生态教育理念为内容，以学习化社会的教育理念为指向，正是教育理论中最基本的、最具有实际指导意义的教育理念，因此也是教育电视应该坚持的教育理念。

1. 坚持"以人为本"的教育理念，摒弃功利主义的观念

教育是民族的希望、国家的未来。教育领域存在的问题已经引起了国家和社会的高度重视，科教兴国战略的提出，《国家中长期教育改革和发展规划纲要(2010—2020)》的颁布，全国教育大会的召开，以及"以人文本"教育理念的确定，都为教育的发展创造了新的契机，也为教育电视的发展提供了有利的条件。"教育优先发展"不仅是指要把教育事业放在优先发展的位置，而且也预示着教育的理念要有引领社会的作用。"教育本身就是一个世界，同时也是整个世界的反映。当教育在为社会的目的做出贡献时，它是服务于社会的，特别是当它在保证社会发展所需要的人力资源时，它帮助社会调动它的生产力。比较一般地说，教育一方面服从于社会条件，同时另一方面即使仅仅通过教育所产生的关于环境的知识，它也必然会影响这些环境条件。因此，教育有助于产生它本身转变和前进的客观条件。"①

作为社会教育的一种广泛的形式，作为与最广大受众接触的一种大众媒体，教育电视在宣传教育理念、提高国民素质方面有着得天独厚的传播优势，应该发挥重要的作用，通过服务于社会的工作，影响和改变自身存在的环境。教育电视首先要做的就是回归教育本位，从"以人为本"的核心教育理念出发，通过合理的频道结构编排，推出质量上乘的节目，以此赢得自身的媒介生态中的地位。教育是长期的事业，教育电视工作者要有教育的理想和情怀，眼睛不能只盯着眼前的利益或立竿见影的效果，更不能"身在曹营心在汉"，朝秦暮楚，见异思迁。当然，在激烈的媒介市场竞争中，教育电视确实存在着生存的困境，这需要整体考虑解决，但不能因此就偏离了教育的方向。

---

① 联合国教科文组织国际教育发展委员会编著:《学会生存——教育世界的今天和明天》，教育科学出版社1996年版，第83页。

2. 强化“四位一体”的教育理念，纠正现实中存在的理念偏差

“四位一体”的教育理念强调了教育的有序性、系统性和整体性。不仅要求每一种教育形式本身的正确性和科学性，而且要求处理好教育形式之间的关系。这样的教育理念不仅需要用于刚刚开始识字学习的孩童和学生身上，而且需要民众广泛了解，尤其是数以亿计文化水平不高的农民更需更新观念。

家庭教育、学校教育、社会教育和自我教育是教育的四种基本形式，都有着自身的规律和特点，同时这四种教育形式之间还存在着互动的生态关系，是一个相互关联的统一整体，构成了“四位一体”的教育理念。教育的这种基本形式和理念为教育电视提供了重要的理论指导和实践标准。一方面，教育电视要在实现传播知识的基本功能的同时，树立正确的家庭教育观、学校教育观、社会教育观和自我教育观，为受众提供每种具体教育形式的正确的理念，及时指出各种具体教育形式在实践中存在的问题，为其良性发展提供媒体支撑；另一方面，教育电视尤其要让整个社会认识、了解乃至接受“四位一体”的教育理念，充分重视四种教育形式之间的动态发展关系，揭示其在社会实践中存在的误区和偏差，引起人们足够的重视。

关于教育问题的发生，日本学者大河内一说：“有史以来，教育这一事实在人们中间就是以‘怎样教育’的形式提出来的一个问题。对于父母来说，把子女培养成为技术人员，培养成为艺术家还是其他什么样的人才，这就是教育的问题所在。为此目的，应如何管教或指导，要用什么样的材料来进行等便构成了问题。对师长来说，应教育学生遵守纪律还是让学生自由地成长，便是教育的问题所在。为此目的，应该用什么样的教育课程和教育方法便构成了问题。对政治家来说，把青年一代培养成勇士还是培养成和平爱好者，这就是教育的问题所在；或者，为此目的，需要有什么样的设备，制定什么样的制度等便构成了问题。”①由此可见，不同层次的教育理念，实际上通过回答相应的教育问题而实现的，从这个意义来说，反映教育存在的问题并试图做出回答，其实就是实现教育电视传播功能的一种有效的途径。

“教育电视”不同于“农业电视”、“军事电视”以及更加细分的专业电视的地方在于，“农业电视”、“军事电视”等主要受众对象为农民、军人等专业化群体，而教育电视面向的是所有的人，除了专门针对不同学龄段的观众开设的对象性节目以外，还必须兼顾社会各行各业的受众，尤其是那些早已离开学校而对教育不再关心的人。因为教育是全局性的，按照“四位一体”的教育理念，各种教育形式之间的关系是相互影响的，唤起人们对这种教育理念的重视是教育电视的基本职责。

3. 传播终身教育理念，营造学习化社会的氛围

“终生教育既不是一种教育形式，更不是特殊的教育形态，终生教育在很大程度上是一种教育观念，或者说是一种教育过程。自其出现以来，它对世界教育领域带来的冲击和影响是巨大的，而其产生的影响也十分深远，其影响至今仍处于巅峰状态，这也表明该思想具有的合理性和教育的规律性。”②对教育电视而言，终身教

---

① 朱家存等主编:《教育学》，高等教育出版社 2012 年版，第 9 页。

② 顾明远、孟繁华主编:《国际教育新理念》，海南出版社 2001 年版，第 34 页。

育的理念强化了教育电视在营造全民学习氛围的理论依据和践行动力。

学习化社会和终身学习的思潮是在终身教育思潮的基础上出现的，主要表现为以下几个方面的特征：学习和受教育的平等性；在空间上的开放性和时间上的终身性；生活性（成为人类日常生活的一个重要组成部分）；目标定位上的发展性；目标实现上的理想性；极强的主体性；等等。[①] 由此可见，学习化社会和终身学习不仅强调了学习的终身性，而且特别强调了学习的主体性，从被动的"受教育者"到主动的"学习者"不单单是称谓的改变，更是理念的颠覆。学习化社会和终身学习的理念要求教育电视必须改变以往"我传你受"的简单思维模式，突出自身先导性和服务性的优势，将这种教育理念与传播学的"受众本位"理念相结合，在突出"终生教育、学习化社会、终身学习"等教育理念的同时，营造出满足受众实现上述理念的途径和氛围。

相对于传统的教育理念，学习化社会、终身学习的教育理念有颠覆性的一面，但它又是充满智慧的。学习化社会、终身学习的教育理念的另一个启示意义在于：教育电视的传播应该是一种智慧的传播。如果我们把自身所处的学习环境比作海洋的话，"我们能不能有这样一种意识，把自己置身在知识的海洋，真、善、美的海洋，去真正地修炼自己，陶冶自己，完善自己，而不是把知识，或者道德观念，作为一种装饰，作为一种功利，作为家中的书架，仅仅摆设在那里，这是你是否能够真正地沉浸其中有所获得的非常重要的问题。"[②]意识中的海洋是什么呢？我们可以理解为知识的海洋，社会文化生态的海洋，是我们沉浸其中的带有灵性的东西，是我们对一个问题的认识，一种把握、一种观念。教育电视实际上是媒介生态环境的生成者，从某种程度上来讲，它是制造海洋的一部分。在国家和社会的进程中，教育电视应该生成怎样的一片海水？是一汪清澈的、纯蓝的、纯净的海水，还是污浊的、混杂的、低质的海水？是让人们愉悦积极地走进这片海水，还是无奈以至远离这片海水？是使人们在这片海水中获得身心的洗礼与滋养，还是适得其反？显然，这一切与教育电视的节目有着非常强的、非常紧密的一种关联。在终身教育、学习化社会、终身学习的教育理念背景下，教育电视要做的就是生成、造就一个"充满灵性的海洋"。

〔作者系中国地质大学新闻中心副主任、博士〕

---

① 顾明远、孟繁华主编：《国际教育新理念》，海南出版社 2001 年版，第 42—44 页。

② 俞虹在中国教育电视台建台 20 周年特别节目中的演讲，转引自康宁主编：《教育电视与和谐社会》，中国传媒大学出版社 2006 年版，第 25—26 页。

评述我国新闻教育初创时期的自由主义教育思想

辛欣

自由主义教育思想的源头可以追溯到古希腊时期。哲学家亚里士多德提出了“自由教育”(liberal education,又译为“博雅教育”)思想,认为人应该有闲暇时间去思考和体会人生。19世纪以来,随着社会的进步和自然科学的兴起,“自由教育”被赋予新的含义,追求人文教育与科学教育相结合,通过教育而使人获得完整、圆满的人性。英国著名的自由主义教育家纽曼(John Henry Newman)出版了《大学的理想》一书,奠定了现代高等教育理论体系的基础。纽曼认为自由教育是心智、理智和反思的操作活动,以心智训练、性格修养和理智发展为目标,通过自由教育使人成为理性的人是大学的理想。同是在19世纪,德国著名的高等教育思想家和改革家洪堡(Wilhelm von Humboldt)倡导大学学术自由,首创了教学与科研相结合的大学理想,他重视普通教育(general education,现也译为“通识教育”),提倡自我教育,提出了培养完人的教育目标;他认为人性的养成和人格的全面发展是教育的最高理想,而实现这一理想只有通过人文学科的学习才能实现。

1918年10月,蔡元培在北京大学成立新闻学研究会,这是我国新闻教育的发端,蔡元培因此成为我国新闻教育的创始人。他曾于1907年6月赴德,在中国驻德使馆工作;次年秋入莱比锡大学,攻读哲学、心理学、美术史学等学科,武昌起义后回国,1912年1月出任南京临时政府教育总长,1917年1月出任北京大学校长,提出“思想自由”、“兼容并包”的办学方针,使北大面貌焕然一新。蔡元培作为中国现代教育的先驱,他的大学教育思想深受德国著名的自由主义教育家洪堡的影响,将教育的目标定为“育国家之良民”。他注重教育的价值关怀和独立意义,追求完全人格,主张自由办学和文化融合,形成了独具特色的自由主义教育思想体系。

蔡元培本人十分热衷于新闻活动,在长期的新闻活动中形成了自己的新闻观与报学思想:丰富并发展了“史家新闻”的思想;提出了办报三原则:正确、纯洁、博大;提出新闻事业之天职,上以督促政府,下以指导国民;提出报纸不得谗诬与诽谤。[①] 蔡元培认为,谁掌握了学校,谁就掌握了未来;谁掌握了媒体,谁就掌握了天下;他和徐宝璜、邵飘萍等人一起,借鉴西方新闻教育的理念,开创了我国新闻教育的自由主义传统。

---

① 张巧玲:《蔡元培办报活动与新闻思想》,《青年记者》2006年2月。

在当时的社会背景之下，我国新闻教育初创时期的自由主义教育思想也是自由主义新闻思想在教育领域的具体体现，主要包括四个方面的内容：

第一，追求新闻教育的独立，强调新闻学作为独立学科的社会地位；

第二，强调新闻教育要培养人的自由主义精神，通过人文教育来实现这一目的；

第三，提出大学新闻教育的培养目标及基本模式；

第四，提出新闻教育进行终身教育及全民教育的必要性。

（一）

蔡元培任北大校长后，聘请了一批具有新思想、新文化的教授，徐宝璜留美归来后，即被聘为北大文科教授。蔡元培在北大的锐意改革，深受新闻界的关注，由此与邵飘萍相识，并请邵飘萍来北大新闻学研究会做导师。1919年初，蔡元培为徐宝璜《新闻学》一书作序。在序言中明确了我国创立新闻学科、开展新闻教育的重要意义：

> 余惟新闻史，史之流裔耳。……新闻与史又有异点：两者虽同记以往之事，史所记不嫌其旧，而新闻所记则愈新愈善，其异一；作史者可穷年累月以成之，而新闻成之俄顷，其异二；史者纯粹著述之业，而新闻则有营业性质，其异三；是以我国虽有史学，而不足以包新闻学。
>
> 凡学之起，常在其对象特别发展之后，……以此为例，则我国新闻之发起（昔之与邸报性质不同），不过数十年，至今日而始有新闻学这端倪，未为晚也。
>
> 新闻事业，在欧美各国，均已非常发展，而尤以北美合众国为盛。……新闻学之取资，以美为最便矣。伯轩先生游学于北美时，对于兹学，至有兴会，归国以来，亦颇究心于本国之新闻事业。……甚愿先生与新闻学研究会诸君，更为深宏之研究，使兹会发展而成为大学专科，则其裨益于我国新闻界，宁有涯涘欤。

方汉奇教授曾这样评价蔡元培："他是中国历史上，第一个热心支持新闻学研究和新闻教育的大学校长。"①

徐宝璜1912年毕业于北京大学，后考取官费留美，于密歇根大学攻读经济学、新闻学。1918年他与蔡元培发起成立北京大学新闻学研究会，被推为副会长、新闻学导师和《新闻周刊》编辑部主任，定期为会员讲授新闻学基本知识。他的《新闻学》经四次修改于1919年12月由北京大学新闻学研究会出版，成为中国最早的新闻学专著。

徐宝璜把西方自由主义报刊理念转化为适应当时中国发展进程的新闻学思

① 方汉奇：《新闻史的奇情壮彩》，华文出版社2000年版，第372页。

想,并应用于新闻教育中。他认为,一个新闻人首先必须是一个合格的自由主义者;只有当新闻从业人员具备自由主义所要求的公共化和独立性的职业品格,才能保证报纸真正具有公共化和独立性;报纸具备了独立性,方能真正传达民意、监督政府和抵御压制;新闻教育不仅仅是传授专业知识技能,更主要的是要培养出有社会责任感和历史使命感的新闻工作者。

徐宝璜是我国最早对新闻教育进行系统阐述的学者。他在《新闻学》的第一章《新闻学之性质与重要》中写道:

> 尝考各科学之历史,其成立无不在其对象特别发展以后。有数千年之种植事业,然后有农学林学。新闻纸之滥觞既迟,而其特别发展,又不过近百年事,故待近数十年,方有人以其为对象而特别研究之者。研究结果,颇有所得,已足构成一种科学,不过尚在青年发育期耳。
>
> 自各国民权发达以来,国内大事,多视舆论转移,而舆论又隐为新闻纸所操纵,如是新闻纸之势力,益不可侮矣。至其为祸为福,则视乎人能否善用耳。……美国各著名大学,近均设立新闻学专科,传输相当之知识,养成相当之人才,即因有见于斯学之非常重要也。

他在1919年《新闻周刊》发刊词中,更明确地阐述了新闻教育的意义:

> 北京大学有鉴于此,遂设立新闻学研究会,可介绍欧美所已发现之新闻学识于中国。二以继精深之研究,期有所贡献。三以培植明白新闻事业方法及记者责任之人才。一言以蔽之,欲解决新闻界各问题,使新闻纸之势力足为改良政治与社会之利器也。①

徐宝璜在他的一篇论文《新闻学讲话》中,详细地介绍了新闻教育在培养新闻人才方面的培养模式及课程框架:

> 新闻学,也正如其他科学,不能离各科而独立,且恒甚于其他各科。……所以,一个新闻学的专门研究者,不能把:社会学、经济学、哲学概论、政治学、法理学、政治学史、外交史、英美日本文学、世界史,与新闻学概论、新闻采集法、新闻编辑法,同广告学,混乱瞎学,临阵磨枪。假如我们要希望来学的人,对于新闻学或新闻业有相当的贡献时,我们一定要把前边的基础,比前边还要复杂的基础,使他立好,然后再教以专门的新闻学。否则,在不精稳的基础上建立伟大的房屋,很是危险。我们不能在不懂心理学、商业等科学时研究广告学,犹之,我们不能不懂心理而研究教育学一样。很希望主持新闻学教育的人,注意到这一点。②

---

① 《北京大学日刊》第357号,1919年4月21日。

② 黄天鹏编:《新闻学名论集》,1930年。转引自徐宝璜著,肖东发、邓绍根编:《徐宝璜新闻学论集》,北大新闻学研究会编印。

徐宝璜的这篇文章体现了人文教育、通识教育的思想内涵。

邵飘萍 1914 年东渡扶桑，到日本政治学校学习，期间不仅结识了孙中山、黄兴等国民党要人，还结识了张季鸾、胡政之、潘公弼等新闻界的杰出人物。1918 年，他创办了新闻编译社，这是国人在北京创办的最早的通讯社；同年 10 月，创办独立的民间报纸《京报》，并被聘到北京大学新闻研究会，主讲新闻采访学。1923 年，他在北大新闻学研究会的讲演结集成著作《实际应用新闻学》，由京报馆出版，这是我国最早的新闻采写专著。

1918 年 11 月 3 日，邵飘萍在北大新闻学研究会首次讲课，他谈了创办新闻教育的必要性和自己的喜悦之情：

> 窃以我国新闻事业之不振，良由新闻界缺乏人才之故，不揣冒昧，特致书蔡校长，陈本校应设新闻研究一门，造就人才，为将来之新闻界谋发展。蔡校长答书，多承奖饰。本校新闻研究之课程，自是自有添设之望，不禁狂喜。①

邵飘萍的第二本著作《新闻学总论》是他在国立法政大学的新闻学讲义，1924 年 6 月出版。他在第八章《新闻事业之将来》中，谈到了新闻教育具有重要意义，可以革除社会弊端，促进社会良性发展：

> 新闻学与新闻事业的关系，不啻如形与影的关系，故欲矫正新闻业之弊害，则新闻学之提倡研究，乃其根本急务也。所谓提倡研究新闻学者，其最著之效果，即为新闻记者人才之养成。若新闻界皆为对于新闻学研究有素之记者，则前途自易有改进之余地矣。以目下世界各国发达之情形言之，美国各大学中，早注意于新闻科，其学者之著书，亦最称弘富，故新闻事业有如今日之盛况。日本效法欧美，凡事皆唯恐不及，其大学中设科（如法政大学等）及学者所组织之新闻学会，与夫各新闻社中之实地练习，颇极盛一时。我国欲使一般新闻事业之进步，根本上亦非养成记者之人才不可。数年以来，北大之研究会、平大之新闻系、法大之添设新闻讲席，皆足证斯学之渐为教育界所重视。而青年学子有志斯学者之日见其多，将来新闻记者的人才问题，颇比较的可以乐观也。盖我国现在之新闻界，其腐败幼稚，毋庸讳言。而根本问题，由于人才之缺乏，品类之不齐。故现方从事研究新闻学者，其将来之责任与使命乃非常重大，此余所时欲提醒诸君耳。依余之希望，新闻学一科，应作为中学以上之普通课程，且望各大学之皆有添设。

邵飘萍是我国最早提出培养复合式新闻专业人才的新闻教育家，他同时也在我国第一次提出了全民新闻教育的思想，这方面的论述集中体现在 1924 年他发表在《东方杂志》第二十一卷上第六号的论文《我国新闻学进步之趋势》中：

---

① 摘自《邵振青导师在新闻研究会之演说》，原载于《北京大学日刊》1918 年 11 月 5 日，第 245 号。

> 以愚个人之私见，新闻与人生之关系既如此密切，新闻知识应列为国民普通知识之一。……抑更有进者，普通新闻记者所需之知识，仅中学以上之教育已勉强可以应用（若为国际之重要记者自当别论）；……至若斯学高深之程度，自非在大学中研究不可，且理想的新闻记者，必须政治、经济、社会诸学，皆有甚深之研究。此外尤当有一二门专门学科，与夫三国以上之言文，再加以多年之实地经验，则庶几乎可与世界名记者相伯仲矣，愿有志斯学者其勉之。①

邵飘萍在论著和课堂讲学时多次强调：记者“以品性为第一要素”，要把自己培养成“铁肩”、“道义”一身两任的社会活动家，“为弱者吐不平之气，使豪暴之徒不敢逞其志，不能不屈服于舆论之制裁”。他告诫记者要“主持公道，不怕牺牲”，“恪守人格、侠义、勇敢、诚实、勤勉、忍耐”，做到“贫贱不能移，富贵不能淫，威武不能屈；泰山崩于前，麋鹿兴于左而不乱其志”。他以切身的经验、强烈的事业心感染学生，并组织学生去报社实习，练笔投稿，培养了一代报人。② 这体现出新闻伦理教育在我国新闻教育初创时期就已被格外关注。

毛泽东曾回忆道：“他是新闻学会的一个讲师，是一个自由主义者，一个具有热烈理想和优良品质的人”③，“与徐宝璜不完全相同，邵飘萍不仅有系统的理论建树，还有实践经验。因此，他在新闻教育中对学生进行自由主义的观念训导时，既体现出一种理性的庄严，又充满着来自信念的献身激情；既体现着来自西方文明的觉悟，又充满深刻的中国本土化的细致体察。他在全面观察蔡元培先生的独立自由教育精神和学术品格的同时，更与徐宝璜并肩携手，从自由主义新闻理念到自由主义新闻实践，互为补充、互为呼应，从而开创了北京大学乃至中国现代新闻教育的崭新局面。”④

戈公振1913年考入上海《时报》编辑部工作，前后工作15年，初任校对、助理编辑，后升任编辑直至总编，并于1920年首创了《图画时报》。从1925年起，他先后在上海国民大学、南方大学、复旦大学等学校讲授新闻学，1927年出版《中国报学史》，在国内外产生重大影响。1927年初，他自费出国访问，先后到了法国、瑞士、德国、意大利、英国、美国、日本，考察各国的新闻事业。1929年4月，他发表《新闻教育之目的》一文，指出新闻教育的主要目的，是要给学生——未来的记者以“一种精神上的立脚点，指明他能够站而且应该站的地方”。他在1930年出版的《新闻学》一书中，指出了大学新闻教育的社会意义：

> 医生、药剂师，因为人命关系，所以要受科学的训练，就是兽医也有如此的规定。但是新闻记者，若是并不曾证明他的知识已经成熟，就交付他

---

① 《东方杂志》1924年，第二十一卷第六号，第25页。

② 辛欣、雷跃捷：《中外新闻传播教育发展研究》，中国传媒大学出版社2009年版，第22页。

③ 〔美〕埃德加·斯诺著，董乐山译：《西行漫记》，三联书店1979年版，第127页。

④ 张育仁：《自由的历险——中国自由主义新闻思想史》，云南人民出版社2002年版，第283—284页。

> 一个更宝贵的生命——一个国家或许多国家的生命，这是极不合理的。
>
> 我们对于新闻记者的大学教育，不仅以为“可以”就够了，且应该以为“必要”。设若我们将报纸当作一个团体利益的代表来看待，或是政党，或是教会，如此，新闻记者只需熟悉此一个团体的情形和流畅的文笔就够了，大学教育可以不必要。但是我们若认为报纸是代表公众的利益，那就一定要受过高等教育的新闻记者才能胜此重任。①

他全面分析了西方国家新闻教育的内容与特点，提出中国新闻教育的培养模式要以行业需求为导向，理论与实践并重：

> 新闻教育，应该包括以下几种：(一)理想的政治记者，应该研究的是历史、地理、法律、国民经济及统计学和外国语；(二)理想的商业记者，应该研究的是国民经济及统计学、私人经济、地理、重要的法律和英语；(三)理想的省报或地方报的记者，应该研究的是历史、地理、国际公法、国民经济及统计学和特殊的法律；(四)理想的文艺记者，应该研究的是哲学、历史和本国文学。②

1929 年，戈公振在“夫报纸为普及教育之利器”观点的影响下，发出了“新闻学是无条件的一切国民必修科”的倡议，在戈公振看来，“其实新闻学是每个青年都应该研究的，因为每一个人，皆和报纸发生关系”，号召将新闻学教育纳入国民教育体系中，变专业教育为普及教育，化精英教育为大众教育，从而使广大国民“对于报纸有理解和正当的态度”。③

邵飘萍、戈公振的全民教育思想是我国媒介素养教育的发端，这些思想也体现在后来谢六逸、黄天鹏的相关论述中。

谢六逸中学毕业后到日本早稻田大学学习东洋文学史，回国后在商务印书馆编辑所工作。1926 年，被聘为复旦大学中文系教授，1929 年任复旦大学新闻系第一任系主任。他认为在中学和职业学校应该设立新闻学科，一方面培养学生对新闻职业的认识，另一方面也可以提高学生的写作、办报的兴趣与能力。他曾说：

> 所谓普通的学校，是指初高中学及职业学校而言。我常见有许多中学生，因为学校经济的困难，不能为学校办刊物，而自己去办“壁报”的，仔细一看那壁报的文字，以调笑轻佻的居多，真能传达消息、发表言论的，很难寻觅。一旦在普通学校里增设了新闻学科，经教师的指导督促，自然容易养成勤于写作，勇于任事的习惯，于是团结合作，活泼灵敏等诸种美德，也必随之而来。④

---

① 戈公振：《新闻学》，商务印书馆 1930 年版，第 38 页。

② 转引自李建新：《中国新闻事业史论》，新华出版社 2003 年版，第 65 页。

③ 蔡斐：《戈公振新闻教育思想研究》，《青年记者》2007 年 10 月下。

④ 谢六逸：《新闻教育的重要及其设施》，黄天鹏编：《新闻学演讲集》，上海现代书局 1931 年版，第 18 页。

在谢六逸的聘请下，1929年，黄天鹏出任复旦大学新闻系教授兼主任。黄天鹏曾就读于北京平民大学报学系，后赴日本求学。1926年毕业于日本早稻田大学，获硕士学位。1927年发起成立北京新闻学会，主编会刊《新闻学刊》。黄天鹏将历年收集的中外新闻学资料数百种，捐助复旦大学成立“新闻学研究室”，为该系初期的建设做出了重大贡献。他把自己从事新闻工作的经验，融会贯通，形成了独特的新闻教育思想：

> 新闻学的性质既是人生多方面的结晶，我们利用这种科学来观察社会上、政治上的一切事物，来应付人生日常的生活，也是一种最切实的必需常识。根据这点，新闻学最低可供给人生以缜密的思想，敏锐的观察和果决的判断力。进可以效力社会，为舆论界的中心人物；退可以析疑问难，以之处世穷理。从新闻学根本性质分析起来，实为人人必具有的处世常识。①

（二）

我国新闻教育初创时期的自由主义教育思想具有中西合璧的特色，其中所倡导的人文主义精神为我国新闻学专业的创立及新闻教育的健康发展奠定了坚实基础。在其后的二三十年里，我国的新闻教育家在此基础上，结合政治形势和新闻实践的需要，完成了新闻教育的本土化改造，把政治意识和国际意识有机结合在一起，同时在实践技能的培养方面有所发展。

密苏里大学新闻学院的创始人沃尔特·威廉是中美新闻界友好交流的先驱。威廉先后于1914年、1919年、1921年、1927年和1928年五次访问中国。其中1921年12月，他在北京大学进行讲演，题目是《世界的新闻学》，介绍了世界新闻事业的发展情况、办报应具备的要素和报人应具备的三个条件。他指出报人应具备的三个条件是：预备相当的知识、预备相当的技能、预备高尚的人格。② 讲演结束后，威廉院长向北大校方转交了一封密苏里新闻学院致北大同志的公开邀请信《西方向东方致敬》，在信的最后两段写道：

> 今天，世界大战的毒焰即将消逝，但未来世界的轮廓却呈现许多不确定性。世界关注和平，等待着和平的曙光。期待、恐惧，人们祈祷新的一天的日出将展现和平的神秘未来。这有赖于明天的新闻事业去创造，明天的新闻事业却有赖于我们——东方和美国共同承担着世界走向和平的责任。
>
> 我们非常期待这一天的来临，我们感受到你们的热情。因为我们理

---

① 黄天鹏：《新闻学概要》，上海中华书局1934年版，第6页。参考李秀云：《中国现代新闻思想史》，中国社会科学出版社2007年版。

② 《卫廉博士新闻学讲演》（续），《北京大学日刊》1921年12月7日。

> 解你们，你们也理解我们。我们各尽其力，各取所需，为了共同的目标——人性的改善而通力合作。①

1924 年，燕京大学在校长司徒雷登的大力倡导下创立新闻学系②，1929 年正式建系。司徒雷登与密苏里大学建立联系，由密苏里大学派来的教员聂士芬和白瑞登协助办学，提出“本学系之目的在培养报界人才，授予广博之专门技能”。1931—1933 年，黄宪昭任新闻系主任，他 1912 年毕业于密苏里大学新闻学院，是我国第一位密大毕业生，在燕大新闻系讲授新闻学概论、社论、中英文新闻写作、采访编辑及报学史。1931 年 9 月 10 日，他创办了学生实习报纸《平西报》，这是一份中英文报，第一版以报道时局和学生爱国救亡活动为主。他重视中国报业经验和中国新闻学理论，在教学中指导学生：作为一个中国记者，无论采访、写作还是编辑，都不可偏离中国的角度看问题。③

1935—1937 年间，梁士纯任燕大新闻系主任。梁士纯曾在上海报社工作并任上海青年会总干事，著有《实用宣传学》一书。在燕大期间，他主讲宣传学、舆论与宣传。他注重学生实践技能的培养，1934 年 9 月 22 日，创办了中英文版的《燕京新闻》，他还聘请爱德加·斯诺、张友渔、成舍我、陈博生、胡政之等著名报人来校授课。梁士纯针对当时新闻系教材西化现象，指出要大力建设中文专业教材：

> 现在各学校所用的新闻学课本，差不多皆为英文，或少数由英文翻译成中文的书籍。……现在所亟需的是中文的教科书，以中国情形及需要为背景，而根据实地的经验、研究所写出来的教科书。这并不是说外国文的书籍绝对的合用，不过在这些外国文书籍外，还应有以中国报业为对象的中文书籍来补充。④

他还提出新的施教方针，强调通识教育：

> 新闻学乃多方面之学科，与人生任何部分均有关系。因此，新闻人才，不但具有专门的知识与训练，对于各种学识皆宜有清晰之概念。所以本学系对于新闻的专门学以极为注重，而同时对于其他与新闻有特殊关系的学科亦为重视。

梁士纯建议，主修新闻专业的学生要辅修一门与新闻有特殊关系的学科，如政治、经济、社会、历史等。这种培养思路与当代的复式专才式教育模式相同。

---

① 肖东发主编，邓绍根增订：《新闻学在北大》，北京大学新闻学研究会编印，北京大学出版社 2006 年版，第 55 页。

② 1919 年，燕京大学在新文化运动的背景下宣告成立，1929 年新闻系正式建系，1952 年全国高等院系调整时，燕京大学校名取消，该系并入北大中文系改称编辑专业，1958 年并入中国人民大学新闻系。

③ 肖东发主编，邓绍根增订：《新闻学在北大》，北京大学新闻学研究会编印，北京大学出版社 2006 年版，第 161 页。

④ 梁士纯：《中国新闻教育之现状与将来》，燕京大学新闻学系，1936 年 5 月，第 6 页。

在新闻教育实践中，谢六逸注重新闻报道的方法和艺术，强调新闻与文学的联合；他把报纸看成是一所文化大学，面对社会，必然要为某种政治倾向服务，这就要既有明确的思想观点，又富于文学兴味，才能使读者乐于接受。[①]在谢六逸新闻教育思想影响下，复旦大学新闻系本着“理论与实践并重，教学与科研并重”的精神，合理设置新闻课程(如增加中国报学史等课程)，来实现为本国报业培养人才的目的。谢六逸坚决反对中国新闻教育西化现象，反对由外国人主办新闻教育；他在复旦大学新闻系大纲中明确规定：“本系设立之目的：养成本国报馆编辑人才、养成本国报馆经营人才。”他的教育方针是“灌输新闻学知识，使学生有正确的文艺观念及充分之文学技能，更使之富有历史、政治、经济、社会与各种知识，而有指导社会之能力”。

马星野1934年毕业于美国密苏里大学新闻学院，于1935年回国后任中央政治学校教授，先在外交系讲授新闻学概论、新闻事业经营及管理两门课，后负责筹建新闻系，并任新闻系主任。1937年抗战开始，中央政治学校西迁成都，马星野在新闻系增设新闻事业专修班。密苏里大学新闻学院1984年授予他“杰出新闻事业终生服务最高荣誉奖章”。马星野在任中央政治学校新闻系主期间，强调“理论要与实践相配合”。为了培养高素质的新闻人才，他在新闻系的课程安排上，除了专业知识训练外，还将社会、人文、语言等学科，都列入课程之中。为了解决师资匮乏的问题，他特地从南京到上海，请《申报》采访部主任钱华、《新闻报》编辑主任俞颂华等杰出的实务界人士授课。他还先后创办出版多种实习刊物，如《中外月刊》、《芷江民报》、《新闻学季刊》、《南泉新闻》(后易名为《学生新闻》)等。

1921年密苏里大学新闻学院的院长威廉在北京大学演讲时，成舍我恰好在北京大学求学，威廉的思想对他的触动很大。1930年4月，成舍我由上海出国，考察欧美学术文化和新闻事业，这次考察使他认识到要把新闻教育纳入到新闻事业体系中，培养和选拔报业骨干。当时国内报纸党派林立，众多新闻从业者因未接受过职业教育，素质低下，成舍我认为必须从新闻教育做起，为发展新闻事业造就全能人才。

1933年2月，成舍我创办了北平世界新闻专科学校，以“德智兼修，手脑并用”为校训，并以“理论与实务并重”作为教学方针，教育学生“我以为文化运动最大的武器，就是报馆”，要以一种“秀才报国无他物，唯有手中笔如枪”的方式来关注祖国的前程。他希望“问政”能通过新闻的形式表现出来。成舍我认为新闻记者最重要的是要具有高尚的新闻道德，要能采访、懂编辑、会校对，三样技能俱全。

成舍我还注重改进新闻报道技术，发明了新式字架“排字台”，“不但可免消耗体力之苦，而且可以缩短排版时间，增加生产效果”[②]；1942年他在桂林开办的世界新闻专科学校，安排学生协助商务印书馆做排版、校对、打印等工作，以换取学生的生活费。这既能帮助学生“做中学”，又有利于学生就业，是一项非常实际的教育

① 谢六逸：《谢六逸文集》，商务印书馆1995年版，第271—279页。

② 马之骕：《新闻界三老兵》，台北经世书局1986年版，第302页。

措施。

1944 年,我国第一本研究新闻教育的专著《中国新闻教育史》出版,作者是新闻学者吴宪增。吴宪增在书中明确提出了媒介素养教育的重要意义,他认为社会各界人士都应该掌握新闻学知识:

> 无论在任何事业上去努力,要想寻找对本科有关系之材料,便不得不去阅读报纸。而报纸是新闻学研究的对象,由于阅报之关系,便有研究新闻学之必要。况新闻学对研究各种科学,有增加思才敏捷之力,头脑明晰之补助。若我们对某种科学研究有了心得,或是发明,欲藉报纸发表,苦于无新闻学知识,亦不能如愿以偿。假设有新闻学知识,便可随时随地将自己之意思揭櫫报端。[①] 吴宪增还重点论述了在师范学校(包括高中师范、简易师范、乡村师范)普及新闻教育的重要性。

1949 年建国后,我国效仿前苏联的教育模式来指导新闻教学和实践。前苏联新闻教育的主要特点是对于意识形态的高度重视,新闻教育注重的是党性原则,新闻事业是政党的工具。

1978 年改革开放以后,我国的社会形势发生了巨大的变化,技术革命使社会信息化、全球一体化成为现实。进入 21 世纪,新闻传播在技术层面上实现了媒介融合;在社会层面上实现了全球化传播;在经营管理层面上实现了媒介市场化运作。我国新闻教育呈现出高速度、大规模、多元化的发展特征。

马克思在《1884 年经济学——哲学手稿》中认为,人的全面发展是指作为社会主体的每一个人在个性、道德、能力等方面的和谐、自由、全面地发展和完善;人的全面发展的过程,最终一定是一个超越人对物的依赖关系的过程。马克思同时指出,教育是造就全面发展的人的唯一方法。2003 年 10 月,我党十六届三中全会提出了"坚持以人为本,树立全面、协调、可持续的发展观,促进经济社会和人的全面发展",这是党中央首次明确提出"科学发展观"的概念。在人才培养中,科学文化、科学教育与人文文化、人文教育的交融成为教育发展的必然趋势,自由主义教育思想在当代逐渐发展成为"科学人文主义"教育思想。

"新闻传播事业是社会的良心,新闻教育所培养的,更是社会的导师,其任重道远不言而喻。新闻技术固然可贵,新闻思维与新闻道德更是一位新闻工作者的灵魂。"[②]"建构现代新闻观,光有科学精神是不够的,还必须有人文精神的指导与充实。人文精神倾注于现代新闻观的,是人的关怀、人的同情、人的情愫、人的力量,有了这些,新闻才能以人为本,才能富有情感,新闻学才能在人文科学的巨大体系中有一席之地,才能从根本上完成新闻肩负的历史使命。"[③]因此,作为当代的新闻

---

① 吴宪增:《中国新闻教育史》,石门新报社 1994 年版,第 2 页。参考李秀云:《中国现代新闻思想史》,中国社会科学出版社 2007 年版。

② 郑贞铭编著:《中外新闻传播教育》(后记),台湾远流出版有限公司 1999 年版,第 586—587 页。

③ 童兵:《科学和人文的新闻观》,《新闻大学》2001 年夏季号。

工作者，应发扬我国新闻教育初创时期的自由主义教育思想，以科学人文主义为引领，强化新闻伦理与法规教育，培养学生的批判性思维，使学生能够用战略眼光去分析媒介与社会发展的关系，从而使当代的新闻教育和新闻传播事业更好地服务于国家发展与社会公益。

〔作者系中国传媒大学新闻学院讲师、博士〕

·网络与新媒体·

手机新闻客户端的传播过程探析
——以搜狐手机新闻客户端为例

吴风　赵丛聪

新闻类应用程序的大量出现，改变了移动互联网平台上的新闻传播途径，让新闻内容、新闻的表现形式、互动方式、传播模式都发生了很大变化。这种变化适应了当下人们获取新闻的需要，越来越多的人开始使用手机新闻客户端浏览新闻。根据最新调查，2013 年上半年中国手机新闻客户端用户规模已达到 2.85 亿人，手机新闻客户端在中国手机网民中的渗透率已经达到 56.3%，预计到 2014 年下半年中国手机新闻客户端用户规模将超过 4 亿人。① 同时，据易观智库调查，“2012 年伦敦奥运会的报道中，新闻客户端依靠丰富的信息资源、及时的资讯推送以及活跃的社交互动性成为用户首选的手机媒体，其中有 81.3%的用户通过新闻客户端了解了奥运信息。”②

移动新媒体的崛起将新闻传播带进了移动互联的新时代，新的传播方式必然带来传播机制的改变，进而新闻传播不再是单纯的线性传播，深层次的受众参与互动让新闻传播发生巨大变化，这就要求我们必须研究移动互联媒体背景下新闻客户端的动态传播过程，深入理解其独特的传播机制，以便梳理完整的网络新闻新的传播体系。本文以搜狐手机新闻客户端为例，立足于手机新闻客户端的动态过程分析，重点解读手机新闻客户端独特的传播效果。

一、手机新闻客户端的传播过程

“信息传播过程”是传播者选择加工信息，通过某种渠道传递给受传者并引起反应的过程，它包含多个因素，多种环节，彼此相互作用，相互影响，因此其传播过程是一个动态的过程，各个环节虽然必不可少，但只有相互配合互为因果，传播才会完成。手机新闻客户端在新闻传播过程中同样包含相互联系的各个环节，不同的联系必然产生不同的传播机制，从而产生不同的传播效果。在手机新闻客户端

① 艾媒咨询:《2013 上半年中国手机新闻客户端调研报告》。

② 易观智库:《伦敦奥运，以新闻客户端为代表的移动媒体强势崛起》，http://www.36kr.com/p/144576.html。

的传播过程中，信息在各要素间传递，从被生产到传播包括了传播者以何种方式通过怎样的传播路径进行传播。

1. 选取新闻信息——转载与加工

搜狐新闻客户端每日新闻包括了文字、图片、音频、视频。板块主要包括新闻、视频、订阅三大板块。单从新闻板块来说，分为头条、娱乐、军事、财经、直播、社会、体育、IT、等22个子栏目。其中以头条新闻的点击率、跟帖与转发数量最高。新闻客户端的传播内容可以多种多样，可以纯文本，也可以文本＋图片，也可以文本＋图片＋视频。不同的传播内容形式在传播效果上会有不同的影响。笔者从搜狐新闻客户端中截取2014年3月1日—3月15日的新闻作为研究样本，样本总量为1107条，根据新闻内容进行主题分类，分别为政治新闻、民生新闻、经济新闻、娱乐新闻、体育新闻、科技新闻、国际新闻、军事新闻、生活服务类、其他类。就新闻内容的分析情况如下：

主题类别	新闻数量	百分比
政治新闻	73	6.59%
民生新闻	617	55.74%
经济新闻	27	2.43%
娱乐新闻	83	7.50%
体育新闻	68	6.14%
科技新闻	38	3.43%
国际新闻	75	6.77%
军事新闻	41	3.71%
生活服务类新闻	53	4.79%
其他	32	2.90%
总计	1107	100%

（注：百分比采取四舍五入，取值小数点后2位）

从表中的数据可以看出，搜狐手机新闻客户端的民生新闻占所有新闻信息的一半以上，排在前三位的分别是民生新闻55.74%，娱乐新闻7.50%，国际新闻6.77%，其中民生新闻占有支配地位。民生新闻成为搜狐手机新闻客户端在内容上的主力军。不过，需要注意的是，搜狐手机新闻客户端的民生新闻多用夸张的词语和噱头来吸引受众的注意力，例如："得理不饶人，宋丹丹再批潘石屹"、"女老兵'抠门'为友省钱躲一劫"、"厅长巴结处长，感叹小鬼难求"等标题，反映出搜狐手机新闻客户端通过标题的再加工来吸引用户眼球，从而获得点击率。

其次，从搜狐搜集新闻的原创情况来看：

信息来源	新闻数量	百分比
原创	23	2.07%
转载	1084	97.93%
总计	1107	100%

(注:百分比采取四舍五入,取值小数点后 2 位)

上表的信息显示,在搜狐手机新闻客户端的新闻信息样本中,原创与转发在数量上相差极大,分别占 2.07%和 97.93%,可以说绝大部分都是经过转载而来的。从这一统计数据可以看出,搜狐手机新闻客户端作为门户网站在移动领域的重要产品,在新闻数量上有强大的数据资源,但在原创功能上与传统媒体相比还有明显的不足。其新闻来自各大权威网站、报纸、国外媒体等,在适合手机新闻客户端阅读习惯的基础之上做必要的删减或添加,并更改成适合手机新闻客户端屏幕的新闻标题。转载的过程也表明了传播机构对本件事的看法和态度。

此外,在搜狐手机新闻客户端的信息形式中,多种传播形式得到了运用:

媒介形式	新闻数量	百分比
文字	223	20.14%
图片	3	0.03%
视频	18	1.62%
文字+图片	361	32.61%
文字+视频	292	26.38%
文字+视频+图片	204	18.42%
总计	1107	100%

(注:百分比采取四舍五入,取值小数点后 2 位)

从上表中可以看出,文字搭配图片是搜狐手机新闻客户端最常用的信息表达方式,占 32.61%,其次是文字搭配视频,占 26.38%,仅文字形式的占 20.14%。虽然搜狐手机新闻客户端没有字数限制,但简洁的语言搭配图片以及视频等可以更准确、更简洁地反映传播者的意图,同时也让受众看得更直观、更明白。

2. 传递新闻信息——分类与筛选

阿尔文·托弗勒提出:"未来社会是信息化社会,但信息植根于社会生产的非群体化。社会结构的非群体化,价值取向的非群体化以及思想意识的非群体化造就了不同生活习惯,不同审美取向的群落。消费者、传媒的受众,都划分为不同的群落。"[①]不同的群落造就了不同的生活习惯,不同的审美取向,单个的媒介很难满足于所有人的口味。现代信息传播渠道多种多样,为了生存,新闻的传播就必须考

---

① 〔美〕阿尔文·托夫勒著,蔡伸章译:《未来的冲击》,中信出版社 2006 年版,第 154 页。

虑满足不同群体的需要，获得更广泛的受众。移动互联时代，巨大的网民数量和爆炸式的信息带来了信息传播的不确定性。只有通过细分受众、提供定制化的信息才会实现有效的传播。而手机新闻客户端正好具备分众传播的各项要求。手机新闻客户端将新闻信息进行内容细分，例如政治、经济、娱乐等，受众根据自己的喜好选择自己所需要的新闻信息，并参与其中，进行评论甚至转发。手机新闻客户端通过大众传播形式将大量信息进行了初次传播，由于新闻信息量大，必要的新闻的分类才能吸引不同分众。

对于受众来说，分门别类的信息可以让受众更为方便、集中地找到自己感兴趣的相关领域，并且可以集中阅读。对同一话题感兴趣的受众形成了小群体即分众，参与讨论，并给予反馈。传播者在手机新闻客户端里，不再是被动地等待受众的关注，而是通过细分的内容、及时的热点将受众眼球吸引过来。将分散的信息经过编辑处理集中起来，受众可以便利地搜索到同类信息，了解新闻事件发展的全过程，甚至是外延信息，从而将受众进行了初步的分类并逐步进行细化，最终形成固定的受众群。搜狐手机新闻客户端利用其推送功能向受众进行推送，受众关注到该信息并加入到该新闻推送中进行深度了解，在这里形成了分众群体。同时，这种分众群体具有分散性和易逝性，当话题结束，受众可以分别转向不同的团体中去。

3. 接收新闻信息——选择并再传播

手机新闻客户端的大众传播具有选择性。一是新闻客户端的大众传播对传播设备具有选择性；二是移动互联网环境下，不同的受众可以选择不同的传播工具；三是不同的受众可以选择不同的新闻传播内容，手机新闻客户端每天更新的大量信息，受众面对各类信息可以根据自我兴趣进行选择；四是受众对于参与大众传播的时间可以任意选择。手机新闻客户端由于自身的便携性、移动伴随性的特点，不断改变受众的新闻阅读习惯。以往的黄金时间被打破，碎片化、零散的时间被利用起来，受众可以任意选择新闻浏览时间。

互联网的出现对传播进程所带来的深刻影响之一就是传播层级的改变。“网络传播的革命意义，并不是取消信息链，而是在变形信息链，传播层级仍然存在。”[①] 多级传播作为互联网环境下新媒体所具有的传播特色，在传播过程中发挥着巨大的作用。手机等移动新媒体已经成为互联网传播形式下的主力军，在传播方式上也带来了深刻的影响。作为手机媒体平台上的新型新闻传播形式，搜狐手机新闻客户端首先通过大众传播形式将新闻发布或进行新闻推送，受众可以自由选择接收新闻的时间、地点、内容。当受众主动选择新闻信息的时候，分众传播也开始进行了。

搜狐手机新闻客户端的多级传播起点为初级传播下的大众传播，当新闻机构也就是手机新闻客户端面对广大的受众进行传播，并且受众接受了传播后，初级传播就已经形成。手机移动互联的特性决定了手机新闻客户端不可能止步于大众传播，其交互性、即时性等特征决定了其传播的路径必然呈多级化发展。不同的话题

---

① 杜骏飞：《网络传播概论》，福建人民出版社 2004 年版，第 164 页。

产生了不同的分众，不同的分众为了寻求更大的关注会将内容、评论分享到自己的朋友圈，这样二级传播就从手机新闻客户端传向了社交网络。但这并不是新闻传播的终结，在社交网络下，新闻信息会以几何级数放大的形式进行更广泛的传播，从一个节点连接到另一个节点，从一个社交圈转向另一个社交圈，形成了传播者—媒体平台（手机新闻客户端）—受众—社交圈，并且在不同社交圈无限放大传播效果。

二、手机新闻客户端的传播效果

有学者认为："新闻传播效果是新闻传播活动的出发点和归宿。效果问题是整个传播活动的中心，这个问题贯穿于传播活动的全过程。设定效果的实现，需要传播者、受众的良性互动，需要相当质量的信息，需要畅通无阻的传播渠道。所有这一切共同协调运作的结果，就是满意的传播效果的获得。"①这一观点告诉我们，传播效果是传播对人的行为产生的有效结果。当受众接受了信息并对该信息产生了正面评价，新闻传播才达到真正的效果。手机新闻客户端在信息传播过程中会产生不同的传播效果，其具体表现如下：

1. 满意度提高，用户黏度增强

搜狐手机新闻客户端是手机媒介形式，作为下载量最高的手机新闻客户端，用户的选择理由又是什么呢？针对这种情况，笔者试以问卷调查的形式对搜狐手机新闻客户端用户满意度情况进行调查分析。由于多种因素的限制，笔者将调查范围限定在中国传媒大学师生之间。调查对象为 20—30 岁之间的学生、教师，属于高学历人群。这部分的人群手机新闻客户端的使用率较高，对新闻和客户端的使用有更直观的感受。本次调查时间是 2014 年 3 月 1 日—3 月 5 日，在校内共发放了 100 份问卷，回收了 74 份，针对调查内容，其调查结果如下：

(1)在调查人群中，38%的用户不使用新闻客户端看新闻，62%的用户使用新闻客户端看新闻，51%的用户知道搜狐手机客户端，而 28%的用户不知道搜狐手机新闻客户端。这说明搜狐手机新闻客户端在高学历人群中的知名度比较高。

(2)在知道或使用搜狐手机新闻客户端的人群中，有 60%的用户会经常使用搜狐手机新闻客户端，有 5%的人群不会经常使用。3%的人是每天都去看搜狐手机新闻客户端，而偶尔想起来会去看的占 22%，基本不看的占 19%。27%的用户除了使用搜狐手机新闻客户端外还会使用其他新闻客户端。这说明在这群人中间，人们对于新闻客户端的使用率比较高，并且用户黏度较高。但多种新闻客户端会分散用户的注意力。

(3)用户使用搜狐手机新闻客户端的原因呈多样性，但认为其信息全面及时的占 35%，新闻权威的占 30%，可以多角度了解信息的占 3%，随便找的占 3%，界面美观的占 6%，原创内容多的占 6%。由上可知搜狐手机新闻客户端及时全面的信

① 童兵：《理论新闻传播学导论》，中国人民大学出版社 2001 年版，第 154 页。

息是客户下载使用的重要吸引力,也就是说,搜狐手机新闻客户端要想扩大用户使用范围就要保持自己的强大的信息量,这也是新闻机构影响力的重要因素。

(4)对于搜狐手机新闻客户端使用满意情况调查显示,38%的用户认为其还不错,18%的用户认为其一般,没特别感觉,3%用户对其不满意。对于其每天推送的新闻,32%的人比较满意,12%的用户不满意。41%的用户会继续使用搜狐手机新闻客户端,15%的用户不会继续使用。这说明搜狐手机新闻客户端的用户满意度较高,但15%的用户表示不会继续使用说明在保持用户黏度上还要继续下功夫。

(5)在用户对搜狐手机新闻客户端的改进意见中,32%的用户希望其增加互动(包括发帖、跟帖等),15%的用户期望其提高新闻更新的速度,24%的用户希望其丰富新闻内容,15%的人希望其改进新闻推送功能。这说明搜狐手机新闻客户端虽然在用户中使用情况较好,但仍有巨大的上升空间,如可以在互动性、更新速度、原创内容以及新闻推送方面不断改进。

从上可见,搜狐手机新闻客户端全面及时的信息是吸引用户使用的最大亮点,但在其互动性、更新速度、新闻丰富性、推送等方面仍有上升空间。

2. 品牌影响力增加,塑造全新公共领域

品牌是人们对一个企业及其产品、售后服务、文化价值的一种评价和认知,是一种信任的体现。在新闻机构中,则表现为可信度。搜狐手机新闻客户端从上线之日起就通过强大的宣传吸引了一批人的注意,这其中有搜狐网的长期使用者,也有被推荐下载的分散性用户。但当一个事物引起人们的注意,成为一个广为人知的品牌后,就会有强大的影响力,这种影响力越大导致人们被说服的可能性越高,而新闻的可信性又会吸引越来越多的人主动去下载与使用。这无形中又在不断扩大搜狐手机新闻客户端的品牌效应,这也是从众心理的一种表现:个人在接受信息的过程中趋向于与外界多数人保持一致。

笔者深访的结果显示,高学历人群对搜狐手机新闻客户端早有耳闻,并在朋友中间的口碑较好,更因为搜狐新闻客户端强大的影响力以及用户量而下载了搜狐手机新闻客户端。多数人下载搜狐手机新闻客户端的初因也是因为搜狐的品牌效应。

3. 满足新闻需求,用户活跃度大增

传播学者施拉姆曾这样描绘受众:"受众参与传播就好像在自助餐厅就餐,媒介在这种传播环境中的作用只是为受众服务,提供尽可能让受众满意的饭菜(信息)。至于受众吃什么,吃多少,吃还是不吃,全在于受众自身的意愿和喜好,媒介是无能为力的。换句话说,这个理论假设的中心是受众。它主张受传者的行为在很大程度上是由个人的需求和兴趣来决定的,人们使用媒介是为了满足个人的需求和愿望。"①那么受众又是为什么选择了手机新闻客户端呢?通过对搜狐手机新闻客户端跟帖留言的观察以及对长期使用搜狐手机新闻客户端的受众进行深度访问加笔者的亲身体验发现,受众之所以选择搜狐手机新闻客户端并保持较高的用

---

① 引自百度百科:http://baike.baidu.com/uiew/188481.html? fr=aladdin。

户黏度很大原因在于其满足了用户的需求。

随着移动新媒体不断发展,媒介渠道越来越多,获取信息越来越方便。海量的信息已经满足了单纯的接触新闻的需求并向着更高的新闻需求转变。受众在使用媒介的过程中,不再单纯地接受、观看而更加注重参与和分享,这种强烈的参与感在新媒体环境下得到了满足。在搜狐手机新闻客户端的新闻平台上,受众不仅获得了新闻也满足了即时评论的参与感和进行转发的传播行为。受众在搜狐手机新闻客户端里可以获得资讯并参与跟帖与讨论,从而获得越来越多人的关注,满足了在虚拟社会中的社交需求。同时,搜狐手机新闻客户端支持将新闻、评论直接转发到微博、微信等社交圈中,体现着受众希望被转发与关注的尊重需求得到了满足。

三、结语

通过如上的梳理与分析,我们注意到,传统意义上的新闻传播要素已经不能完全适应手机新闻客户端的媒介传播研究。例如,在手机新闻客户端的传播中其信息反馈、个性化定制和自主跟帖的形式都不同于传统媒体,手机新闻客户端的传播要素体现出了明显的个性化、交互性与定制化的特征。而正是这些具有差别个性的移动媒体传播特性,才使得手机新闻客户端在这个新闻传媒发展日新月异的当下,认知度越来越高,普及率越来越高,使用率越来越高。

〔作者吴风系中国传媒大学新闻学院教授;
赵丛聪系中国传媒大学新闻学院网络新闻与新媒体专业硕士研究生〕

传统媒体微信话语方式的现实与可能:基于北京三家媒体微信订阅号的分析

刘年辉 张晶

2013 年 1 月 15 日,微信注册用户超过 3 亿。2013 年 11 月 19 日,微信发布三周年,其月活跃用户(含海外)达到 2.719 亿。2013 年 9 月,微信人均月度总有效使用时间为 226 分钟,用户黏性强劲有力。① 2012 年 8 月,微信发布公众平台,到 2013 年 11 月,公众号达到 200 万,每天新增 8000 个。转型的焦虑,推动传统媒体积极探索新的传播方式。面对最有影响力的移动互联网应用,广播、电视、报纸等传统媒体纷纷设置微信公众号,试图通过整合微信,推动自身的融合性发展。但是,不同媒体对微信公众号的功能定位、价值取向、资源投入、运营方式等不同,导致微信公众号发布的信息形态各异、特点不一、水平参差,而这些差异会以话语方式呈现出来。

运用某种语言规则在具体语境中说话或写作等所形成的口语或文本,就是"话语"。话语是一种书写、声音或是影像等符号表达的产物,其物质形式表现为由文字、声音或是图像等构成的文本。话语包括说话人、受话人、文本、沟通、语境等要素。话语方式有狭义与广义之分。狭义的是指文本在表达中体现出来的比较固定的风格或套路,广义的则是指包括文本的内容和形式在内的各种特征的总和。②

本文的旨趣在于分析北京传统主流媒体微信订阅号话语方式的特点及其适切性,并探讨可能的改进途径及趋势。

一、研究方法与样本选择

本文采取内容分析为主、话语分析为辅的研究策略。通过内容分析描述样本传播内容的一般状况,在此基础上,通过话语分析讨论文本的个性特点以及背后的相关因素。

样本确定为北京电视台、北京广播网和《新京报》这三家经过认证的微信订阅号。选择的依据包括:母体媒体的覆盖范围以北京市为主,不同的母体媒体类型电视、广播、报纸之间的平衡,以及订阅号的活跃程度。

分析的时间为 2013 年 12 月 5 日到 12 月 20 日。时间选择主要考虑研究的便

① 艾瑞咨询:《2013 年微信商业化价值研究报告》,http://report.iresearch.cn/2090.html。

② 〔英〕诺曼·费尔克拉夫著,殷晓蓉译:《话语与社会变迁》,华夏出版社 2003 年版,第 59—60 页。

利性和样本量的充足度。

二、内容分析结果

1. 北京电视台微信订阅号

北京电视台微信订阅号共发布信息 84 条，平均每天 5.25 条。

(1)议题与内容

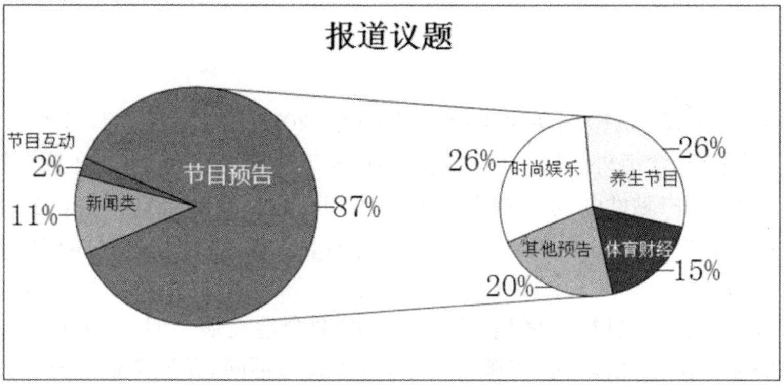

图 1　北京电视台微信订阅号议题分布

表 1　北京电视台微信订阅号议题数量

议题			数量		合计	
节目相关活动类	节目预告	时尚娱乐	22	73	75	84
		养生健康	22			
		体育财经	13			
		文化教育	6			
		人物访谈	5			
		影视剧	3			
		相亲交友	1			
		民生法治	1			
	节目互动	有奖竞猜	2			
新闻类	时政新闻		2		9	
	社会新闻		2			
	文教新闻		1			
	休闲娱乐		4			

从图 1、表 1 可以看出，北京电视台微信订阅号以节目活动类内容为主打，占到了总议题的 89%。节目活动中，只涉及节目预告和节目互动两类，没有出现节目内

容的实时报道。而节目预告以大比例远远领先（占总议题量的 87%）。数据说明，北京电视台微信订阅号核心的功能定位是引导和吸引用户去收看北京电视台的工具性交流管道，而不是作为传播信息的媒体平台。这突显了北京电视台以电视为核心的发展取向。

节目预告主要以三类节目类型为主，按百分比大小依次是：时尚娱乐类、健康养生类、体育财经类。其他的节目类型如时政新闻类、文化教育类、人物访谈类、相亲交友类、民生法治类和影视剧预告的数量则比较少，这显示出北京电视台试图突出自身时尚娱乐、健康养生等富有特色与优势的栏目的意图。

新闻类内容只占总体的 11%，其中休闲娱乐类的内容最多，多是一些生活小贴士等实用性的内容，涉及时政、社会、文教的新闻都很少，而诸如科技、公益、财经等内容的新闻没有出现过。这也体现了通过轻松实用的内容，增强用户黏性，进而引导用户成为本台的电视观众的意图。

概括而言，北京电视台微信订阅号信息议题具有集中度高、针对性强、目的明确的特点。

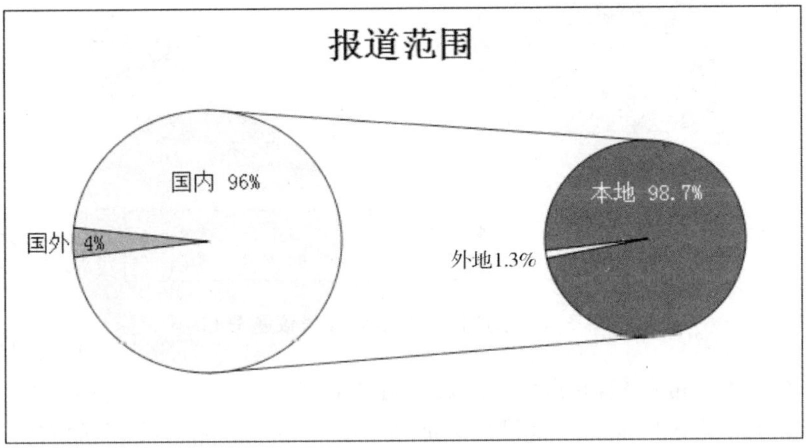

图 2　北京电视台微信订阅号报道区域分布

北京电视台微信订阅号的内容中有 96%是国内新闻，只有 4%是国外新闻。国内新闻中，北京本地新闻的数量呈压倒性的优势（98.7%），其余的是涉及全国范围的新闻，没有出现外省市的新闻。北京电视台微信订阅号注重接近性，具有鲜明的本土化的特点，但也从某个侧面说明，北京卫视虽然覆盖全国，但其影响力还局限在北京市。

(2)时间与形式

受订阅号权限限制，北京电视台微信订阅号每天只发送一次。每次发布数量一般为 4 条，也有时为 3 条或 5 条。发布的体裁 98%为消息形式，其余的 2%为通讯，没有出现评论等体裁。信息发布形式主要是以图片＋短文为主，占 92%；含有少量的图片＋长文，占 8%；短文＋链接、长文＋链接、纯图片、纯链接、纯语音、纯视频等形式没有出现过。21 天样本中，有 15 天发布时间在 12 时至 18 时之间，多数在 18 时左右；有 6 天在 18 时之后。

从北京电视台消息发布的文本形式来看，有三点值得注意：一是体裁以短消息为主，不追求深度阅读；二是形式以文字＋图片为主，不注重通过链接延伸阅读和相关拓展；三是发布时间以下午 18 时为主，主要是想主导用户晚上的遥控器。三者都指向其核心目的就是不依靠信息将用户黏留在微信小屏幕上，而是推广节目，拉升收视，尽快将用户吸引到电视的大屏幕上去。

2. 北京广播网微信订阅号

北京广播网共发布信息 76 条，平均每天 4.75 条。

(1)议题与内容

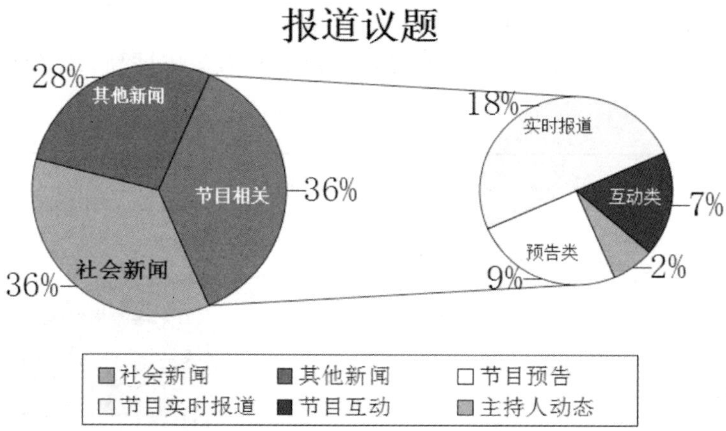

图 3　北京广播网微信订阅号议题分布

从图 3、表 2 可获知，北京广播网微信订阅号发布的信息中，新闻类占 64%，其余 36%是北京人民广播电台节目相关活动。新闻类的议题中，比重最大的是社会新闻，占全部发布量的 36%；其次是休闲娱乐新闻和文教新闻。涉及时政、公益、体育、财经的报道则相对较少。近三分之二的内容是新闻报道，显示出北京广播网微信订阅号很注重其媒体传播的属性与功能。而这一点还可以从两个方面体现出来：一是新闻类内容中社会新闻与休闲娱乐新闻两者高达 73%的比例；二是每周都会发布一次“一周要闻回顾”，主要是对本周热点话题进行概述。前者意味着此订阅号意图通过软性的、可读性强且适合于在小屏幕上阅读的“轻”内容，延长用户注意力的停留时间；后者则显示其试图成为用户重要的新闻来源。

表 2　北京广播网微信订阅号议题数量

<table>
<tr><th colspan="3">议题</th><th colspan="2">数量</th><th colspan="2">合计</th></tr>
<tr><td rowspan="7">节目相关活动类</td><td rowspan="2">节目预告</td><td>时尚娱乐类</td><td>6</td><td rowspan="2">7</td><td rowspan="7">28</td><td rowspan="15">76</td></tr>
<tr><td>体育财经类</td><td>1</td></tr>
<tr><td colspan="2">节目实时报道</td><td colspan="2">14</td></tr>
<tr><td rowspan="3">节目互动</td><td>创意征稿</td><td>3</td><td rowspan="3">5</td></tr>
<tr><td>有奖竞猜</td><td>1</td></tr>
<tr><td>评论发言</td><td>1</td></tr>
<tr><td colspan="2">相关主持人动态</td><td colspan="2">2</td></tr>
<tr><td rowspan="8">新闻类</td><td colspan="2">时政新闻</td><td colspan="2">2</td><td rowspan="8">48</td></tr>
<tr><td colspan="2">社会新闻</td><td colspan="2">27</td></tr>
<tr><td colspan="2">文教新闻</td><td colspan="2">5</td></tr>
<tr><td colspan="2">公益新闻</td><td colspan="2">1</td></tr>
<tr><td colspan="2">财经新闻</td><td colspan="2">1</td></tr>
<tr><td colspan="2">体育新闻</td><td colspan="2">1</td></tr>
<tr><td colspan="2">休闲娱乐</td><td colspan="2">8</td></tr>
<tr><td colspan="2">一周要闻回顾</td><td colspan="2">3</td></tr>
</table>

在占总量约三分之一的节目活动类中,议题主要包括三大类:节目实时报道、节目预告和节目互动,也有少量的如电台 DJ 出书之类的主持人动态等内容。在这三大类中,节目实时报道类最多,占到 50%份额,主要是一些庆典活动的跟踪报道和节目内容,如电台周年庆、第六届电台主持人评选活动。节目预告中,只涉及时尚娱乐类(大部分都是此类)和体育财经类(极少量)的节目,其余节目类型均没有出现过。节目互动类中,主要包括创意征稿、有奖竞猜和评论发言三种形式,而创意征稿出现次数最多。与北京电视台完全以节目预告为主不同,北京广播网在节目相关信息中,纯粹预告类的较少,而更多的是节目的实时报道,这意味着,其订阅号发布此类信息的主要目的不是直接为了提升节目收听率,而是在于提升此订阅号的影响力,进而提升北京广播网的影响力和北京人民广播电台影响力。

从议题的总体分布来看,北京广播网微信订阅号的新闻内容与节目信息并行,兼顾媒体的传播属性及沟通工具的社交属性。这与北京广播网与北京人民广播电台各个频率具有相对独立性是有密切关联的。

从图 4 可以看到,北京广播网在微信平台发布的新闻都是以国内新闻为主,国外的内容只占总量的 1%。国内的报道也大都是北京本地的新闻(91%),全国范围的新闻只有 8%,并且没有专门涉及其他省市的新闻。这些都说明其微信平台延续了母体媒体本身的报道特点,广播本来就是区域性和地域性色彩很强的媒介,受众多是本地人群,内容也是和本地生活息息相关的话题。

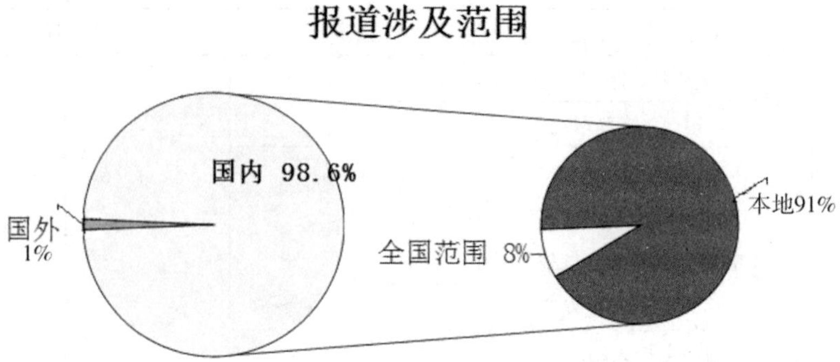

图 4　北京广播网微信订阅号报道区域分布

(2)时间与形式

发布频次为一天一次，时间一般集中在 15:00—17:00，其中 15:30 左右较多。周末会提前到 12:00—14:00 之间。

在信息发布数量方面，工作日和周末发布的数量有明显的差别，工作日的新闻数量比周末多，一次的发布数量一般为 4 条，有时会增加至 5 条；而周末一次的发布数量一般为 2—3 条。且周末发布的内容一般以节目活动居多。新闻的发布数量周六最少，周四最多，见图 5。周末发布信息较少，应该是出于工作周期的考虑。

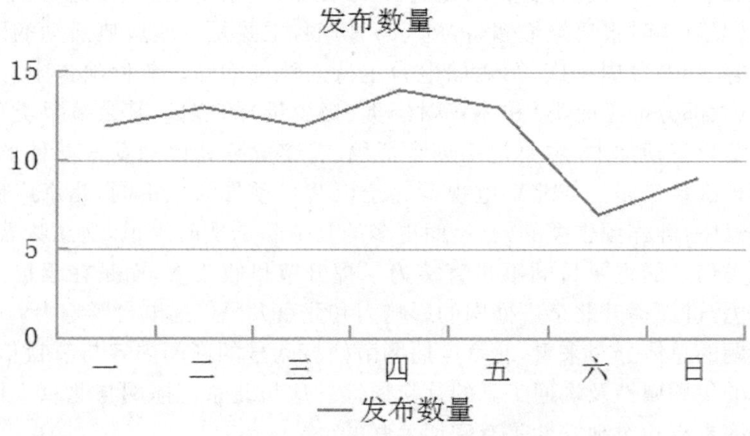

图 5　北京广播网微信订阅号信息数量趋势图

从体裁角度看，消息占的比重最大，达到了发布总量的 88%。通讯和评论很少，分别只有 9%和 3%。没有出现其他体裁形式的内容。

新闻几乎都是以短文＋链接的形式展现，长文＋链接只出现过一次，而纯短文和纯长文则一次都没有出现。这应该与上述体裁的分布有关，在体裁的分布中，几乎全为消息，所以其新闻的发布形式都以短消息＋延伸阅读的形式为主。而且也可以看到,出现的通讯和评论也大都以这样的形式呈现。从其阅读界面的设定来看,以短消息激发兴趣,以链接保持深度阅读,提高用户停留时间,体现了与北京电视台微信平台不一样的策略与诉求。

从表现形式看,全部为图文结合式,没有出现纯文字、纯图片、视频、语音等发布形式。作为母体媒体为广播的微信公众号,在发布形式上,没有充分利用其丰富的声音资源,这是一个重要的缺憾。

3.《新京报》微信订阅号

《新京报》微信订阅号发布信息共 71 条,平均每天 4.43 条。

(1)议题与内容

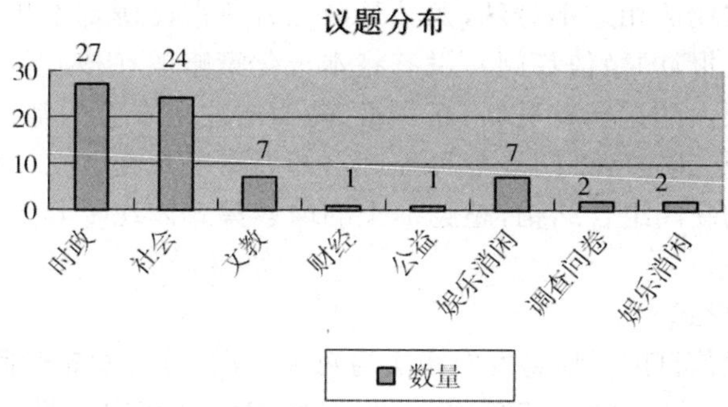

图 6 《新京报》微信订阅号议题分布

如图 6 所示,《新京报》微信订阅号发布的新闻中,时政新闻和社会新闻这两类内容最多,分别占到了总量的 38%和 34%,紧随其后的文教新闻和娱乐休闲新闻分别都只占总量的 9.8%,与前二者的数量差距相当大。从其议题分布来看,《新京报》极为重视其微信订阅号的新闻传媒的属性。时政新闻作为主流的“硬新闻”,在此占据了最重要的分量。社会新闻与民生关系紧密,具有较强的人情味和可读性。这都体现了《新京报》微信订阅号着力于新闻中“硬通货”的策略。

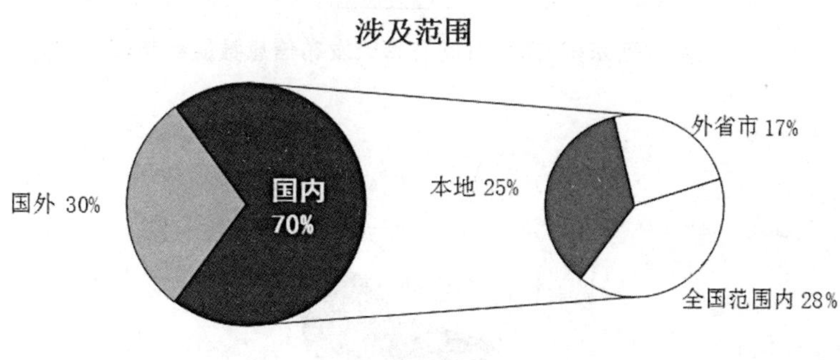

图 7 《新京报》微信号报道区域分布

从图 7 可获知,《新京报》微信订阅号信息所涉及的区域,国内的占总量的 70%,其中涉及全国性事务的占总量的 28%,主要内容是对全国性的时政、重大社会议题等的报道、盘点或评论。涉及外省市的内容,占总量的 17%,主要围绕着引起关注的重要时事,例如官员腐败、"母亲毒死脑瘫双胞胎"等令人震动的社会事件。本地事务的信息侧重在民生领域,例如当时引起广泛关注的"井底人"、"扫桥老人"等题材。

国外新闻比重占到了整个报道总量的 30%,比本地、全国性新闻都要高。此一比例也远远高于北京电视台与北京广播网的微信订阅号。这类新闻报道的议题侧重在对其他国家领导人的动态报道或者背景知识的综合梳理上,出现频率较高的是美国总统奥巴马和朝鲜金正恩家族。

《新京报》的微信订阅号信息报道区域分布比较均衡,国外、全国、本地、外地四种区域类型所占比例相差不悬殊,尤其是前三者所占比例基本相当。由此可作出推论:一是《新京报》的微信订阅号没有将本土化策略放在核心位置。这与上两家微信订阅号有很大的差异。虽然《新京报》是面向北京发行的都市报,具有鲜明的地域化特色,但是其微信订阅号某种程度上却展露了超越北京一城一地界限的企图。二是均衡的新闻组合结构,超越本土的内容模式体现了其微信号鲜明的立足于新闻的取向。

(2)时间与形式

《新京报》微信订阅号信息发布频次为每天一次,每天发布时间都是在 12 点—18 点之间,信息数量不同日期略有变化,但在工作日和周末没有明显的差异,见图 8。

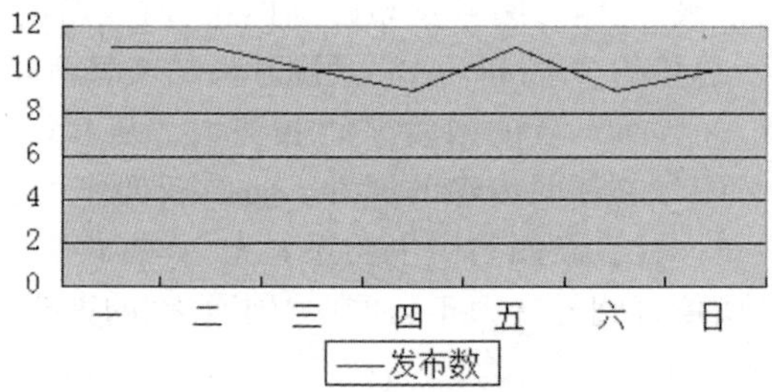

8 《新京报》微信订阅号每天发布信息数量趋势图

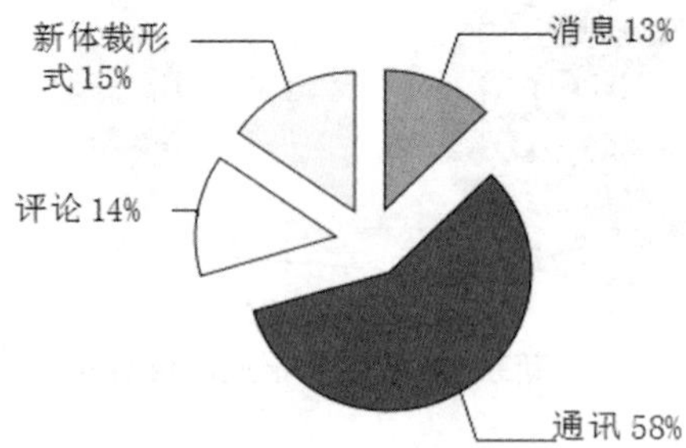

图 9 《新京报》微信订阅号信息发布体裁分布

《新京报》微信订阅号发布的新闻中，通讯类占的比重最大，达到 58%。消息、评论和新体裁形式份额分别为 13%、14%和 15%，所占比例基本相同，差别只在一二个百分点之间。

新体裁形式中主要包括了三类：

一是图解新闻。即用图片的形式将事件或人物关系直观地呈现出来，这样的好处是省去了繁杂的文字叙述，使读者能够在第一时间抓住重点。这是移植了报纸创新性的新闻呈现形式。这种形式是报纸在新闻竞争中开发出来的。

二是立体式报道。将事件的发生发展、专家评论和网友的观点杂糅在一则报道中，力图给受众一个全方位立体式的解读。

三是“一周新闻小测试”。用测试选择题的方式帮助读者回顾最近的新闻热点，简明扼要，也有助于记忆。

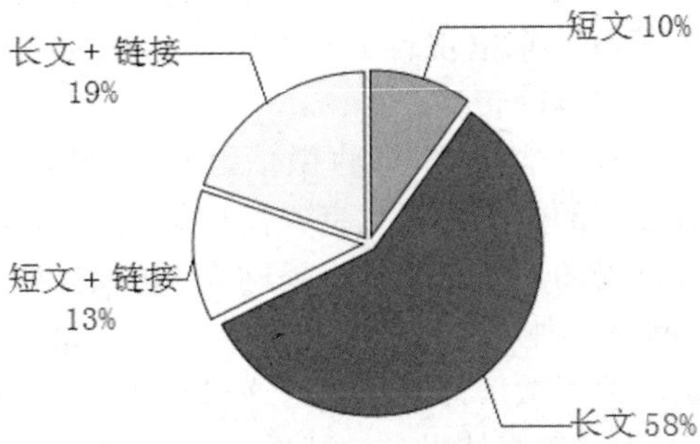

图 10　《新京报》微信订阅号阅读界面

《新京报》微信订阅号的阅读界面中，长文的比重最大(58%)，超过了一半的数量。而长文+链接的比例仅次于其后(19%)，短文的比重则最小(仅为 10%)。这体现了其侧重于做长篇幅、深层次的引导阅读的策略。其信息呈现形式基本上为图文结合。纯视频和纯图片新闻分别只出现过 1 次。没有出现纯文字、语音的发布形式。

《新京报》微信平台上发布的新闻有 90%的都是原创，但也出现了少数转载(7 篇，近 10%)。转载的来源通常是《人民日报》、《华盛顿邮报》等国内外主流媒体。

从《新京报》微信订阅号话语形式角度看，值得关注的点有：一是体裁分布与阅读界面构成，说明长篇的或深度的内容在此明显处于主导地位。手机屏幕小，短小、轻松的浅内容会带给用户更好的阅读体验。《新京报》微信订阅号却反其道而行，应该是有另一层考量，即通过高品质的、有深度的内容，强力黏住用户。二是发布的新闻将近 10%的是转自其他媒体。在每天只发布 4 条消息情形下，还能拿出一些空间转载其他媒体的精彩内容，这说明《新京报》微信订阅号并不是简单为提升母体媒体品牌，而是基于“内容为王”的理念，有意打造微信订阅号本身的媒体品牌。三是《新京报》微信订阅号并没有因为周末而减少信息发布数量，说明其在资源投入方面，特别是人力资源的投入相对充分。

三、分析与讨论

1. 定位：社交工具还是媒体平台

根据微信官方设定的权限与功能，微信公众平台的订阅号主要为用户提供信息和资讯，每天(24小时内)可以发送1条群发消息，发给订阅用户(粉丝)的消息将会显示在对方的“订阅号”文件夹中，群发消息不会提示推送。

在各种限制下，传统媒体如何定位自身的微信订阅号，成为确定其功能、充分发挥其效用的一个重要问题。

从上述北京三家媒体的微信订阅号的话语方式，大致代表了三种不同的微信订阅号的定位模式：

北京电视台对应的是社交工具模式，其文本内容绝大多数为节目预报，主要的功能是为用户提供一个了解北京电视台电视节目内容的便捷渠道，最终是要实现用户注意力从手机到电视屏幕的转移。

北京广播网体现了一种兼容模式，即将微信订阅号的媒体平台与社交工具的特质糅合在一起。三分之一的内容是为北京人民广播电台预报、报道节目，三分之二的内容为新闻。这种格局的形成与北京广播网自身的定位有密切的关联。北京广播网寻求成为“独立网络媒体”[①]，但是又没有真正脱离北京人民广播电台各频率。所以，一方面，北京广播网微信订阅号要为终极母体媒体(北京人民广播电台)服务，同时又想确立其作为移动媒体平台的特质。

《新京报》的微信订阅号则体现了明确的作为媒体平台取向。无论是其文本的内容还是形式，都力图证明它是一个独立的移动媒体平台，而不是媒体的工具或附庸。

微信平台上众多自媒体的兴起，某种程度上预示着传统媒体的微信订阅号以媒体平台的属性运营，具有更高的可行性，这其中也蕴含着传统媒体实现根本性跨越的可能路径。

2. 互动：用户体验亟待改善

强互动性是微信传播的重要特点。微信在订阅号与用户之间设置了多种沟通互动的方式，有助于改善用户关系，提升用户体验。

北京电视台微信订阅号欢迎词告知用户账号的各种具体的互动功能，包括实用查询、主持人查询、有奖活动等。在信息推送中，也偶尔设置互动环节，如有奖竞猜等。在自定义菜单中，设置了实用查询(天气预报、诗歌欣赏、成语词典、今日体彩、查询快递等)、主持人查询等功能，利用自定义的机器答复为用户提供相关服务。

北京广播网的微信订阅号没有设置欢迎词，用户关注之后，看到的就是一段引导用户参与互动的说明，包括图文征集、抽奖、音频收听、节目视频获取等。信息推

---

① 北京广播网：“关于我们”，http://topic.rbc.cn/08xxy_2/dtlj/200808/t20080807_714216.htm。

送中的互动环节要高于北京电视台,76 条样本信息中有 5 条设置了互动环节,占总量的 6.5%。

《新京报》微信订阅号虽然在欢迎词中提示用户可以将新闻报料、意见等内容发送过去,但实际操作中,用户留言基本无回复。在信息推送中互动议题也很少,只是偶尔出现。

从北京这三家媒体的微信订阅号来看,其互动便利性、实用性、趣味性和人性化都存在不同程度的不足,成为三者共同的缺憾。三家微信订阅号的回复关键词获取新闻的功能都没有得到充分利用,都没有实现人工回复用户,对用户的回复或留言多是沉默以对。可以说,三者都对改善用户体验缺乏自觉,传统媒体的惯有思维似乎还没有得到有效的转变。

3. 形式:单一雷同,优势不彰

三家微信订阅号信息发布的内容不一,但是呈现的形式却高度雷同,基本上是清一色的图片与文字的组合。这意味着微信综合图片、文字、音频、视频的优势,没有得到充分利用。微信即时语音消息等独特功能为更丰富的、更富创意的传播的方式提供了可能,需要做进一步的探索。

同时,母体媒体的资源也没有在微信平台上得到合理整合,广播的声音资源,电视的视频资源乃至报纸的图文资源等都需要进行深度开掘,以更恰当的方式转化为微信传播的优势资源。

四、趋势与对策

随着微信功能的优化与完善,传播规则的确立与修正,运营手法的丰富与创新,微信公共平台将会获得更为蓬勃的发展,对用户、内容等资源的竞争也会更为激烈,北京的传统媒体如何在移动互联网的创新浪潮中平稳前进,实现可持续发展,甚至由此开辟移动传播的新天地,需要通过全方位创新行动,开辟微信话语方式新的可能空间。

1. 资源:从依附迈向整合

传统媒体的原有资源对其进入新传播模式来说,有可能是包袱,也有可能是财富。其分野的关键在于在进入新的领域时,有没有创造性整合运营原有的资源优势。坚持原有的惯性思维不变,依附性地依靠既有资源,试图简单的移植原有的传播理念、内容资源、表现形式,换汤不换药,是难以获得真正的发展的。传统媒体应该转换思维,以移动互联网思维重新审视现有资源,充分把握和深度挖掘微信传播的特性,对其微信平台的定位、内容、形式、用户开发等进行整合创新。

2. 内容:差异化为王

微信信息的高到达率,意味着用户关注的公众账号是有限的,如果内容不够精彩、可替代性高,用户很容易取消关注。要在海量的微信公众账号中获得足够的关注度,差异化的、不可替代的内容是致胜的必备要素。传统媒体应该充分发挥内容原创能力与整合生产能力,准确把握用户的需求,生产与选择最有价值、最优质的内容推送给用户。

3. 用户:走向精准细分

通过私人定制,针对不同用户需求实现精准推送,是微信提供的极具想象力的功能。而对用户需求的准确把握成为了问题的关键。因此,充分利用微信反馈信息精准、成本低廉、快捷方便的优势,深入研究分析用户信息及其各种反馈,迅速响应其诉求,为其内容定制提供人性化途径与模式,实现内容与需求的高度契合。

4. 互动:建构强关系

深度沟通、关系嵌入、情感维系是微信强关系封闭平台的重要特点。传统媒体必须改变不善于与受众互动的传统,充分利用微信平台,建立与微信用户的强互动关系。青岛报业传媒集团"掌上青岛"微信号,被誉为"中国媒体微信第一号",其在线用户已经超过 15 万,建构强互动关系就是其成功经验之一。其基本思路是"和用户做朋友,一起玩,一起成长",通过互动游戏,互动福利派送,播报员、编辑与用户情感交流等途径建构了多维模式,提高用户的黏度与忠诚度。①

〔作者刘年辉系中国传媒大学新闻学院副教授;
张晶系中国传媒大学新闻学院硕士研究生〕

① 陈小宁、于晓晓:《微信 5.0 之后,看被折叠的媒体微信号如何逆袭》,《新闻实践》2013 年第 10 期。

"微"时代广播与微博的互动研究

王蓁　凌旲莹

一、广播与微博互动的背景分析

1."微"时代广播面临挑战

随着技术的不断革新,互联网经历了门户网站时代和搜索引擎时代。如今,迎来了"微"时代。2006 年,Twitter 的出现是微博在互联网的第一次现身。在中国,2007 年 5 月王兴推出大陆首个微博类应用——饭否;2009 年 8 月 14 日,新浪微博开始内测,随后腾讯、搜狐、网易等网站陆续推出了各自的微博平台。2010 年,由于微博参与了中国的重大舆情事件,这一年也被人们称为中国"微博元年"。如果以 5000 万受众为传播的一个里程,达到这一里程,广播用了 38 年,电视用了 13 年,互联网用了 4 年,而微博只用了 15 个月。微博作为一种基于用户关系的信息获取、分享平台,成为颇具潜力的新媒介。

"微"时代为传播方式带来了新的变革,微博的信息传播模式既不同于传统媒体的线性传播,也不同于网络媒体的网状传播,它是一种人际传播与大众传播相结合的裂变式传播。① 在微博中,信息的接收者很容易转化为信息的发布者,两者之间的界限非常模糊,信息源发布信息后,信息被一级一级转发,就像细胞分裂一样,信息的内容也在不断地得到几何级放大。

微博具有发布门槛低、内容碎片化、发布渠道多、传播即时性、交流互动强的传播特征,这些传播特征使得微博在短时间内拥有大量的用户群,并逐渐成长为具有强大影响力的媒体。根据中国互联网信息中心(CNNIC)发布的第 33 次《中国互联网络发展状况统计报告》数据显示,截至 2013 年 12 月,中国网民规模达 6.18 亿,全年新增网民 5358 万人。其中,微博用户规模为 2.81 亿,微博使用率为 45.5%。

广播作为传统媒体,以其快速及时、声情并茂、感染力强等特点深受广大听众喜爱。广播具有远距离、线性、非实体和"一对众"的传播特性。② 这些传播特征赋予了广播传播上的优势,也让广播在"微"时代的发展陷入困境。

远距离传播通过无线电波可以即时覆盖广大地域和众多听众,但同时这种传

① 王菡:《略论广播媒体与微博的互动—以福建交通广播为例》,《东南传播》2011 年 4 月 30 日。

② 邓炘炘:《动力与困境——中国广播体制改革研究》,中国经济出版社 2006 年版。

播剥离了听者具体的语境，也不能实现如面对面交流那样的直接互动反馈。线性传播本身具有过程性和逻辑的说服力量，但线性传播导致传者对传播内容具有绝对的掌控权，他发布什么信息，受者就得被动地接受什么信息。非实体性传播使得广播活动可以跨越地域阻隔，但广播中的声音转瞬即逝，不能复读也不能检索，容易造成听众对信息捕捉的不完全，对内容产生理解偏差，导致传播效果的不确定性。"一对众"的传播方式提高了传播效率，降低了传播成本，对于社会范围内信息的快速传播和广泛分享非常有利，但同时也导致传受双方对传播过程控制力的不对称。

2. 广播与微博的互动的必然性

随着网络技术、数字化技术和光纤通信技术等高科技的发展，广播的生存空间被压缩，发展面临挑战，广播人开始结合新技术探索新的发展道路。

进入网络传播时代，广播人开始思索如何将传统广播与网络技术相结合，拓展广播新的发展空间。广播开始将自己的节目"搬"到网上，推出网络广播，提供网上实时点播、预约点播等功能。网络广播为广播的发展打开了一条新思路，但也暴露出一些问题：从内容上看，目前的网络广播只是把传统广播的内容放到了互联网上，没有根据网络受众的特点进行内容上的调整和创新；从受众构成上看，网络的受众具有年轻化、知识化等特点，与传统广播受众在构成上存在很大的差异；从赢利模式上看，现在的广播收入仍然是靠传统广播的广告收入，尚未创造出基于网络平台的收益。

2010 年 1 月 6 日，东广新闻台与新浪上海站签订合作协议，东广新闻台在新浪上海站推出即时新闻滚动播报，开创了广播与微博真正意义上的合作先河。随后，各地广播电台陆续开通广播媒体官方微博，2011 年 5 月新浪微博推出"微电台"，上线 3 个月，就有来自 28 个省及直辖市近 200 家电台入驻。广播不断尝试与微博进行互动，微博信息易存储、可检索的特性恰好弥补传统广播传播中有声音无图文，不能自由选听节目，声音转瞬即逝的缺憾；微博的互动性打破了广播以"传"为主的传播模式，增强了广播与听众的互动；微博的信息发布更加简单、自由，不需要采访、编辑、审核等环节，使得广播信息发布的时效性大为提高；广播与微博的互动打破了广播听众的地域界限，扩大了广播的受众群和影响力。

广播作为传统媒体拥有丰富的信息资源、雄厚的采编队伍，在信息的原创和纵深拓展方面以及媒介的公信力、权威性方面都具有优势。"微"时代，广播应该对"自己擅长的'角色扮演'更加专守"①，结合微博的传播特性，拓展广播的发展空间，在广播与微博互动的基础上实现广播的新发展。

二、广播与微博的互动策略

目前广播与微博的互动还存在一些问题，例如，广播媒体官方微博缺乏专业的

① 曹璐：《解读广播——曹璐自选集》，北京广播学院出版社 2004 年版。

运营团队，运营者依然按照传统媒体的思路运行微博平台，将微博单纯看作信息的发布平台，原创内容占绝大多数，转播、评论较少；广播没有充分的利用微博互动特性实现与受众的有效互动；广播缺少对微博这一海量信息库的深度挖掘，来拓展广播节目的信息源；广播没有充分利用微博改变其以声音为单一传播介质的模式，实现广播节目的多媒体展示；广播节目中缺少与微博深度结合的特色节目。笔者认为应将微博全方位引入广播的运营，实现广播与微博更深层次的互动。

1. 专业运营媒体官方微博，与广播相得益彰

微博用户对传统媒体官方微博的关注程度最初取决于传统媒体自身的影响力，这个可表现为刚开通后粉丝(听众)数量，以及单条微博转发评论次数。但实际上传统媒体官方微博在线上的影响力并不直接取决于其在线下的影响力。对所有传统媒体来说机会是均等的，广播要想借助微博树立全新的品牌形象，取得竞争优势，就要在充分发挥广播优势的基础上，结合微博的传播特征，通过对广播媒体官方微博一系列的运营和维护提升广播的影响力。

(1)培养专业的运营团队

广播要重视培养熟悉传统媒体优势和微博传播特性的微博运营者，在保证微博运营者的独立性和数量的前提下，提升微博运营者的地位，对他们进行适度授权。制定相应考核标准，采取激励措施，调动运营者的积极性。运营者在运营的过程中应跳出原有的传统新闻制作模式，在保证原创的基础上，增加转发和评论的数量，及时总结经验为广播媒体官方微博的发展建立一套完整的运营机制。

(2)确保原创和转播新闻的真实性

《魔鬼经济学》一书的作者史蒂芬·列维特说："在微博客中，有价值的信息占到的比例是4%左右。"①由于微博自媒体的属性，人人都可以成为新闻源，导致一些虚假新闻在网络上传播迅速。广播媒体官方微博在选取微博中传播的新闻时，一定要过滤，核实新闻的真实性，核实细节，避免成为虚假新闻的推手，并且对于确认的虚假信息进行辟谣。

(3)对碎片化信息进行深加工

“人们不仅需要短消息，更需要对新闻事件深入的报道与解析，而这无疑是传统媒体的强项。”广播应该利用自身作为传统媒体的强项，帮助微博用户从海量信息中筛选真实的、有价值的信息，对碎片化的信息进行深加工，挖掘事件背后的原因及发展趋势，为受众提供有深度的报道。广播从业人员可以在转发新闻的同时融入自己独特的视角和解读，标榜自身特色，不能简单平移微博内容，成为微博的“批发商”。

(4)与广播从业人员的个人微博形成互动

广播媒体应鼓励记者、编辑、主持、评论员开设个人微博，配合媒体官方微博。涉及节目预告、内容宣传、话题征集、主持人个人或者栏目推广、频率品牌活动时，要形成合力，彼此及时互动、转发，使得传播的雪球越滚越大，让传播行为更有效。

---

① 徐俏俏、吴小杏：《微博：围观效应下的非典型公民媒体》，《新闻前哨》2011年09期。

为形成整体品牌效应，扩大复合传播效应，微博账号最好适当统一，可以效仿凤凰卫视的模式，由“媒体名称＋主持人（记者）姓名或栏目名称”组成。①

2. 与“名人微博”、“微博达人”的互动，拓展广播信息源

截止到 2013 年 11 月底，我国有 103 家网站提供微博服务，全国微博账号总量已突破 13 亿，新浪、腾讯微博用户日均发帖量 2.2 亿条左右，微博已成为网上信息传播的主要途径之一；媒体法人微博快速发展，仅在新浪和腾讯微博平台，已有 3.7 万个媒体机构账号。② 因此，广播要想扩大新闻来源，需借助微博。微博上庞大的网民数和发帖量为广播提供了一个信息源库。

（1）注重与“微博达人”的互动，丰富广播的新闻来源

微博上的每个用户都可能经历成为新闻现场的第一亲历者，而在微博上的活跃用户（新浪微博上称之为“微博达人”）可能在第一时间将新闻现场的文字描述、图片，甚至视频上传到微博。平日，广播媒体官方微博要积极与“微博达人”互动，鼓励他们挖掘身边的新闻或资讯，引导他们在发现新闻并上传到微博的同时@广播媒体官方微博的账号，为广播提供更多的新闻线索，形成良性互动。

广播要对“微博达人”提供的新闻线索进行价值判断，发现具有新闻价值的新闻线索时要调动广播传统媒体专业的新闻制作团队，及时进行深入挖掘，并制作广播节目，为用户提供新鲜、及时、甚至独家的新闻资讯。

（2）注重与“名人微博”互动，借助其庞大的粉丝群体实现新闻的扩散

社会各领域，各行业的专家、学者、明星、政府部门以及媒体人以真实身份注册加入微博，为广播提供了丰富的、可利用的资源。

广播借助微博发布或转播新闻时，注意@与之相关或可能对此产生兴趣的专家、学者、明星、政府部门以及媒体人。当有些新闻想要确切的得到某些名人的关注时，除了要利用好微博的“私信”功能，还可以通过短信、电话、QQ、微信等方式联络他们，引起他们注意，提高他们对微博反馈的几率。这些新闻一旦得到名人的转播，意味着他们微博上庞大的粉丝（听众）都可能成为该条新闻的扩散者，这些人的转播和评论在微博上形成“围观效应”，实现微博的裂变式传播。

3. 凸显微博的参与性和互动性，提高广播对听众的黏合度

传统广播节目与受众的互动一般在节目中进行，观众通过热线电话和短信平台与主持人进行交流，前者受到节目播出时长和接听设备的限制，只能实现一对一或一对多的交流；后者除了需要搭建短信平台，存在资费成本的问题外，又因主持人无法及时回复造成听众心理的失落感。而广播借助微博与听众进行互动，可以不受节目时长和接听设备的限制，在低成本的运营中，实现一对一、一对多、多对一的实时互动，最大限度满足听众参与节目的要求。广播通过媒体官方微博预告节目，发布话题、交流互动、搜集受众反馈，让听众参与到广播节目的整个过程中来。

① 张丽：《广播如何借力微博——北京交通广播的尝试与探索》，《传媒：MEDIA》2012 年 5 月 15 日。

② 刘鹏飞：《2013 年网络舆情走势和社会舆论格局》，《新闻记者》2014 年第 2 期。

(1)节目播出前,发布预告或话题

在广播节目播出之前,可以根据节目内容,在微博上发布节目的预告信息,引导受众关注并转发、评论,形成观点。也可以通过微博征集话题,了解受众需求,及时调整节目内容,并对其内容进行筛选,选取有价值的信息在节目中播出。

(2)节目播出中,进行在线交流

微博打破了传统传播渠道的限制,大大缩短了传播过程中的反馈延时,使即时的交流互动成为可能。[①] 在广播节目的播出过程中,主持人应充分利用微博,及时、主动地与受众交流意见,进行实时互动。听众可以通过微博随时给节目或主持人留言,主持人应及时播读微博网友的留言,调动听众参与节目的热情。并根据受众的反馈情况对话题和内容进行调整,完成广播节目的互动环节,让节目更贴近受众,内容和观点更多元化。

(3)节目播出后,搜集受众反馈

意见反馈是非常重要的互动环节,广播可以通过微博搜集受众对节目的意见,通过这一环节,了解受众需求,及时调整节目的方向和内容,有针对性地对节目进行改版、优化。让节目内容更加符合受众需求,增强受众对节目的忠实度。

4. 利用微博的传播特性,实现广播对新闻事件的及时报道

由于使用便捷、传播迅速等特点,微博逐渐成为许多新闻事件的信息源和第一报道现场。用户可以通过文字、图片、视频等方式及时再现新闻事件现场,其他的微博用户还可以通过“转发”、“评论”等功能对事实进行补充说明、评价和扩散。微博时代是一个全民记者的时代,人人都可以成为新闻源。

在微博迅速发展的这三年中,许多对突发性的重大事件的报道都是通过微博用户发微博实现的。比如说,2011 年 7 月 23 日高速铁路甬温线特别重大铁路交通事故。当天 20 点 34 分,甬温线北京南至福州 D301 次列车与杭州至福州南 D3115 次列车发生追尾事故,造成 40 人死亡、172 人受伤,中断行车 32 小时 35 分,直接经济损失 19371.65 万元。微博名为“袁小芫”的网友是 D301 次列车上的乘客,事故发生 4 分钟后她发出了第一条微博。20 时 47 分,事发 13 分钟后网友“羊圈圈羊”发出了第一条求救微博:“求救! 动车 D301 现在脱轨在距离温州南站不远处! 现在车厢里孩子的哭声一片! 没有一个工作人员出来! 快点救我们!”这两条微博比国内媒体在互联网上的第一条关于“列车脱轨”报道早了两个多小时。微博在对突发事件的发掘和报道上具有广播媒体无可比拟的优势。

广播要善用微博寻找新闻线索,借助其传播迅速的特点,在突发事件发生时,第一时间更新媒体官方微博。线上挖掘新闻事件的目击者,线下调动广播记者赶赴新闻现场,对新闻事件背后的原因进行深入挖掘,通过广播媒体专业的新闻制作团队制作广播节目,推出后续深度报道。

5. 善用多媒体形式表现广播内容,丰富广播的表现形式

声音是广播的特色和专长,画面又给广播传播插上了翅膀。对于传统广播来

---

① 王菡:《略论广播媒体与微博的互动—以福建交通广播为例》,《东南传播》2011 年 4 月 30 日。

说，仅仅依靠声音来传递信息，传播效果就很有限。微博可以通过上传现场图片、视频片段、添加文字描述等方式全方位地表现新闻，广播借助微博可改变单一的声音传播效果，让新闻的表现形式更多种多样。

广播媒体可以将广播网的节目音频链接复制到微博上，并添加吸引受众注意力的标题和简短的文字描述。这样不仅实现了对广播节目内容的整合，而且受众可以根据自己的喜好进行选择性收听。另一种方式是将音频文件格式转换为视频文件格式，给音频配上与节目相关的图片，比方说录播室、主持人的头像、本期节目的主题等，也可以拍摄广播节目录制中的片段或根据节目内容拍摄视频，让广播节目更加直观生动。

6. 开发具有微博特色的创意节目，打造全新的广播节目品牌

在媒介技术日益成熟的今天，节目内容是决定节目成功的关键所在。[①] 传统广播应充分利用微博的传播优势实现内容上的创新和突破。

(1)在传统广播中推出创意节目

2011 年北京交通广播开播的新栏目《单聊那些事儿》开展了与腾讯微博的深度合作，"腾讯微博观察员"成为每期节目的固定嘉宾。节目中"腾讯微博观察员"根据栏目话题，即时在微博上搜寻网友有价值的评论，并在广播中播送出来，体现网友观点，形成与主持人的互动。这种形式充分借用了微博这一新媒体的传播优势，符合时代需求。

(2)在微电台中推出特别节目

微电台这一应用基于微博这一平台，传统广播进驻微电台，一下子让传统广播拥有了潜在的 13 亿(全国微博账号总量)听众。

因此，广播除了对原有的广播节目进行创新，还应充分重视微电台这一发布平台，根据微博用户的收听兴趣，制作特别节目并在微电台播出，适应"微"时代广播的发展需要。例如，邀请各地主持人录制简短音频并上传，也可以请主持人根据粉丝(听众)的需求制作自己独立的广播节目，对微博有价值的内容进行分类汇总，选取适合口播的内容制作成音频文件上传。

〔作者王蓁系中国传媒大学新闻学院 2013 级硕士研究生；
凌昊莹系中国传媒大学新闻学院教授〕

① 曹璐：《解读广播——曹璐自选集》，北京广播学院出版社 2004 年版。

也谈网络谣言的治理思维

曹然　丰纯高

随着互联网的快速发展，近年来网络上的负面信息，诸如色情、迷信、诈骗、反动等各类信息层出不穷，而其中对社会危害最大的谣言也在滋生蔓延。如“雷锋一身全套高档行头”、“罗援将军曾是对越自卫反击战逃兵”、“甬温动车事故向外籍游客赔偿3000万欧元”，以及“军车进京，北京出事”等等，既有针对公民个人的诽谤，也有针对公共事件的捏造。这些网络谣言不仅败坏个人名誉，给受害人造成极大的精神困扰，更损害国家形象，影响社会稳定。当前我国正处在经济转轨与社会转型的特殊时期，也是社会矛盾的高发期。在这一时期，网络谣言是激化社会矛盾、引发社会震荡、危害公共安全的重要因素。网络和现实社会中存在的互动关系一般体现为“网上点燃，网下起火”。在这一机制中，一些转型时期特有的社会矛盾，如贫富分化、资源分配不平衡、腐败等往往会成为网络议程设置的重点话题。网络造谣者从这一现实情况出发，迎合转型期部分人内心的不安全感和不确定感，编造散布极具蛊惑性和危害性的谣言，故意放大矛盾冲突，引起社会危机。除了影响社会稳定外，网络谣言的危害还包括：首先，扰乱网络秩序，煽动不满情绪，诱发群体性事件，损害国家安全；其次，侵犯包括隐私、名誉在内的公民权益；再次，亵渎正义，嘲笑良知，解构崇高，甚至颠覆维系社会安全的主流价值观，恶化和毒化舆论环境。

网络谣言的危害有目共睹，所幸的是在铺天盖地的网络谣言面前，我们并不是束手无策。本文将从社会矛盾与网络环境的辩证关系、相关法律法规的设计实施、传播方式发生的变化及对策、网络谣言的产生环节和对应四个方面分析治理网络谣言的可行性。

一、通过深化改革来解决发展中的问题

2013年11月，中共十八届三中全会就全面深化改革作出总体部署，提出了改革的路线图和时间表，涉及15个领域、330多项较大的改革举措，包括经济、政治、文化、社会、生态文明和党的建设等各个方面。国家主席习近平在俄罗斯索契冬奥会期间接受电视台记者采访时，以简单直白的语言表明了自己关于全面深化改革问题的态度：“在中国这样一个拥有13亿多人口的国家深化改革，绝非易事。中国改革经过30多年，已进入深水区，可以说，容易的、皆大欢喜的改革已经完成了，好

吃的肉都吃掉了，剩下的都是难啃的硬骨头。这就要求我们胆子要大、步子要稳。胆子要大，就是改革再难也要向前推进，敢于担当，敢于啃硬骨头，敢于涉险滩。步子要稳，就是方向一定要准，行驶一定要稳，尤其是不能犯颠覆性错误。”基于以上考虑，笔者认为在此不妨这样推断：发展过程中出现的问题要依靠改革手段来解决；物质条件、生活水平的丰富和改善，国家利益得到维护，能够提振公众对进一步深化改革的信心，能够为公民意识的产生和发展创造有利条件，而提振改革信心、培育公民意识反过来能促进今后更好地开展经济建设，更加切实地保障好国家利益不受侵害。社会问题与网络环境同样存在正相关的、相互促进的关系。2014 年 2 月 27 日，由习近平担任最高负责人的中央网络安全和信息化领导小组成立，该小组承担了中国意识形态指导机关的实际职能。社会矛盾的加剧、增多势必反映到网络空间中，体现为网上负面消息和谣言泥沙俱下、鱼龙混杂的局面；社会矛盾的解决、减少反映到网络空间中，体现为更多正面消息和正能量的传递。倒过来说，治理整顿纷繁复杂的网络信息，优化网络舆论环境能够反作用于现实社会，有利于分析、厘清各种社会矛盾，形成积极健康的氛围，有利于促进现实问题的解决。

二、各项法律配合形成治理网络的长效机制

“媒介是人的延伸”，网络空间是现实空间中人类活动的延伸，两种空间的差别在于表现形式不同。在网络空间中，技术通过延伸人的交往、活动空间而直接改变人的社会属性。在人的行为进入网络空间之后，与之相适应，现实社会中的法律规则也应当随着人的活动空间的延伸而进入网络空间。可惜的是，我国现行大多数法律制度是针对现实世界中各种违法犯罪活动制定的，而不是针对互联网，法律规定并没有完全体现或充分考虑网络犯罪的特点，所以在定案过程中会出现这样或那样的不确定。现行法律制度对网络谣言的追责有民事责任、行政责任、刑事责任三个层面，但普遍面临着取证困难的问题，其原因就在于网络空间的虚拟性使得一些东西转瞬即逝，导致证据难以固定。从法律的角度上说，修改或出台相关的司法解释，用来解决不适用于网络犯罪的地方就显得很有必要了。

由最高人民法院和最高人民检察院联合颁布的《关于办理利用信息网络实施诽谤等刑事案件适用法律若干问题的解释》(以下简称《解释》)早在 2013 年 9 月 10 日起已正式生效。《解释》明确了网络空间中诽谤罪的认定标准，明确了哪些诽谤行为属于“严重危害社会秩序和国家利益”的公诉案件，同时对于利用信息网络实施的寻衅滋事罪、敲诈勒索罪、非法经营罪等犯罪行为规定了认定标准，进行了与时俱进的解释。《解释》出台后，有部分声音担心言论自由会受到影响，而这种担忧无疑是多余的。绝对的、不加限制的自由在现实中并不存在，相对的、有条件的自由必须在一定的法律框架下才能够得以很好地保护和行使。《中华人民共和国宪法》第三十五条规定：“中华人民共和国公民有言论、出版、集会、结社、游行、示威的自由。”言论自由被以书面的形式在宪法中确立下来，而《解释》的作用正在于严惩网络犯罪，净化网络环境。《解释》设立明确的标准以保障相关犯罪认定的明确性

和具体性,能够避免在惩治犯罪的同时误伤合法言论,并进一步损害公民的表达权和监督权。对于接受监督的国家机构而言,《解释》并不等同于一把“尚方宝剑”,得以使其免受公众批评和举报;针对网络谣言蔓延的汹涌势头,有关部门要做到“执法必严,违法必究”,大幅度提高造谣传谣者的违法违规成本。而作为普通网民,在享受言论自由权利的同时必须遵守国家法律法规,理性地表达自己的意见,自觉维护信息传播秩序,做到“不信谣,不传谣,不造谣”。备受关注的“秦火火”诽谤、寻衅滋事一案,已于2014年4月17日作出一审判决:秦志晖以诽谤罪判处有期徒刑2年,以寻衅滋事罪判处有期徒刑1年6个月,决定执行有期徒刑3年。秦志晖本人当庭表示接受判决结果。这是中国依法打击网络谣言第一案,判决结果具有标杆意义。

三、广泛、全面、灵活运用各种技术手段

从传播方式的角度上看,以微博为代表的新兴媒体改变了传统媒体时代信息自上而下的灌输模式,因而在治理谣言时不能够沿袭传统媒体时代的一贯方式。新闻传播学科语境下,“受众”的概念逐渐被“用户”所取代,它正是要强调一般人在信息传播过程中的主动性,既是内容的接受者又是生产者和传递者。信息网络环境下传播方式的变化主要体现为以下三点:一是新兴媒体的影响力不断增长。当前,数字报刊、移动电视、手机媒体、手机短信、微信、博客、播客、微博等新兴媒体正在崛起,影响力在加大。我国网民有近6亿人,手机网民有4.6亿多人,其中微博用户达到3亿多人。据统计,很多年轻人基本不关注主流媒体,大部分信息都从网上获取。二是传播手段的即时性、快捷性更强。电子传播媒体大众化,即时传播、在场传播、多媒体传播更加普遍,改变了定时、定媒体、定口径的传播模式,使得信息传播不能再按照传统模式按部就班,层级传递。三是传播手段的多样性、互动性更加突出。民营资本进入社交媒体,个人成为“自媒体”,多种媒体传播信息、发出声音、影响舆论,包括相互影响,产生了思想、言论、舆论的交锋和传播手段的竞争性。

在技术和社会条件发生了重大变化的前提下,倡导主流意识形态,树立正确的价值观念面临着新的挑战,认识和掌握这些新的应用技术,治理网络谣言时才能游刃有余。1、建立网络舆情监测机制。在新的互联网形势下,需要借助互联网舆情监测系统,及时监测、汇集、研判网上舆情,引导危机舆论。跟踪事态发展,及时向有关部门通报,快速应对处理,变被动为主动,使网络舆情成为领导和相关部门决策的重要依据。利用舆情监测系统平台,配合相应的舆情工作机制,听取建议。树立自觉接受群众监督意识。2、善于培植和利用“意见领袖”。当一些重大事件发生时,网络上活跃的“意见领袖”往往也时刻关注着事件进程并适时地发表自己的观点。鉴于他们的高关注度和点击量,他们的一举一动对网民都有很大的影响力,那么这时应该注意引导和放大他们那些符合社会规范,并为主流人群所接受的观点,以扩大影响力,为其他网民树立参照系。

四、在网络谣言生成的各个环节对症下药

传播学者克罗斯曾提出一个“谣言公式”：谣言＝（事件的）重要性×（事件的）模糊性÷公众批判能力。谣言的能量有多大，既取决于真实信息的透明程度，也取决于受众的判断水平。谣言产生和传播遵循如下社会心理过程，与之相应的治理更要有针对性：

（一）以信息公开直接消除谣言产生的根源“不确定性”。不确定性是谣言滋生的必要条件。某件事情可能会引起谣言，说明这件事情有一定重要性，也就是说与人们的利益相关，引起人们的兴趣，因而了解它变得很重要；又具有一定的模糊性，需要获取的事件信息和能够获取的信息不对称，人们试图了解事件却无从了解，因而感到焦虑。这种焦虑驱使人们做出种种猜测，接着便有意无意的猜测导致以谣言的形式流传开来。对于政府部门而言，与其花大力气事后追查谣言，不如直接消除谣言产生的社会心理基础——不确定性，及时公开公众所需要了解的全部信息，所谓谣言也就不攻自破了。

（二）使用多种措施抑制谣言传播过程中的歧变。歧变是谣言传播的典型特征。歧变是指谣言传播过程中，不忠实于“原创”，而是被接受者按照自己对事件的猜测及态度进行加工，再继续传播，进而增强事件的不确定性，加剧社会焦虑的一种行为。针对这一情况，适宜综合使用多种措施，如积极地呼吁广大网民自身“不信谣，不传谣”，如不实信息转发超过 500 条即定义为“诽谤”。更重要的是，重新树立起广大群众对于政府部门处理公共事件意见的信任，避免动辄“听风就是雨”的可能性。

（三）呈现有说服力的事实来影响人们的价值判断。价值判断是关系谣言走向的关键因素。一般说来，人们倾向于采信那些符合自己价值判断的传闻，而不是毫无保留地接受各种传闻。面对具有相当不确定性的事件，人们往往会根据自身倾向性态度作出猜测。然而，另一方面，有说服力的事实陈述也能改变原来的倾向性态度。

（四）集中打击少数造谣者，消除“羊群效应”[①]。人们在面临不确定因素，又无法获得充分信息时，往往会盲目随大流行动，社会心理学将这种现象视作“羊群效应”。“羊群效应”放大了谣言的影响能量。在网络空间中，少数以“意见领袖”身份自居的“大 V”依托网上行为的匿名性大放厥词，并通过相应的水军、网站及背后一系列商业运作造成民意沸腾的假象，使网民误以为这就是代表大多数人的意见而放弃了自己独立的判断。随大流的网民数量急剧增长，造成谣言歧变更多更快，难以控制。在治理整顿过程中，应当推行网络实名制，使每个人对自己的言行负责；谣言肆虐时，由政府部门出手“擒贼先擒王”，集中打击少部分擅长造谣生事的“意

① 维基百科：“羊群效应”，又称“从众效应”，是指人们经常受到多数人影响，而跟从大众的思想或行为。人们会追随大众所同意的，自己并不会思考事件的意义。“羊群效应”是诉诸群众谬误的基础。

见领袖”，彻底端掉背后支撑他们的灰色利益链条。

（五）实时监测网络舆情，最大限度降低负面情绪的影响。负面情绪的增强和传递使谣言具有动员集群行为的功能。近年来频发的群体性事件越来越体现出和谣言传播之间的高相关性。一般意义上的集群行为缺乏组织性，没有明确纲领。但是谣言会使一些人原本方向和强度不一致的情绪趋于一致，使原本较弱的负面情绪得到增强，从而增加了参与集群行动的可能。网络空间的虚拟性和匿名性给阻止因短期负面情绪激化而造成的集群行为带来了难度，有关部门只有防微杜渐，全过程实时监测网上舆情，尽可能将负面情绪的消极影响降到最低。

谣言止于真相、信任和法治。分析谣言传播的五个环节，可以开出及时公布真相、提升公众对于政府信任、加强法治建设三剂“药方”。及时公布真相，即便不够充分完整，但基本足以消除不确定性，平息大众求知而不得的焦虑，如此便可将谣言滋生的土壤彻底铲除干净。要注意修复大众对于政府的信任，因为谣言一方面既源自于信息的不对称，另一方面又受到部分大众对社会现实的不满情绪，以及对政府部门不信任的影响。在面对种种问题时，政府应有足够的勇气坦率承认并及时加以纠正，逐渐修复大众对于政府的信任。此外，网民、网站、有关部门都要加强法律意识，遵守国家法律法规，自觉维护信息传播秩序。

〔作者曹然系中国传媒大学2013级新闻学专业研究生；
丰纯高系中国传媒大学新闻学院副教授〕

众声喧哗时代网络虚假新闻的变异与治理

詹新惠　阳爱姣

从事新闻传媒的编辑记者都接受过新闻入门的两句话教育："新闻，是对新近发生的事实的报道"和"真实是新闻的生命"。前者在阐述新闻的本源是事实，尊重并追求真实是每一位新闻工作者的职业道德准绳，后者在表达真实是新闻媒体社会公信力的重要保障，也是新闻工作者诚信度的试金石。但是，长期以来，违背新闻真实性、凭空捏造、恶意杜撰的虚假新闻却从未消失，在进入网络时代众声喧哗的背景下，虚假新闻甚嚣尘上，并出现种种变异，且随着互联网和新媒体的快速传播有泛滥成灾之势。

新闻传播进入众声喧哗时代

众声喧哗的第一个表现是"人人都有麦克风，人人都是发布者"。互联网技术为人人成为发布者提供了便利，各种发布渠道如新闻留言、讨论组、群组聊天、社区论坛、博客、播客、微博、SNS、贴吧、知道问答等等降低了发布门槛，客观上创造了众声喧哗的条件。庞大的网民基数和手机网民群体构成了众声喧哗的主体。据中国互联网络信息中心（CNNIC）发布的报告显示，截至 2013 年 6 月底，我国网民规模已达到 5.91 亿，手机网民规模达 4.64 亿，网民的角色扮演从早期的被动接收信息进入现在的主动网络发布。据统计，有 60％的网民有过在网络上发表言论、新闻跟帖或参与话题的经历。

众声喧哗的第二个表现是"人人都有渠道，人人都是传播者"。微博上流传着一句话：以微博和微信账号为例，无论是个人用户还是机构用户，一个账号实质上就是一个传播渠道，就是一个自媒体。因此，才有了这样的一些说法："你的粉丝超过一百，你就好像是本内刊；超过一千，你就是个布告栏；超过一万，你就好像是本杂志；超过十万，你就是一份都市报；超过一百万，你就是一份全国性报纸；超过一千万，你就是电视台；超过一亿，你就是 CCTV 了。"自媒体时代正在悄然来临。凭借着强交互性、自主性的特征，新闻传播的自由度得到显著提高，用户在某种程度上决定着互联网上流转的内容，用户的分享、传播成为网络信息的源头。

众声喧哗的第三个表现是"人人都更个性化，人人都在众声喧哗中多元消费"。互联网时代，用户获取信息的方式逐步发生变化，从早期依赖于传统媒体，到互联网初期"看新闻，上新浪"的网络门户消费模式，到社交媒体时代只关注自己微博和微信里的新闻、信息内容，一方面用户接受的内容越来越贴近个人的兴趣偏好，针对性强精准度高，另一方面内容范围变窄了，认知平衡度降低了，也易于受单方面信息的影响和引导。

从众声喧哗的视角看网络虚假新闻，一者是产生网络虚假新闻的概率提高了，如果说过去是传统媒体、网络媒体在制造假新闻，现在多了个人自媒体和社会意见领袖；一者是传播网络虚假新闻的渠道多样了，隐秘了，虚假新闻的传播深度和广度在很大程度上将由网民群体来决定；一者是某些、某类网络虚假新闻更易于被网民接受，比如流传在微博平台里的、SNS群里的、主题性贴吧里的虚假新闻，由于是基于信任用户之间的传播，因此接受度更高，分享率也更高。

网络虚假新闻的变异

变异之一：虚假新闻被"求证"式转发导致扩大化或愈演愈烈。

许多网民在遇到信息敏感度较高或与自身关联性较大、较吸引眼球但自己无法确定信息真假的情况时，往往会选择转发信息，同时加上"求证实"等标签。特别是一些微博"大V"账号，他们的"求证实"、"求真相"、"求辟谣"往往给虚假新闻戴上了一个若隐若现的光环。在新闻速食的网络时代，"细枝末节"的标签并不被注意到，真正产生影响的还是最初虚假新闻主体部分。甚至有些用户在进行二次、三次、N次转发时有意无意删去原微博的部分内容，无数次转发后那些小心的"求证"、谨慎的"转发"都成为了虚假新闻扩散的帮凶。

变异之二：碎片化时代虚假新闻易形成"信息流瀑"很难被打破。

微博等新媒体的文本和议题都具有"碎片化"、"易消逝"的特征。由于微博更新速度快，总量庞杂，因此微博用户往往对内容不做深入的探索，一旦信息吸引自己眼球，则往往会即时转发甚至加上评论，而拥有5亿用户数量的微博平台，在大批用户（尤其是"大V"用户）的转发评论后，很容易形成集体认知，一旦形成，将很难被打破，桑斯坦将其称为"信息流瀑"。信息得到不断强化之后，形成群体认知，此时在"沉默的螺旋"的作用下，对于任何个人来说，这种群体认知都代表了无形的、较难打破的群体权威——群体共识便以权威信息的方式在互联网上迅速散播。① "流瀑"一旦形成，反对声音就显得比较微弱。在"沉默的螺旋"机制作用下，一旦有人相信谣言，接着相信的人就越来越多，少数人服从多数人意见，形成像瀑布一般的强劲态势，又进一步巩固了谣言的力量。

变异之三：虚假新闻惯性传播很难得到"自澄清"。

由于网络虚假信息传播惯性较强，在缺少前后语境的情况下，舆论的尾巴依然会影响后来人的认知与行为。一些生命力"顽强"的谣言每隔一段时间就会流传一次，有的甚至流传超过10年，人们将这种反复流传的谣言称为"月经谣言"。例如，"维C与虾同吃会中毒"、"仙人掌可以有效减少电磁辐射"等。然而，微博等新媒体

① 孟昭莉：《微博客时代：谁的互联网？》，《第一财经日报》2010年7月8日。

的“自澄清”机制启动慢，即使信息已被证伪，转发仍会继续。另一方面，由于微博的议题转换很快，当微博用户意识到这个虚假信息时，微博舆论焦点已经发生转移，所有的证伪也就淹没在互联网信息的汪洋大海中。

变异之四：网民充当了虚假新闻传播的“二传手”。

受传播形式和个人素质的影响，多数网民不能客观地、完整地“直播”或者“转播”新闻，发布和转载信息时往往会有很强的个人倾向性，重视第一感受，对接收的消息缺乏理性的分析和深入思考，就将一些“不确定”信息传递出去，而充当了虚假新闻的“二传手”。在“秦火火网络大谣”事件，秦火火为博人眼球，发布“雷锋1959年为自己添置的皮夹克、毛料裤、黑皮鞋等全套高档行头，皮夹克、毛料裤、皮鞋加起来当时在90元左右，而当时雷锋一个月才6块钱”等极端反大众刻板意识的“惊天爆料”，短时间内便博得大量转发和评论，而普通网民在看到这类消息时最先想到的不是核实，更无法核实，而又想与好友分享这一“惊天奇闻”，故而感性地转发，成为了网络谣言的助推器。

变异之五：虚假新闻以“公益形象”出现，由网络水军助推。

经常在微博、微信中看到“儿童失踪，求转发”、“儿童器官被盗，求救援”等内容，善良的人们都会在看到这样内容的第一时间随手转发，一些粉丝庞大的公众账号更是不遗余力地转发、评论，一时间网络虚假新闻就这样以“公益形象”获得广泛覆盖。这类虚假新闻在“网络水军”的助推下，不仅扭曲舆论、扰乱人们视线，危害深重，而且严重损毁社会的道德底线和人们的价值观。

网络虚假新闻的治理

网络虚假新闻的变异、泛滥日渐吞噬着新闻的“生命”，损害普通受众的“知情权”，扰乱新闻传播秩序，甚至危害了社会治安。遏制和治理网络虚假新闻需要全社会共同努力和自觉抵制。

国家新闻出版总署2009年3月24日颁布实施的《关于采取切实措施制止虚假报道的通知》，对遏制虚假报道提出了问责制度，并对不同情况的虚假新闻提出了不同处罚措施。例如，“对经查实采写虚假、失实报道的记者，要给予警告，并列入不良从业记录名单，情节严重的要吊销其新闻记者证，五年内不得从事新闻采编工作，情节特别严重的，终身不得从事新闻采编工作”，“对蓄意炮制和炒作虚假新闻造成恶劣社会影响、损害国家形象和公共利益的，报刊总编辑应引咎辞职，主管单位要追究报刊负责人责任”等规定。

但是这一条例主要针对的是传统媒体及其工作人员，对于互联网传播及网络媒体还没有与之相适应和适用的法规条例。互联网时代日新月异，播客、QQ空间、人人网、微博、微信等新型社交传播形式不断涌现，海量信息不断发布与转发，虚假内容的捕捉、定性以及遏制都有相当的难度，这就尤其需要制定一套针对互联网及网络媒体虚假新闻的防范措施，比如准确定性制造、传播网络虚假新闻的行为，区分一般性的网络虚假新闻、较为严重的网络虚假新闻和特别严重的网络虚假新闻，视情况给予不同的治理和处罚，区分行为失当与违法犯罪的界限等，真正做到有法可依、有章可循，从法制层面为制止虚假新闻提供保障。

如今世界上许多国家通过新闻评议委员会对新闻进行监督，它是一种有效的社会公益性组织，职权上有相对的独立性。其根本宗旨在于通过行业自律，唤起新闻从业者的社会责任和道德责任，维护新闻业的尊严、荣誉及良好的社会形象，对于规范新闻媒体及其从业者的职业行为发挥了较好的作用。但遗憾的是，在我国，除首都互联网协会从 2006 年 4 月 13 日起尝试性地推出网络新闻信息评议制度外，我国新闻评议会等对新闻媒体的社会监督组织还基本上处于空白。建立网络新闻评议体系，吸纳普通网民第一时间反馈或举报虚假新闻，是打击网络虚假新闻的一条路径。毕竟网民是众声喧哗时代的发布者、传播者和分享者，他们或许是第一时间传播假新闻，但也一定能第一时间发现假新闻、抵制假新闻、澄清假新闻。

虽然新媒体发展迅速，但是传统媒体仍旧有一定的公信力和影响力，在新闻发布权威性、准确性方面有较大优势。因此，传统主流媒体应主动发挥自身优势，及时准确地报道事实真相，不做假；专业记者更要在对真相的追求和挖掘上体现能力，对存疑信息进行核实调查，对重大事件、社会热点和敏感问题的报道把握分寸、时机、力度，释疑解惑，积极引导，不炒作和蓄意制造舆论“热点”，误导受众。新闻媒体尤其是网络媒体要建立规范的新闻发布流程和机制，建立健全审稿制度，重视审核新闻源的可靠性，对新闻信息进行多方面采集、核查，在技术上加强对假新闻的识别能力。

互联网大门是敞开的，每一个网民既可能成为虚假信息的帮凶，也可能是阻止虚假信息传播的主力军，关键在于提高自身媒介素养，在传播信息过程中履行社会责任。虽然在互联网上发布、转发、评论是个人行为，但在网络公共舆论空间里，每个人都应对自己传播的信息负责；面对海量的互联网信息，不盲从，不煽动，提高对媒介各种信息的选择能力、质疑能力、评估能力和思辨能力，批判性地转发信息；遇到存疑信息可通过查找消息来源，关注主流媒体的报道，利用网络检索公开报道等方式进行验证，最后还可以通过查看网民评论看是否有人指出消息的不实来求证。作为普通网民，需要通过提升自身网络媒介素养来尽可能减少自己无意传播虚假新闻的概率。

〔作者詹新惠系中国传媒大学新闻学院副教授；
阳爱姣系中国传媒大学新闻学院研究生〕

从"聚合新闻"看网络新闻发展的趋势

庄捷

今天，随着互联网媒体的迅速发展，我们已经进入了一个信息爆炸的时代。在这个时代中，获取信息数量已经不再是困扰大众的问题。相反，面对浩如烟海的庞大信息量往往使我们在选择自己所需要的信息时变得无所适从。每当我们浏览新闻网站的页面时，面对成百上千条新闻资讯，我们就会迷失在过多选择或无从选择的矛盾之中。面对这种矛盾，网络新闻媒体不能再只注重满足受众对新闻数量的要求，而应改变现有网络新闻的呈现方式，更好的引导受众根据自身的需要去获取所需要的新闻信息。"聚合新闻"的出现就是这种改变的具体体现，也将逐渐成为网络新闻未来的发展趋势。

一、RSS：最早的"聚合新闻"

互联网目前已经成为人们日常获取新闻的重要媒体，但是当人们打开各个新闻网站的页面时立刻会被其中所充斥的各种杂乱无章的信息所包围，迫切需要一种能够帮助我们整理信息、聚合信息甚至按照个人喜好定制信息的服务出现。聚合新闻(RSS)第一次将一种全新的网络新闻传播方式呈现在大众面前。

所谓 RSS 是 Really Simple Syndication 的缩写，其中文原意为"聚合真的很简单"，目前我们一般称为"简易信息聚合"，是网景(Netscape)公司于 1999 年开发的一种推送信息的技术，其目的是提供一种更为方便、高效的互联网信息发布与共享方法，以便用户用更少的时间分享更多的信息。RSS 技术一出现就与网络新闻传播紧密结合在一起，从最早的浏览器中"新闻频道"的功能，到后来随着 Blog 的兴起，RSS 成为描述 Blog 主题和更新信息的最基本方法，RSS 技术使我们不必一个接一个地打开不同的网站或网页来查找需要的新闻，所有我们需要的新闻信息以定制的方式由 RSS 技术汇聚后提供给受众，并且可以实时更新，将最新的新闻资讯传递给广大受众，这就是聚合新闻的出现。所谓"聚合新闻"是指一个网站或某种网络新闻阅读软件的一个浏览页面上提供多个网站的不同新闻，并且保持着和提供信息源的众多网站的新闻同步更新。用户既可以通过浏览这一个页面及时获得多个网站的新闻信息，也可以借助于支持 RSS 的工具软件在不打开网站内容页面的情况下阅读支持 RSS 输出的网站内容。[①]

RSS 聚合新闻的出现使广大网民摆脱了每天面对海量无序的新闻资讯而无从选择的烦恼，能够更方便、高效地阅读到最新最快的新闻报道，及时了解重大的新闻事件，主要拥有以下几个特点：

第一，RSS 聚合新闻具有鲜明的个性化。传统的网络新闻是典型的点对面传播方式，读者在浏览新闻站点时各种新闻资讯无论浏览者是否感兴趣都会出现在网页中，严重影响读者的阅读效率。通过 RSS 聚合新闻服务，无论是通过邮件订阅新闻还是通过特定的 RSS 阅读器订阅新闻，用户都是根据自己的喜好来选择自身最需要的新闻资讯，使新闻资讯的阅读具有明确的针对性。以新华网 RSS 服务为例，其将所有的新闻资讯分为"时政频道"、"财经频道"等 20 余个 RSS 频道供读者选择，读者可以根据自己的喜好和需要订阅其中的一个或多个频道的新闻资讯，使每一个读者看到的新闻资讯都是根据其具体需求而量身定制的，极大地提高了用户阅读兴趣和效率。

第二，RSS 聚合新闻具有更新的及时性。传统的网络新闻从新闻发布者的角度说，新闻的更新是通过网站编辑人工完成的，工作量大且工作效率较低，新闻更新速度慢；从读者角度来说，要想及时浏览最新的新闻资讯，需要多次访问网页或不断刷新页面，无法实时更新浏览。RSS 聚合新闻服务是通过软件自动浏览和监视指定网站的内容，再将这些网站的内容汇聚后及时传送给用户。而读者无需自己实时去浏览新闻网页，只要访问电子邮箱或 RSS 阅读器就可以在第一时间看到最新的新闻信息。

第三，RSS 聚合新闻信息明确无冗余。RSS 聚合新闻提供的新闻信息通常仅包括新闻标题、摘要、全文链接、发布时间和新闻来源等内容，一般没有图片和其他多媒体信息。读者如果希望深入了解新闻的具体内容可以点击全文链接进行详细阅读。另外，通过 RSS 聚合新闻服务获取新闻信息不需要访问特定的网站，也就避免了网站中大量与所需新闻无关的图片、视频、flash 等冗余信息的干扰，读者可以在一个干净的环境中专心阅读新闻。

第四，RSS 聚合新闻便于读者归纳管理信息。传统的网络新闻位于新闻网站的服务器上，读者无法进行控制管理。RSS 聚合新闻可以通过电子邮箱或 RSS 阅读器将新闻下载到本地，读者可以离线阅读和管理，以构建自己的新闻资料库。

由此我们可以看到，RSS 聚合新闻的出现彻底改变了网络新闻传播的方式，国内外各主要新闻网站都纷纷开设自身的 RSS 聚合新闻服务。2004 年 8 月 1 日新华网推出了 RSS 聚合新闻服务，成为国内首家提供 RSS 聚合新闻服务的网络媒体，开启了中国 RSS 聚合新闻服务的先河。

RSS 聚合新闻以其个性化强、实效性高、阅读指向性明确等众多优点得到众多新闻网站的应用，但是 RSS 聚合新闻也还存在一些不足之处，其中最突出的主要有

---

① 申凡、陈奕奕：《聚合新闻：由"e 化 "到"易化 "的跨越 —试析网络新闻发展的新趋势》，《南京邮电学院学报（社会科学版）》第 7 卷第 2 期，2005 年 6 月。

以下几个方面：

其一，界面表现元素单一。RSS 聚合新闻界面较为单一，无论是通过电子邮箱还是通过 RSS 阅读器获取新闻，都只有简单的文字。大量丰富多彩的图片、影像等多媒体信息无法直接展现，使其只能是一个新闻目录界面。长时间使用会造成读者阅读效果下降。

其二，新闻排序方法死板。RSS 聚合新闻在对新闻资讯进行排序时仅是根据新闻更新的先后顺序进行排序，这种简单排序方法无法体现新闻资讯的重要性。

其三，新闻定制修改困难。RSS 聚合新闻的个性化体现在读者个人定制新闻上。但无论是通过电子邮箱还是通过 RSS 阅读器浏览新闻，如果对定制内容不满意都需要重新定制，无法做到即看即改。

二、新闻聚合网站带来崭新的"聚合新闻"

既能实现聚合新闻传播，又可以克服 RSS 聚合新闻的不足，一种全新的以网页为基础的新闻聚合网站应运而生，其中最著名的就是浏览 Google News 的"NEWS-MAP"网站(www. newsmap. jp)(如图 1)。该网站的界面酷似 Windows 8 Metro 界面，其新闻来源是 Google News。它的页面主要是由大大小小不同颜色的色块组成，每个色块中显示相应的新闻标题，当鼠标指针悬停在每一个色块上时会自动显示该条新闻的内容摘要和题图照片。在页面顶部可以按国家分类进行新闻筛选，底部则可以按内容分类进行新闻筛选。页面内容会随不同的筛选设置而实时自动变化。

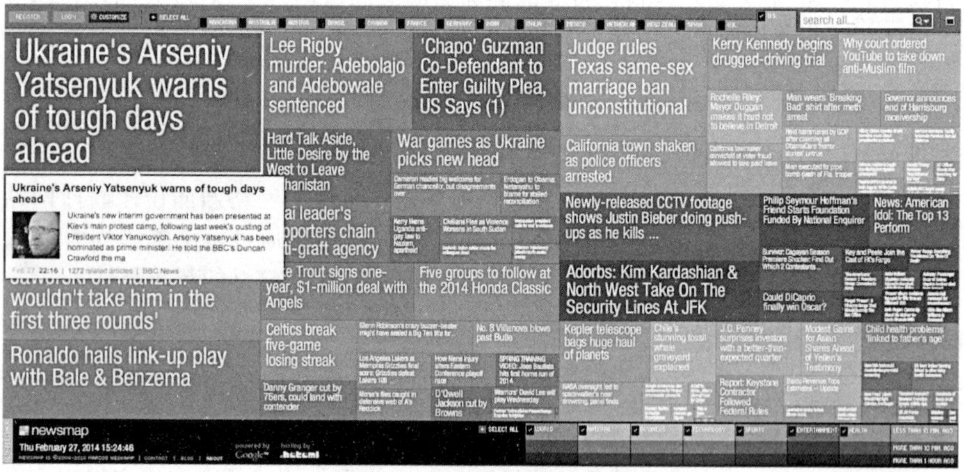

图 1　NEWSMAP 网站页面

新闻聚合网站的出现使读者产生耳目一新的感觉。它既实现了新闻聚合传播的效果，又很好地避免了 RSS 聚合新闻的不足之处，成为一种别具一格的网络新闻传播模式。它的优越性主要体现在以下几个方面：

1. 简洁整齐的网页界面

以 NEWSMAP 网站为例，我们可以看到，网页中所有的内容都在一屏的范围内显示，换言之就是所有内容一目了然。这很好地避免了过去传统新闻网站多屏显示的弊端，一次次拖动滚动条翻屏阅读，会直接影像阅读效果，据测算一张网页如果长度超过三屏绝大多数网民都会放弃继续阅读。另外，用色块分割进行网页布局的方式，很好地改变了过去传统新闻网页单调的一条一条文字链接的布局表现方式，使整个页面显得疏密有序。

2. 直观的新闻排序方式

传统的新闻网页中是以新闻标题的前后顺序来表示新闻的重要性的，一般重要的新闻放在网页最上方的位置，个别特别重要的新闻可能辅以较大的字号、较特殊的字体来突出。但这种方式不够直观，在成百上千条新闻中，有些重要新闻很容易就被读者忽略了。在 NEWSMAP 的界面中我们可以看到大大小小不同颜色的色块，这些大小各异，颜色不同的色块既起到分割页面的作用，同时也表示新闻的重要程度。根据网站后台核心算法的计算，网页中最重要的新闻和点击量最高的新闻将以最鲜明的颜色和最大的色块来显示，读者可以根据色块的颜色醒目程度和色块的大小直接判断该条新闻的重要程度，进而选择是否浏览。

3. 实时变更关注的新闻类别

在 RSS 聚合新闻中订阅新闻和浏览新闻是分别进行的，这就造成更改所想要关注的新闻类别无法实时进行。而在新闻聚合网站上，这种订阅的方式被直接选择新闻类别所替代，可以实时更改读者自己所需要关注的新闻内容，同时也保留了进一步定制新闻的功能。在 NEWSMAP 的页面中，通过点选网页上部的国家名称可以选择关注一个或多个国家的新闻资讯，通过点选网页下部的新闻分类可以关注不同类别的新闻资讯，同时还可以点选网页右下角的时间按钮，选择不同时间段更新的新闻资讯内容。每次选择都可以实时更新新闻资讯，使读者可以实时关注不同类别的新闻资讯。

4. 网页内容明确，无冗余信息

RSS 聚合新闻的一个重要特点就是通过读者订阅和系统筛选屏蔽了大量的冗余信息，但 RSS 是通过电子邮箱或 RSS 阅读器等第三方工具来实现这种功能的。新闻聚合网站直接在网页上就将与新闻资讯无关的内容完全屏蔽掉，以 NEWSMAP 网站为例，在其页面上除了必要的各种用于帮助读者完成必要的新闻资讯选择的功能按钮之外，全部都是相关的新闻信息，以最高效的方式将最大量新闻信息呈现在读者面前，同时最大限度地避免了诸如广告、推介等冗余信息对读者的干扰。

综上所述，以 NEWSMAP 为代表的新闻聚合网站很好地实现了网页形式的新闻聚合传播，开创了在线新闻聚合传播的先河。在国内，网易的"聚合阅读"采用同样的方法以网页的形式进行新闻聚合传播，而且在新闻信息的聚合程度上更进一步。网易"聚合阅读"页面的构成与 NEWSMAP 的页面构成基本相同（如图 2），整个网页全部集中在一屏显示，所有的新闻标题被不同颜色的色块分割，网站将所有新闻划分为“新闻”、“财经”、“科技”、“体育”、“汽车”和“娱乐”六大类别，读者可以根据自己的需要选择所关注的新闻类别，通过读者的选择页面可以实时汇集相关类别的新闻资讯。

图 2 “聚合阅读”页面

目前在所有新闻类别中“娱乐”类别最能体现其优于 NEWSMAP 的新闻汇聚能力。读者通过点击包含新闻标题的色块进入具体的娱乐新闻内容页面，在页面中汇聚了与新闻主题相关的大量新闻资讯，读者可以滑动鼠标以手机或平板电脑的浏览方式来选择自己需要详细阅读的新闻资讯内容（如图 3）。由此可以看到，网易的“聚合阅读”不仅很好地借鉴了 NEWSMAP 的形态，而且在具体内容的聚合程度上有了很大的提升，更进一步地实现了在线新闻聚合传播。

图 3 “聚合阅读”页面

以 NEWSMAP 和网易“聚合阅读”为代表的新闻聚合网站，摆脱了 RSS 聚合新闻表现形式单一、阅读效果欠佳、订阅内容与阅读内容分离等不足，开创了在线新闻聚合的网络新闻传播新形式，以良好的阅读界面极大地提高了读者针对性阅读新闻资讯的效率。但这种形式也存在一个问题，就是读者失去了自由选择新闻来源的权利。在 RSS 聚合新闻中读者通过订阅的方式可以自主选择希望看到的媒体的新闻内容，而在新闻聚合网站中，这种自主选择新闻来源的工作由网站后台的程序自动完成，读者无法直观地了解到具体的新闻资讯是由哪家新闻媒体所提供的，也无法自由选择特定的新闻媒体以了解其所发布的新闻资讯，新闻资讯的聚合权完全掌握在新闻聚合网站手中。

三、以媒体为单位的新闻聚合网站

将大量的新闻网站聚合在一起供读者以在线的方式实时选择自己希望关注的媒体及媒体上自己感兴趣的新闻资讯，目前成为聚合新闻的发展趋势。“360 传媒”为广大读者提供了一个崭新的聚合新闻传播平台。“360 传媒”是国内首家采用以媒体为单位的聚合新闻展现方式的网站，用户通过该平台可以快速切换浏览多家媒体多种类别的新闻资讯，弥补了新闻聚合网站的不足，既是新闻内容的聚合，也是新闻媒体的聚合。

进入“360 传媒”网站，呈现在读者面前的不是传统网络新闻的新闻资讯目录，也不是新闻聚合网站的各种色块，而是类似移动客户端中“新闻阅读器”的页面形态（如图 4）。

图 4 “360 传媒”网站页面

在网页上读者可以通过导航按钮确定自己希望关注的媒体范围，并通过“传媒列表”和“推荐传媒”快速在多个新闻媒体中切换，以浏览众多媒体所提供的各类重要新闻资讯。目前“360 传媒”平台上已经汇聚了包括新华网、人民网等数百家各类网络新闻媒体。同时读者也可以通过“分类”按钮，查看相同类别新闻资讯在各个媒体中的不同视角报道。对于希望重点浏览的媒体，读者可以通过“订阅”功能选择长期关注。总之，通过“360 传媒”网站，无论是关注新闻内容还是关注新闻媒体，读者都有灵活的自主选择权，从而形成了以新闻网站聚合为核心的全新的新闻聚合传播模式，其优越性主要体现在以下几个方面：

1. 以新闻网站聚合为核心，充分体现新闻媒体的特点

不同的新闻媒体在长期的新闻传播活动中，逐渐形成了各自不同的新闻传播风格，对于同一新闻事件的报道具有不同的立场和视角。“360 传媒”将众多新闻媒体的报道内容汇聚在同一个平台之上，供读者自由选择浏览，将不同新闻媒体各自的传播特点全面地展现在读者面前，各个新闻媒体的优势可以得到充分的展示，有利于各新闻媒体之间互相学习，互相借鉴，在充分发挥自身优势的同时，借鉴其他媒体的长处，克服自身的不足，使自己的新闻报道能力得以快速提高。

2. 汇聚不同的新闻报道视角，帮助读者全面了解新闻事件

“360 传媒”将众多新闻媒体的报道内容汇聚到统一的平台之上，读者可以自由选择自己所希望关注的媒体。通过切换不同的新闻网站模块，读者可以快速浏览各个新闻媒体的报道内容，可以使读者在最大范围内关注自己所感兴趣的新闻资讯。同时读者在同一平台内纵观多家媒体新闻内容，可以对比多家媒体不同的新闻视角。通过众多新闻媒体针对同一新闻事件不同立场、不同观点的报道，可以使读者更加全面地了解新闻事件的真相，提高新闻传播的效果。

3. 新闻内容集中，摒弃无用信息干扰

传统网络新闻媒体的网页中充斥着大量的广告等冗余信息，这些杂乱无章的信息严重地影响了读者阅读新闻的感受，进而降低了新闻传播的效果。“360 传媒”在汇聚各个新闻网站时并不是将各网站的新闻页面原样照搬，而是将其中与新闻资讯无关的内容全部封闭，只保留最为重要的新闻资讯内容，为广大读者营造了一个纯净、友好的新闻阅读环境，为广大读者提供了一个一网知天下的新闻汇聚网站。

四、聚合新闻的发展趋势

面对海量的新闻资讯，聚合新闻传播已经逐渐成为网络新闻传播的发展趋势。从早期的 RSS 聚合新闻到以媒体为单位的聚合新闻网站，新闻的聚合传播越来越注重提高新闻的聚合程度和改进读者阅读新闻的感受，其发展主要呈现以下几大趋势：

1. 整合媒体搭建统一的聚合新闻传播平台

当前随着生活节奏的加快，人们每天的时间被各种社会活动分割成了大小不等的碎片，传统媒体定时定点的传播方式已经无法满足人们对新闻信息快速、及时获取的要求。通过网络平台浏览新闻已经成为大众获取新闻资讯的重要途径。面对众多的新闻网站，以及各新闻网站上大量雷同的新闻资讯，人们在选择感兴趣的新闻信息时往往无所适从，急需一种可以聚合众多新闻资讯，使人们可以快速找到自己所关注的新闻资源的平台的出现。这就要求新闻网站放弃过去单一追求新闻数量的发展模式，转而构建一种可以在最大范围内汇聚新闻资源的传播平台。"360 传媒"为各网络新闻媒体开创了一种聚合新闻传播的新模式，这也将是网络新闻传播未来发展的重要趋势。

2. 提升阅读体验，获取大众认可

RSS 聚合新闻使广大读者摆脱了在各个新闻网站中查找自己感兴趣的新闻资讯的繁琐方式，在个性化新闻传播方面取得了突出的效果，但其单一的文字表现形式，在当今这个多媒体时代还无法适应人们不断提高的视听感官需要。作为网络新闻媒体，不但要满足人们对新闻资讯的个性化需要，还要在阅读体验和视听感受方面不断提高，以获得大众的认可。只有如此，才能吸引更多的读者。以 NEWSMAP 网站和网易"聚合阅读"为代表的新闻聚合网站以全新的界面形式和独特的读者阅读体验，吸引了大量读者的关注，必将成为未来聚合新闻的发展趋势。

3. 注重"自媒体"，形成最大范围的新闻资源汇聚

随着网络传播技术的不断发展，受众在新闻传播活动中的作用越来越重要，大量的"自媒体"新闻在互联网媒体中不断涌现。但是，众多的"自媒体"新闻资源由于缺乏统一的、专业的管理和规范，呈现出一种分散凌乱的状态，无法形成有效的传播效果。在这方面，"赫芬顿邮报"(The Huffington Post)给了我们很好的启示。"赫芬顿邮报"是一个新闻网站，从 2005 年 5 月 9 日创建之日起就非常注重开发"自媒体"新闻资源的力量，其网站编辑大量整合来自于"自媒体"的新闻资源，用于自身的新闻报道。由此可见，传统网络新闻媒体充分利用"自媒体"新闻资源，将其融入到自身的聚合新闻平台之上，为广大读者汇聚最广泛的新闻资讯，将是未来聚合新闻的重要发展趋势。

〔作者系中国传媒大学新闻学院高级实验师〕

少数民族文化的数字化传承路径探究

——以东巴文化为例

谢丹

东巴文化，主要是我国云南省丽江地区纳西族人（旧称“么些”，见之于晋、唐古籍）以传统宗教东巴教为基本形态和文化载体而创造出的一种独特的民族文化，最迟形成于唐、宋时期，至今已有近千年的历史。作为我国非物质文化遗产①的典型代表，东巴文化的保护、传承、传播和开发工作一直以来得到了世界各地的广泛关注。随着数字化浪潮席卷全球，信息社会的转型波及经济、社会、文化等社会多个领域。由于非物质文化遗产主要依托于人本身而存在，以声音、形象和技艺为表现手段，并以身口相传得以延续，数字化技术的介入对于东巴文化的保护与开发将产生深远的影响，开启东巴文化传承的新路径。

一、东巴文化数字化传承的必然性

1. 独特传承模式引发的发展悖论

东巴文化，像其他少数民族文化一样，以宗教为源生发出非常丰富的表现形式，囊括了音乐、绘画、仪式、器具、服饰、手工艺等人们生活的方方面面，但是它又与其他少数民族文化有很大的区别，即在这源流之间以东巴文和东巴作为了中介（如图 1），也由此形成了它独特的传承模式。

这其中，东巴文②是目前世界上唯一存在并仍被使用的成体系的象形文字，被誉为“人类文字的活化石”，纳西族人主要用它来书写经书典藏③。而东巴意译为智者，是纳西族最高级的知识分子，他们多数集歌、舞、经、书、史、画、医于一身，是原始古代文化的创造者和传播者。在古代，东巴文化正是通过东巴文和东巴这两种

---

① 根据联合国教科文组织《保护非物质文化遗产公约》定义：“非物质文化遗产”，指被各社区、群体，有时是个人，视为其文化遗产的各种社会实践、观念表述、表现形式、知识、技能以及其相关的工具、实物、手工艺品和文化场所。

② 东巴文包括两种构形相异、性质不同的文字体系，一种纳西语称为“森究鲁究”，是一种象形文字；另一种称为“哥巴特额”，是一种抽象文字。后者由于流行范围小、能读的东巴少、留存文献少而被忽略，目前学界提到东巴文多指前者。

③ 东巴文主要用于东巴教徒传授撰写经典使用，但也有反映纳西族日常生活情况的医书、账本、契约、谱牒、歌本、书等。

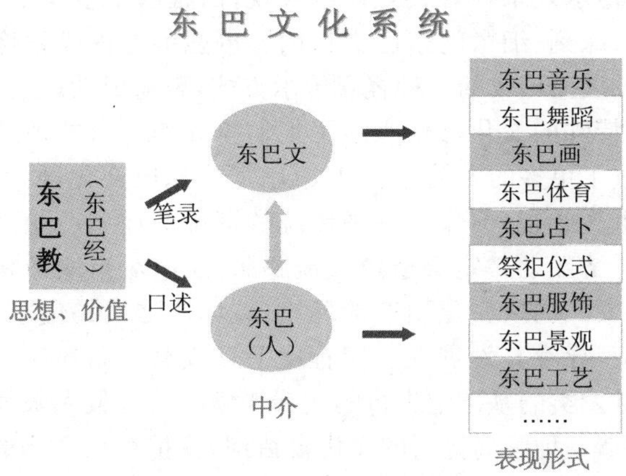

图 1 东巴文化系统传承图

中介以笔录和口述相互结合的形式得以保护和传承，但也正是这种特殊的传承形式使得东巴文化在现代社会环境下的传承遭遇了困境，形成了发展悖论。

一方面，东巴文作为一种原始的象形文字，能识读的人数量有限（一般东巴也不一定认识完整），而就是这部分象形文字所记载的东巴经文也并不是逐字逐句的完整记录，需要结合东巴的演绎和解释。另一方面，东巴作为一种非专职的角色，受现代社会经济行为和生活方式影响，导致传承人数量剧减，随着老东巴们离世，东巴文化这一世界少有的“活着”的原始文化系统濒临“死亡”。因此，寻找新的传承方式一直是东巴文化关注者们一个绕不过去的课题。

2. 传统保护与开发方式的困境

历史上，东巴文化作为纳西族人自觉的信仰需求，是自然传承而来。到了近代，现代文明的影响波及这一地区，使得东巴文化的发展遭遇了一段时间的停滞甚至后退。1997 年 12 月 3 日，丽江古城被联合国教科文组织世界遗产委员会列入《世界遗产名录》，此后，东巴经典古籍也顺利入选世界记忆遗产，这一系列动作使得东巴文化再一次获得了世人的关照和垂青。政界、学术界、商界、教育界、文化界等各类人士对这一特殊异质文化表现出极大兴趣，并从自身角度出谋划策，形成了目前东巴文化保护与开发的多元传承方式。笔者归纳为大致四类：民间传承类、专业教育类、旅游开发类和原生态保护类。

其中：1. 民间传承类是一种最原始的传承方式，一般通过本族内师徒、父子等封闭关系进行传承，但随着现代生活方式和现代思想的影响，年青一代致力于全面学习东巴知识的人越来越少，面临文化断层和人才断层。2. 专业教育类是学术界目前比较推荐的一种方式，纳西族本土学者和力民就推动创办了专门的培训学校[①]，而当地政府也在推动普通中小学校进行东巴文化课的普及教育。但由于整个

① 唐红丽：《东巴文化传承是一项系统工程——访纳西族学者和力民》，《中国社会科学报》2011 年 7 月 19 日第 6 版。

过程过于漫长，其传承效果很难在短期内实现；而且由于涉及中小学教育，内容相对浅显，一些复杂、深刻、细微的东巴文化内容可能被忽视或省略。3. 旅游开发类是随着现代经济发展而形成的一种客观传承方式，申遗成功以后，丽江古城和东巴文化知名度大增，特殊的文化习俗吸引了人们将此作为目的地进行旅游体验。这在一定程度上促进了更多的人关注东巴文化、研究东巴文化，使其不像其他边缘性少数民族文化被世人忽视，但作为一种传统的资源消耗型产业，依托自然资源、人文资源等进行的经济互动必定会造成人流膨胀，从而对当地景观和人文造成破坏和影响，进一步污染非物质文化遗产的环境，破坏非物质文化遗产的民族特性，使其失掉应有的价值，导致其发展在一定程度上形成恶性循环。4. 原生态保护类方式是在反思旅游开发类的基础上进行的实践探索。通过最大限度地保留原始村落生产生活状态，创造一种脱离世俗的文化自留地，保护东巴文化的原初状态。但由于现代人都具有从自身利益和发展角度进行经济性选择的权利，因此要留住原住民，保持原生态生活方式在实践中相对理想化，而且所耗资金也较多。

由以上分析可见，传统的四类方式虽然在一定时期一定程度上缓解了东巴文化自身传承模式引起的发展悖论，但由于自身局限，所起的作用也相对有限，有的还产生了极大的副作用。总体来看，它们都属于传统思维下的传统路径，在当今世界，特别是信息化、网络化、数字化蓬勃发展的今天，它们无疑显得相对粗放、迟缓和不经济，因此，引入数字化技术成为人们思考的新路径。

3. 数字化技术的优势

所谓数字化，即将许多复杂多变的信息转变为可以度量的数字、数据，再以这些数字、数据建立起适当的数字化模型，把它们转变为一系列二进制代码，引入计算机内部，进行统一处理。① 1996 年美国学者尼葛洛庞帝出版的《数字化生存》(*Being Digital*)一书，向人们展示了一个数字化、网络化、信息化的世界（环境、空间），成为 20 世纪信息技术及理念发展的时代启蒙书。人们应用数字技术（信息技术）从事信息传播、交流、学习、工作等活动，并在数字化环境中形成体验和感受经验已经不再是天方夜谭。

将数字化技术引入非物质文化遗产领域，是信息时代赋予非物质文化遗产领域的新兴道路，也是数字时代极具社会文化意义的战略举措。相对于传统的传承方式，数字化技术具备了以下几方面的优点：

1. 抽象性。数字化技术的最大优点就是它能摆脱物质形式的束缚，即由原始的模拟性的原子构物转化成以比特为最小单位的数字化构物（在计算机中用“0”和“1”表示），从而实现信息符号的抽象化。这种抽象性使得原有的文化形态能脱离原有介质，形成符号集合，通过建模，它又能实现虚拟还原，最大程度地贴近真实。由此满足既开发又保护的非物质文化遗产传承的特殊需求。

2. 系统性。当数字、文字、图形、图像、动画、视频、语音、音响等经过一定结构和格式的编码实现数字化之后，它们将共存一体等待进一步加工处理，在此信息集成

---

① 引自百度百科：http://baike.baidu.com/view/32947.htm? fr=aladdin。

过程中形成新的系统。这一系统囊括了原有要素和子系统，并在此基础上进一步融合创新，这使得文化元素整体性、多元化开发成为可能，将在更大程度上创造和满足各方面的不同需求。

3. 可控性。数字化的纠错能力①使得人们对于信息的管理更加可控。在获取、生成、转换、压缩、存储、处理、显示、传输、管理和运用等一系列功能实现中，人们可以重复验证和调整反馈。这将有利于标准的提炼和流程自动化，实现产品成果的可制造和可复制，并创造最优化的使用率和经济性。

4. 交互性。数字化是人机交互的基础，而人机交互最终导致了人与人之间的信息交互。这种双向交流的过程促使人们更多地参与、理解、分享和应用，这对于文化再创造和新兴文化的形成以及更广范围的传播具有重要意义。

事实上，从 20 世纪 90 年代起，世界各国就开始了大规模的非物质文化遗产资源数字化项目②。2005 年，我国明确提出"要运用文字、录音、录像、数字化多媒体等各种方式，对非物质文化遗产进行真实、系统和全面的记录，建立档案和数据库"③。因此，借助数字化技术，走出原有保护与开发的悖论，在最大程度保护原始资源的同时，对东巴文化进行环保的无损性、延展性开发是具有一定可行性的，也符合历史潮流和时代需要。

二、东巴文化传承的数字化方式

数字化技术影响了人们生活的方方面面，新兴的存储、处理、展示和传播技术变革着我们传统的思维方式和传承手段。目前，国内外在非物质文化遗产领域应用或试用的数字化技术和方式主要包括采集、处理、重建和演示等四个方面，而东巴文化在数字化传承过程中几乎涉及每个方面。

1. 数字化采集方式

通过高分辨率扫描仪和数码相机对各种印刷文本文献和文物的记录进行数字化，作为静态图像存储。通过音频采集设备对古乐、唱腔、祭祀、口述经文等进行记录。通过视频采集设备记录动态活动，并将原有摄像机、录像机或激光视盘的模拟视频信号数字化后，可以存储为动态影像。在这一环节，特别是针对文献、文物的记录精度和分辨率要求极高，鉴于东巴文化中最为精髓的部分是东巴经（东巴文），因此在此方面的技术研究和应用非常关键。而动态音频和视频的采集在技术上难度不大，重点在于记录的全方位性和抢救性。全方位的记录为之后的信息处理和

---

① 〔美〕尼葛洛庞帝著，胡泳等译：《数字化生存》，海南出版社 1997 年，第 23 页。

② 如联合国教科文组织的"世界记忆工程"、欧盟委员会资助成立的"欧洲文化遗产在线"（European Cultural Heritage Online，简称 ECHO）、日本的"文化遗产在线项目"（Cultural Heritage Online）、澳大利亚收藏网络（Collections Australia Network，简称 CAN）、"亚太地区非物质文化遗产数据库"（Asia-Pacific Database on Intangible Cultural Heritage）、"谷歌图书馆"（Google Book）、"开放内容联盟"（Open Content Alliance）等。

③ 《国务院办公厅关于加强我国非物质文化遗产保护工作的意见》（国办发[2005]18 号）。

建模提供基础，而与时间赛跑则是尽可能地缓解传承人去世的困境。

2. 数字化处理方式

对于文本形式，计算机可以通过图形、图像制作软件绘制出各种图形、图像及三维动画等，并以矢量图形或点阵图像进行描述表达。对于音频信号则采用多媒体信息处理技术，语音编码/解码、文—语转换、音乐合成、语音识别与理解、音频数据传输、音频—视频同步、音频效果与编辑等进行声音数字化和音频文件处理。此项作为数字化传承工作的核心，非常关键而繁琐，在实施时应该有专门的规划、人员、场所进行系统化、体例化的分类处理，避免信息资源的丢失、重复和遗漏。源元素处理完成后的存储应该是多种格式的，便于开发利用时各种方法的提取。

3. 数字化重建方式

借鉴谷歌平行语言库的方式建立统计翻译模型，实现东巴文字的在线翻译。利用三维技术和虚拟现实技术来构建纳西族人原生态生产、使用、流通、传播、仪式等虚拟场景，达到身临其境的效果，完成东巴文化从物质化到数字化的转化，同时最大限度地保有东巴文化知识体系和文化体系的并向传承。

4. 数字化演示方式

主要包括图文影像数据库的检索、导航、标注、校对，可视化数据平台，动态展示的 flash 技术、视频技术和多媒体无缝整合技术，人机交互的激光技术、球幕成像、沉浸投影系统等。另外，数字博物馆、数字图书馆的网站架构和用户体验，数字信息的远程分享和观赏也是基于网络远程环境的演示方式。此项主要用于东巴文化的展示与传播方面，同时对于促进数字化教育和培训也有重要意义。

三、东巴文化的数字化传承步骤

所谓传承，具有传递、继承、传播和沿袭创新等多种语义。因此，笔者认为，对东巴文化进行数字化实践工作时，应该坚持保护与开发并举的原则。仅仅侧重东巴文化的保护是远远不够的，也是狭隘的；而脱离传统内涵和文化精神的开发也有违初衷。东巴文化的数字化传承不能一蹴而就，而应该是一个分阶段、分步骤的系统工程。笔者认为，应该从历史、现实和未来三个维度，开展好数字化保护、数字化传播和数字化创新三个方面的工作。

1. 数字化保护（历史）

数字化保护是传承东巴文化的基础。鉴于东巴文化系统包括了精神价值和表现形式两个方面，对于东巴文化的保护也分为两个方面。一方面，运用非物质文化遗产研究理论与方法，结合数字化技术，将现有政府、图书馆、博物馆、民间等留存的物质化的东巴经文、文物古迹、服饰、手工艺品、建筑民居等进行整理、分类、数字化处理等，尽可能地将这些原始内容原汁原味地保存下来。另一方面，积极参与、发现、挖掘和记录东巴音乐、祭祀仪式、唱腔等非物质化形式与活动，运用现代化数字技术进行现场记录，以留存最真实、最生动的非物质文化遗产记忆。这里的动态记录除了记录人及其动作外，还可以借助三维立体技术最大限度地记录文化活动空间，使之不仅是孤立的行为记录，而且是一种人与自然互动共生的文化生态记录。

在此两项工作的基础之上，按照科学分类和检索的方式将所有信息、资料汇聚成东巴文化资源数据库。此项工作是一个长期的，并且不断更新和发展的工作，因此在机制安排上除了政府和学术界进行有规划的具有公共服务性质的事业投入以外，还应该学习欧洲文化遗产在线（ECHO）①的做法，借助网络数字化平台建立一个开元共享、开放存取的结构系统，让全民参与进行，适时补充，适时修正，实现东巴文化信息最大化聚合。2007 年云南大学完成的《云南少数民族文化遗产数字化应用研究》中将东巴文化中濒临消亡的“祭署”仪式过程通过动漫形式完美演绎，实际上就是东巴文化数字化保护的一次很好尝试。

2. 数字化传播（现在）

数字化传播是连接历史和未来的中介，既承上启下，又实现与现实世界和人群的关系建立。数字化传播工作的良好开展，对于拉近东巴文化与现代社会的距离，展示东巴文化精神，实现东巴文化的普及具有重要意义。

数字化传播工作主要分为三个方面：首先，是对传统媒体的再利用。比如，将原有的一些传统媒体内容放到网络上，充实网络世界里东巴文化的占有空间；开设门户网站，与网民建立固有联系等。其次，要结合新兴传媒。例如利用微博、微信、app 等进行创新传播。2011 年云南红河州委宣传部部长就在微博上征集《我要去红河》词曲，利用微博征歌的创举引来了几十家传统媒体及 150 多家网络媒体的关注和报道，其粉丝数突破 120 万②，实现了很好的传播。再次，整合嫁接创新传媒方式。例如在 2011 年台湾故宫“黄公望与富春山居图新媒体艺术展”上，就利用了 3D 动画和集锦摄影拼贴文化山水的表现形式，对《富春山居图》进行临摹，重现画中的古典情境，实现了观众与作品的互动，创造了一种全新的体验式展览模式。

3. 数字化创新（未来）

东巴文化的数字化创新关系到东巴文化的未来，是其传承和良性可持续发展的关键，主要包括教育、科研和产业化三个方面。其中，数字化教育是一种新型的教育方式，将基于东巴文化资源数据库进行再开发，采用开放、多元、互动、远程的形式面向所有对东巴文化感兴趣的人群进行分享式教育，最大化实现东巴文化基因的播种。数字化科研，则是产业化开发的基础。就科研领域来说，也需突破传统的人类学、语义学、符号学等纯学术领域，进行多学科交叉的实验室类型的研究，激发文化潜力，实现创意创新。

此两项实现的一个基础性前提，笔者认为是完成东巴文字的数字化翻译工作，借助新型翻译工具，使得语言不再成为普通人接触东巴文化的障碍，或者说对于不需要过于精准研究的普通人来说大众性工具应用需求得到基本满足。而只有越过

---

① 许哲平：《从欧洲文化遗产在线看我国非物质文化遗产数字化建设》，《中国文物报》2007 年 2 月 16 日第 8 版。

② 杨佳：《微博与民族文化对外传播——以伍皓微博征歌为例》，《红河学院学报》2012 年 6 月第 3 期。

语言障碍，人们才可以有更多精力聚焦东巴文化的其他方面，特别是精神文化层面。

产业化是未来东巴文化数字化创新的方向。除了目前传统文化产业模式（如原生态歌舞、音乐表演、仪式展演、影视开发等）实现与现代元素、现代科技的融合，立足高端，实现文化资源的升级开发之外，更重要的是加快文化创意、数字出版、移动多媒体、动漫游戏等新兴文化产业的发展。其中，动漫产业、游戏产业和设计产业是比较好的切入口。以动漫产业为例，我国以少数民族文化为基础创造的动漫有很多，如《一幅壮锦》、《火童》、《阿凡提》等。但是在产业化、资本化方面却缺乏相关的动作。而在美国，《变形金刚》播出后所开发出的相关附加产品变形金刚玩具，每年就有好几亿进账。《功夫熊猫》更是借用中国元素填了美国人的腰包。游戏产业是年轻人基数最大、互联网赢利模式最清晰的新兴文化产业。东巴文化由于具有特殊文化的系统性、故事性和符号性，使得以其为背景和源文化开发游戏及其游戏衍生品成为可能。另外，高端设计产业的衍生品开发和授权，也是实现利润的有效手段。台湾故宫经营品牌授权 2006 年就开始了品牌授权经营的探索，将古旧的书画器物变身摩登的 3C 产品①、造型独特的食器、饰品等等，颠覆西方世界对东方形象的传统看法，吸引了高端时尚设计品牌的关注和合作。东巴文化特别是东巴文作为一种象形文字，是一种很好的视觉符号，同时又拥有切合现实意义和普世价值的文化精神内涵，在时装、建筑、景观设计、饰品、包装等方面将会有意想不到的机会。而这些新兴文化产业和产品的出现，也会在一定程度上改变、升级现有的相对低端的旅游文化消费市场，提升东巴文化的品质和价值。

小　结

综上所述，数字化技术在东巴文化传承方面将扮演重要角色，它对于解决原有模式发展悖论、突破传统传承形式具有一定的可行性和操作性。当然，在具体实践过程中也不能一味地以技术为先。笔者认为，应遵循“数字为形，文化为魂”的原则，在尊重和坚守东巴文化这一特殊文化形态和精神实质的基础上实现适度的现代化革新，以期实现更好地传播、承接和发展。

〔作者系中国传媒大学新闻学院助理研究员、中国传媒大学 2012 级广播电视新闻学博士研究生〕

① “3C 产品”，就是计算机（computer）、通信（communication）和消费类电子产品（consumer electronics）三者结合，亦称“信息家电”。

·媒介经营与管理·

打造最有影响力的体育文化传媒基地

——中国体育报业总社社长涂晓东访谈录*

薛文婷 邢学波等

北京市东城区体育馆路8号，对关注中国体育的人来说具有相当的吸引力。这里是《中国体育报》、《新体育》、《中国体育》、《中国钓鱼》、《健与美》、《乒乓世界》、人民体育出版社等我国体育专业、权威报刊、图书的内容生产基地，也是它们的总部——中国体育报业总社所在地。

中国体育报业总社由中国体育报社、新体育杂志社、中国体育杂志社、人民体育出版社于1999年底整合而成，不但拥有数量最多的体育专业报刊和图书，还拥有众多的知名体育传媒人，堪称中国体育传媒的“国家队”。

为全面了解中国体育报业总社的媒体构成及转企改制后的发展战略，国家社会科学基金“中国体育新闻传播史”课题组、教育部“新中国体育新闻传播史”课题组于2012年底采访了中国体育报业总社社长涂晓东。

一、《中国体育报》坚持群众体育报道比重，影响有影响力的人群

涂晓东，1962年生于天津。1983年北京大学中文系毕业后分配到《人民日报》，先后担任过《人民日报》华南分社总编室主任、副总编辑。2003年，涂晓东调任中国体育报业总社副社长。2005年起，任中国体育报业总社社长、党委书记至今。

课题组：我们最近在做关于中国当代体育新闻传播史方面的研究，有这样一个判断，就是：改革开放之后我国体育新闻事业有很大的发展，其中1992—2002年这十年，既是我国体育新闻事业的快速发展期，也是我国体育传媒重新洗牌的关键期；而2002年韩日世界杯之后，除了网络媒体，体育新闻事业的发展速度有所放缓。想问下涂社长，您2003年调入中国体育报业总社时，是个什么样的情况？

涂晓东：对平面媒体来说，大环境确实不好。期刊还好一些，报纸受到的冲击最大。据我所知，在那之前，各省或者说大部分省都有一份自己的体育报刊，后来

---

* 基金项目：“2012年国家社科基金项目”——《中国体育新闻传播史》(项目批准号为12BTY041)；“2010年度全国优秀博士学位论文作者专项资金资助项目”——《新中国体育新闻传播史》(项目批准号为201113)。

都逐渐停掉了。我们办的报纸也一样。我来了之后,工作的压力也是越来越大,比如说发行的压力越来越大,广告的压力也越来越大。

课题组:中国体育报业总社旗下现在还有 4 份报纸:《中国体育报》、《中国体彩报》、《篮球报》、《假日休闲报》。其中最主要的、创办于 1958 年、在上世纪 80 年代曾经非常辉煌的《中国体育报》,在 90 年代之后发行量大幅下滑,也有大环境的因素吧?

涂晓东:这些年《中国体育报》的发行量确实在下降,这里面也有多种原因。

首先就是新媒体的崛起带来的冲击。我觉得,电视受到的影响还不大,报纸是首当其冲。原来,大家认为报纸的时效性是比较强的,因为它是日报嘛。但即时的互联网出来了,你第二天要报的内容实际上前一天互联网就已经把它传播出去了。而且互联网有一个非常好的功能——互动功能,网民可以通过这个平台进行一些即时的互动,这对报纸的压力是很大的。

课题组:还有来自《体坛周报》、《足球》这些后起之秀的竞争?

涂晓东:是呀。往前说,《中国体育报》比较辉煌的时候,那会儿中国的传媒业不发达,各种媒体比较少,实际竞争的对手也比较少。随着传媒业越来越发达,包括各种体育类的报纸也都出现了,它们的出现跟《中国体育报》就形成一种竞争。

在市场竞争的过程中,我们确实感觉到有一些报纸的市场反应是比较好的,比如《体坛周报》。我也在分析,为什么会出现这种情况?我觉得这跟我们自身要承担的一些责任是有密切联系的。比方说,《体坛周报》也好,其他的体育类媒体也好,它们最吸引人的是什么?是竞技体育,是高水平的赛事。球迷或者体育爱好者爱看的是这些。这方面,《中国体育报》也在做。但《中国体育报》毕竟自觉承担着很重要的社会责任,竞技体育只能是其中的一部分,老百姓越来越多参与的群众体育或者叫全民健身,也是很重要的一部分,而且分量越来越重。我们是不应该也不能够放弃这一块的。但全民健身跟竞技体育有一个很大的不同。竞技体育是高水平的赛事,你报道的东西大家都爱看。群众体育呢,就是咱们都差不多,你去锻炼我也去锻炼,报道这些东西很难吸引眼球。还有部队,也是个很大的群体,我们一直在办"八一军旗"板块,这是面向部队官兵的。学校也是个很大的群体,学生们很多,这块儿我们也有专门板块。像这些群体,展现更多的是跟全民健身有关的内容。我们在全民健身这方面的报道量比较大,相对来说对,竞技体育的报道在降,此长彼消,对我们报纸的发行就有影响。

课题组:《中国体育报》现在如何定位,它的优势在哪儿?

涂晓东:《中国体育报》的定位,概括一句话叫作:影响有影响力的人群。这个有影响力的人群是什么呢?是我们这个体育系统里面,这些政府官员,包括一些协会的从业人员,包括各级体育组织的从业人员,他们是直接跟公众打交道的。作为报纸,你试图去满足千千万万的读者或者受众的需求,我觉得不现实。因为更多的其他媒体平台和传播渠道能给他们提供更迅捷、更丰富的东西,报纸的内容或者空间毕竟有限,时效性也比不过新媒体,如果你试图影响这些人就是事倍功半,花了很大的力气效果却不好。

所以，我们调整了这个思路。我们是为这些服务的人服务的，通过为他们服务让他们得到更多有价值的信息，也包括知识。特别是不同的地区之间，他们有些新的做法以及新的思路，互相有启发，能够借鉴。由此能够给更多的老百姓提供体育方面的公共服务，我觉着这个价值更大。所以现在如果看《中国体育报》，属于体育系统里面的政策性的东西会做得比较重。跟一些新的政策相关的内容，包括落实的情况，我们会进行跟踪报道。比如说《全民健身条例》。国务院颁布《全民健身条例》后，各地执行和落实的情况，有些什么好的经验，存在什么问题，这是我们要做的重点。这些内容更多是为各级体育决策者、管理者服务的。

我觉得，《中国体育报》最大的优势就是它的权威性和公信力。体育领域的报道很热闹，这里面的假新闻、夸大的新闻、捕风捉影的东西是比较多的。这是对读者对受众的一种伤害，是一种不负责任的行为。谁都不愿意花钱买假货、买伪劣产品。《中国体育报》提供的是货真价实的东西。真实性是新闻的生命，也是《中国体育报》的生命。我们一直恪守这个原则，绝对不打任何折扣的，所以《中国体育报》上报的内容是信得过的。

还有一个就是人才上的优势。《中国体育报》是一个比较专业的报纸，有一批很专业的编辑、记者。他们常年关注一到两个项目，顶多三四个项目，所以就会做得很深、很专。他们跟各个运动队，无论是教练、领队还是运动员关系都非常好，非常密切，他们的专业水平、获取资源的能力很高、很强。只不过，怎么把它变成更好的、读者更喜欢接受的产品，还是我们亟须解决的一个课题。

二、《中国钓鱼》等单项类体育期刊效益好

课题组：说说期刊的情况吧，中国体育报业总社现在有多少期刊？

涂晓东：我们现在一共有23种期刊。分为三大类：一类是属于综合体育类的，像《新体育》、《中国体育》、《体育画报》、《运动休闲》；一类是单项类的，比如《乒乓世界》、《羽毛球》、《网球天地》、《足球世界》、《篮球》、《田径》、《围棋天地》、《中华武术》、《中国钓鱼》、《健与美》、《高尔夫》、《桥牌》、《车王》、《越野世界》、《汽车周刊》；还有一类是时尚类的，《健康之友》、《嘉人》、《心理月刊》、《摩登绅士》属于这类。

课题组：在这些期刊里，《新体育》是新中国体育报刊中历史最为悠久的一份综合体育类刊物，曾在上世纪80年代创造过130多万份的发行纪录。这份刊物现在怎么样？

涂晓东：在三类刊物里面，比较艰难的就是综合类的。综合类嘛，它的读者是散的，很难有固定的一群人来关注你这个媒体，因为不可能一个人喜欢所有的体育项目，喜欢两个，喜欢三四个就已经算多的了。所以，它的读者群实际是模糊的。以前没有这么多媒体，买这么一本可以得到其他地方得不到的一些信息和内容，是能行的。现在媒体这么发达，读者从其他渠道完全可以得到这些信息，所以做起来就比较艰难。

课题组：综合类的比较难，那单项类的呢？

涂晓东:单项类的期刊情况好一些。像我们最好的就是《中国钓鱼》。此外,《乒乓世界》、《健与美》、《网球天地》也是比较好的。

课题组:您说《中国钓鱼》是"最好的",标准是什么?

涂晓东:就是经济指标嘛。首先它肯定社会效益好。没有社会效益,肯定没有经济效益。如果你这牌子是一个很糟糕的牌子,也就不会有什么生命力了。经济效益就是指它的发行量比较大,广告收入也比较多。

课题组:这么一个似乎比较窄众的杂志,为什么会是"最好的"呢?

涂晓东:这跟它的受众群体有关系。实际上,喜欢钓鱼的这个群体是很大的,在年龄结构上是中老年比较多。这个群体已经形成了阅读纸媒的习惯,所以它的读者群非常固定。中国的渔具方面的企业也很多,鱼竿、鱼食相关的这些企业都得做广告。《中国钓鱼》品牌影响很大,在钓鱼这个群体里有很强的号召力和吸引力。再加上我们每年都要搞些活动,比如说钓鱼比赛类的活动,也能吸引更多的人来关注这本杂志。读者喜欢这个项目,就会长期购买、阅读这个杂志。广告商投入广告时,也清楚哪些人读你的杂志,心里有数就愿意投。所以,这本杂志吸附的广告就很多。如果我们所有的杂志都能达到《中国钓鱼》这种水平,我们的日子就会更好了。

课题组:您刚才还谈到另外几份效益不错的期刊。

涂晓东:《乒乓世界》,乒乓球是咱们的国球啊。然后就是《健与美》、《网球天地》、《中华武术》、《羽毛球》等,这些都是情况比较好的。这几本杂志跟它们面对的市场有关系,它们面对的市场大。当然了,它们的这些主编也非常能干。比方说《乒乓世界》的主编夏娃,她在乒乓球这一领域里属于一个大腕儿级的人物,她是乒乓球协会新闻委员会的主任,本身的影响力就很大。然后她能力又很强,她带的团队也强。凡是效益比较好的这些刊物,一个是它们面对的市场要相对好一些,另外就是它们的主编和它们的团队都特别强。

课题组:除了体育期刊,总社还有几本时尚类的刊物。

涂晓东:这几本都是后来创办的,都是采取合作的方式。因为做时尚类媒体不是我们的长处,不是我们的强项。但是我们为什么要做这块呢,一方面是这方面市场比较大,我们希望能有时尚类的产品来获得更多的市场。另外,体育跟时尚也是密切相关的,体育本身也是一种时尚。我们也希望通过办时尚类杂志得到更多这方面的知识和能力的提升,在体育类杂志里增加时尚的元素。它们的经济回报也比较理想。跟我们合作的拉加代尔集团是一个有上百年历史的期刊出版集团,它的广告客户几乎覆盖了全球奢侈品的顶尖品牌,这些奢侈品的广告刊登的价位比纯体育类的要高得多,一般在十倍以上。这样,它们的效益就非常好。

三、向新媒体、全媒体转型

课题组:除了报纸、期刊,中国体育报业总社这几年好像也在积极地向新媒体转型。

涂晓东：我们感觉，未来平面媒体已经满足不了、适应不了市场的变化，必须往数字化方面融合，让现在这些媒体成为一个内容生产商。内容生产出来，传播的渠道和销售的渠道会更多。新媒体这方面，是我们未来发展的一个板块，也是我们重点要做的。

课题组：为此，总社专门成立了新媒体中心。

涂晓东：新媒体中心实际上早就成立了。最初，它只是一个虚设的部门，这跟华奥星空有关系。华奥星空成立于2003年，是在国家体育总局支持下由中国奥委会、中华全国体育总会共同成立并控股的，是拥有互联网运营的各种牌照和资质的公司。华奥星空成立之后，国家体育总局从我们这儿抽调了一批骨干的编辑、记者，借调到华奥星空。他们日常的工作是在华奥星空，对他们的考核包括薪酬什么的都是由华奥星空支付。但同时，他们又是我们中国体育报业总社的员工，以后要回来的。这样呢，我们就设了一个新媒体中心。

课题组：这个新媒体中心运行得怎么样？

涂晓东：我们原本是想通过和华奥星空的合作，实现从平面媒体向数字化转型或者说实现媒介融合，但是尝试了几年，效果不太好。一个是行业性的原因，带有普遍性。据我了解，凡是平面媒体向数字化转型，真正成功的特别是能够形成新的商业模式、赢利模式，变成一个经济增长点或者经济发展支柱的，还没有。还有一个问题，毕竟华奥星空是一个独立的公司，我们也是一个独立的法人，各自有发展方面的设计，有自己具体的业务模式，在往一块融合的时候不是很顺。所以，这块也没做起来。但我们未来会比现在好得多，因为现在产权关系上理顺了。国家体育总局、中国奥委会、中华全国体育总会已经同意把他们在华奥星空里80%的股权无偿地赠予我们。现在，法律的手续还没有做完。做完之后，我们就成为华奥星空的大股东，我们就变成一家了。

课题组：向新媒体转型这块，总社还有哪些举措？

涂晓东：向新媒体转型，还要融合移动新媒体，就是手机。手机阅读这块，我们从去年开始就已经在做了。首先跟三大运营商合作。中国移动、中国电信、中国联通它们都有一块新的业务，叫"手机阅读基地"，就是把一些平面媒体、期刊里面的内容有选择地放到它的基地上，手机用户可以通过手机去访问、下载、阅读，既有免费的，也有付费的。

在伦敦奥运会期间，我们就和三大移动通信运营商合作，用《新体育》的品牌为它们的阅读基地提供内容，就是"新体育——奥运特刊"。特刊完全按照手机媒体、手机用户的习惯去选择内容、编排内容，包括标题制作都是很网络化的。在这期间，它的效果非常好，在"手机阅读基地"里的排名是很靠前的。

课题组：新媒体中心今年好像还搞了一个"体育微视频展播活动"。

涂晓东：对，明年还会做，要把它做成一个长期的项目。媒体中心还在做的一个项目叫"中国体育多语信息服务平台"，它实际是用现在互联网上最新的云计算技术做一个技术平台。它要做成有强大的数据库功能，比如说各种赛事的数据库、运动员相关资料的数据库；通过这些数据库的支撑，还有强大的搜索功能的支撑，来做若干新的项目，比方说大型赛事的新闻服务。

课题组：除了报刊和新媒体，总社是不是也会在影视方面有所发展？

涂晓东：从产品的结构上，我们意图往全媒体上发展。影视是很重要的一块，我们现在正缺这么一块。体育影视类的产品，实际是现在市场上还比较缺的。体育系统内对这方面的需求还是比较大。无论是赛事类的视频产品，还是其他活动类的，包括资料类的，在体育系统内还没有一个专门提供这样服务的机构。这实际是一块市场的空白。这方面，我们有原来做平面媒体的经验、资源、人才，再加上用这种视频的手段，我们觉得是可以把市场抓住的。我们前不久开社长办公会，决定明年要成立一个影视中心，又多了一个媒体平台嘛。

总社发展一个新的项目，用两种模式。一种是比较成熟的，就是市场特别清晰而且一上来就知道它的赢利模式是什么，那么我们就直接成立子公司，因为公司化运作更符合现代企业发展的要求。还有一种是处在孵化和培育期，我们就暂时先在总社内成立一个部门来做，影视中心就属于一个需要孵化和培养的项目。还有一块，就是我们自己来设计产品，就是影视类的产品，特别是适合电视播出的产品，然后再通过合作的形式跟电视台合作，通过它的播出系统去播出。伦敦奥运期间，我们已经尝试做这个产品了。我们跟青海广播电视台合作，做了一档节目叫《伦敦眼》。

四、重新定位，打造有影响力、竞争力的体育文化传媒基地

课题组：改革开放以来，我国新闻机构经历了从事业单位，到“事业单位，企业化管理”，再到企业单位的身份转变。中国体育报业总社也经历了这样的变化吧？

涂晓东：2003 年我来的时候，中国体育报业总社还是“事业单位，企业化管理”。2010 年，我们就由事业单位转成了企业。这有一个大的背景，就是中央统一的部署，先是出版社，后来又是非时政类的报刊，全部由事业单位转为企业。我们是跟着第一批出版社这个系列来转的，因为我们既有报刊也有出版社，所以我们先走一步。

课题组：由事业单位转成企业，给中国体育报业总社带来了什么样的变化？

涂晓东：我们不再是事业单位，而真正成为了以市场为主体的企业法人。事业单位带有公益性的任务比较多，我们现在实际上是根据市场的需求来设计、打造产品，进行市场化的运作，满足市场的需求，来得到经济上的回报。

从人的身份上说，改制以后，我们全员都是企业员工了，要签订企业的劳动合同。退休之后，是从社保拿退休金，而不是由单位来发放。因为不再是事业单位的人，所以也没有级别这一说了。以前在事业单位的管理模式下，特别是薪酬方面的设定是按照级别来定薪的，比如说正处、副处、正科、副科。都是正处，那么拿的工资（起码工资条上的）都是一样的。转成企业，它就不一样了，它是以岗定薪的，就是你的岗位在企业里的价值是要做一个评估的。个人所得与考核（绩效考核）挂得更紧密了。说白了，干得好，贡献大，你就多拿。反过来，你就少拿。这就是一个很

大的变化。

这样有什么好处呢？就是我们在用人上更灵活了。以前，正处和副处之间都有一个指标，量化或非量化的指标，现在做企业不是了。做企业的，尤其是你内部需要人才从外面招的时候，是没有必要在你这内部积累的，只要合适就可以从外面聘请了。这样，在用人方面实际上就比以前更活了。这是一个比较大的变化。只有体制变了，机制变了，你的人才队伍的结构才能发生变化，这样才能吸引更多的人。有了这几点，你再拓展业务，你才有基础，我觉得这是最大变化。

课题组：转制之后，中国体育报业总社的定位是不是也要调整？

涂晓东：作为企业，我们要给自己有个重新的定位。以前作为事业单位，是上面给你定好位了，你就是做好你的平面媒体，把宣传报道方面的任务完成，就达到要求了。当然你也可以做新媒体、做其他的，但也是补充和辅助性的。转制以后，我们作为一个企业要面向市场，我们要给自己确定一个发展的战略，我们的定位就要变化。现在，我们把自己定位在体育文化这个领域里面，我们想打造一个在中国最有影响力、最具竞争力的体育文化传媒基地。

对于竞争力呢，无论是对抗性竞争力，还是其他的竞争，都是竞争。在市场竞争中，你的体量有多大不是最重要的，适应市场变化的能力是最长的，就像达尔文说的“适者生存”。

其实文化本身是涵盖传媒的，但是为什么我们在文化以外再加上传媒呢，一个是强调我们是做传媒起家的，另外我们做体育文化也是延伸出来的，是有一种血脉上的联系的。

作为基地，就是要有更多的产品，也许还有更多的公司。最终，我们中国体育报业总社是一个管控的集团，它本身不做具体业务，它所有的业务可能都到了下面各个公司里，那些公司都规范地做，这里边既有上市公司也有不是上市公司的，总而言之是公司的子公司的集群，它们会不断地生长出新的产品，新的业务板块。我们现在已经开始布局做这个。有了这个变化，我们跟事业单位完全不一样了。

课题组：中国体育报业总社目前是一个怎样的业务布局？

涂晓东：现在，从整个业务板块上，一个是我们传统的，或者说基础性的报、刊、出版社，这是我们核心的、最重要的板块。然后就是根据外部环境的变化，特别是新媒体的出现和媒体形态传播形态的变化，我们做了调整，也就是跟新媒体相关或者跟数字化相关的板块。再一块就是非媒体类的了，属于体育文化。首先做的各种体育活动，包括一些赛事，多是与全民健身相关的，群众性质的。同时，我们在活动、赛事之外不断尝试探索在体育产业这很大的市场里面有所作为，上一些新的项目。比如说 2012 年就刚刚成立了一个体育建筑规划设计的公司，这个公司就是面向体育产业这方面的新的市场，但我们关注的不是那些大型的场馆，而是关注全民健身设施。也包括正在做的体育投资的基金，都是往体育产业的延伸，这些延伸都和我们以前的业务有着密切的联系，也就是在原有业务的基础上生长出来的项目。

所以从大的方面来讲，我们的业务就形成了三大块：传统的平面媒体，新媒体，还有跟体育文化、体育产业、全民健身相关的新的项目，基本是这么一个格局。

课题组:再过十年,到您退休的时候,您希望给中国体育报业总社留下些什么呢?

涂晓东:我觉得如果能形成一个好的企业文化,就是最成功、最有价值的。这种文化我觉得应该包含这么几个因素:一个就是责任,作为一个企业必须承担起社会责任。还有就是创新,你只有不断地创新,你才能够设计、提供更多的产品和服务,满足这个社会的飞速发展,满足大家新的需求。还应该有一个什么理念呢,就是合作。这种合作不仅是内部要有合作,同时还要有外部的。内部的合作就比较清晰了,每一个单元和独立的板块都可以按照自己的设计去做。外部的合作呢,现在都讲有两种竞争,一种是对抗式的竞争,一种是合作式的竞争。我觉得合作性的是更长远的,不是最后拼得两败俱伤,所以现在用一个词叫"竞合"嘛,所以竞合也应该成为我们企业文化当中非常重要的一个元素。还有一个很重要的元素,就是执行,执行力一定要很强。有了再好的设计,再好的项目,你团队的执行力弱,一个是打折扣,另外可能就是做不成,纸上谈兵。

〔作者薛文婷系北京体育大学副教授、硕士生导师;邢学波系北京体育大学国际教育学院讲师;吴昊、韦福俊系北京体育大学 2011 级、2012 级硕士研究生;贾叶楠系北京体育大学本科生〕

跨国广告公司在华发展趋势及其影响*

王凤翔

1986－2001年，跨国广告公司以合资换取市场准入，积极进行合资的市场扩展。按照中国入世协议广告业之规定：2002年，各外资广告公司可对已有合资公司控股；2003年，外资被允许在华控股合资广告公司；2005年，外资可建立独资广告公司。2001年至今，跨国广告公司对中国广告业通过资本投融资多元化实现了行业的整合与发展。

美国宏盟集团（Omnicom）、英国WPP（Wire&Plastic Products）、美国IPG（Interpulic Group）、法国阳狮（Publicis）、日本电通（Dentsu）、法国哈瓦斯（Havas）等跨国广告公司，主要是以投融资多元化方式，有步骤地通过对中国大陆国有、集体与民营广告公司等优质资源的合作、合资、收买与并购，从而迅速扩大与巩固自身市场规模、业务范围、地区影响与传播优势，有利于提升中国广告业积累国际化的管理经验，形成全球化的战略发展理念。中国的广告主、大众媒体和广告公司三个主体发展还不充分、不成熟，从中国广告公司融资态势来看，中国广告业还是一个比较稚嫩的产业，在经济转型期与社会转型期容易加剧恶性竞争，破坏民族企业利益和损害广告市场发展。因此，跨国广告公司对中国广告产业、大众媒体、资本市场、品牌发展、消费市场、公司理念与传播文化都会形成一定的影响与控制。

一、跨国广告公司在华发展趋势

1. 选择中国优质广告资源进行合资与并购，实现互利互赢与市场互享

（1）选择中国优质广告公司合资

1986年，中国国际广告公司和扬·罗比凯广告公司、电通广告公司联合成立中国电扬广告公司。这是中国第一家中外合资广告公司与第一家合资的4A广告公司。1991年，宏盟集团BBDO广告公司与中国广告联合总公司合资成立天联广告公司。1992年，WPP奥美广告公司与上海广告有限公司合作成立上海奥美。1994年，日本电通与中国国际广告公司、大诚广告公司合资成立北京电通。1996年9月，博报堂与上海广告有限公司合资成立上海博报堂广告有限公司。

---

* 本文系中国博士科学基金面上资助项目“中国广告业的多元化融资态势及其文化安全研究”成果。

(2)选择中国优势媒体合资

1985 年,博雅公关公司在新华社的邀请下进入中国,1986 年与新华社合作成立了中国第一家专业公关公司——中国环球公关公司。1991 年,IPG 集团进入中国。麦肯国际广告公司与《光明日报》在北京合资组建麦肯·光明广告公司,IPG 正式开展中国业务。1993 年,隶属于哈瓦斯集团的灵智广告与广州日报社合资成立灵智大洋广告公司。2002 年 9 月,香港路迅通宣布与《人民日报》旗下大业影视传播公司共组合资公司,拓展内地广告市场,总投资额约 1 亿人民币。

(3)选择中国具有优势资源权的部门合作

1992 年,阳狮集团子公司 SAATCHI & SAATCHI 和中国航天工业部中国长城工业总公司等公司合资组建盛世长城广告公司。1992 年,李奥贝纳与韬奋基金会在广州合资组建李奥贝纳广告公司。

(4)从全球战略出发,对具有全球影响力和进入大陆的海外优质广告资源合资与并购

1998 年之前只有三起并购与合资,是借助港/台资的形式进入中国大陆市场的。1997 年,WPP 集团旗下 Research International 公司收购华南国际市场研究公司(没有控股);1998 年,阳狮集团收购在华港资公司恒威,哈瓦斯集团收购在华台资公司精实,两者都实现了控股。

此外,还有 WPP 对三家全球广告集团进行收购。2000 年,以 47 亿美元收购扬雅集团及其旗下的博雅公关、朗涛;2002 年,收购全球第九大广告传播集团科戴安特集团;2004 年,收购精信集团(Grey)。同时,WPP 实现了对该三大广告集团在华广告业的并购。

2. 以联合、并购、收买、控股、独资等方式,进行优势资源整合与地区市场争夺

2002 年之后,六大跨国广告公司等海外广告集团以联合、并购、收买、控股、独资等方式,WPP 对优质广告公司进行大并购与战略融资。

(1)并购优质公关、营销与品牌广告咨询企业,抢夺与构建战略营销网络

2002 年,WPP 下属的奥美并购本土大型公关公司西岸咨询、北京营销服务公司 Brandone,并各占 60%的股份。2003 年 7 月,WPP、博报堂各拥有上海广告公司 25%的股份。DDB(恒美)广告公司与国安广告公司建成战略同盟,控股 52%。2006 年 3 月,阳狮集团收购本土专业营销服务公司百达辉琪市场拓展服务有限公司 80%的股权;2007 年 4 月,收购售后、零售、促销服务公司永阳绝大多数股份。

(2)加强对地区市场的争夺与对民营广告公司的并购

其一,资本入盟,实施地区战略联盟。2003 年,WPP 与上海广告公司建成战略联盟,控股 25%。2004 年,智威汤逊与民营广告公司广东旭日因赛(NEWSUN)建成战略联盟,进入华南市场,控股 30%,是华南地区最大的中外合资广告公司。2007 年,奥美与民营广告公司北京阳光加信建成战略联盟,巩固北方市场,控股 49%。

其二,进入省级市场与西部地区,加强对民营广告公司的控股与合作。2004 年,奥美入主福建民营广告公司奥华,控股 51%,是省级服务网络的第一次试水。2006 年,WPP 下属的达彼思入主四川成都的阿佩克思,开拓西部市场,控股 51%。2010

年，奥美与阿佩克思成立阿佩克思一奥美品牌营销咨询公司，进一步巩固西部市场。

(3)在华外商独资广告公司的发展与融资

2004年6月，新闻集团全资子公司星空传媒集团利用CEPA先机，在上海设立独资广告子公司——星空传媒(中国)有限公司。9月，道琼斯公司成立道琼斯广告(上海)有限公司。2006年，国安广告解除与Grey、WPP所有合作关系，精信广告成为独资公司。2007年4月，英国博雯数码行销公司取得上海兰飞鱼有限公司(BFF)100%所有权，成立博斐广告有限公司，成为我国首批全外资广告公司。

2004年，WPP伟达公关从合资转变为独资。2006年，WPP凯维公关独资进入。2007年，WPP的Soho Square、IPG集团的Can Create等作为独资广告公司登陆中国。

(4)外资独资公司融资

2008年，韩国知名私募风险投资基金KTB与Oak Creek Capital公司，对七维传媒注入高达1000万美元的资金。2009年7月，美国和台湾风险投资基金Innobridge Venture Fund注资数百万美元在手机广告网络公司UUCUN(上海网村信息技术有限公司，日资公司)。

(5)对新媒体广告数字营销公司进行战略收购

2006年，WPP群邑入股中国最大网络购买商之一的华扬联众，重命名为华扬群邑，控股49%；奥美公司收购北京世纪华美，实现控股，由此，占据了三分之一以上的国内品牌网络广告市场。智威汤逊为整合线上、线下营销服务能力，并购奥维斯，控股65%。2007年，WPP对社交网络服务提供商My Space(中国)进行战略投资。2008年，WPP属下公司伟门收购中国在线网络广告公司安捷达。

(6)新技术公司如谷歌(Google)等以技术优势实现战略融资与构建战略伙伴关系

谷歌AdSense广告技术平台与付费展示广告排名算法让中国各种著名的网络公司与新技术广告公司对谷歌产生广告依赖症，而且能够轻而易举地在中国广告市场等方面实现战略融资与形成战略投资，比如，国内的搜索引擎公司百度与搜狗等均有谷歌的战略投资。

谷歌AdSense广告平台分成比例：内容广告方面，谷歌支付68%的广告收入给发布商；对于搜索广告，谷歌支付发布商51%的广告收入。中国第一的互联网安全软件与互联网服务公司奇虎在收入方面对谷歌的依赖非同一般。艾瑞咨询报告显示：奇虎为中国第三大互联网公司；截至2011年1月，奇虎每月拥有3.39亿的活跃用户，用户渗透率占到中国的85.8%。据2011年3月，奇虎360向美国证券交易委员会提交的招股书显示：2009年和2010年，Google是奇虎的最大客户。2009年和2010年来自Google的收入分别占总收入的11.2%和21.1%，该部分收入是Google用来支付360安全浏览器和网址导航带去用户的费用。

三、跨国广告公司主导了中国广告业务及其市场发展方向

六大广告集团以子集团为轴心，以独资与合资为主要手段，延伸经营业务价值

链，通过多业务组合增强竞争优势，同时旗下集团相互配合，构成中国广告、营销策划与公关咨询市场的“航空母舰”（见表 1）。

表 1　六大国际广告集团在中国大陆的业务构成（不完全统计）

集团名称	下属公司	业务构成
宏盟	DDB、TBW、BBDO、TBWA、国安、浩腾媒体、福莱公关、凯旋先驱、Porter Novelli、Brodeur Worldwide、Gavin Anderson、尤尼森等	广告代理、媒介计划与购买、公关与公共事务、专业传播、营销咨询等
WPP	奥美、智威汤逊、精信、电扬、达彼思、传立媒体、尚扬媒体、灵立媒体、迈势媒体、博雅公关、凯维营销、朗涛形象策划、美旺宝、万事国贸、奥维斯、百帝广告、华扬群邑、伟门公关等	广告代理、媒介计划与购买、公关与公共事务、专业传播、营销咨询、互动直销、网络营销等
IPG	麦肯·光明、灵狮、万博宣伟、博达大桥、盟诺、睿狮、高诚公关等	广告代理、媒介计划与购买、公关与公共事务、营销咨询等
阳狮	阳狮、盛世长城、李奥贝纳、实力传播、星传媒体、博睿传播、明思力公关、CCG 互动营销公司、永阳、百达辉琪等	广告代理、媒介计划与购买、公关与公共事务、专业传播、互动直销等
电通	北京电通、安吉斯、北京东方日海、中影电通太科广告公司、香港电通公司、电通中国、ISID 香港、上海电通信息服务、上海东派广告等	广告代理、营销咨询、媒介购买、网络营销、公关咨询等
哈瓦斯	灵智精实等	广告代理、营销咨询等

资料来源：www.cnki.net（有整合）

据笔者查阅 1992—2008 年中国大陆广告公司广告经营额前十名资料发现，中国本土广告公司在前十名中的名额逐年减少，而跨国广告公司逐年增多。1996 年，排名前十的广告公司中，前五名均为跨国广告公司。自此开始，前十强里很少有中国本土广告公司进入年营业额前五名。跨国广告公司一般占据前十强的 6—7 个席位，其强势地位尽显。即使分众传媒（中国控股）2007 年、2008 年广告营业额排名进入第五、第一，但是其受跨国公司与国际资本的影响也越来越明显[①]（见表 2）。

---

① 分众传媒 2005 年在美国纳斯达克上市。其广告营业额可能含有上市以来的利润。股东有“总统俱乐部”之称的凯雷投资等美国投资公司和美国等相关海外基金等。2008 年，复星国际（香港上市，00656. HK）宣布，其于 11 月 17 日至 12 月 22 日，以 1.5 亿美元（约 11.7 亿港元）在纳斯达克公开市场购买了 1727 万份分众传媒（FMCN）美国存托股份，相当于分众传媒已发行股本总额的 13.33%。此举已令复星国际一举成为分众第一大股东。2010 年复星国际与凯雷投资签署协议建立战略合作伙伴关系。双方将共同设立并管理一只联合品牌人民币基金，投资于高成长型企业，形成利益相关者和资讯共享者。

表 2　1992—2008 年中国内地广告公司广告经营额前十名

年份	跨国广告公司	本土公司(按营业额排名)
1992	电扬广告公司(第 8 位)	珠海东方、长城国际、上海广告公司、中广联、上海市广告装潢公司、广东省广、北京新世纪广告、金马广告、白马广告
1993	盛世长城(第 6 位)	上海广告公司、上海市广告装潢公司、北京新世纪广告有限公司、广东省广、中广联、中国国际广告公司、长城国际、海润国际、东方广告
1994	盛世长城(第 1 位)、精信广告(第 2 位)、麦肯・光明(第 8 位)	上海广告公司、中广联、北京新世纪广告有限公司、北京国安广告公司、广东省广、北京广告公司、中国国际广告公司
1995	盛世长城(第 1 位)、精信广告(第 2 位)、上海奥美(第 3 位)、北京电通(第 8 位)、麦肯・光明(第 9 位)	中广联、长城国际、中国国际广告公司、北京广告公司、广东省广
1996	盛世长城(第 1 位)、麦肯・光明(第 2 位)、智威汤逊—中乔(第 3 位)、上海奥美(第 4 位)、精信广告(第 5 位)、北京电通(第 8 位)	上海广告公司、长城国际、中广联、北京广告公司
1997	盛世长城(第 1 位)、麦肯・光明(第 2 位)、智威汤逊—中乔(第 3 位)、上海奥美(第 4 位)、精信广告(第 5 位)、北京电通(第 7 位)、上海灵狮(第 10 位)	中广联、广东省广、上海广告有限公司
1998	盛世长城(第 1 位)、麦肯・光明(第 2 位)、智威汤逊—中乔(第 3 位)、上海奥美(第 4 位)、精信广告(第 5 位)、上海灵狮(第 6 位)	长城国际、中广联、广东省广、上海广告有限公司
1999	盛世长城(第 1 位)、麦肯・光明(第 2 位)、智威汤逊—中乔(第 3 位)、精信广告(第 4 位)、上海奥美(第 5 位)、上海灵狮(第 9 位)	广东省广、北京未来、上海广告有限公司、长城国际
2000	盛世长城(第 1 位)、麦肯・光明(第 2 位)、智威汤逊—中乔(第 3 位)、上海奥美(第 4 位)、精信广告(第 5 位)、达美高(第 6 位)、李奥贝纳(第 7 位)、上海灵狮(第 10 位)	广东省广、上海广告有限公司
2001	盛世长城(第 1 位)、麦肯・光明(第 2 位)、北京电通(第 3 位)、上海奥美(第 4 位)、智威汤逊—中乔(第 6 位)、精信广告(第 10 位)	北京公交广告责任有限公司、上海美术设计公司、北京未来广告公司

续表

年份	跨国广告公司	本土公司(按营业额排名)
2002	盛世长城(第1位)、麦肯·光明(第2位)、上海李奥贝纳(第3位)、北京电通(第4位)、智威汤逊—中乔(第5位)、上海奥美(第9位)、上海灵狮(第9位)、TOM户外传媒(第10位)	北京未来、广东省广、上海广告有限公司、北京国安
2003	盛世长城(第1位)、麦肯·光明(第2位)、上海李奥贝纳(第3位)、北京电通(第4位)、智威汤逊—中乔(第5位)、上海灵狮(第9位)、上海博报堂(第10位)	北京未来、广东省广、上海广告有限公司
2004	上海李奥贝纳(第1位)、盛世长城(第2位)、麦肯·光明(第3位)、北京电通(第4位)、上海中润(第8位)、上海灵狮(第9位)、TOM户外传媒(第10位)	北京未来、广东省广、上海广告有限公司
2005	上海李奥贝纳(第1位)、盛世长城(第2位)、麦肯·光明(第3位)、北京电通(第4位)、智威汤逊—中乔(第5位)	北京未来、广东省广、上海广告有限公司、北京大禹伟业、海南白马广告
2006	上海李奥贝纳(第1位)、盛世长城(第2位)、麦肯·光明(第3位)、智威汤逊—中乔(第4位)、北京电通(第5位)	上海新结构、北京未来、广东省广、分众传媒(中国)、上海广告有限公司
2007	盛世长城(第1位)、上海李奥贝纳(第2位)、麦肯·光明(第3位)、智威汤逊—中乔(第4位)、北京电通(第6位)、北京恒美(上海分公司)(第9位)、广东凯络(上海分公司)(第10位)	分众传媒(中国控股)、北京未来、广东省广
2008	麦肯·光明(第2位)、上海李奥贝纳(第3位)、智威汤逊—中乔(第4位)、盛世长城(第5位)、北京电通(第6位)、北京恒美(上海分公司)(第9位)、广东凯络(上海分公司)(第10位)	分众传媒(中国控股)、北京未来、广东省广

资料来源:《中国广告年鉴》、《现代广告》杂志。

二、跨国广告公司对华广告业与传媒业等方面的影响

1. 对广告产业与传播文化的影响与控制

(1)影响与控制中国广告业的发展方向

跨国广告公司以资本整合(上市、合资、独资、注资、融资)为契机,通过资源整合(客户资源、受众资源、媒介资源、人脉资源、政府资源等)、资产整合(品牌等无形资产与有形资产)、资格整合(广告公司评鉴等级、国际获奖等)、文化整合(生活习俗、语言文字、社会心理、宗教影响、音乐艺术、文学艺术、历史文化等)、技术整合

等，对中国政府、经济界、传媒业、广告业、学术界、舆论界形成重大影响，从而影响中国广告业及广告公司的发展方向。

六大跨国广告集团在中国设立了至少50家分公司，横跨广告、咨询、调查、公关、媒体购买等产业并占据产业链顶端，以行业布局、城市布局和媒介市场布局统领中国产业发展，分割和主导了中国的广告市场、媒体购买、品牌传播和产业布局。跨国广告公司不但掌控广告业、调查业、促销业、咨询业、公关业等，做精做细而成为细分市场的行家里手，而且完成了从中国一线城市（京沪穗等）的独资或控股到二三线城市合资控股的布局，形成了对主流城市、主流媒体、都市媒体掌控的媒体市场布局。同时，通过本国政要、母公司、其他行业的跨国公司和有业务往来的跨国公司形成的全球影响力，直接或间接影响中国政府态度、法律法规制定、产业发展布局和媒体舆论格局。

跨国广告公司的融资途径、媒体经营与传播理论具有合法性与正当性，但是体现的是市场经济中"狼"的逻辑，在其现实操作的历时性发展螺旋中，我国本土的广告公司与广告业只能承受"羊"的命运。

（2）影响和操控中国广告市场和媒介购买市场

跨国广告公司及其母公司以融资投资为契机，凭借其资本、技术、影响力、市场份额、行业标准、市场操控力等优势，影响和操控中国广告市场和媒介购买市场，严重影响了本土广告公司在海内外的发展空间、媒介购买、资本整合、品牌影响力与市场竞争力。

（3）由于广告可以影响和控制媒体的内容生产、渠道传输和市场终端，从而对我国家主权形成潜在挑战

作为国际组织的跨国广告公司及其母公司，身兼国家政策工具和市场行为体的双重身份，不仅是巨型产业公司和传播公司，而且与所在国政府、媒体与金融资本等具有千丝万缕的利益关联，具有与政府、公众和舆论相对抗的威胁能量。因此，跨国广告公司能够主导中国产业发展、资本市场、新闻评论报道与舆论发展导向，可以通过海外母公司、业务公司、其他跨国公司及其利益联盟主导和操控行业发展方向、舆论传播导向和意识形态逻辑。凡或有不利于其在中国的发展等情况，或不利于公司所在国核心利益的维护等情形，跨国广告公司可以与反华、抑华、排华的海内外政治势力、跨国公司和非政府组织等力量联手，扶植海内外反华力量和国内异己分子等，可能与中国政府和中国人民叫板，充当反华的舆论先锋和制华的有力帮凶；其意识形态观必然是"在商言政"、"谈民主、自由、人权"，构建毒化执政党与政府形象的意识形态表达和舆论发展环境。

（4）影响世界经济与中国经济的和谐发展与可持续发展，进而造成潜在的文化安全

在经济全球化的语境下，跨国广告公司及其母公司和其他行业的跨国公司的广告封杀、咨询误导、行业打压、公关斩首、媒体操纵、舆论控引、联动影响等形成的合力，促进其本国产业及其品牌的发展、扩张与垄断，不断保持、抢夺与蚕食海内外优势客户资源与民族产业品牌，是中国企业在海内外市场发展、资本融合、技术更

新与资源争夺等方面的控制瓶颈，乃至成为遏制中国未来经济发展、文化产业与生态平衡等的“夺命神针”。

(5)影响国家形象

跨国广告公司的资本逐利性与意识形态性容易构建中国负面的国际形象。这种构建或是由于对中国文化缺乏了解的无意行为，或是对中国文化的漠视。尤其在2008年北京奥运会前后，跨国广告公司完全没有考虑中国国情与民众感受，甚至故意挑战中国媒体传播文化底线，乃至辱损中国人民的文化底线、民族感情与国家利益，存在与西方对华共同施压的文化共性倾向。

2008年年初，在西班牙大报《国家报》上的雪铁龙广告，歪曲毛泽东形象。2009年4月，德国第二大广告公司 Grey Worldwide 公司把毛泽东与拉登、希特勒并列，构建“精子”头符为安全套广告主角，毛泽东在西方广告中又一次被构建为独裁的形象符号。6月，菲亚特旗下蓝旗亚品牌在意大利电视台播放最新两厢车 Delta 的广告，支持某个“藏独”组织的主席，59岁的美国男演员里察·基尔出演该部广告片的男主角。菲亚特后来发表道歉声明了事。7月，李岱艾、盛世长城、恒美广告公司三幅“辱华”广告设计，选用游泳、举重、射箭三个项目的画面，借奥运体育项目来影射中国的某些现象，在每幅广告的右下角，均附有“奥运之后，争取人权的战斗必将继续下去”字样，居然拿了“戛纳国际广告节”铜狮奖。跨国广告公司制作如此诬蔑中国的“奥运广告”，其背后的雇佣者正是打着人权旗号的大赦国际。在 anti-cnn.com 网站上，一位名为“空气稀薄”的网友率先披露了该信息：“广告委托方是大赦国际。”

2. 对大众媒体与传播文化的影响与控制

海外跨国广告公司通过对中国媒体的影响与控制，影响与控制传媒传播的内容及其表达方式。

跨国媒体购买公司向媒体采编领域渗透，凭借资本的力量潜在主导媒体报道与新闻评论。2007年6月，成都传媒集团与 WPP 达成合作意向，采取前者提供部分媒介资源，后者提供资金、客户、咨询以及服务网络的方式，共同投资6000万元至1亿元成立新公司，展开深入合作。WPP 集团作为广告公司，以与成都传媒集团合作的形式，打开了影响电视媒体内容服务的通道，使跨国广告公司对我国电视媒体内容的影响迈出关键性的一步。①

国内研究者认为：跨国媒体购买公司参与媒介节目内容的制作，影响媒体的未来发展。跨国媒体购买公司、企业赞助商、媒体或节目制作公司形成新的利益组合，媒介内容的商业化、娱乐化倾向将愈发明显。跨国媒体购买公司目前在中国介入内容市场主要是植入式广告运作，例如，传立媒体与其客户联合利华同北京响巢国际传媒有限责任公司紧密合作，将联合利华旗下多芬沐浴乳、清扬去屑洗发露、立顿奶茶等品牌自然植入电视剧《丑女无敌》剧情中。综观全球媒介购买公司发

① 刘瑞生：《西方媒介购买公司“渗透”中国风险何在》，《中国党政干部论坛》2012年第5期。

展，参与媒介内容策划与制作必将成为一种趋势。①

海外跨国广告公司不但可以通过巨额资本与巨额广告费用，拥有杂志、报纸、电视台、互联网等媒体的广告发布权（在海外拥有杂志、报纸、电视台、互联网等媒体），而且可以通过媒体购买公司等，实现跨媒体、跨行业、跨地区、跨国家的资源整合与整体经营。造成的潜在危险是巨额广告费，媒体购买不但可以绑架商业媒体，而且有可能通过对广告投入的控制来弱化、分化强势的主流媒体。不容忽视的是，由于海外跨国广告公司得到了有着长期业务合作关系的国际品牌的支持，以及具有应对媒体的丰富经验，对中国社会转型期的大众媒体，尤其是商业性媒体，具有不容置否的影响力与控制力，可以对中国媒体的新闻报道与评论产生影响与控制作用，间接对中国执政党与中国政府施政产生影响。

3. 对公司文化的影响与控制

跨国广告公司资本控制与影响，在一定程度上能够导致中国广告公司关于中国意识的文化基因的破碎与幻灭。

强大的跨国广告公司的母公司抓住中国改革开放的发展机遇获取政策优惠，通过资本并购等投资策略，利用中国港台资源与大陆人力资源来减少进入中国市场的文化摩擦，占领与主导中国广告市场。

国际广告代理公司在中国的分公司是母公司直接从事经营活动的分支机构或者下属机构，分公司不是真正意义上的公司，没有自己独立的财务权与人事权，其使用财产列入母公司资产负债表，母公司以全部资产对分公司经营中的负债承担连带清偿责任，分公司不独立承担民事责任，利润由母公司合并纳税。

跨国广告公司母公司的媒介购买、风险资本与企业品牌具有世界影响力与话语权，合资企业或融资公司在全球范围内长期形成的文化传播力、传媒影响力与口碑形象力，使合资或融资的中方公司话语权大打折扣，合资公司或融资公司在人事安排、财权处置与发展战略上基本上听命于海外母公司或风险投资公司。在大多数合资的跨国广告公司中，中方公司没有多大话语权，合资公司是跨国广告公司全球战略的一颗螺丝钉。大多数融资的中国广告公司是风险投资公司全球战略的一个资本利益支点，赢得股权的风险资本在其广告市场上具有最大的话语权。因此，中国广告市场是跨国广告公司或风险投资公司全球布局的一颗螺丝钉或一枚棋子。

4. 对资本文化的影响与控制

资本的逐利性要求广告企业通过并购、风险投资、IPO实现赢利狂欢，这导致在新闻报道与评论中的大众媒体的本位价值与新闻价值转换为资本价值，广告业的传播价值转换为投资价值，以致出现资本泡沫、产业危局与行业发展问题，使得广告企业在市场的赢利追求中缺乏风险意识、大局意识、长远规划与社会责任。

5. 对消费文化的影响与控制

消费文化对消费群体的符号认知、口味文化与生活方式等产生“文化殖民”影

① 廖秉宜：《欧美媒介购买公司的发展、影响及对策分析》，《新闻与传播研究》2011年第3期。

响，潜在地解构乃至扼杀中国文化自身的独特性。

在全球化语境与市场经济发展中，各种民族品牌如“上海”牌等在市场中消失，在资本支撑下的广告及其媒体构建出了洋货强于国货的传播观念，同时跨国广告公司一系列强权广告或霸道广告对中国传统文化与中国产品传播产生歧视。

2001—2005 年，在中国努力加入世贸以图与世界经济接轨之际，大型跨国广告公司从 2001 年年底开始联手通过“零代理”与媒体市场扩张等手段，牺牲本土广告公司的利润利益、市场份额和发展空间，完成对中国本土广告业与媒体市场合围的布局。在该时期跨国广告公司试图构建自己的消费文化精神，抑或无意识地对中国传统文化进行了前所未有的打击，代表作有丰田“霸道”广告、“陆地巡洋舰”广告，立邦漆“龙篇”广告与麦当劳“跪乞”广告等。

6. 对品牌文化的影响与控制

跨国广告公司对中国本不够成熟的广告公司造成巨大生存压力，同时导致中国民族企业品牌消失，洋品牌风行与主导社会生活，并成为中国流行文化主流与年轻人的文化主流意识与生活方式。

按照优胜劣汰的丛林法则，中国诸多民族品牌在市场经济的竞争与兼并中走向消亡是一种不可避免的现实，而我们一般忽略了海外广告公司是加速诸多民族品牌“安乐死”的催化剂。

〔作者系中国传媒大学博士后〕

·域外传播·

日本临时灾害电台在突发灾害时的作用及意义

张彩　林思含

2011年3月11日，日本东北部海域发生里氏9.0级大地震并引发海啸，一时间道路阻塞、通讯中断，灾民亟须获取与自己生命安全直接相关的信息，但日本众多的媒体却难以进入灾区。长时间的停电使灾民不能收看电视，甚至连手机和互联网都无法使用。在此种状况下，灾区地方政府和一些相关组织将重视度转向了不受停电影响且覆盖地域的媒介——广播，一批临时灾害电台（下文简称为“临灾电台”）陆续成立，它们在抗灾救灾、救援、重建等过程中扮演着重要角色。“临灾电台”的功绩使人们在一定程度上重新认识了广播的生命线作用和不可替代、无法替代的媒体作用，同时“临灾电台”也传递出日本地方灾害信息传播系统建设的新动向。

一、“临灾电台”：“为减轻灾情发挥作用”

日本《广播法》施行规则第7条2项一2中，将“临灾电台”定义为“飓风、暴雨、洪水、地震、大规模火灾及其他灾害发生时，为减轻灾情而发挥作用的机构”。唯有“灾区地方公共团体等适合进行灾害应对广播的机构”才能获得运营许可，在“有必要进行灾害应对的地区”开设“临灾电台”。[①] 广播内容应当是“为确保灾区内对灾民的援助及救援活动等顺利实施在必要的范围内展开的活动”[②]。简言之，“临灾电台”就是在灾害发生后为减轻灾情，由地方政府、地方公共团体等单位开设的临时FM广播台。[③] 拥有资格的机构可以向当地的综合通信局申请运营许可，一旦获得许可便可立即开设“临灾电台”。

最早的“临灾电台”是由日本兵库县政府在1995年阪神大地震发生后开设的“FM796凤凰台”，这家电台为350万灾民提供了为期1个半月的广播。之后的中

---

① 日本《电波法关联审查基准》：http://www.motobayashi.net/kijun/index.html。

② 日本《广播法关系审查基准》：http://www.soumu.go.jp/main_content/000121843.pdf。

③ http://www.soumu.go.jp/menu_kyotsuu/important/kinkyu03_000013.html.

越地震、中越冲地震①中也都有“临灾电台”的身影，但数量不多，运营时间也都未超过 3 个月。② 东日本大地震发生后，截止到 2013 年 10 月 1 日，日本各受灾地区共开设了 29 家“临灾电台”（5 家转播台除外），其中 15 家仍在播出节目③，“临灾电台”数量为日本灾害史上最多，运营时间也可以说是史上最长。

日本总务省公布仍在运营的“临灾电台”的名称及频率（截止到 2013 年 4 月 1 日）④

県名	放送エリア	局名	周波数（MHz）
岩手県	宮古市（田老地区）の一部	みやこたろうさいがいエフエム	77.4
	陸前高田市の一部	りくぜんたかたさいがいエフエム	80.5
	釜石市の一部	かまいしさいがいエフエム	86.0 80.1
	大槌町の一部	おおつちさいがいエフエム	77.6
宮城県	石巻市の一部	いしのまきさいがいエフエム	76.4
	気仙沼市の一部	けせんぬまさいがいエフエム	77.5
	気仙沼市（本吉地区）の一部	けせんぬまもとよしさいがいエフエム	76.8
	名取市の一部	なとりさいがいエフエム	80.1
	岩沼市の一部	いわぬまさいがいエフエム	77.9
	亘理町の一部	わたりさいがいエフエム	79.2
	山元町の一部	やまもとさいがいエフエム	80.7
	女川町の一部	おながわさいがいエフエム	79.3
福島県	相馬市の一部	そうまさいがいエフエム	76.6
	南相馬市の一部	みなみそうまさいがいエフエム	87.0
	※郡山市の一部	とみおかさいがいエフエム	76.9

二、“临灾电台”分类：“转变型”与“新设型”

“临灾电台”分为两类：“转变型”和“新设型”。“转变型”的“临灾电台”是将受灾地区或周边地区的社区广播（Community FM，以下简称为 CFM）转变为临时灾害电台，由 CFM 负责“临灾电台”的运营工作。“新设型”的“临灾电台”，即开设一家新的电台作为“临灾电台”。截止到 2012 年 1 月，东日本大地震后开设的“临灾电台”

① 2004 年 10 月 23 日，日本新潟县中越地区发生里氏 6.8 级地震，造成 68 人死亡，4805 人受伤，28 万户家庭受到影响，日本气象厅命名为“中越地震”。2007 年 7 月 16 日，新潟县再次发生里氏 6.8 级地震，造成 15 人死亡，2345 人受伤，被命名为“中越冲地震”。

② 东日本大地震发生前日本总务省并没有对“临灾电台”的许可期限做出明确规定，但阪神大地震中“临灾电台”持续了 1 个月，中越地震时为 3 个月，中越冲地震时仅 1 个月。

③ 东日本大地震中临时灾害电台的开设状况：http://www.soumu.go.jp/main_content/000114496.pdf。

④ 总务省关于临时灾害电台的通知：http://www.soumu.go.jp/menu_kyotsuu/important/kinkyu03_000013.html。

共有27家，其中10家为“转变型”，17家为“新设型”。直至2013年4月1日还在运营的15家“临灾电台”中分别有2家“转变型”、13家“新设型”。

“转变型”和“新设型”的“临灾电台”的运营模式是有一定差别的。始于1992年的CFM以提供与当地民众切身相关的区域性信息为宗旨，1995年阪神大地震中CFM在第一时间为灾民提供了大量的有效救灾信息，受到了灾民的肯定，由此在日本各地掀起了一股开办社区广播的热潮。东日本大地震发生后，拥有CFM的受灾地区同样以CFM为主导展开救灾活动，日本宫城县登米市、石卷市、盐釜市、岩沼市等地的CFM都向当地政府表达了转变为“临灾电台”的意愿。转变为“临灾电台”后CFM的发射功率会由之前的10W—20W提升至100W，覆盖范围得到扩大，以便为更多灾民服务。吸取阪神大地震、中越地震时的经验教训，东日本大地震中的CFM反应迅速，迅速投入“转变型”的“临灾电台”的运营。

图1　位于小学操场上的“女川FM79.3”以及正在进行紧急播报的志愿者

（图片来源于“女川FM79.3”官方网站 http://onagawafm.jp/about）

“新设型”的“临灾电台”的开设和运营比“转变型”复杂一些。开设一家“新设型”的“临灾电台”需要解决两个问题：设备和技术层面的硬件、广播内容等相关的软件。硬件准备包括设置演播室、准备必要器材、决定发射台位置等；软件方面包括募集工作人员、进行员工培训、制定应灾规章、安排节目内容、宣传电台频率等。“新设型”的“临灾电台”的运营主体可以是地方政府、地方公共机构或是个人，如南三陆町的“FM大家台”就是由地方政府直接运营，工作人员属于地方政府的临时职员。女川町的“女川FM79.3”则是由一位电脑工程师筹备开设的[①]，他利用社交媒体募集了20多名女川町的当地志愿者，一起进行“临灾电台”的广播工作。

东日本大地震发生后，由于灾情严重的沿海地区社区广播电台的数量并不多，意识到“临灾电台”作用的当地政府和相关组织积极推动“新设型”的“临灾电台”建设，日本总务省也为地方申请开设“临灾电台”开辟绿色通道，因此多家“新设型”的“临灾电台”得以在短时间内成立，甚至在数量上超过了“转变型”的“临灾电台”。

---

① 南三陆町和女川町皆位于东日本大地震中“受灾三县”（岩手县、宫城县、福岛县）之一宫城县的沿海地带，都是此次地震海啸灾难中的重灾区，主要区域几乎被夷为平地，当地民众伤亡惨重。

实际上无论是“转变型”还是“新设型”的“临灾电台”，它们都是重大灾害发生时应急广播的有效落点，是地方灾害信息传播系统的主要构成部分。“临灾电台”的高效运作离不开地方居民的支持，近一半的“新设型”的“临灾电台”的工作人员都是没有任何广播经验的灾区民众。日本民众面对重大灾害发生时相对稳定的社会心理和有效的秩序感，是日本“临灾电台”顺利开设和运营的保障。

三、“临灾电台”的作用及意义

1.“永不间断的生命线”

作为地方政府向当地居民传达灾害信息的主要手段，之前，日本政府一直致力于在日本各地推广“防灾行政无线网”[①]。“防灾行政无线网”始于 1968 年，它用于连接地方政府和当地民众之间的通信，以便收集和传递相关灾害信息，一旦发生大规模自然灾害等重大事件，地方政府发出的灾害信息会在第一时间通过配套的户外扩音器或室内收音机播出，来引导居民及时避难。

然而东日本大地震发生后，面对地震、海啸、停电等一系列问题，“防灾行政无线网”的脆弱性彻底暴露，日本各地的“防灾行政无线网”因灾害而相继失灵、无效。据日本消防厅的调查显示，岩手县、宫城县、福岛县这“受灾三县”中有 17 个地方政府的“防灾行政无线网”因户外扩音器倒塌、破损、断电等原因无法使用。[②]尽管中央政府会提供专项拨款，“防灾行政无线网”的建设和维护对于地方政府而言仍是沉重负担，因此“防灾行政无线网”的配备率出现停滞，数字化的升级改造也进行得非常缓慢。[③]

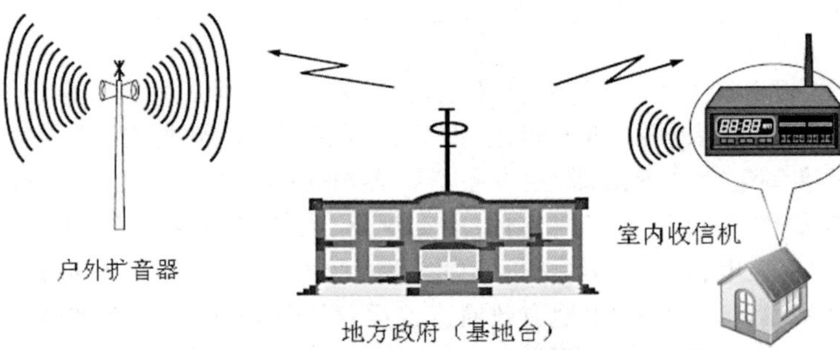

图 2　防灾行政无线模拟信号系统[④]主要构成

① “防灾行政无线网”可以分为两类，分别是为当地居民同时播报灾害信息的“同报型”，以及帮助地方政府和防灾当局之间传递、交换信息的“移动型”，本文特指“同报型”。

② 总务省消防厅防灾情报室：http://www.bousai.go.jp/oukyu/higashinihon/4/pdf/syoubou1.pdf。

③ 根据总务省调查显示，2006 年“防灾行政无线网”（同报型）覆盖率为 75.2%，2012 年时仅升至 76.3%，而 2012 年全国各地将“防灾行政无线网”进行数字化升级的比率仅为 30.6%。

④ 1968 年日本政府推出防灾行政无线系统时为模拟信号，2002 年时日本政府决定对防灾行政无线系统进行数字化升级，但因费用昂贵，完成升级的地区并不多，因此本文以覆盖率更高的模拟信号系统为主。

东日本大地震中的名取市(位于宫城县)、女川町等地"防灾行政无线网"受损非常严重,高萩市(位于茨城県)沿海地区则根本没有安装"防灾行政无线网",使得当地政府的灾害信息无法及时向灾民传达,最后这些地区都选择由"新设型"的"临灾电台"来替代"防灾行政无线网"。相较于"防灾行政无线网"的脆弱性和高造价,具有覆盖广、成本低、便携性、耗电小等优点的"临灾电台"成为地震中名副其实的"永不间断的生命线"。

吸取东日本大地震中"防灾行政无线网"大批失效的教训,日本各地政府开始调整防灾减灾对策,在探讨如何提高"防灾行政无线网"实用性的同时,也努力推动"临灾电台"和防灾减灾应急机制的深度融合。拥有"转变型"的"临灾电台"的地方政府在考虑如何提高 CFM 的避难信息的传播能力,而一些"临灾电台"为"新设型"的地方政府则打算将"临灾电台"转变为 CFM。高萩市在大地震后为全市居民分发了收音机用来收听"临灾电台",市政府打算充分利用这些设备,在配备"防灾行政无线网"的同时开设 CFM,即使"防灾行政无线网"和广播中有一个受灾失效也会有另一个替代。"临灾电台"和"防灾行政无线网"互为补充,就像是为地方防灾减灾上了"双保险"。这是日本防灾减灾应急机制不断完善的结果,也证明了广播作为国家应急体系是不可或缺的有机部分。

2. 全面的"信息桥梁"

"恐惧源于未知",重大灾害发生后最重要的便是"有效信息"的传播。东日本大地震发生后余震、海啸频发,灾民不得不长期处于分散避难的状态。在一些"防灾行政无线网"失效的受灾地区,再加之电力中断,电视、互联网、手机、固定电话都难以派上用场,这时的"临灾电台"聚集、整合了各方信息,并通过信息对日本社会的方方面面产生了巨大的影响。"临灾电台"没有将广播内容局限于灾害信息,而是从灾民的角度出发,涉及避难、救援、平安、复兴等多领域的消息,为灾民和灾民、灾民和政府、灾民和外界搭建了一座座"信息桥梁",成为灾民安全与安居的"指南针"。

"临灾电台"根据灾民需求的变化及时调整信息比重。"临灾电台"设立之初,生活必需品的发放领取以及当地政府的行政信息占据广播内容的一半以上。"临灾电台"的工作人员还会每天赶赴当地各个部门收集信息并整理播出。随着灾情的减弱以及救灾减灾工作的开展,灾民陆续入住临时板房,对生活信息需求增加,一些"临灾电台"针对这一变化增加了一些新信息,如名取市的"临灾电台"FM80.1 的节目《名取广播电话簿》在当地有很大的影响力,节目特别为刚搬入临时板房的灾民播报能够送货上门的店铺信息,极大地方便了灾民生活。

"临灾电台"站在受灾群众的立场,切实而有成效地介入到救援行动中,实现了信息的有效链接、信息的快速执行和信息的多方反馈,不仅成为社会良性运行的舆论链条,更成为社会各个环节有效衔接的有力纽带。印证了传媒大师麦克卢汉对广播作用的判断,即"广播是社会的中枢神经系统"。

3. 无形的"心灵支柱"

具有感染力的声音虽然无形,但能传达真情实感。大灾后灾民普遍问题是心理难以承受灾难之重。流离失所、痛失亲人、身体受伤等等都极易引发生理和心理层面的问题。“临灾电台”打破了灾区的闭塞状态，在用电波为灾民传递防灾救援信息的同时，努力为灾民排解心理压力，帮助灾民树立灾后重建的信念，成为灾民的“心灵支柱”。

随着灾民生活逐渐转入正轨，“临灾电台”的节目形式开始丰富起来，如亘理町（位于宫城县）“临灾电台”——“FM 蓝天”的《蓝天体操》和《亘理悠闲笑容体操》。这两个体操节目是“临灾电台”的工作人员和支援灾区的相关专家共同创作的，每天下午定时播出，给生活在临时板房的灾民注入了新的身心活力。南相马市（位于福岛县）的南相马“临灾电台”在 2011 年冬季还针对灾区的年轻人推出了《年轻人冬季广播大会》特别节目，邀请年轻人在“临灾电台”敞开心扉讲心里话以及描述对本地区未来发展的期待，通过电波缓解压力、疏导情绪、稳定人心、增强战胜灾情的信心。

随着灾后重建及复兴，一部分“临灾电台”停播，而仍在播出的“临灾电台”则扮演着灾区重建见证人的角色。上文提到的女川“临灾电台”——FM79.3，从 2011 年 4 月 21 日起一直开播至今，除了播报生活信息和当地灾民的访谈节目外，还积极组织小学运动会、“秋刀鱼祭”①、“女川町商店街复兴祭”等活动。依靠当地志愿者维持运营的女川“临灾电台”陪伴女川町人度过了灾后近三年的时光，电台激发了当地民众参与灾区复兴的热情，展现了灾区积极向上的新形象。可以说日本所有的“临灾电台”都无法仅用“灾害情报的传播手段”这个词汇来概括。

日本“临灾电台”在灾害突发时具有十分重要的作用及意义，但这并不意味着日本的“临灾电台”体制已经十分完善，实际上东日本大地震后“临灾电台”在运营过程中暴露出许多问题。“转变型”的“临灾电台”虽然比“新设型”能更快投入运营，但在运营过程中则出现了运营资金紧缺以及转变为“临灾电台”后是否可以继续播出广告等问题（运营资金通过财团捐赠和政府拨款的方式解决，能否播出广告却仍存在争议）。

至今仍在播出的“新设型”的“临灾电台”，是应转变为社区广播，还是应保持“临灾电台”的身份？东日本大地震后日本各地虽然掀起了开办社区广播的热潮，但日本地方政府经费连年削减、电台的经营状况不景气等都是严峻的现实。随着灾区复兴进程的推进、对避难信息的需求逐步弱化，“临灾电台”长期化后又依靠什么来运营？这些都是日本“临灾电台”面临的难题。

总之，东日本大地震发生后，“临灾电台”的防灾救助以及为当地灾民搭建的有效、可靠的信息平台，成了危机预警和危机执政的有效平台，再次证明了广播是突发灾害事件中难以替代、不可替代的“生命线”的媒介优势，也印证了应急广播的有效落点是社区组织与社区广播。这些实践经验为建设日本地方灾害信息传播系

---

① 东日本大地震前女川港是本州第一的秋刀鱼渔获基地，但受海啸影响，女川町内的 24 家水产加工公司中有 20 家受灾，秋刀鱼渔获量也低至地震发生前的 3 成左右。“秋刀鱼祭”主办方表示：“地震灾民住在临时住宅中，继续生活的信心有时会不足，希望用美味的秋刀鱼鼓舞大家。”

统、完善国家防灾减灾应急机制提供了新方向。

2013年4月20日我国芦山县发生里氏7.0级地震,"国家应急广播·芦山抗震救灾应急电台"作为我国首个应急定向广播频率,以本土化、定制化、点对点、全方位的实用信息实时播报,彰显了应急广播在突发公共事件中的不可替代。2013年12月3日中国国家应急广播中心正式成立,标志我国国家应急广播体系进入全面建设阶段。根据日本的经验,以及我国"国家应急广播·芦山抗震救灾应急电台"的试验,我国必须要重视区域性广播在应急中的作用,要加强县级广播电台和村镇广播站建设,推广区域性应急广播理念,强化区域性应急电台发挥作用的机制保障。希望通过本文对日本"临灾电台"的介绍和分析能为我国应急广播的建设提供一定的借鉴。

〔作者张彩系中国传媒大学新闻学院教授;
林思含系中国传媒大学新闻学院硕士研究生〕

解析美国乡村媒体集团的成功之道*

刘自雄　马凯　张超

RFD-TV(RFD,Rural Free Delivery)是美国第一家24小时播出的全国性对农电视频道,创始人和总裁帕曲克·戈琦(Patrick Gottsch)历经20多年的执着探索,面向美国乡村电视利基市场(niche market),不断提升对农节目制播能力、创新节目类型、扩张受众市场、提高经营管理水平,先后经历了公益性电视台与商业性电视台两个发展阶段,且通过实施多媒体品牌战略,逐步走向成熟,并于2008年创办了以RFD-TV为旗舰的乡村媒体集团(Rural Media Group Inc.,简称RMG),打造了一个名副其实的"小型乡村媒介帝国"。

国内对RFD-TV电视台和RMG媒介集团的关注和研究较少,有研究者曾简要介绍过RMG旗下的RFD-TV和RURAL TV及其代表性栏目①,还有一家业外杂志曾编译了一篇简要介绍RFD-TV及其创始人的文章②;但是对于RMG的媒介体系全貌、发展历程、经营战略及其成功经验等重要话题并未做深入探讨。在当下我国大力推进农村广播电视公共服务体系建设的背景下,我国对农电视频道在发展中遇到了很多困难,RMG旗下电视台的发展历程以及发展成就与教训是十分有价值的"他山之石",值得我们深入研究,并以之作为我国发展对农传播事业的借鉴。

一、美国乡村媒体集团的发展历程

1. RFD-TV发展阶段

1988年,戈琦创办RFD-TV电视台,他沿用美国乡村免费邮政(Rural Free Delivery)的价值观,旨在为乡村受众提供免费的公共电视服务。一年后,由于经费来源匮乏,电视台难以为继,宣告破产。整个20世纪90年代,戈琦都在筹划着电视台的重建工作,四处寻找投资伙伴,但是很多投资者都以该项目缺少经济收益前景为

* 本文系广电总局部级社科研究项目《农村广播电视公共服务体系内容建设研究》(项目编号:GD1164)的系列研究成果之一。

① 项仲平等:《广播电视节目传播策略研究——对农传播新视角》,清华大学出版社2011年版,第107—116页;项仲平、杜海琼:《发达国家对农电视节目概况及研究》,《中国广播电视学刊》2009年第12期,第71—72页。

② 〔美〕Ryan Blitstein著,赵慧德编译:《RFD-TV:一个农场主的传媒帝国》,《商学院》2009年12期,第39—40页。

由而置之不理。

2000 年，戈琦不顾亲友劝阻，自己投资在达拉斯重建了 RFD-TV 电视台，依然定位为非营利的公共服务电视台，几乎全盘复制了原先的纳什维尔电视网（The Nashville Network，简称 TNN）[①]的乡村媒介市场定位，但引入了新的传播理念：为彼此隔绝的乡村农民和牧民之间搭建沟通的桥梁。RFD-TV 主要播出农业、马、农村生活方式和乡村音乐等类型化节目，包含“其他电视台羞于播出的”牲畜拍卖等节目。2004 年，电视网将其广播业务部门和员工从达拉斯搬到了纳什维尔市，以建立一个基地来制作和播出更多节目。

经过十余年的励精图治，凭着独特、精准的乡村媒介市场定位，RFD-TV 的节目制作能力不断增强。开播最初数月里，每周仅播出 5 个小时原创性节目，每日 24 小时反复重播。数月后，日播原创性节目的时长达到 6 小时。在随后数年内，戈琦稳步地扩展了节目播出表，到 2007 年时，日播 8 小时原创性节目，每档节目在 24 小时播出时间内重播 2 次[②]；2008 年开始，日播原创性节目提高到 13 小时，每档节目重播 1 次。目前，RFD-TV 已成为全美第一家满足乡村美国人需要和兴趣的 24 小时播出的电视网，覆盖的家庭户数已经从 2000 年的 400 万扩张到超过 4000 万。[③]

2003 年，电视台创办了《RFD-TV 杂志》（*RFD-TV The Magazine*），相当于节目收视指南，刊载内容主要是节目安排表、栏目介绍、牲畜拍卖会公告、专题报道和乡村生活方式特写等。每年发行 6 期杂志，订阅费为 30 美元。到 2007 年底时，杂志拥有 13.5 万订阅者，年度订阅收入 4 百万美元。此后，杂志订阅量稳步攀升，年均增长约 20%，2009 年的订阅量上升到 15.5 万份，2010 年增长到 18 万份，目前订阅量稳定在 20 万份左右。[④]

2005 年开始，RFD-TV 遭到 5 家业内竞争对手的围攻，一家农业媒体公司旗下的《农业杂志》（*Farm Journal*）率先向美国联邦通讯委员会（FCC）投诉，指责 RFD-TV 播出商业性的牲畜拍卖节目，利用非营利的身份掩饰其商业性的运作；其他几家竞争对手也先后附和这一指控。2006 年 12 月，FCC 做出对电视台看似非常不利的裁决：鉴于电视台的营业资金来源包括节目提供商、创始家族和收视指南杂志的订阅者，且播出商业性节目内容，不符合非营利性或服务于公共利益的公共电视台的资格要求，判令 RFD-TV 按照商业电视台来运营。戈琦对此表态：“虽然我们可以抗争，但显然电视台不可能永远按照非营利的模式生存，我们有着数目庞大且充满激情的观众群，他们渴望电视台提供更加丰富的节目；从非营利的束缚中解放出

---

① 原 TNN 于 2000 年后几度易主而改弦更张，最终更名为 Spike 电视台，放弃了农村市场。

② Beverly Keel，RFD-TV hopes Imus opens urban markets，2007 年 11 月 5 日，http://www.tennessean.com/apps/pbcs.dll/artical? AID=/20071105/BUSINESS/01/711050328，2013 年 1 月 14 日。

③ Malika Zouhali—Worrall，Advertising success — and a blizzard of legal battles，2008 年 11 月 12 日，http://money.cnn.com/2008/11/07/smallbusiness/rfdtv.fsb/index2.htm，2013 年 1 月 14 日。

④ Cynthia Littleton，Rural Media Group plots ambitious expansion with outlets devoted to 'country culture'，2013 年 3 月 5 日，http://variety.com/2013/tv/columns/cablers—mine—gold—with—sticks—mix—1200002781/，2013 年 5 月 10 日。

来,电视台就可以增加更多的娱乐性节目。”[①]FCC 的裁决推动 RFD-TV 进入商业电视台运营的新阶段。

2007 年初,电视台继续品牌扩张之路,在密苏里州的布兰森市(Branson)收购了雷·史蒂文斯剧场,将其更名为 RFD-TV 剧场(RFD-TV The Theater),并打造成能够容纳 2000 人的娱乐节目制作场所,观众可以购票参加相关电视音乐节目的录制,每年为电视台带来上千万的票房收入。2007 年 12 月,电视台又开办了独立的高清频道 RFD-HD,定位为“乡村美国最重要的电视网”,播出内容与 RFD-TV 大同小异,但播出时间顺序不同。戈琦认为新频道的开播不仅使播出容量翻番,而且能够为观众提供可选择性的服务,即当 RFD-TV 播出有关马的节目时,RFD-HD 可以播出乡村音乐节目,以满足不同兴趣群体的需要。

2. RMG 发展阶段

2008 年,戈琦正式创立乡村媒体集团(RMG),当时旗下仅有两个电视频道(RFD-TV、RFD-HD)、一本杂志(*RFD-TV The Magazine*)和一家剧院(RFD-TV The Theatre)。随后,经过收购和扩张,RMG 旗下新添了 FamilyNet、Rural TV 等子公司,成为全球居于领先地位的、专注于乡村与西方生活方式的多媒体内容提供商,已形成一个规模不大、但成长性很好的小型乡村媒介帝国。

2009 年 3 月,戈琦在英国开播 RFD-TV 的姊妹台 Rural TV,英国和西欧各国观众可通过卫星电视收看;英国还通过 BSkyB 和 Freesat 有线网络传输,仅在英国就拥有 900 万用户;RFD-TV 迈出了国际化扩张的第一步。2012 年 2 月 15 日,面向全球市场的 Rural TV 在美国正式开播,定位为主打农业事务和乡村生活方式的专业频道,致力于为全球乡村受众提供专业的教育与娱乐服务。Rural TV 的特色包括:黄金时段的新闻报道聚焦于农业事务和农村政策问题、全球农产品市场、广泛的事件报道、国际农业与马术比赛、家畜拍卖,并面向农业专业人士和热爱土地的人们提供信息与见解,制作能够满足他们的兴趣和实际操作需要的其他节目。RMG 继续推进国际化战略,先后进入新西兰、巴西、韩国、荷兰、坦桑尼亚、肯尼亚和南非等国,还计划进入澳大利亚、爱尔兰、加拿大等国。

2012 年 10 月,RMG 宣布从互动电视与游戏网公司(Interactive Television And Gaming Networks)手中收购拥有 32 年历史的家庭电视网(FamilyNet),后者系全美主要有线电视频道之一,原本拥有约 1800 万的城市家庭用户。这一收购使得 RMG 在全美 50 州的总用户数达到了 6100 万,RMG 受欢迎的农村节目也因此得以进入美国各个主要城市的家庭,包括纽约、费城、芝加哥、洛杉矶、亚特兰大等,实现了从乡村走向城市的战略目标,进一步扩展了受众市场。2013 年 1 月 1 日起,Rural TV 与 FamilyNet 的节目播出表正式合二为一。

---

① Linda Haugsted,RFD-TV Clears Hurdles To Deliver For Rural Audiences,2010 年 12 月 13 日,http://www.multichannel.com/content/RFD-TV—clears—hurdles—deliver—rural—audiences,2013 年 5 月 10 日。

二、RMG 旗下电视台的传播内容特色及其制播模式

1. 高度类型化的节目体系及内容特色

RMG 旗下电视台打造了高度类型化、精细化的节目体系，播出内容极具乡村特色。以 RFD-TV 为例，播出内容可分成 5 种主要类型：农业节目、有关马的节目、乡村生活方式节目、传统乡村音乐和娱乐节目以及拍卖会实况（见图 1）。内容特色鲜明，紧紧围绕乡村主题；编排紧凑，每档节目时长大约半个小时左右，如 2013 年 2 月 19 日全天共播出 37 档节目。“这种类型化的节目设置，不仅突出了对农电视频道的特点，也体现了对农电视节目的样态和个性，还稳定了节目的收视率和收视习惯。”①戈琦表示，他最理想的节目构成是：20％的农业节目，20％的有关马的节目，25％的乡村生活节目，30％的音乐和娱乐节目以及 5％的拍卖会节目。②

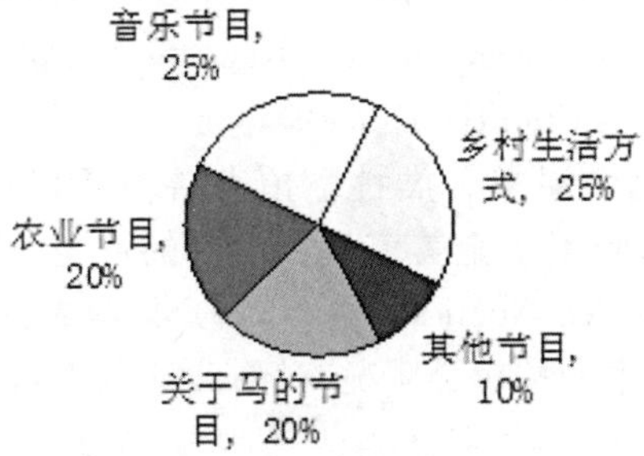

图 1　RFD-TV 频道节目内容构成

具体来看，电视台先后共播出过 92 个电视栏目。③ 其中，农业节目大约有 23 个栏目，包括农业新闻、农业机械介绍、最新农产品信息以及国际农业节目，如《乡村晚间新闻》(Rural Evening News)、《每日市场报告》(Market Day Report)、《农博士》(Ag PhD)、《美国心脏地带》(America's Heartland)、《普莱利农场报道》(Prairie Farm Report)、《美国农业报道》(U. S. Farm Report)、《牲畜展览》(The Cattle Show)。

有关马的栏目达 24 个之多，包括各种马匹品种的介绍、马匹饲养和训练、赛马比赛及其他关于马的新闻报道，如《每周马情》(All Around Performance Horse Weekly)、《马的世界》(Wide World of Horses)、《驯马师》(Horse Master)、《基本常识》(Horse Sense)、《幼马》(Horse Babies)、《顶级牛仔竞赛》(Extreme Cowboy

① 项仲平、杜海琼：《发达国家对农电视节目概况及研究》，《中国广播电视学刊》2009 年第 12 期，第 72 页。

② Bill Hord, Neb. -Based Network Evolves While Honoring Rural Roots, 2007 年 12 月 7 日, http://forums. stevehoffman. tv/threads/RFD-TV—evolves—while—honoring—rural—roots. 134039/, 2013 年 5 月 14 日。

③ Dirk Smillie, The Ted Turner Of Rural TV, 2010 年 1 月 6 日, http://www. forbes. com/2010/01/06/rfd—cable—gottsch—business—media—farm—tv. html, 2013 年 5 月 14 日。

Race)。节目注重实用知识传播和趣味性，如有的节目会邀请全国最受欢迎的马医生，现场指导马主人和爱马人士，为他们提供建议，传授各种技能。

乡村生活类栏目有25个，内容包含手工艺品制作、小动物的饲养、园艺技巧、乡村生活展示、交易会、乡村特产介绍、藏品展示、特别节日、乡村日常生活故事以及乡村旅游等，如《南方新鲜事》(Southern Fresh)、《达科他生活》(Dakota Life)、《罗瑞娜·克鲁克的名人厨房》(Lorianne Crook's Celebrity Kitchen)、《经典农机发烧友》(Classic Tractor Fever)、《聊聊拖拉机》(Talk'n Tractors)、《乡村遗产》(Rural Heritage)、《牛仔教堂》(Cowboy Church)等。

RFD-TV播出的音乐和娱乐栏目超过21个。乡村音乐是连接乡村家庭、朋友和社区之间的纽带，电视台坚守传统，播放经典的传统乡村音乐，如蓝草音乐、福音音乐、波尔卡舞曲，栏目有《乡村流行乐》(Pop! Goes the Country)、《马蒂·斯图尔特秀》(The Marty Stuart Show)、《佩妮·吉蕾秀》(Penny Gilley Show)等。还聚焦乡村社会的传统习俗，播出乡村民俗和娱乐活动，如《中西部乡村》(Midwest Country)、《德克萨斯乡村报道》(Texas Country Reporter)、《职业斗牛士》(PBR Now)、《纳瑞的乡村晚餐》(Larry's Country Diner)等。

拍卖会节目则是直播和录播各类牲畜拍卖活动，RFD-TV能够直播全美所有较高级别的牲畜拍卖会，吸引了全美家畜饲养者的目光，开办有《超级牲畜视频拍卖》(Superior Livestock Video Auctions)栏目，观众能收看到来自全国顶尖养殖场的肉牛、人工育种牛和特种牛的拍卖会实况直播；此外电视台还不定期播出各种马匹拍卖会的实况录像。

2. 成熟的多元制播模式

RMG旗下现有3个电视频道，皆日播24小时。作为专业性电视台，如果制播合一，电视台将面临非常大的节目制作压力。RFD-TV采用了“制播分离”的节目制播机制，播出节目来自四个渠道：

(1)自制节目。2007年之前，RFD-TV自己制作的原创性节目仅占5%；2007年12月，引进了《伊姆斯早间谈话》(Imus in the Morning)，至2009年8月期间在该台播出，由广播名嘴伊姆斯主持，日播3小时。据《纽约时报》报道称，戈琦付出了500万美元的代价；算上这档栏目，在此期间播出的自制原创性节目的比重也才达到22%。[①] 2009年，RMG开始自己打造旗舰节目《乡村晚间新闻》(Rural Evening News)，计划年度投入1000万美金制作经费，利用在华盛顿、芝加哥、圣保罗和伦敦设立的各个分部采集信息、制作节目。但总的来说，自制节目依然只占RFD-TV的一小部分。

(2)采购节目。RFD-TV播出的大部分节目通过市场购买获得，制作和播出的分离，减轻了电视台在节目制作上的沉重负担，利于集中资源来做自己的品牌节目，同时通过外购优质节目来确保节目质量和风格的多元化。美国农业节目的制

① Malika Zouhali－Worrall，Advertising success — and a blizzard of legal battles，2008年11月12日. http://money.cnn.com/2008/11/07/smallbusiness/rfdtv.fsb/index2.htm，2013年1月14日。

作与销售采用辛迪加(Syndicate)的形式,专业制作公司生产品牌性节目,再由分销商将节目的播出权分别卖给不同的电视台,通过这种方法来使节目的价值实现最大化。辛迪加公司的节目配送制繁荣了农业节目制作市场,促进了对农电视内容产业的发展,解决了RMG旗下电视台的节目来源问题。例如《农博士》(Ag PhD)栏目就是一档由专业公司生产、RFD-TV购买播出的栏目,专门介绍农业耕作技术和病虫害防治等内容。另一档日播节目《每日农经》(AgDay)也是一档辛迪加栏目,由农业杂志媒介(Farm Journal Media)公司生产,1982年首播,至今已有30余年历史。

(3)合作制作节目。除了独立制作、依赖广告收入获得制作资金的节目之外,RFD-TV还采用合作方式解决节目制作的经费问题,如一些乡村生活方式节目和观众来电直播节目,采取与牧马人牛仔裤(Wrangler Jeans)、通用磨坊(General Mills)、孟山都(Monsanto)等公司合作的方式来制作,由这些公司的营销部门提供赞助,负责节目制作费用。RFD-TV还与一些组织结成合作伙伴联合制作节目,如与职业斗牛组织PBR(Professional Bull Riders)合作,拍摄制作记录PBR历史的系列专题片。

(4)出售播出时段。RFD-TV开播初期,属于非营利性电视台,播出农场报告和其他农业相关节目,由内容提供者购买播出时段。这一制播模式至今依然有效,如《农业局报道》(Farm Bureau Reports)栏目播出的《佛罗里达报道》(The Florida Report)就是由佛罗里达州农场局联合会与佛罗里达州农业与消费者服务部门(FDACS)的营销部联合赞助制作的节目,旨在推广该州的农业。另一档30分钟的周播节目《俄克拉荷马地平线》(Oklahoma Horizon)报道全球视角下的本地故事,这档节目是由俄克拉荷马州农业、食品与林业部门和俄克拉荷马州职业与技术教育部门联合制作的,制作团队的成员是来自职业技术教育部门的教育技术资源、传播与营销部的雇员。此外,他们还常常与州农业局、州农民联合会以及其他几家与农村有着密切关系的地方组织合作完成这档节目的制作。

三、RMG的经营战略与策略

根据2010年的人口调查数据,美国有5940万人居住在城市(5万人口以上)以外的地区,占总人口的19.3%。[①] 自从2003年原来定位农村市场的纳什维尔电视网变更为Spike TV后,RMG旗下电视台就成为全美唯一面向农村市场的专业电视台,已没有全国性的竞争对手。戈琦也因此获得了"乡村电视界的特德·特纳"(Ted Turner of rural TV)称号。在RFD-TV及RMG集团的运营方面,戈琦主要采用了下述几种战略和策略:

---

① Cynthia Littleton,Rural Media Group plots ambitious expansion with outlets devoted to 'country culture',2013年3月5日,http://variety.com/2013/tv/columns/cablers—mine—gold—with—sticks—mix—1200002781/,2013年5月10日。

1. 注重品牌延伸，稳步实施集团化战略

戈琦十分注重品牌开发，在最初数年里，当 RFD-TV 以非营利性电视台运行，经费上捉襟见肘，难有充足资金投入自制节目生产。2003 年，他创办了 RFD-TV 杂志后，意外获得了成功；4 年后，杂志销量超过 10 万份，并以年均约 20%的速度增长，为电视台每年带来超过 400 万美元的稳定收入，RFD-TV 得以将这笔资金投入到自制节目的生产，提高电视台的内容质量，为全国性扩张奠定了基础。2007 年初，戈琦又创办了 RFD-TV 剧院，打造娱乐节目录制基地，既获得了稳定的票房收入，又提升了电视台的节目制播能力。2007 年秋季，戈琦又推出高清频道 RFD-HD，扩充了节目播出平台和容量。此时，由 RFD-TV 衍生出的多媒体格局已具有媒介集团特征，再加上 2006 年底 FCC 裁决 RFD-TV 必须转为营利性企业，原有的公益性电视台管理体制已经不能适应需要，必须重新打造适应多媒体格局和市场化经营需要的新管理体制和运行机制，于是作为母公司的 RMG 集团于 2008 年正式成立，形成了母公司与子公司的二级管理与运营体制。

集团成立后，戈琦继续稳步扩张，相继创办了英国版和美国本土版 Rural TV，收购了 FamilyNet，还开办了自己的网站，以流媒体形式播出节目，吸引网络收费用户，形成电视台、期刊、网站为一体的立体化传播平台（如下图 2 所示），开展跨媒体传播，扩大了对农电视的收视市场和影响力。

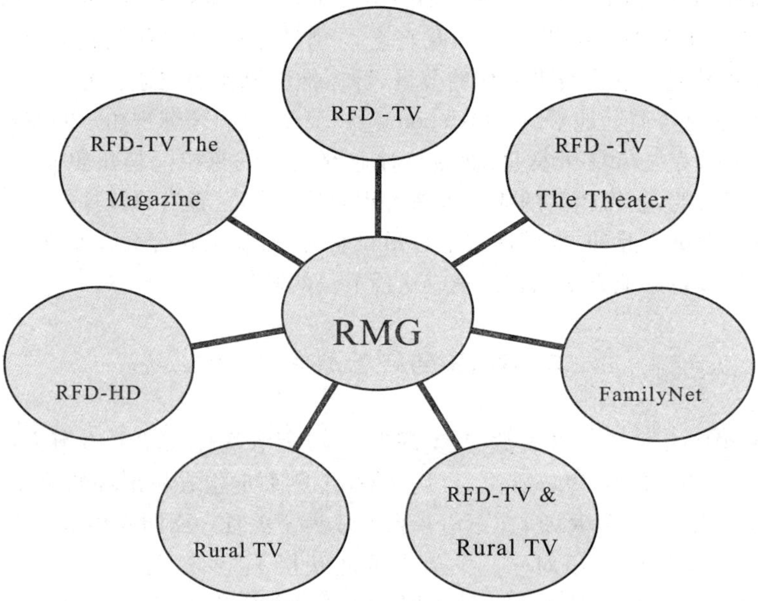

图 2 RMG 集团媒介体系格局

早期的 RMG 具有十分典型的家族企业特征，随着 RMG 日益发展壮大，其运营压力大增，戈琦逐步将其从原来的家族企业转变成一家公开交易的公司。2012 年首次成立了董事会，戈琦和两个女儿共持有公司 85%的股份，戈琦担任总裁，大女儿拉克尔·戈琦(Raquel Gottsch)任传播事务执行副总裁,小女儿盖茨比·戈琦(Gatsby Gottsch)任财务执行副总裁。另外还有三位投资人成为公司董事会成员,并于2012年雇佣了营销专家兰迪·伯纳德(Randy Bernard)担任第一任集团CEO。

2. 积极推进全国市场扩张战略和国际化战略

在RFD-TV阶段,戈琦采取了循序渐进的对内扩张战略。RFD-TV同时采用直播卫星系统(DBS)和有线电视系统两种方式传输节目。创台最初两年里,主要通过卫星直播系统DISH Network和DIRECTV传输节目,能够收看频道的家庭数仅400万。经过数年的努力,逐步进入全美各个有线电视传输网,到2007年时,覆盖家庭已增长到3000万户。2008年,RMG成立后,当年夏天与舵手网络(Cox)签订了合作协议,实现了RFD-TV进入全美所有大型有线电视网络系统的目标,达成合作关系的有线网络运营商包括Comcast、Verizon FiOS TV、Mediacom、Charter、Bresnan、Time Warner、Cox、SKY和Freesat等,另外还有超过600家独立的乡村有线电视系统。

2012年10月,集团买下拥有近1500万用户的家庭电视网(FamilyNet)。至此,RMG旗下电视台已经覆盖了全美超过6100万家庭。据尼尔森公司于2012年7月发布的有线频道收视数据,仅RFD-TV的实际收视家庭户数就达到了4120.6万,覆盖率是35.93%;每周至少收看一次节目的观众人数达到1300万,大都来自全美小城镇和乡村社区。① 另据《成功农业》(*Successful Farming*)杂志发布的一项研究结果表明,41.5%的农民和57%的牧民都是电视台的忠实观众。②

进入RMG发展阶段后,戈琦开始了国际化扩张战略,拓展海外媒介市场。2008年,戈琦与英国合作伙伴一拍即合,仅花费数月时间筹备,便于2009年3月正式在英国开播RFD-TV的姊妹台Rural TV,迈出了国际化扩张的第一步。这一成功尝试让戈琦有了更大的野心,随着集团旗下媒体稳步发展并日益做大做强,戈琦不再满足于做全美最重要的乡村电视网,他看到了发展前景更加广阔的国际乡村媒介市场,开始着力将RMG打造成国际性的乡村媒介集团。2012年2月,RMG在美国本土成立了新频道Rural TV,定位为国际性的农业频道,在黄金时间播报农业新闻,关注农业经营、农村政策、农业气象、实时更新的市场信息、国际贸易资讯、农机以及牲畜拍卖等广阔的对农报道领域。目前,RMG媒介集团旗下的各个电视台在全球20多个国家拥有6300万以上的家庭用户。

RMG集团面向全国市场和国际市场,逐步打造出具有自身特色的运营模式,形成了跨区域、跨国的新闻信息采集、节目制作、播出和营销的一体化业务网络,位于田纳西州纳什维尔市的北方之星工作室(Northstar Studios)全面负责节目的制作和播出,位于密苏里州布兰森市的RFD-TV剧场负责部分娱乐节目的制作,而公司

---

① Malika Zouhali－Worrall, Advertising success — and a blizzard of legal battles, 2008年11月12日, http://money.cnn.com/2008/11/07/smallbusiness/rfdtv.fsb/index2.htm, 2013年1月14日。

② Bill Hord, Neb. －Based Network Evolves While Honoring Rural Roots, 2007年12月7日, http://forums.stevehoffman.tv/threads/RFD-TV－evolves－while－honoring－rural－roots.134039/, 2013年5月14日。

总部和全国营销办公室设在内布拉斯加州的奥马哈市。2009 年，戈琦创办了一档晚间黄金时段播出的《乡村晚间新闻》节目，分别由芝加哥分部(负责采集农业商贸信息)、华盛顿分部(2012 年 12 月设立，负责农业政策信息)与巴西圣保罗分部负责新闻信息采集，还在伦敦和悉尼也设立了海外节目制作分部，打造出一档国际化的具有农业新闻联播性质的品牌节目。RURAL TV 相继进入新西兰、巴西、韩国、荷兰、坦桑尼亚、肯尼亚和南非等国，并陆续进军澳大利亚、爱尔兰、加拿大等国。

3. 主打乡村文化牌，实施进军都会市场战略

根据 RMG 旗下电视台的最初专业定位，其目标受众是乡村居民。在稳步占据了乡村市场后，戈琦开始实施从乡村进入城市的战略。乡村生活方式、风土人情、乡村音乐、乡村户外旅游等节目对于城市居民来说同样具有吸引力，是有待发掘的潜在受众市场。RFD-TV 把重点放在乡村文化传播上，大量乡村音乐和娱乐节目被安排在周末播出，从而把乡村文化带入大城市。如《马蒂・斯图尔特秀》(The Marty Stuart Show)是一档周日晚间收视率很高的节目，主持人马蒂・斯图尔特是全美最著名的乡村音乐人之一，能够演奏美国南部山区的乡村摇滚乐、蓝草音乐以及传统乡村音乐，同时融合了现代的摇滚乐、布鲁斯。节目中还会定期邀请一些乡村音乐超级巨星作为嘉宾，吸引了很多音乐爱好者。节目内容能够沟通城乡，吸引了大量城市居民受众，有效地扩大了受众覆盖面。

2007 年，RFD-TV 转为营利性企业后，戈琦花费 250 万美元引入明星脱口秀节目《伊姆斯早间谈话》，目的就是争取城市受众，拓展覆盖范围，开发城市广告市场，以获得更多收入。该档节目关注大都会的政治、体育及节日，工作日上午 6 点至 9 点播出。该栏目的开播帮助 RFD-TV 与时代华纳等全国性电视网络公司建立起合作关系。戈琦表示，“引进这个节目符合 RMG 的长期战略，即用户数在目前的基础上增长 2000 万，达到 5000 万人。这一目标实现后，RFD-TV 的市场覆盖将超过半个美国，也会带来 30%的收入增长。”①2012 年 9 月，RMG 又出资 4400 万美元收购了有着 32 年历史的有线电视频道 FamilyNet。该台原本有 1480 万家庭用户，这项收购使得 RMG 覆盖了全美超过 6100 万户家庭，RFD-TV 也得以进入纽约、费城、芝加哥、亚特兰大、休斯敦、达拉斯以及洛杉矶这些大都会市场。

4. 科学的广告营销战略，吸引多元的广告客户

RMG 旗下电视频道的主要收视群体是全美 2700 万户生活于乡村及郊区的家庭以及 50 岁以上的高收入人群，这两个人群正是以往被广告商所忽略的。相关统计数据显示：那些家长年龄处于 55 岁至 64 岁之间的家庭平均年收入超过 5 万美元，在全美平均家庭年收入之上。② 显然，这个收视群体有着较高的广告价值，是一个有待开垦的广告市场。戈琦认为 RMG 在广告与赞助方面具有巨大的上升潜力，

---

① Malika Zouhali—Worrall，Betting big bucks on Imus shock talk，2008 年 6 月 24 日，http://money.cnn.com/2008/06/24/smallbusiness/Imus_rural_cable.fsb/，2013 年 5 月 17 日。

② Ryan Blitstein，RFD-TV：How an Ex—Farmer Built a ＄25 Million Media Empire for Rural America，2009 年 11 月 1 日，http://www.fastcompany.com/1400900/RFD-TV—how—ex—farmer—built—25—million—media—empire—rural—america，2013 年 5 月 18 日。

他积极寻求广告收入的稳步增长，任命了拥有丰富阅历和优秀业绩的迈克尔·拉布诺德（Michael LaBroad）为首席营销官，不断扩大广告营销队伍，并与纽约一家广告公司签约，由其代理全国广告销售。

RMG 旗下电视网将广告内容限定在适合家庭观众收看的范围之内，为了保护观众的品味，不允许酒精饮料、伟哥之类的性药广告等出现在频道中。RFD-TV 每小时播出节目中大约包含 8 分钟广告，广告形式主要是传统的 30 秒广告。电视台与一些大公司签订了广告合同，为诸如通用磨坊、拖拉机销售（Tractor Supply）、普瑞纳食品（Purina Mills）等大公司广告主播放商业广告。还播出由孟山都、约翰迪尔（John Deere）等公司赞助的听众热线直播节目和医疗保险节目。此外，RFD-TV 还接受政治广告投放，在 2012 年总统竞选中，候选人金里奇（Newt Gingrich）的助选团队购买了一系列 30 秒政治竞选广告。戈琦期待未来能够充分地吸纳这类广告，他相信 RFD-TV 将在 2012 年的红色州（支持共和党）政治选战中成为一个首选的媒体平台，因为乡村地区及其参议员的数量比都会地区及其参议员要更多。①

2007 年，RFD-TV 及其附属媒体的总收入是 1500 万美金。2009 年，RMG 集团的经营性收入达到 2500 万美元。戈琦期待的集团收入构成是有线订阅费、广告收入、节目销售收入以及其他辅助收入（如杂志订阅收入和剧场票房收入）各占 25%。SNL Kagan 公司提供的数据表明，2012 年 RFD-TV 的总收入达到 3050 万美元，经营性现金流是 1350 万美金。但戈琦认为该数据偏低，在收购了 FamilyNet 后，他计划于 2013 年实现 5000 万美金总收入，并争取三年内实现年收入超过 1 亿美元。②

除了上述经营战略之外，RMG 还非常注重传播策略，为了降低观众群老龄化所带来的风险，确保企业的可持续发展，集团制订了重视农村青年受众群的策略，采取行动支持美国各地的青年农民团体，为各类青年组织如美国青年农民联合会（FFA）、四健会（4-H）等提供了一些节目时段。每年十月，RFD-TV 都会推出超过 30 个小时的 FFA 年会直播，近 5.5 万名美国青年农民联合会的会员会庆祝这一年度盛宴。日常节目中，有的板块专门以农村青年为目标受众，如《欢乐时光》（Time Well Spent）中的一个节目单元由 Grace Smith 主持，带领观众了解亚拉巴马州的乡村青年生活方式，展示他们的朝气与活力。

四、结语

综上所述，RMG 集团取得了卓著的发展成就，对我国的对农传播具有重要的

① Barbara Soderlin，RFD-TV is channeling a niche position into growth，2013 年 2 月 18 日，www.omaha.com/article/20130217/MONEY/702179938，2013 年 5 月 30 日。

② Barbara Soderlin，RFD-TV is channeling a niche position into growth，2013 年 2 月 18 日，www.omaha.com/article/20130217/MONEY/702179938，2013 年 5 月 30 日。

参考和借鉴价值，包括对农传播的政策制定、传播内容的专业化以及频道经营的市场化等。RMG集团目前也还面临着一些发展难题，主要包括：节目研发投入不够，原创性品牌节目偏少；资金来源和资本实力成为制约RMG发展的瓶颈；作为RMG主业的传统电视台受到网络新媒体的强烈冲击等等。限于篇幅，不再赘述。

〔作者刘自雄系中国传媒大学新闻传播学部党委副书记，副教授；
马凯、张超系新闻学院2012级硕士研究生〕

图书在版编目(CIP)数据

新闻传播学前沿 2013—2014/哈艳秋，刘昶主编. —北京：中国传媒大学出版社，2014.7
ISBN 978-7-5657-1208-1

Ⅰ. ①新… Ⅱ. ①哈… ②刘… Ⅲ. ①新闻学—传播学—文集
Ⅳ. ①G210-53

中国版本图书馆 CIP 数据核字（2013）第 234704 号

新闻传播学前沿 2013—2014

主　　编　哈艳秋　刘　昶
责任编辑　赵丽华　王　硕
特约编辑　韩文婷
责任印制　阳金洲
封面制作　泰博瑞国际文化传媒
出 版 人　蔡　翔

出版发行　中国传媒大学出版社
社　　址　北京市朝阳区定福庄东街 1 号　邮编：100024
电　　话　86—10—65450528　65450532　传真：65779405
网　　址　http://www.cucp.com.cn
经　　销　全国新华书店

印　　刷　北京艺堂印刷有限公司
开　　本　730mm×988mm　1/16
印　　张　24
字　　数　310 千字
版　　次　2014 年 7 月第 1 版　　2014 年 7 月第 1 次印刷

书　　号　978-7-5657-1208-1/G·1208　　定　　价　78.00 元